디지털 인문학 입문
DIGITAL HUMANITIES

디지털 인문학 입문

DIGITAL HUMANITIES

김 현 · 임영상 · 김바로 공저

HUEBOOKs

『디지털 인문학 입문』을 펴내며

디지털 인문학의 세계는 디지털과 인문학이 만나서 하나로 어우러지는 곳이다. 그 융합의 현장에서 이루어지는 인문학 연구와 인문지식의 교육, 그리고 그 연구와 교육의 성과가 디지털 시대의 우리 사회에서 더욱 가치 있게 활용되도록 하려는 노력을 디지털 인문학이라고 한다. 이 책은 디지털 인문학에 대한 소개와 함께 디지털 환경에서 인문지식을 배우고 활용하는 방법을 제시하려는 뜻을 가지고 쓰였다.

이 책에 담은 글의 필자들은 모두 철학, 사학, 문학 등 인문학으로 분류되는 분야를 연구 이력의 출발점으로 삼았던 사람들이다. 그러다가, 시기의 빠르고 늦음은 있지만, 우리의 학술 활동이 나날이 디지털에 대한 의존도를 높여가는 세상의 변화와 무관할 수 없음을 체감하고, 그 틈새를 좁히는 일에 관심을 두기 시작하였다. 처음에는 디지털 기술을 데이터 정리나 저작물의 편집에 소용되는 유용한 도구 정도로 생각하였지만, 그 기술의 확산에서 파생되는 현상이 인문학의 이름으로 관심을 두는 모든 영역에 영향을 미치고 있음을 보면서 인문학과 디지털은 서로를 소재나 도구로 이용하는 단계를 넘어서서 융합된 하나의 세계로 나아가고 있음을 인식하게 되었다. 미국과 유럽에서는 이미 상당수의 인문학 연구자들이 그와 같은 인식의 공감대를 형성하고 디지털 시대에 의미가 있는 새로운 형태의 인문학 연구를 모색하고 있다. '디지털 인문학'이라는 새로운 조어도 그와 같은 실험적인 노력의 과정 속에서 만들어진 말이다.

디지털 인문학은 이론으로만 탐구하는 학문이 아니라 디지털적인 방법으로 디지털 세계에서 의미를 갖는 무엇인가를 해내는 실천적인 노력이다. 그렇기 때문에 디지털 인문학의 세계에 진입하기 위해서는 그 세계에서 요구하는 의사소통 능력을 먼저 갖추어야 한다.

오늘날 우리나라 대학 사회의 인문학 교육 과정을 수강하는 학생들은 대부분 디지털 기술 환경에 대한 적응력이 높은 '디지털 원어민' 세대이다. 이들이 인문지식을 공부할 때 상당 부분 디지털 환경을 그 지식의 획득 경로로 삼고 있다. 디지털적인 방법으로 이미 만들어진 지식의 데이터를 '읽는' 것은 이미 이들에게 익숙한 일이다. 하지만 인문지식의 학습을 통해 얻은 결과나 창조적인 응용의 성과를 디지털 세계에 다시 되돌리는 일은 그 방법을 배우지 않고는 하기 어려운 일이다.

디지털 인문학이라는 이름으로 우리가 관심을 두는 주제는 다양하지만, 무엇보다도 시급한 과제는 디지털적인 방법으로 인문지식의 데이터를 '읽을' 뿐 아니라, 자신의 인문학적 탐구의 과정과 결과를 디지털적인 방법으로 '쓸' 수 있는 능력을 높이는 것이다. 인문적인 것에 관심과 애정이 있는 사람들이 인문학 공부와 연구를 디지털적인 방법으로 수행할 수 있게 함으로써, 더욱 새롭고 의미 있는 인문지식 데이터가 디지털 세계에서 풍성해지는 것을 기대할 수 있기 때문이다.

이 시대의 인문학도들에 대한 인문 교양 교육, 또는 좀 더 깊은 수준의 미래지향적 전공 교과 교육을 위해 디지털 인문학적인 교수 방법의 도입이 필요하다는 점에 대해서는 인문계 교수직에 종사하는 많은 분이 공감하고 있다. 하지만 이를 실천하는 데 도움이 될 만한 교육 모델을 찾기가 어렵고, 무엇보다도 '디지털 기술'에 대한 이해가 필요하다는 점이 학생들뿐 아니라 교수들도 디지털 인문학 교육에 대한 접근을 어렵게 여기는 이유가 되고 있다.

‘디지털 인문학 입문’이라는 제호를 붙인 이 책의 간행은 바로 그와 같은 어려움을 덜어내는 데 도움이 되고자 하는 뜻에서 추진한 것이다.

이 책의 내용은 세 편으로 구성하였으며, 디지털 인문학에 대한 간략한 개요 소개, 디지털 인문학의 실천을 위한 기술적 소양, 그리고 국내외의 디지털 인문학 동향에 관한 심도 있는 논의를 각 편에 담아 독자의 필요와 편의에 따라 참조할 수 있도록 하였다.

제1편 ‘디지털 인문학의 이해’는 디지털 인문학이란 무엇인가라는 물음에 답하는 것을 주제로 하되, 디지털 인문학을 바라보는 다양한 시각을 소개하기보다는, 전통적인 방법으로 인문학을 배우고 연구하던 사람들이 디지털 인문학으로 나아갈 때 스스로 자문하게 되는 질문을 짚어보고 그에 대한 답변을 모색해 보았다. 특히, 전문적인 연구자의 입장보다는 대학 교육의 현장에서 디지털 인문학적 탐구를 시도하고자 하는 교수와 학생들의 입장에서 디지털 인문학을 실질적으로 이해하고 경험할 수 있도록 하는 데 주안점을 두었다. 제1편의 마지막 장에서 위키 소프트웨어의 활용법을 소개한 것도 디지털 인문학을 이론으로서보다 실천의 방법으로 수용할 수 있기를 바라서이다.

제2편 ‘인문정보학: 디지털 인문학을 위한 정보기술’은 디지털 환경에서 인문지식을 데이터로 다루어야 할 이유와 그 일을 하는 데 필요한 기초지식을 소개하는 내용을 담고 있다. 이 책에서는 디지털 데이터와 인문학이 가깝게 만나는 4가지 분야(디지털 텍스트, 멀티미디어와 데이터 시각화, 시맨틱 웹, 디지털 아카이브)를 제시하고 그곳에서 인문지식과 디지털 기술의 융합이 어떠한 방법으로 이루어지는지를 설명하였다. 디지털 인문학의 성격과 목표를 이해한 다음 이 분야의 연구에 실제로 참여하고자 하는 사람들을 위해, 그들이 자신의 연구에 필요한 정보기술에 대해 이해하고, 그것을 운용할 수 있는 역량을 얻는 데 도움을 주고

자 하는 의도에서 쓰인 글이다.

제3편 '디지털 인문학에 관한 제논의'는 디지털 인문학의 현황과 과제를 좀 더 깊이 있게 살필 수 있는 글들을 모은 것이다. 3편 1부의 글은 해외의 디지털 인문학 동향에 관한 논문들이다. 그 가운데, 미국과 프랑스의 '디지털 인문학 선언'을 소개하는 글은 디지털 인문학이라는 주제가 세계의 인문학계에서 어떠한 의미로 부상하고 있는지를 알 수 있게 하는 자료이다. 미국, 대만, 일본 등에서 수행하고 있는 다양한 성격의 디지털 인문학 프로젝트에 관한 조사 보고서는 국내의 연구자들이 디지털 인문학 연구 프로젝트를 기획하는 데에도 참고가 될 것으로 기대한다. 3편 2부의 글은 '한국'이라는 현장에 자리하고 있는 디지털 인문학에 관한 것이다. 한국의 디지털 인문학이 어떠한 환경적 특성을 안고 태동하게 되었는지, 그 특수성에 수반하는 잠재력과 가능성, 그리고 극복해야 할 문제점은 무엇인지를 짚어보려 한 글들을 이곳에 모았다. 마지막으로 3편 3부에서는 대학 학부생을 대상으로 한 디지털 인문학 교육 경험에 관한 글들을 소개함으로써 디지털 환경에서의 인문 교육 프로그램을 구상하는 분들에게 참고가 될 수 있도록 하였다.

지금도 세계의 곳곳에서는 디지털 기술과 인문지식을 결합하는 다양한 실험이 이루어지고 있고, 그에 따라 디지털 인문학의 세계는 점점 더 그 외연을 넓혀가고 있다. 특정 연구 주제나 방법론으로 한정할 수 없는 그 세계를 한 권의 책으로 소개하는 것이 무리인 줄 알면서도, 독자들 스스로 그곳에 첫발을 들여놓는 데에는 작은 도움이 될 수 있으리라는 기대에서 이 책을 펴낼 결심을 하게 되었다.

이 같은 결심과 그에 따른 실천은 공동저자 임영상 교수의 적극적인 의지와 추진력이 아니었으면 이루어질 수 없었을 일이다. 한국외국어대학교 인문대학 교수들은 디지털 인문학 교육이 대학의 학부 과정에서부터 깊이 있게 이루어져야 한다는 신념으로 인문대에 지식콘텐츠학부를 창립했으며, 학생들을 위한 교육 콘텐츠 개발의 필요에서 이 책의 출판을 추진하였다. 임영상 교수와 함께 공동저자로 참여한 심바로 선생은 이 책이 답해야 할 과제들을 제안하였으며, 디지털 인문학의 국내외 동향을 폭넓게 조사·분석하여 이 책의 정보 가치를 높여 주었다.

저자들의 글 외에도, 우리나라에서 디지털 인문학에 관한 학술적 논의를 선도하는 연구를 수행하신 여러분들이 도움을 주셔서 이 책의 의미를 더하게 되었다. 그 연구의 성과를 담은 소중한 글들을 이 책에 담도록 허락해 주신 김동윤 교수, 홍정욱 박사, 한동현 박사, 서경숙 박사, 주동완 선생, 김민형 교수께 깊이 감사드린다. 아울러 기술적 자료의 정리를 위해 수고한 한국학중앙연구원 인문정보학교실 박사과정의 류인태, 서소리 선생께도 감사드린다. 이 책의 내용 중 인문지식 데이터 처리 기술에 관한 부분은 대체로 한국학중앙연구원의 인문정보학 교육 과정에서 학생들과 함께 실습하고 검증한 결과들을 정리한 것이다.

끝으로, 지난 십수 년간 인문지식과 디지털 기술의 만남이 우리나라 인문학 교육의 새로운 지평을 열 것에 대한 기대를 함께 하면서, 저자의 디지털 인문학 탐구의 소중한 조언자가 되어 주셨던 김기덕, 박경하 교수께도 감사의 마음을 전한다.

2016년 5월

저자를 대표하여 **김 현** 씀

CONTENTS

제2편 인문정보학: 디지털 인문학을 위한 정보기술

제3편 디지털 인문학에 관한 제논의

제 1 편

디지털 인문학의 이해

1장 디지털 인문학이란 무엇인가?

2장 디지털 인문학의 과제

3장 디지털 인문학 교육: 목표와 방법

4장 디지털 인문학 교육의 첫걸음:
위키 콘텐츠 제작

1장 디지털 인문학이란 무엇인가?

디지털 인문학(Digital Humanities)이란 디지털로 표현하고 디지털로 소통하는 이 시대에 인문지식이 더욱 의미 있게 탐구되고 가치 있게 활용되도록 하려는 노력이다.[1] 디지털 인문학의 함의는 무엇이며, 디지털 인문학 활동을 통해 얻고자 하는 것은 무엇인가?

1. 디지털 인문학의 함의

디지털 인문학이란 정보통신기술(Information & Communication Technology)의 도움을 받아 새로운 방식으로 수행하는 인문학 연구와 교육, 그리고 이와 관계된 창조적인 저작 활동을 일컫는 말이다. 이것은 전통적인 인문학의 주제를 계승하면서 연구 방법 면에서 디지털 기술을 활용하는 연구, 그리고 예전에는 가능하지 않았지만 컴퓨터를 사용함으로써 시도할 수 있게 된 새로운 성격의 인문학 연구를 포함한다. 단순히 인문학의 연구 대상이 되는 자료를 디지털화 하거나, 연구 결과물을 디지털 형태로 간행하는 것보다는 정보기술의 환경에서 보다 창조적인 인문학 활동을 전개하는 것, 그리고 그것을

1) 미국의 인문학재단(National Endowment for Humanities)이 2008년 디지털 인문학 지원단(Office of Digital Humanities)을 설치하고 각 대학의 디지털 인문학 연구에 대한 지원을 강화하면서, 디지털 인문학은 미국뿐 아니라 세계 대학의 새로운 관심사로 부상하였다. 우리나라에서도 인문학 연구와 교육의 새로운 활로를 모색하고자 하는 인문계 연구자들이 '한국 디지털 인문학 협의회'를 결성하는 등 (2015년 5월) 디지털 사회에서 인문학의 기능을 제고하는 방법을 찾고 있다.

디지털 매체를 통해 소통시킴으로써 보다 혁신적으로 인문지식의 재생산을 촉진하는 노력 등이 '디지털 인문학'이라는 새로운 조어의 함의라고 할 수 있다.[2)]

2. 디지털 인문학의 배경

1) 세계의 디지털 인문학

미국에서는 이탈리아의 예수회 신부 로베르토 부사(Roberto Busa, 1913~2011)가 토마스 아퀴나스(Thomas Aquinas)의 저작을 중심으로 하는 중세 라틴어 텍스트 1,100만 단어의 전문 색인을 전자적인 방법으로 편찬한 것(1949~1974)을 디지털 인문학의 시작으로 보고 있다.[3)] 이를 계기로 인문학 연구의 새로운 방법에 눈을 뜨게 된 연구자들은 컴퓨터의 활용을 여러 방면으로 모색하기 시작했다.

이 방면의 선도적인 노력 가운데 하나는 인문학 지식을 담은 텍스트를 전자적으로 기술하기 위한 마크업 언어의 개발이다. 1987년 인문학재단의 지원으로 시작된 SGML(Standard Generalized Markup Language) 기반의 인문지식 전자 텍스트 기술 언어 TEI(Text Encoding Initiative)의 개발 연구는 1990년에 초안을 발표한 이후 2007년까지 지속적으로 확장되면서 인문학 텍스트를 전자적인 연구 자원으로 전환하는 일을 선도하였다.

---

2) 김현, 「디지털 인문학: 인문학과 문화콘텐츠의 상생 구도에 관한 구상」, 『인문콘텐츠』 29, 인문콘텐츠학회, 2013.

3) Susan Schreibman, Ray Siemens, John Unsworth. A Companion to Digital Humanities. Oxford: Blackwell. 2008.

초기에는 컴퓨터를 인문학 연구에 활용하려는 시도가 '인문학 전산화'(Humanities Computing), 또는 '전산 인문학'(Computational Humanities)이라는 이름으로, 텍스트 및 언어 자원의 색인·통계 처리를 위주로 하였으나, 정보기술 환경의 급속한 진화와 더불어 그 활용 범위를 데이터베이스와 멀티미디어, 그리고 대규모 원시 데이터에서 전자적인 방법으로 의미 있는 사실을 찾아내는 데이터 마이닝(Data Mining), 그 결과를 그래픽으로 보여주는 시각화(visualization)로까지 넓혀 갔다.[4)]

[그림 Ⅰ-1] 로베르토 부사(Roberto Busa, 1913~2011)[5)]

전통적인 인문학과 디지털 기술의 교섭이 더 이상 데이터의 양적 처리에만 머물지 않는다는 것을 주목한 일군의 연구자들은 '인문학 전산화'를 대신하는 표현으로 '디지털 인문학'(Digital Humanities)이라

4) 김현, 「디지털 인문학: 인문학과 문화콘텐츠의 상생 구도에 관한 구상」, 『인문콘텐츠』 29, 인문콘텐츠학회, 2013.
5) 사진 출처: http://stephenramsay.us/2011/08/11/father-roberto-busa/

는 용어를 사용하였다.[6] 이 새로운 조어는 2006년 미국 인문학재단의 기획연구 사업의 이름(Digital Humanities Initiative)으로 채용되었고, 이것이 2008년 인문학재단의 정규 사업단 중 하나(Office of Digital Humanities)로 편제되면서 '디지털 인문학'은 디지털 환경에서의 인문학 연구와 교육을 지칭하는 이름으로 자리잡게 되었다.

2) 한국의 디지털 인문학

로베르토 부사의 토마스 아퀴나스 콘코던스(Thomas Aquinas Concordance)에 비견되는 우리나라 디지털 인문학의 효시는 에드워드 와그너(Edward Wagner, 1924~2001)의 문과 프로젝트라고 할 수 있다.

미국 하버드 대학의 동아시아언어문명학과 교수를 역임한 에드워드 와그너는 미국과 서유럽의 역사학계에서 한국사 연구를 선도한 학자로 잘 알려져 있다. 와그너 교수는 1967년에 하버드 대학교 옌칭연구소의 지원을 받아 그의 한국인 동료 송준호 교수와 함께 문과 합격자 명부인 '문과방목'(文科榜目) 데이터를 디지털 데이터베이스로 편찬하는 프로젝트(Munkwa Project)에 착수하였다.[7] 와그너와 송준호는 이 프로젝트를 통해 14,600명의 문과 합격자와 그의 가까운 친인

---

6) 2004년 Susan Schreibman, Ray Siemens, John Unsworth는 A Companion to Digital Humanities (Oxford: Blackwell, 2004)를 공동으로 편찬하였다. 이 책은 종래 '인문학 전산화'(Humanities Computing)라고 불리던 학술 활동의 확장된 개념으로 '디지털 인문학'(Digital Humanities)이라는 용어가 쓰이게 하는 데 기여하였다.

7) Kim Sun Joo "Edward W. Wagner and His Legacy: Toward New Horizons in the Research of Korean History", The Wagner Fiftieth Appointment Anniversary Special Lecture, (Korea Institute, Harvard University, September 29, 2008)

척(부, 조, 증조, 외조, 장인)에 관한 데이터(본관 성씨, 관직, 거주지 등)를 컴퓨터에 입력하고 이를 종합적으로 분석하였다. 여러 가지 기술적인 어려움에도 불구하고 이와 같은 방식의 연구를 수행하고 있는 이유에 대해 와그너 교수는 다음과 같이 말하였다.

[그림 I -2] 에드워드 와그너(Edward Wagner, 1924~2001)

"역사 연구를 위해 컴퓨터를 사용하는 데에는 근본적인 이유가 있습니다. 컴퓨터는 이미 인류의 삶의 일부가 되었고 앞으로 더욱 그러할 것이기 때문입니다. 컴퓨터를 이용한 연구에 종사하는 것은 우리로 하여금 우리의 미래에 더욱 다가갈 수 있게 하는 것입니다."[8)]

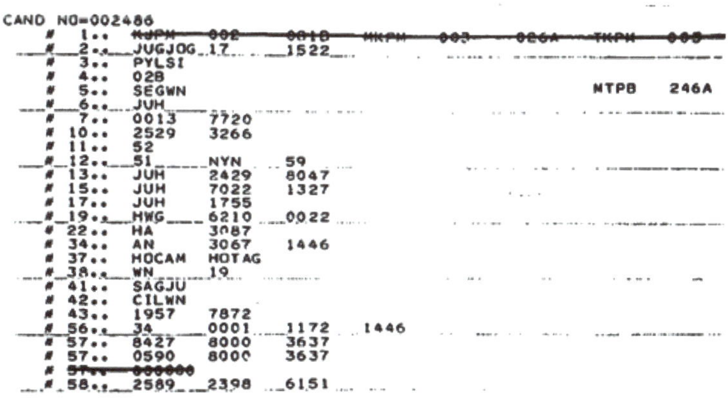

[그림 I -3] 와그너-송 문과 데이터. 한자 대용으로 중국의 전신 부호계 사용

8) Edward Wagner, "Problems in the Computerization of Materials in the Korean Studies Field: A Report on the Munkwa Project", 『한국학자료의 전산화연구』 (성남:한국정신문화연구원 1982)

한국의 인문학자들로 하여금 와그너가 말한 '컴퓨터의 도움을 받는 연구'(Computer-assisted Research)에 다가가게 한 사건은 『조선왕조실록(朝鮮王朝實錄)』의 전문을 데이터베이스에 수록한 『조선왕조실록 CD-ROM』 편찬이었다. 1992년에 착수하여 1995년 10월에 첫선을 보인 이 디지털 편찬물의 간행은 대한민국 인문학 정보화의 효시이자 가장 커다란 파급 효과를 가져다 준 획기적인 사업이었다.[9)]

[그림 I -4] 국역 조선왕조실록 CD-ROM 초판 패키지

조선왕조실록 데이터베이스는 국내외의 한국사 연구자들, 특히 조선시대사 연구자들에게는 필수적인 연구 도구가 되었다. '검색'이라고 하는 제한된 기능만을 제공하는 시스템이었지만, 데이터의 양이 워낙 방대했기 때문에 기사 탐색에 많은 시간을 소비해 온 조선시대사 연구자들은 이 CD-ROM을 통해 인문학 연구 환경의 변화를 실감할 수 있었다.

9) 최희수, 「디지털 인문학의 현황과 과제」, 『소통과 인문학』 13, 한성대학교 인문과학연구원, 2011.

조선왕조실록의 디지털화는 조선시대사 연구라는 학술 분야뿐 아니라 역사 지식을 대중적인 문화 상품의 창작에 활용하는 데 기여하였다. 어떤 의미에서는 교양서적 저술가와 TV 방송 프로그램 제작자, 연극 극작가 등이 디지털 조선왕조실록의 최대 수혜자였다고 할 수 있다. 예전 같았으면 조선시대사 전공자가 아니고서는 찾아낼 수 없었던 그 시대의 세세한 일들을 누구나 찾아볼 수 있게 된 것이다.[10)]

디지털 조선왕조실록은 인문지식이 일반인들도 즐길 수 있는 다양한 문화상품의 소재가 될 수 있다는 사실과 디지털 기술이 그것의 가교 역할을 할 수 있다는 사실을 일깨웠다. 이러한 인식은 우리나라 대학의 인문학 연구자들 사이에서도 확산되어 갔고, 그 연장선상에서 '인문콘텐츠학'과 '인문정보학'이라는 새로운 학술 활동이 시작되었다.

디지털 기술의 활용을 통해 '학술'과 '창작' 사이에 놓였던 '지식 소통의 장벽'을 해소하고자 한 시도는 우리나라 '인문학 정보화'의 특징적인 면모 중 하나이다. 이것은 1990년대 말부터 우리나라가 범국가적 차원에서 정보 산업과 문화콘텐츠 산업의 진흥을 위해 다각적인 정책을 펼친 것에도 그 원인이 있다고 할 수 있다.[11)] 이러한 배경에서 발전해 온 한국의 디지털 인문학은 전문적인 학술 연구만이 아니라 인문지식을 대중화하여 유용하게 쓰일 수 있게 하는 것, 그리고 그와 같은 일을 수행할 수 있는 응용인문학 인력을 양성하는 데에도 관심을 두고 있다.

---

10) 김현, 「The Korean Wave, Culture Content, and Cultural Informatics」, 『인문콘텐츠』 10, 인문콘텐츠학회, 2007.

11) 김현, 「문화콘텐츠, 정보기술 플랫폼, 그곳에서의 인문지식」, 『철학연구』 90, 철학연구회, 2010.

3. 디지털 인문학 연구개발 사례

디지털 인문학이라고 할 수 있는 연구 활동의 구체적인 내용은 세계 여러 나라의 대학에 '디지털 인문학 연구 센터'(Center for Digital Humanities) 또는 이와 유사한 이름으로 설치된 조직에서 수행하는 연구개발 프로젝트와 그 산출물을 통해 살필 수 있다.

디지털 인문학 프로젝트는 교양적 수준의 인문지식 교재 개발에서부터 고도의 정보처리 기술을 동원한 빅 데이터 분석에 이르기까지 매우 다양한 성격을 드러낸다. 디지털 인문학은 인문학 분야의 새로운 분과 학문이 아니라, 인문학을 연구하고 교육하는 방법상의 혁신을 지향하는 것이기 때문에 연구의 범위나 주제를 어느 특정한 영역에 한정하기는 어려울 것이다. 다양한 성격의 연구개발 프로젝트 가운데 디지털 인문학에 대한 이해를 넓히는 데 도움이 될 만한 몇 가지 사례를 살펴보기로 한다.

1) 문화의 시각화

미국의 메사추세츠 공대(MIT)에서 수행하는 '문화의 시각화'(Visualizing Cultures) 프로젝트는 '이미지가 이끄는 학술'(Image Driven Scholarship)을 표방하는 디지털 환경의 인문 교육 교재 개발 사업이다.[12)] 역사적 사실에 관한 그림, 사진 등의 이미지 자료를 디지털 영상으로 제작하고,[13)] 영상 자료의 구석구석에 담긴 지식의 모

---

12) Visualizing Cultures: http://ocw.mit.edu/ans7870/21f/21f.027/home/index.html, Massachusetts Institute of Technology

13) Visualizing Cultures 프로젝트에서 활용하는 이미지는 대부분 미국과 일본의 유명 박물관에서 유물로 보존하고 있는 것들이다. 이러한 희귀 자료에 대한 접근성과 활용성을 높이는 것도 이 프로젝트가 지향하는 목표 가운데 하

티브를 찾아 학술적인 설명을 부가하는 방법으로 시각적인 스토리텔링을 구현하고 있다. 이 저작물은 모두 월드와이드웹(World Wide Web)을 통해 공개되고 있으며 MIT의 온라인 교육 프로그램으로 활용되고 있다. '중국 광동무역의 흥망'(Rise & Fall of the Canton Trade System), '흑선과 사무라이'(Black Ship & Samurai) 등 20개 주제에 관한 45개의 코스웨어 유닛이 만들어져 있는데, 흥미로운 사실은 그것이 모두 아시아의 근대에 관한 내용이라는 것이다.

MIT의 Visualizing Cultures Project는 2010년부터 예일 대학(Yale University)의 동아시아학위원회(Council of East Asian Studies)와 함께 'Visualizing Asia in the Modern World'라는 이름의 컨퍼런스를 개최해 오고 있다.[14)] 시각적인 자료를 통해 아시아의 역사와 문화를 연구한 것이나 아시아의 문화와 자연을 담은 멀티미디어 데이터베이스 등이 이 컨퍼런스를 통해 소개되고 있는데, 이러한 주제들은 앞으로 '문화의 시각화'(Visualizing Cultures)에 관한 또 다른 연구 프로젝트로 발전해 갈 것으로 예상된다.

나이다. 이미지 자료 제공 기관: Arthur M. Sackler Gallery / Smithsonian Institution / Hiroshima Peace Memorial Museum / Honolulu Academy of Arts / Hood Museum of Art, Dartmouth College / Museum of Fine Arts, Boston / Peabody Essex Museum / Ryosenji Treasure Museum / Shiseido Corporation / Smith College Museum of Art

14) Visualizing Asia in the Modern World: http://www.visualizingasia.com, 이 컨퍼런스는 2010년에 시작하여 해마다 열리고 있으며, Yale, Harvard, Princeton 세 대학이 각각의 연차 대회를 주관하고 있다.

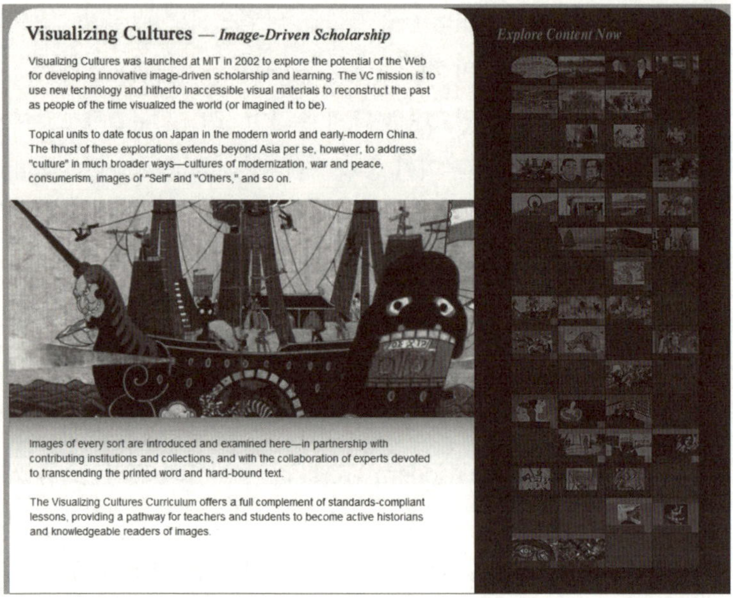

[그림 I -5] Visualizing Cultures[15]

2) 편지 공화국의 지형도

'편지 공화국의 지형도'(Mapping the Republic of Letters)[16]는 미국의 스탠포드 대학에서 수행한 디지털 인문학 프로젝트이다. '편지 공화국'(Republic of Letters)이란 17, 18세기 유럽과 미국에서 원거리 편지 교신으로 지식과 감성의 공감대를 형성해 온 문화적 공동체를 지칭하는 표현이다. '편지 공화국의 지형도'는 볼테르(Voltaire), 라이프니츠(Leibniz), 루소(Rousseau), 뉴턴(Newton), 디드로(Diderot) 등 계몽주의 시대의 인물들이 남긴 수많은 편지의 발신지와 수신지, 발신 날짜

---

15) http://ocw.mit.edu/ans7870/21f/21f.027/home/index.html

16) Mapping the Republic of Letters: http://republicofletters.stanford.edu/, Stanford University

로 기록된 공간, 시간 정보를 시각적으로 재현한 다이내믹 디지털 콘텐츠이다.

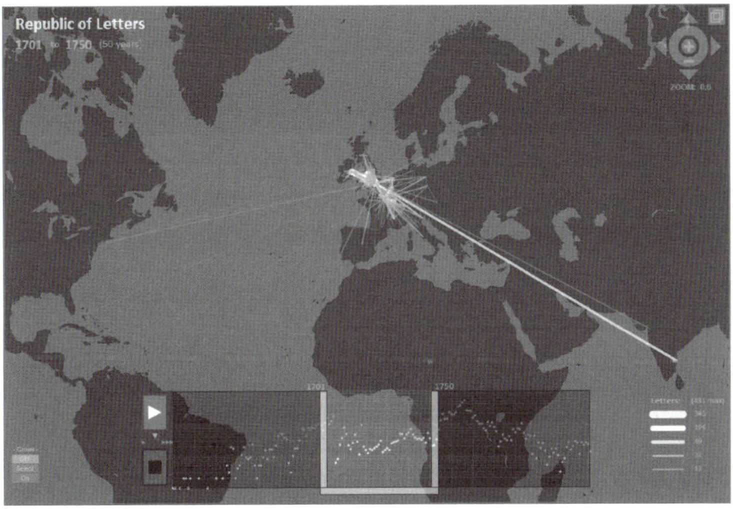

[그림 I -6] Mapping the Republic of Letters[17)]

예시 화면에서 보이듯이 특정 시간대에 주고받은 편지의 수발신 위치가 세계지도상에 표시되고 있다. 이 네트워크 그래프의 한 노드를 클릭하면 그것에 해당하는 편지의 목록이 나오고, 다시 클릭하면 개별 편지의 내용을 확인할 수 있게 된다. 이러한 수준의 고기능 멀티미디어 데이터베이스의 구현은 시각화 기술만으로 이루어질 수 없으며, 그 내용을 이루는 인문학적 콘텐츠가 존재해야 가능한 일이다. 이와 같은 지리적 시각화 프로젝트가 가능했던 것은 방대한 규모의 유럽 계몽기 편지 데이터베이스가 인문학자들에 의해 먼저 구축되었기 때문이다.

---

17) http://www.stanford.edu/group/toolingup/rplviz/rplviz.swf

'Mapping the Republic of Letters'에서 사용한 모든 데이터는 영국의 옥스퍼드 대학에서 만든 'Electronic Enlightenment'[18] 데이터베이스에서 끌어온 것이다. 이 데이터베이스는 17세기 초에서 19세기 중반까지 약 200년 동안 7,476명의 사람들에 의해 쓰인 60,647건의 역사적인 기록물을 담고 있다. 단순히 원문을 디지털화 한 데 그치지 않고, 본문에 270,000여 건의 주석을 부가하고, 관련 있는 사람들을 연결시키고, 중요한 키워드는 옥스퍼드 인명사전 등 50여 개의 다른 데이터베이스에 하이퍼링크로 연결되도록 하였다.

3) 런던 사람들의 생활

디지털 인문학적 연구 성과로 주목받는 또 하나의 인문지식 데이터베이스는 영국 셰필드 대학과 허트포드셔 대학이 편찬한 '런던 사람들의 생활'(London Lives)[19]이다. 이곳에는 1690년부터 1800년 사이에 영국 런던 거주민의 삶에 관계된 고문서 240,000여 건이 집적되어 있다.[20] 교회 교구의 기록물을 비롯해 범죄와 재판에 관한 기록, 병원의 진료 기록과 검시 보고서, 상공인 조합의 기록, 빈민 구제에 관한 기록 등이다. 이 데이터 속에는 모두 3백 35만 개의 인명이 포함되어 있는데, 데이터베이스 편찬자는 그 가운데 동일 인물들을 추적하여 18세기 런던의 하층민으로 살았던 수많은 사람들의 생애를 재구성할 수 있게 하였다. 이 데이터베이스의 효용을 가늠하는 사례로,

---

18) Electronic Enlightenment Project: http://www.e-enlightenment.com/, Bodleian Libraries, University of Oxford

19) London Lives, 1690~1800: http://www.londonlives.org, version 1.1, 24 April 2012

20) London Lives는 런던시의 8개 아카이브에 소장된 자료를 담은 15개 기존 데이터베이스를 이용하여 만들어졌다.

그 속에서 찾은 한 고아 소년에 관한 기록을 살펴보기로 하자.

John Conway는 1775년 6월 7일 St. Clement Danes 교구회에 맡겨졌다. 교구 기록에는 그의 나이가 3년 6개월이고, 글을 읽고 주기도문을 욀 수 있다고 적혀 있었다. 간호사 Hill이 주급 2실링 6펜스를 받고 그를 보육하였다. 1778년 John은 가난한 소년들에게 일거리와 숙식을 제공하는 구빈원(救貧院)으로 옮겨진다. (이 때 그의 나이는 2살이 늘어난 8살로 기록된다.) 그는 이곳에서 걸레에 쓰는 실을 짜는 일을 했다. 교구의 도제 등록부에 의하면, John은 1783년 8월 30일 Essex 지방의 Barking에 사는 어부 Morris Jones의 도제(徒弟)로 보내진다. 이 때 만들어진 고용 계약서에는 7주 후에 마스터인 Morris Jones가 2파운드를 받고, 3년간의 고용 기간이 만료되면 2파운드 2실링을 더 받는 것으로 되어 있다. John은 3년 동안 일한 후에 옷 한 벌을 받기로 하였다. 1785년 4월 18일에 John은 다시 St. Clement Danes 구빈원의 명부에 올랐다. 하지만 4월 22일에 열린 입원 자격 심사에서 그가 도제 생활을 한 지 9달 만에 도망쳤던 사실이 드러나 입원이 거부되었고, 다음 날 그는 Barking으로 추방되었다. 1786년 3월 15일, John은 14살이라고 나이를 속이고 다시 구빈원에 들어오려고 했지만, 이번에도 심사를 통과하지 못했다. 3월 17일, 존은 다시 Barking으로 돌려보내졌다.[21)]

---

21) London Lives, http://www.londonlives.org/static/ConwayJohn1775-1786.jsp

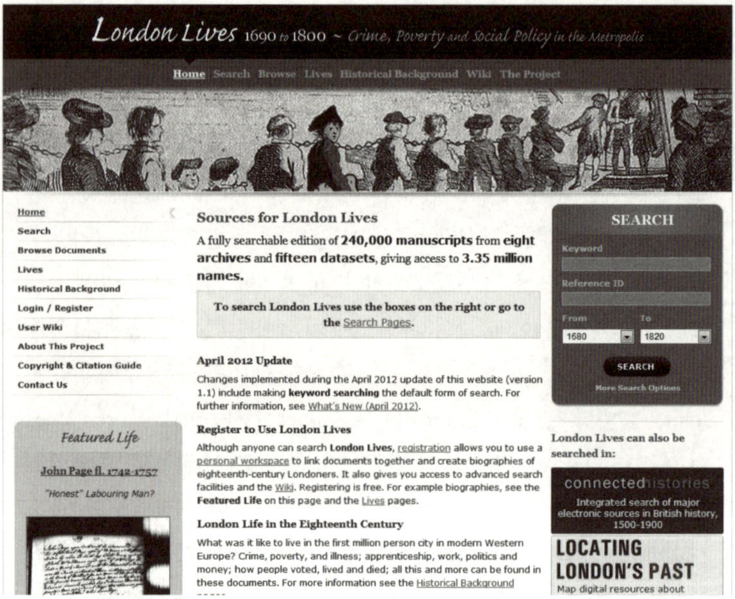

[그림 I -7] London Lives, 1690~1800: www.londonlives.org

'London Lives' 연구는 '고문서'로 분류되는 옛 기록물의 데이터베이스가 단순히 문서의 보존을 위한 장치에 머물지 않고 새로운 지식을 발견하는 유용한 수단으로 활용될 수 있음을 잘 보여주고 있다. 그 유용한 활용은 디지털 기술의 도움만으로 가능한 것이 아니며, 미세한 데이터의 조각에서 의미 있는 사실의 실마리를 발견하는 인문학적인 식견과 통찰이 필요한 일이다.

4) 노예 해방의 시각화

'노예 해방의 시각화'(Visualizing Emancipation)는 미국 남북전쟁 기간 동안 400만 명의 흑인 노예 해방의 시간적, 공간적 추이를 시각적으로 탐색할 수 있게 한 데이터베이스 편찬 프로젝트이다. 미국 리치몬드 대학 디지털 인문학 센터에서 미국 인문학재단(National Endowment for Humanities, NEH)의 디지털 인문학 프로그램의 지원을 받아 수행되었다.

미국 역사상 '가장 극적인 사회 변화'라고 일컬어지는 노예 해방은 어느 한 시점에 전국적으로 이루어진 사건이 아니다. 남북전쟁 기간 동안 정부의 정책, 북군과 남군의 지역별 전투 및 해당 지역의 점령 상황, 또한 각 지역의 노예제 농장과 그곳 흑인 노예들의 저항과 대립, 전투 참여 등에 따라 다양한 양상으로 전개되었는데, 이 연구는 노예 해방과 관련된 그 같은 다양한 사건들의 정보를 세밀하게 수집, 정리하여 전자적인 데이터베이스로 편찬하였고, 이를 통해 미국의 노예제 종식 과정에 어떠한 패턴이 있는지를 발견할 수 있게 하였다. 시각화된 데이터는 구글 어스(Google Earth)에서 열람할 수 있도록 KML(Keyhole Markup Language)[22] 파일로 제공하고 있다. 이것은 연구자들을 위한 자료로서뿐 아니라, 학생들을 위한 교육 자료, 일반인들을 위한 교양 정보로도 활용되고 있다.

---

22) KML(Keyhole Markup Language): 구글 어스, 구글 지도에서 지리적 위치와 관련 정보를 표현할 수 있도록 하는 XML 기반의 전자지도 스크립트 언어

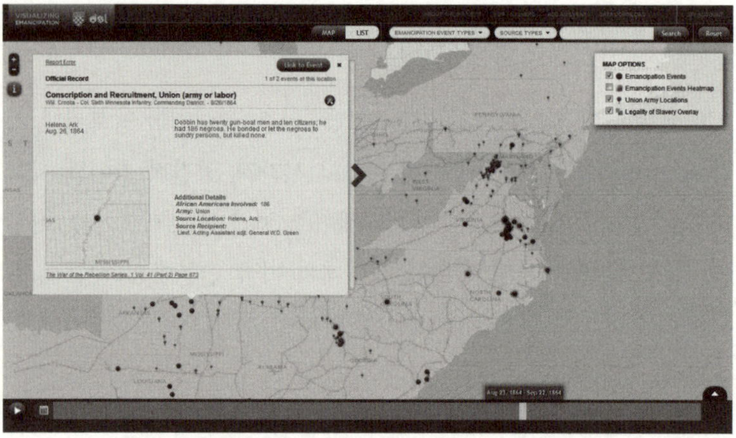

[그림 I -8] Visualizing Emancipation Project (Map of Slavery's end during the American Civil War)[23)]

5) 중국 역대 인물 데이터베이스

중국 역대 인물 데이터베이스(中國歷代人物傳記資料庫, China Biographical Database, CBDB)는 미국 하버드 페어뱅크 중국학 연구센터, 타이완 중앙연구원 역사언어연구소, 중국 북경대학교 중국고대사 연구센터가 공동으로 편찬하였다.

1995년, 펜실베이니아 대학 교수를 역임한 미국의 중국학자 Robert M. Hartwell이 작고하였을 때, 그가 남긴 유산에는 중국의 역대 인물 25,000명의 신상과 가계 정보 디지털 데이터가 포함되어 있었다. CBDB는 하트웰의 데이터를 토대 자료로 삼아서 편찬된 인물 정보 중심의 중국학 연구 데이터베이스이다.

23) http://dsl.richmond.edu/emancipation/

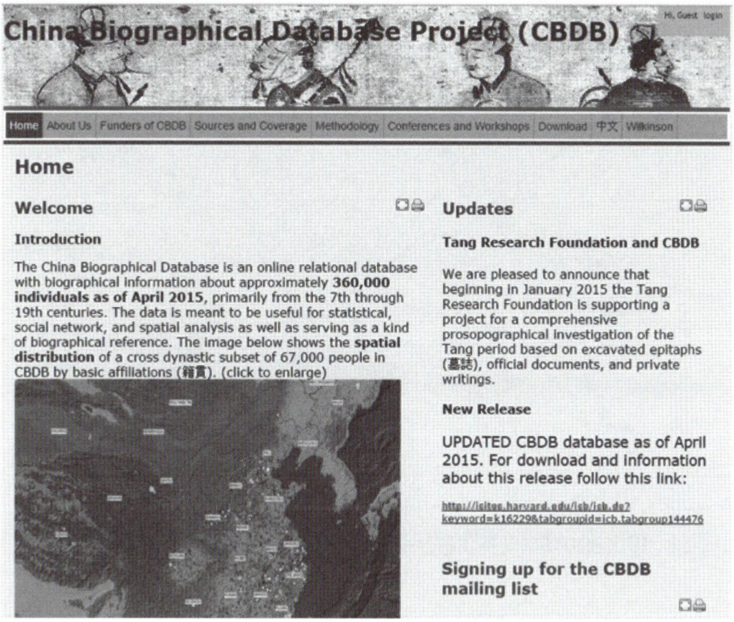

[그림 Ⅰ-9] CBDB: China Biographical Database Project[24)]

CBDB 데이터는 7~12세기에 중국에서 활동한 인물 360,000명에 관한 신상 정보(이름, 생/몰년, 별명, 임관, 출생/거주지, 저술 등)를 기본 정보로 수록하고 있으며, 여기에 더하여 그 인물들 사이의 친속관계와 사회관계를 기술하는 정보를 제공하고 있다. 특히 인물들 사이의 사회적 관계는 학문적 관계, 정치적 관계, 경제적 관계를 포함하는 500가지 이상의 관계성으로 상세하게 정보화함으로써 그 시대 중국사회 주요 인물들의 사회적 관계망을 시각화하고 다양한 관점에서 분석할 수 있는 길을 열어 주고 있다.

24) http://isites.harvard.edu/icb/icb.do?keyword=k16229

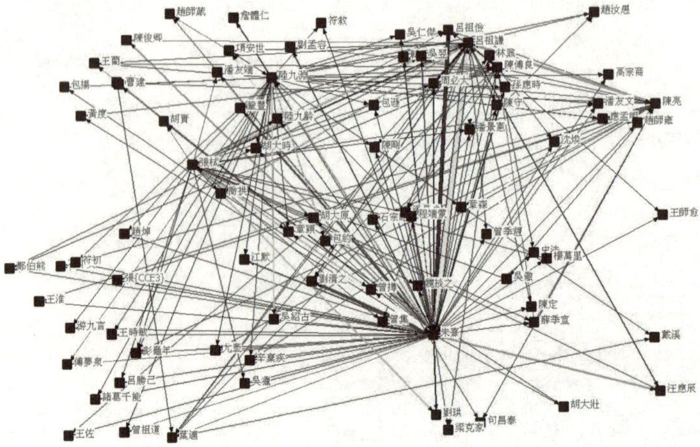

[그림 Ⅰ-10] CBDB 데이터를 이용한 중국 인물의 사회적 관계망 시각화 예시

CBDB는 이 데이터를 중국학 연구에 관심을 갖는 연구자들이 응용할 수 있도록 다양한 접근 경로를 열어 두고 있다. 중국학에 관한 다른 연구 프로젝트나 일반 사용자들을 위한 정보 서비스 목적으로, 온라인상에서 CBDB 데이터를 끌어 쓸 수 있게 하는 API(Application Programming Interface)[25]를 제공할 뿐 아니라 이 데이터베이스의 전체 데이터를 다운로드 받을 수 있도록 허용하고 있다. 현재 미국, 유럽, 타이완의 여러 대학과 연구 기관에서 이 데이터를 이용한 2차적 연구 성과를 월드와이드웹 상에서 제공하고 있다.[26]

---

25) API(Application Programming Interface): 자신의 프로그램이나 데이터베이스 조작을 온라인상의 외부 시스템에서 할 수 있도록 제공하는 프로그래밍 인터페이스

26) CBDB API: http://isites.harvard.edu/icb/icb.do?keyword=k16229&pageid=icb.page649231

6) 조선시대 표류 기록의 시각화

조선시대 표류 노드 시각망은 조선시대에 발생한 표류 사건의 기록을 토대로, 표류인들의 해상·육상 이동 경로와 그들이 겪은 일에 대한 정보를 멀티미디어 데이터베이스로 편찬한 연구 결과물이다. 이 프로젝트는 우리나라 연구재단에서 2014년에 처음으로 시행한 디지털 인문학 연구 지원 사업의 일환으로 수행되었다.[27]

이 연구는 『조선왕조실록(朝鮮王朝實錄)』, 『변례집요(邊例集要)』, 『표인영래등록(漂人領來謄錄)』, 『제주계록(濟州啓錄)』, 『표해록(漂海錄)』 등 조선시대의 표류 사건에 관한 기사를 담고 있는 문헌을 검토하여, '표류 인물', '출해 목적', '표류 원인', '표류 기간', '표류 경로', '표착 지점', '송환 경로', '송환 시기' 등 의미 있는 정보 요소를 추출하고, 그 결과를 시각적 데이터 관계망 및 이동 경로가 표시된 전자지도로 표현한 것이다.

문헌 자료에서 추출한 표류 사건 기록은 위키(Wiki) 문서로 작성하여 웹상에서 열람할 수 있게 하였으며, 하나의 표류 안에서 발생한 작은 사건들, 표류 및 송환 과정에서 거쳐 간 지역들, 표류 선원들과 그들이 만난 인물들, 표류 선원을 취조한 조선 및 외국의 기관 등을 정보 개체로 설정하고 이것들 사이의 상관관계를 네트워크 그래프로 시각화 하였다. 아울러 표류 및 송환 과정에서의 이동 경로를 구글 어스 상에서 보여주는 전자지도, 제주도와 대마도의 해안 지역 중 표류 사건의 출해지 및 표착지로 추정되는 곳의 모습을 보여 주는 3D 영상 자료 등이 이 연구의 결과물 데이터베이스에 포함되어 있다.

이 연구는 종래 텍스트 자료의 조사 정리 형태로만 이루어지던 고문헌 기록 연구의 결과를 다양한 형태로 시각화할 수 있는 가능성과

27) 이 연구를 위한 연구팀은 연세대학교, 선문대학교, 한국학중앙연구원의 연구진이 공동으로 구성하였다.

함께 이를 통해 연구 결과에 대한 이해와 활용을 증진시킬 수 있음을 보이는 사례이다.

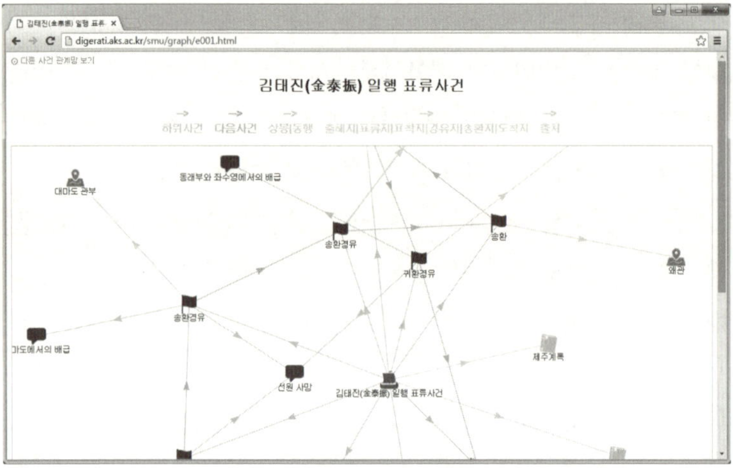

[그림 I -11] 조선시대 표류 노드 시각망 (표류 사건 관계망)[28]

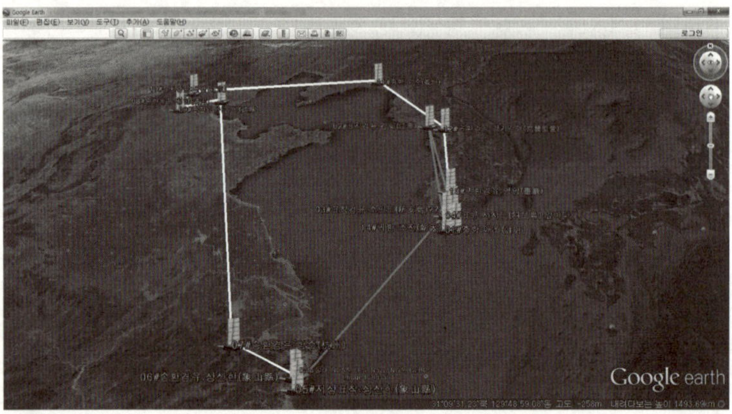

[그림 I -12] 조선시대 표류 노드 시각망 (표류 및 송환 경로 전자지도)

28) http://www.digerati.kr/mediawiki/index.php/표류_노드_시각망

7) 문중 고문서 시맨틱 아카이브

문중 고문서 시맨틱 아카이브 구축 연구는 한국학중앙연구원 한국학대학원 인문정보학교실에서 수행하고 있는 조선시대 고문서 데이터 활용에 관한 연구이다. 이 기관의 고문헌 아카이브 장서각(藏書閣)에 소장된 조선시대 문중 고문서를 대상으로 하는 이 연구는 '고문서'라는 실물을 아카이빙하는 방법이 아니라, 그 문서 안에 기술된 내용을 데이터로 다루는 방법을 제시하기 위한 것이다. 디지털 환경에서 디지털 기술로, 고문서에 적힌 글의 내용을 분석하고, 새로운 의미를 찾아 그것을 재구성하는 방법을 찾고자 한 것이다.[29)]

이 연구는 한국학중앙연구원 한국고문서자료관에서 디지털 사본을 서비스하는 65개 문중 고문서 중에서 재산 상속 내용을 담은 분재기류 문서, 재산 상속 사실을 증빙할 목적으로 작성된 소지, 입안류의 문서, 토지와 노비의 매매를 증빙하는 명문, 현금을 차용하고 발급한 차용증 등을 분석 대상으로 삼고 있다. 이와 함께 디지털적 연구 틀의 다른 한 축으로 삼는 것은 그 문중의 가계 계승 기록인 족보이다. 문중 고문서에 기록된 다양한 사건의 주체는 대부분 그 문중의 구성원들이다. 따라서 고문서에 나타난 인물들의 혈연관계를 보여주는 족보 데이터가 고문서의 내용 정보와 연계됨으로써 그들이 살아온 모습을 더 선명하게 드러낼 수 있게 된다.

이 프로젝트의 연구자들은 연구 대상으로 삼은 고문서와 족보에서 인물, 문서, 내용, 토지, 노비 등의 지식 요소들을 추출하여 범주

---

29) 김현, 류인태, 「관계의 발견을 위한 디지털 스토리텔링 데이터 모델」, 『한국고문서 정서·역주 및 스토리텔링 연구 - 2015년 연구보고서』, 한국학중앙연구원 장서각, 2015; 김하영, 『門中古文書 디지털 아카이브 구현 연구』, 한국학대학원 석사학위논문, 2015.

화하고, 각 범주에 속하는 개체들이 서로에 대해 어떠한 관계를 맺고 있는지 조사하여 그 결과를 데이터베이스 속의 데이터로 기술하였다. 이러한 방법을 통해 독립적으로 존재하던 개개의 문중 고문서들은 그 내용 요소들 사이의 관계성으로 인해 커다란 의미적 관계망으로 묶이게 된다.

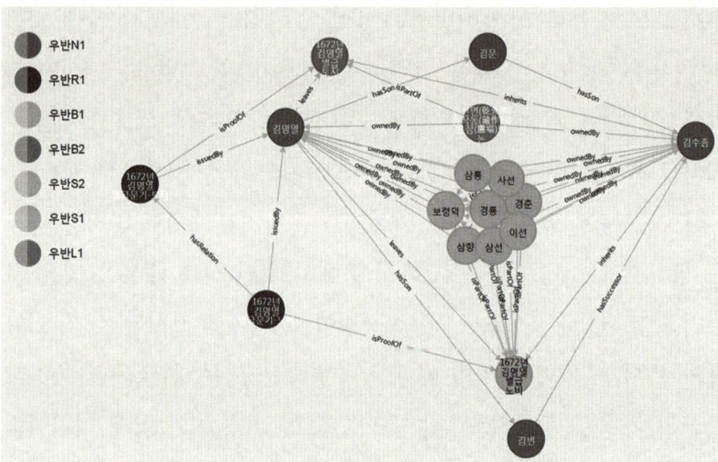

[그림 I -13] 그래프 데이터베이스를 활용한 고문서 내용 분석 및 시각화[30)]

---

30) http://digerati.aks.ac.kr/paper/paper2015-3/2015-12-부안김씨.htm

8) 한국문화 엔사이브

'한국문화 엔사이브(Encyves of Korean Culture)'는 데이터 기반 인문지식 백과사전의 모델을 제시하려는 목적으로 가지고 편찬된 주제 중심 디지털 백과사전이다.[31]

한국의 대표적인 기록문화 유산 중 '한글고문헌', '궁중기록화', '민족기록화', '불교 사찰의 승탑 비문', '옛 인물의 초상화' 등 다섯 가지 영역을 연구 대상으로 선정하고, 그 범주에 속하는 대표적인 기록물과 관련 지식 정보를 디지털 콘텐츠로 제작하여, 다양한 수준의 한국학 교육에 활용할 수 있게 하였다.

'백과사전적 아카이브(Encyclopedic Archives: Encyves)'[32]라는 이름으로, 백과사전적 지식과 아카이브의 자료가 하나로 결합하는 것을 추구한 이 융합적 콘텐츠는 2,500여 항목 기사를 포함하는데, 이 기사 속의 문맥 요소(인물, 장소, 사건, 기록물, 물품, 개념 등 4,000여 개의 키워드)는 다른 기사 및 키워드와 어떠한 연결 관계를 갖는지에 대한 데이터(키워드 사이의 관계를 설명하는 8,000여 개의 링크 정보)를 가지고 있다. 이 정보는 네트워크 그래프로 표현되어 연관 지식의 문맥에 대한

---

31) 이 디지털 백과사전은 한국학중앙연구원이 지원한 '한국 기록유산의 디지털 스토리텔링 자원 개발'(2016~2017) 및 '문화유산 속의 인물에 관한 시각적 스토리텔링 자원 개발'(2017) 연구의 일환으로, 한국학중앙연구원 인문정보학교실 연구진들에 의해 편찬되었다.
오늘날 디지털 미디어상에서 서비스되는 백과사전류의 콘텐츠가 많이 있지만, 그것은 대부분 '책이라는 아날로그 미디어에 적합한 형태로 편찬된 콘텐츠를 디지털로 서비스하는 것'에 지나지 않는다. 이것은 디지털 시대의 지식 수요에 대한 적정한 대응이 아니라는 인식에서 새로운 디지털 백과사전 모델 연구에 착수하였고, '한국문화 엔사이브'를 시범적인 연구 편찬의 성과로 제시하였다. http://dh.aks.ac.kr/Encyves/wiki

32) 백과사전적 아카이브(Encyclopedic Archives: Encyves)의 개념에 대해서는 이 책의 제2편 5장 4절 '백과사전적 아카이브' 참조.

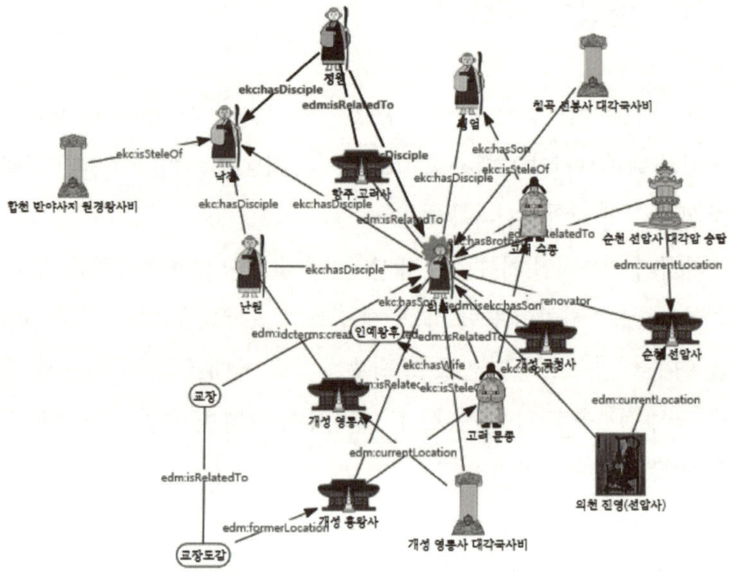

[그림 Ⅰ-14] 『한국문화 엔사이브』의 기사별 네트워크 그래프 예시[33)]

독자의 이해를 도울 뿐 아니라, 인터넷상의 다른 데이터와 결합하여 인문지식 빅데이터(Big Data) 네트워크를 구성한다.

아울러, 백과사전 기사 속에 등장하는 문화유적지, 문중 고가 등 역사·문화 공간의 대부분을 3차원 영상으로 촬영하여 가상현실로 재현하였고, 그 영상 속에서 관심 지점(Point of Interest)을 클릭하면 바로 그것에 관한 백과사전 기사를 볼 수 있게 하였다. 자신의 스마트폰을 구글 카드보드(Google CardboardTM)와 같은 VR 케이스에 넣어서 보면, 실제로 그 현장에 와 있는 것처럼 느낄 수 있다.

이 백과사전 콘텐츠에는 데이터 네트워크, 전자지도, 전자연표가 가상현실 등 다양한 소프트웨어 기술이 적용되었지만, 이용자가 1차

33) http://dh.aks.ac.kr/Encyves/wiki/index.php/의천

[그림 Ⅰ-15] 『한국문화 엔사이브』의 기사별 가상현실 예시[34]

로 접하는 기본 플랫폼은 독자가 곧 저자가 될 수 있는 개방형 공동 데이터 편집기 '위키' 소프트웨어이다. 위키를 기본 플랫폼으로 채택한 것은 향후 일반 독자들도 이 백과사전의 편찬자로 참여할 수 있는 길을 열어 주기 위해서이다.

---

34) http://dh.aks.ac.kr/Encyves/wiki/index.php/칠곡_선봉사

2장 디지털 인문학의 과제

1. 디지털 인문학에 관한 오해

디지털 인문학이라는 이름으로 추구하는 일들을 구체적으로 살펴보기 전에 그 진의에 대한 접근을 어렵게 하는 문제를 먼저 짚어보기로 한다. 디지털 인문학에 관해 이야기하다 보면, 우리에게 이미 '디지털'과 '인문학'의 관계에 대한 선입견이 있어서 그것이 디지털 인문학의 실상에 대한 바른 이해를 어렵게 한다는 느낌을 받을 때가 적지 않다. 그 선입견이란 대체로 다음과 같은 등식으로 표현할 수 있다.

① 디지털 인문학 = 연구 자료의 디지털화
② 디지털 인문학 = 연구 결과의 온라인 서비스
③ 디지털 인문학 = 계량적 연구 방법
④ 디지털 인문학 = 디지털 기술 문명에 대한 비판적 담론
……

실은 이 가운데 어느 것도 디지털 인문학이 아닌 것은 없다. 하지만 그 하나 또는 일부만을 가지고 디지털 인문학이라고 하는 것은 오해이다.

적지 않은 인문학자들이 이미 당연시 하고, 또 그 유용성과 필요성을 인정하는 부분이 ①과 ②이다. 연구에 필요한 사료를 디지털화 해서 쉽고 편리하게 찾아본 다음, 자신이 쓴 논문이나 저술을 인터넷상

에 유통시킴으로써 연구 성과를 확산시킨다는 것. 그것의 긍정적인 기능은 누구도 부인하지 않는다. 하지만 그 ①과 ②의 사이에서 이루어지는 일은 전통적인 인문학의 영역이며 거기에 디지털이 개입할 여지가 없다고 생각한다면 그것은 디지털 인문학에 대한 바른 이해라고 보기 어렵다. 우리가 추구하는 디지털 인문학은 ①에서 출발하여 ②에 이르는 그 중간의 '연구' 과정에서 더 많은 부분이 디지털 환경에 의존하고 디지털 기술을 활용하도록 하는 것이다.

반면, 연구 방법 면에서 디지털 기술의 중요성을 강조하는 ③의 입장도 적지 않은 오해의 소지를 안고 있다. 인문학 영역의 연구 중에는 디지털 인문학이라는 말이 등장하기 전부터 컴퓨터의 계산 기능을 도구로 활용해 오던 분야가 있어 왔다. 언어처리 분야에서 사용하는 어휘 데이터 분석 프로세스나 역사사회학 등에서 통계적 방법론을 적용할 때 썼던 프로그램은 대체로 데이터의 계량적 분석을 위한 것이다. 이러한 연구 방법은 여전히 의미있고 중요하지만, 그것이 곧 디지털 인문학이 추구하는 세계를 대변하는 것은 아니다. 디지털 인문학은 계량, 비계량의 경계를 넘어서서 인문학 세계에서 의미있게 논의되던 다양한 층위의 과제들이 디지털 세계에서 더 정밀하게 탐구되는 것을 추구한다. 컴퓨터를 이용하는 인문학 연구는 분명 애매하고 불확실한 것을 줄이고 명확하게 판단할 수 있는 것을 늘려 가려는 경향이 있다. 그렇다고 해서 지금 이 순간 명확한 답을 줄 수 없는 불확실한 것을 버리려는 것은 결코 아니다. 어떠한 전제에서 볼 때 무엇이 명확하고 무엇이 불명확한지, 다른 시각에서는 그것이 어떻게 달라질 수 있는지를 보다 선명하게 보임으로써 미지의 지식 세계를 더 깊고 넓게 탐구할 수 있게 하려는 노력이 디지털 인문학이다.

④ 의 화두는 그것이 디지털 인문학인가를 논하기 이전에 '현대 인문학'의 중요한 주제이다. 또한 디지털 인문학은 현대의 인문학임을

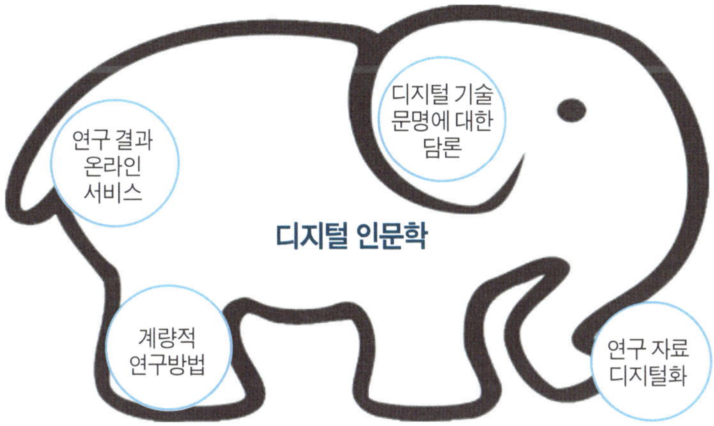

[그림 I -16] 디지털 인문학에 대한 부분적인 이해

표방하기에 그 주제 역시 디지털 인문학이 궁극적으로 다루어야 할 과제임을 부인할 수 없을 것이다. 그러나 그 논의가 전통적인 사고의 틀에 머물면서 디지털 세계를 타자화 하여 그 문제점을 지적하는 데 머문다면, 그것은 디지털 인문학의 발전에 그다지 도움이 되는 일이 아니다. 전통학문의 긴 역사에 비추어 볼 때 디지털 인문학은 이제 막 걸음마를 시작한, 미숙하고 불완전한 실험이다. 우리가 이미 알고 있는, 그리고 앞으로 더 많이 발견하게 될 문제점에 대한 해법은 그 실험의 현장에서 더욱 치열한 실천의 노력을 기울일 때 찾을 수 있을 것이다.

2. 디지털 인문학은 새로운 인문학인가?

디지털 인문학은 전통적인 인문학의 연장인가 아니면 인문학의 패러다임을 바꾸려는 시도인가? 디지털 인문학을 바라보는 전통적인 인문학자들의 시각 속에는 디지털 인문학의 주창자들이 이 문제에 대해 이중적 태도를 취한다는 비평이 섞여 있는 듯하다. 디지털 인문학은 디지털 기술을 도구로 이용할 뿐, 학술적인 주제와 문제의식은 전통적인 인문학을 충실하게 계승한다고 하다가, 디지털 인문학은 위기의 전통 인문학을 대신할 대안이며, 기존의 인문학이 관심을 두지 않았고, 할 수 없었던 일이 디지털 인문학에서는 가능하다고 주장하기도 한다는 것이다.

디지털 인문학은 새로운 인문학인가? 이 질문에 대한 대답은 그 시점을 어디에 두느냐에 따라 '아니요'일 수도 '예'일 수도 있다.

지금 이 순간 나와 당신이 디지털 인문학이라는 이름으로 하려는 노력이 새로운 인문학이냐고 묻는다면 '예'라고 대답하기는 매우 곤란하다. 디지털 인문학의 첫걸음은 정보기술을 인문학 연구와 인문교육의 도구로 쓸 수 있는 능력, 즉 '디지털 문식'(디지털 文識, Digital Literacy)을 획득하는 것이다. 좀 더 쉽게 말해 인문학 텍스트 속의 정보를 디지털 데이터로 전환하는 전자 텍스트 인코딩 방법을 배우고, 그것을 체계화하고, 분석하고, 시각화할 수 있는 소프트웨어의 사용법을 익히는 것이다. 초등학생이 글쓰기를 배우고, 중학생이 국어문법을 배우고, 대학생이 논문작성법을 배우듯이 디지털 인문학에 입문하는 초학자는 디지털 세계에서 소통하는 언어의 읽기와 쓰기를 배워야 한다.

디지털 문식의 기초를 닦은 상태에서 나아가게 되는 디지털 인문학의 두 번째 단계는 전통적인 인문학의 유산을 충실히 수용하고 그것을 디지털 환경에서 재현하는 노력을 기울이는 것이다. 우리가 현대와 미래의 새로운 지식 세계에 관심을 돌린다고 해도, 그 새로운 지식은 인류가 수천 년 동안 쌓아 온 지적 유산의 토대 위에서 만들어지는 것일 수밖에 없다. 학문의 내용면에서 보자면, 디지털 인문학은 앞으로도 오랫동안 전통 인문학이 닦아놓은 길 위에서 그것을 배우고 모방하는 준행의 길을 가야 한다.

그리고 그러한 과정과 노력을 거쳐 디지털 인문학이 궁극적으로 도달하게 될 곳은 누구도 시비를 걸 수 없는 '새로운 인문학'의 세계일 것이다. 과거 어느 시대의 인문학도 그 시대의 변화와 무관하게 독존하지 않았다. 시대의 새로운 요구에 부응하는 인문학은 항상 그 시대의 새로운 인문학이었다. 변화된 환경, 혁신적인 연구 방법의 토대 위에서 디지털 문명의 새로운 과제에 대응하는 미래의 인문학은 새로운 인문학일 수밖에 없다. 아마도 그 때에는 '디지털 인문학'이 더 이상 '디지털'이라는 수식어를 유지할 필요가 없을 것이다.

3. 디지털 인문학의 과제

우리 사회에서 통용되는 '인문학'이라는 말은 문학, 사학, 철학 등 분과 학문의 전문적인 연구만을 가리키는 것이 아니다. 학생들에게 인간과 사회의 다양한 모습을 폭넓은 시각에서 성찰하고, 바람직한 삶의 길을 탐구할 수 있게 하는 인문적인 교양 교육도 인문학의 이름으로 해야 할 일이다. 요즈음에는 고전과 역사에서 찾은 지식을 현대인의 삶을 윤택하게 하는 문화콘텐츠로 활용하는 일도 인문학의 영역에서 적극적으로 모색되고 있다. 우리가 디지털 인문학이라는 이름으로 하려는 일도 '연구', '교육', '응용'의 세 가지 측면에서 살펴 볼 수 있다.

1) 연구: 소통과 협업을 통한 인문학 연구

디지털 인문학은 연구 방법의 혁신을 통해 인문학 본연의 학술 연구에 기여하고자 한다. 디지털 인문학은 전통적인 인문학의 연장선상에 있는 것이기 때문에 그것의 연구 주제와 연구 성과를 존중하고 수용하는 것을 일차적인 과제로 삼는다. 하지만 디지털이라고 하는 새로운 환경이 도래한 만큼, 이제부터 할 수 있게 된 새로운 연구 방법을 적극적으로 도입하여 새로운 연구 성과를 낳는 데 관심을 모은다. 연구 방법 면에서 기존의 인문학과 비교되는 디지털 인문학의 특징은 '소통'과 '협업'이라는 키워드로 대변할 수 있다.

다수의 연구자들이 디지털 네트워크상에 마련된 협업 공간에서 자료의 발굴과 정리, 해석 등의 연구 업무를 수행할 경우를 상정해 보자. 내가 방금 정리한 내용은 즉각적으로 다른 연구자들에게 참고가 될 수 있고, 나 역시 다른 연구자가 발견하거나 해석한 것을 나의 연구의 일부로 수용할 수 있다. 서로의 작업이 아직 미완성이고 진행중에 있다고 하더라도, 그 과정이 공유되기 때문에 다른 사람에 의해 무엇이 만들어지고 있는지를 알 수 있고, 내가 할 일의 범위와 방향, 심도를 조율할 수 있으며, 이를 통해 협업의 성과를 증대시킬 수 있게 된다. 특정 주제별로 지식의 표준적인 기술 체계를 약속하는 일이 그와 같은 공동연구를 가능하게 하는 출발점이며, 이것이 디지털 인문학이 '연구'의 영역에서 가장 먼저 관심을 두는 부분이다.

개인연구를 위주로 한 종래의 인문학이 숲보다는 나무를 보는 한계를 가졌다면, 디지털 인문학은 숲과 나무를 함께 보는 연구를 지향한다고 할 수 있다. 혼자 하는 연구에서 공동으로 하는 연구로, 나아가 모든 개별적인 연구가 공동의 성과로 결집되도록 하는 연구가 디지털 인문학이 추구하는 '연구' 영역에서의 목표이다.

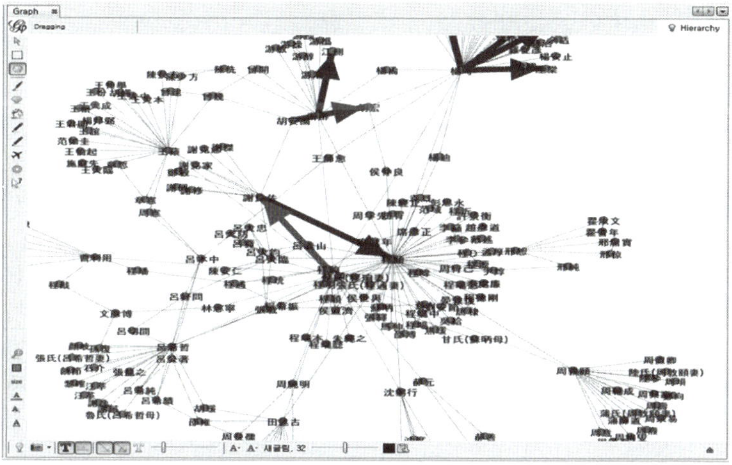

[그림 Ⅰ-17] 중국 역대 인물 데이터베이스의 데이터 관계망[35)]

2) 교육: 디지털 원어민을 위한 인문 교육

디지털 인문학이 '교육'의 영역에서 주목하는 사실은 현대의 교육 수요자들이 이른바 '디지털 원어민'(Digital Natives)이라는 점이다.[36)] 어렸을 때부터 디지털 환경에서 자라나 디지털 기술의 활용을 예사롭게 생각하는 우리의 차세대가 그들에게 익숙한 방법으로 인문지식을 배우고 응용할 수 있는 능력을 갖게 하고, 그 능력을 더욱 발전적으로 활용할 수 있도록 하는 것이 '교육'의 영역에서 디지털 인문학이

---

35) China Biographical Database Project, http://isites.harvard.edu/icb/icb.do?keyword=k16229
미국의 중국학자 로버트 하트웰(Robert Hartwell, 1932-1996)의 데이터를 기반으로 미국 하버드 대학과 중국 베이징 대학의 연구자들이 공동연구로 편찬. 7세기~19세기의 중국 인물 36만여 명의 전기 자료와 그들의 혈연·지연·학연, 정치적·경제적·사회적 관계를 디지털 정보로 기술하여 중국학 연구에 활용하고 있다.

36) Marc Prensky. "Digital Natives, Digital Immigrants". On the Horizon 9(5). UK: MCB University Press. 2001.

기여하고자 하는 일이다.

디지털 원어민은 새로운 지식과 정보를 디지털적인 방법으로 수용할 뿐 아니라, 그것을 모방하고 응용하여 만들어낸 자신의 콘텐츠를 디지털 세상에서 표현하고, 그러한 행위를 통해 자신의 존재를 인정받고 싶어 한다.

학생들로 하여금 디지털적인 방법으로 지식을 배우고, 배운 것을 응용하여 표현할 수 있게 하는 것, 다시 말해 디지털 언어로서 읽고 쓸 수 있는 능력을 배양하는 '디지털 문식'(디지털 文識, Digital Literacy) 교육은 이미 학교 교육의 중요한 과제로 인식되고 있다. 그런데 이 디지털 문식 교육과 인문학 교육이 접점을 찾지 못하고 유리된다면, 그 교육은 단순한 소프트웨어 기술 교육으로 전락할 것이고, 학생들은 거기에서 배운 것을 가치 있게 쓸 수 있는 응용 능력을 얻지 못하게 될 것이다.

반면, 디지털 문식 교육과 인문학 교육이 융합되었을 때 학생들은 디지털 기술의 플랫폼에 인문지식을 담아내는 방법을 알게 되고, 콘텐츠로서의 인문지식에 대한 관심과 이해를 높일 수 있게 된다. 한국사의 중요한 사건들과 그 중심에 있는 인물들, 유물과 유적, 기록물로 남은 그 역사의 자취들이 어떠한 연관 관계를 이루고 있는지 지식 노드의 관계망으로 표현하고, 근현대 문학작품의 공간적 배경을 전자지도를 통해 시각화하는 것, 학생들이 스스로 만들어낸 과제물을 온라인으로 공유하면서 유관한 지식의 상호참조가 이루어질 수 있도록 하는 것 등등……. 학생들로 하여금 열정적으로 인문학 공부에 몰입하게 할 수 있는 수단들이 디지털 환경에서 다양하게 강구될 수 있다.

❖ 디지털 시대	❖ 디지털 시대의 인문교육
디지털 환경에서 디지털적인 방법으로 배우고, 소통하며, 표현하는 시대	☞ 디지털 원어민(DIgital Natives)을 위한 인문지식 교육 ☞ 디지털 환경에서 '읽을'(reading) 뿐 아니라 '쓸'(writing) 수 있도록 하는 교육 ☞ 배우고 암기하는 데 머물지 않고 응용하고 창조하고 표현하며, 이를 통해 성취의 기쁨을 느낄 수 있도록 하는 교육
❖ **디지털 원어민**(Digital Natives) 어렸을 때부터 디지털적인 방법으로 소통하며, 표현하는 것에 익숙한 세대 ※ 기성세대: 디지털 이민자(Digital Immigrants)	

[그림 I -18] 디지털 시대의 인문 교육

3) 응용: 인문지식의 대중적 소통

우리가 디지털 인문학에 거는 기대 중의 하나는 이것을 통해 현대 사회에서 인문학의 '사회적 공헌'이 증대될 수 있기를 바라는 것이다.

인문학의 사회적 공헌은 여러 가지 측면에서 다루어질 수 있겠지만, 그 모든 논의에 공통된 전제는 인문지식이 학계의 벽을 넘어서서 인문학자가 아닌 사람들 사이에서도 소통되고 그들의 필요에 따라 다양한 방식으로 활용될 수 있어야 한다는 것이다. 근년에 한국연구재단의 지원 사업 리스트에도 오른, 이른바 '인문학 대중화'는 인문지식을 대중에게 확산시키는 것만을 목표로 하기보다는, 그 기반 위에서 인문학적 지식과 소양이 사회 발전에 유용하게 활용될 수 있게 하자는 것이다. 인문학 대중화의 방법은 무엇인가? 일반인을 대상으로 인문학 교양 강좌를 개설하고, 인문적 교양을 증진시키는 방송 프로그램을 제작하여 방영하는 것도 여전히 유효한 방법이겠지만, 이미 우리 사회에서 더 큰 영향력을 발휘하는 인문지식 대중화의 통로는 '인터넷'이라고 하는 디지털 네트워크 환경임을 외면해서는 안 된다.

10년 전쯤 누군가가 집에서도, 학교에서도, 사무실에서도 백과사전을 옆에 두고 일상 속에서 생겨나는 지적 호기심을 해결하려고 한다면 그는 범상치 않은 '학구적' 인물로 주목받았을 것이다. 요즈음에는 헤아릴 수도 없이 많은 사람들이 일상 속에서 그와 비슷한 일을 한다. 영화나 드라마를 보면서 그 내용 속의 사건과 인물, 장소를 탐색하고, 여행을 하면서도 방문지에 얽힌 역사와 일화를 들여다보고, 그곳과의 관계 속에서 탄생한 시와 그림, 음악을 감상한다. 버스나 지하철 안에서도 SNS(Social Networking Service)를 통해 끊임없이 날아드는 이야기를 열독하느라 네티즌들은 스마트 폰을 손에서 놓지 않는다. 디지털 세계에서 이와 같은 방식으로 탐닉하는 '흥미로운 이야깃거리'의 많은 부분이 우리가 '인문학'이라고 부르는 지식 콘텐츠의 파편들이다.

디지털 환경이 이미 인문학 대중화의 거대한 무대를 만들고 엄청난 기능을 발휘하고 있는데, 그곳에서 소통되는 인문콘텐츠의 품질을 높이고 사회적 기여의 가능성을 높이는 일에 대해 인문학의 주인들은 어떠한 기여를 하고 있는지 자문해 볼 필요가 있다.

인문학자들의 최우선적인 임무는 양질의 원천 지식을 생산하는 일이지만, 그 일만으로 인문학 대중화가 자동적으로 이루어지는 것은 아니다. 학계의 울타리 안에서 학자들만 이해할 수 있는 언어와 형식으로 소통되는 전문지식은 디지털 신호로 전환되어 온라인상에 등재되었다고 하더라도 바깥세계의 사람들에게 그다지 쓸모 있게 여겨지지 않는다. 원천 저작 속에 담긴 가치 있는 지식 정보가 소비자들의 관심과 수요에 따라 선택되고 활용될 수 있도록 새로운 형태-디지털 환경에 적합한 형태로 가공되어야 한다.

오늘날 온라인상의 디지털 데이터로 존재하는 우리나라의 인문지식 자원은 양적으로 적지 않은 듯이 보여도, 그 대부분이 매체 변환의 소산일 뿐, 디지털 환경에서 지식의 활용 가치를 증진시키는 노력이 더해지지 않았다. 학계에서 그 노력을 도외시하는 사이, 대중들의 활용을 겨냥한 인문지식의 이차적 가공은 포털 업체나 개인 블로거들의 이해(利害)와 관심에 의존해 왔다고 해도 과언이 아니다.

디지털 인문학이 인문지식의 사회적 기여를 위한 '응용'의 영역에서 해야 할 일은 인문지식의 풍부한 활용 가치가 디지털 세계에서 외면당하지 않도록 그 지식을 디지털 친화적인 형태로 발전시키는 것이다. 그 방법을 강구하고, 그 일을 할 수 있는 인력을 양성하는 일은 디지털 인문학의 연구 및 교육의 영역에서 추구하는 일과 크게 다르지 않다. 다만 추구하는 바가 순수하게 학술적이기보다 대중화나 사회적 기여에 비중을 두는 것이기에 디지털 문화의 다양성에 대한 관대한 시각과 함께 공공인문학, 문화콘텐츠학 등 응용인문학에 봉사하는 자세와 노력이 더해져야 할 것이다.

[그림 Ⅰ-19] 디지털 인문학을 통한 인문지식의 대중화

3장 디지털 인문학 교육: 목표와 방법

디지털 인문학의 세 가지 과제 가운데 '교육' 영역의 임무를 수행하는 노력을 '디지털 인문학 교육'이라 이름할 수 있다. 전문적인 인문학 연구자가 아닌 대학의 학생들이 디지털 인문학을 배워야 할 필요가 있다면 그 이유는 무엇인가? 대학에서의 디지털 인문학 교육의 방법은 무엇이며, 그 첫걸음은 어디에서 시작하는 것이 좋을지에 대해 알아본다.

1. 디지털 인문학 교육의 목표

대학에서 학생들이 디지털 인문학을 배워서 얻고자 하는 것은 무엇인가?

첫째, 디지털 인문학은 전통적인 인문지식을 배우는 새로운 방법이다. 교수의 입장에서 본다면 디지털 인문학은 디지털 원어민(Digital Natives)인 현대의 젊은이들에게 전통적인 인문학을 가르치는 새로운 교육 방법이라고 할 수 있다.

한국사의 중요한 사건들과 그 중심에 있는 인물들, 유물과 유적, 기록물로 남은 그 역사의 자취들이 어떠한 연관 관계를 이루고 있는지 지식 노드의 관계망으로 표현하고, 근현대 문학작품의 공간적 배경을 전자지도를 통해 시각화하는 것, 학생들이 스스로 만들어낸 과제물을 온라인으로 공유하면서 유관한 지식의 상호참조가 이루어질 수 있도록 하는 것 등등……. 학생들로 하여금 열정적으로 인문학 공부에 몰입하게 할 수 있는 수단들이 디지털 환경에서 다양

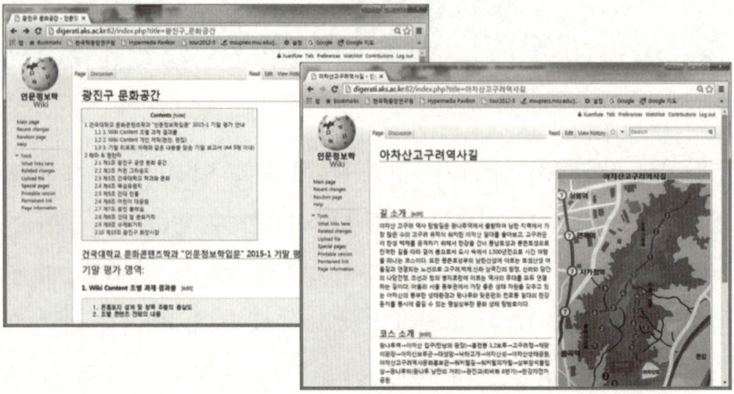

[그림 Ⅰ-20] 대학생들이 위키 소프트웨어로 편찬한 지역문화 백과사전

하게 강구될 수 있다. 대학의 인문학 교수들은 학생들이 인문학 과목에 관심을 두지 않는 것을 비관하기보다 그들이 선호하는 방법으로 자발적으로 인문지식에 다가갈 수 있도록 이끄는 노력을 기울일 필요가 있다.

둘째, 디지털 인문학은 장래에 인문학 연구자가 되려고 하는 학생들이 경쟁력 있는 연구 역량을 갖추기 위해 연마해야 할 학술적 소양이다.

현재 학생으로서 인문학을 배우는 젊은이들이 대학원 과정을 마치고 전문 연구자로 학계에 나아갈 때는 지금보다 훨씬 더 많은 일들이 디지털 세계로 옮겨 가 있을 것이다. 미래의 인문학도 여전히 과거의 지적 유산을 소중히 다루겠지만, 그것을 정리하고 분석하고 체계화하는 연구는 더욱더 디지털적인 방법에 의존하게 될 것을 예상할 수 있다. 요즘처럼 정보과학 분야에서 만들어진 프레임워크와 소프트웨어를 끌어다 쓰는 차원이 아니라, 특정 분야의 인문지식을 다루기 위한 맞춤형 디지털 기술이 수준 높게 진화할 것이다. 디지

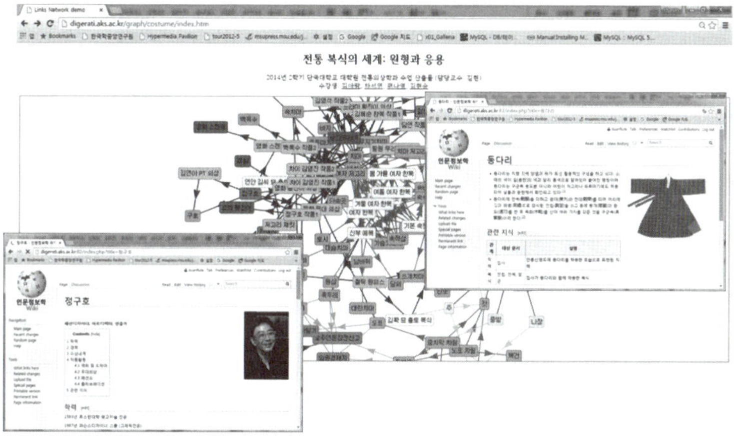

[그림 I -21] 데이터 시각화 도구를 사용하여 대상 세계의 지식을 체계화 하는 연구

털 기술과 인문학의 만남이 오래지 않은 현 시점에는 디지털 기술에 대한 지식이 깊지 않아도 디지털 인문학의 문턱을 넘어서는 것이 용이하다. 하지만 그것을 경원시하고 거리를 좁히지 못하게 되면 그 결과는 디지털 기술의 문외한에 머무는 정도에 그치는 것이 아니라 인문학자로서의 연구 경쟁력을 갖지 못하는 것일 수도 있다. 미래의 인문학자를 꿈꾸는 인문학도들은 인문학에서 공통적으로 중요시하는 고전어나 외국어를 배우듯이, 인문학적 지식을 디지털 언어로 표현하고, 디지털 기술을 활용하여 그 지식을 정밀하게 체계화하는 능력을 배양해 갈 필요가 있다.

셋째, 디지털 인문학 교육을 통해 인문학 기반의 문화콘텐츠 기획 및 저작 능력을 증진시킬 수 있다.

한국에서 '문화콘텐츠학'이라고 부르는 대학에서의 교육 과정은 인문지식의 문화적 향유를 촉진하는 문화콘텐츠 기획 방법을 가르친다. 이를 위해 문화산업계의 동향이나 그곳의 소비자 수요를 파고

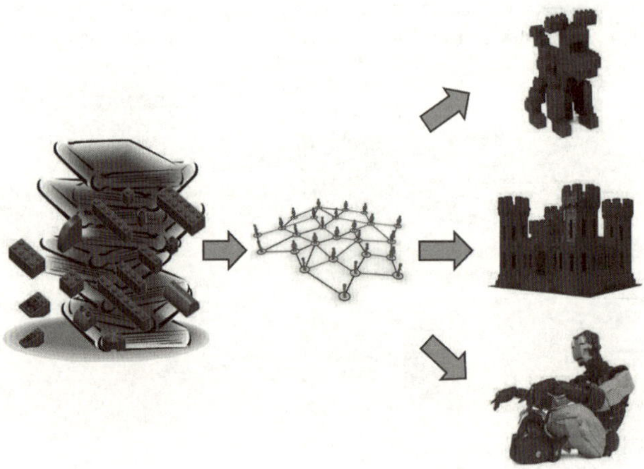

[그림 I -22] 창작 소재의 발견 → 문맥의 이해와 재구성 → 인문지식의 창조적 재생산

드는 마케팅 방법도 교과 과정에 포함되지만, 가장 강조되는 교육은 인문지식을 소재로 하는 창작물의 기획 방법이다. 인문학 분야의 다양한 지식 자원에 접근해서, 그 내용을 이해하고 분석하여 소재를 찾고, 그것을 새로운 스토리텔링으로 구성해 낼 수 있도록 하는 것이 이 교육이 목표하는 것이라고 할 수 있다.

디지털 인문학은 이러한 교육의 방법론으로 활용될 수 있다. 디지털 인문학 교육을 통해, 학생들은 자신이 탐구하는 지식을 디지털 세계의 노드(node)와 링크(link)로 이루어진 네트워크로 그려내어 가시화하는 방법을 배우게 된다. 이것은 역사적 사건이나 설화, 문학 작품의 내용을 들여다보면서 다양한 지식 요소들을 발견하고, 그것이 서로에 대해 어떠한 문맥을 형성하고 있는지 이해하고, 새로운 문맥을 구상하는 교육을 시행할 때 효과적으로 활용될 수 있다.

넷째, 대학의 학부과정에서 디지털 인문학 교육이 요청되는 이유는 그것이 디지털 원어민인 젊은이들에게, 디지털 환경에서 '나의 인문학'을 추구할 수 있는 능력을 키워 줄 수 있기 때문이다. 나의 인문학이란 '자신의 관심사를 좇아 자기 주도적으로 지식을 탐구하고 자기의 관점에서 그 결과를 체계화하는 생활', 다시 말해 일상 속에서 인문적 교양을 증진시키며 스스로 즐기는 삶의 방식과 그럴 수 있는 능력을 말한다.

민족이나 세계, 인류적 차원의 사상, 역사, 문화에 그다지 관심을 두지 않는 사람도 장롱 속에서 찾아낸 빛바랜 사진들을 정리할 때는 자신의 부모와 그 주변의 인물들이 어떠한 시대를 어떻게 살아왔는지 알고 싶어 한다. 나와 연고가 없는 어느 지방 도시의 지리와 역사는 나의 관심거리가 되지 못하지만, 우연한 기회에 그곳을 여행하면서 자연과 풍물에 매료되면 그 곳을 친구들에게도 알리고 싶고, 이를 위해 그 장소에 대해 더 알고자 하는 욕구가 치솟는다. 그래서 구글과 네이버로 관련된 지식을 찾고, 새롭게 알게 된 사실에 자신의 사진을 곁들여 블로그에 게시하고, SNS를 통해 친구들과 그것을 공유하려 한다.

디지털 환경에서 일어나고 있는 이러한 소소한 일들을 단순히 기술적인 것으로만 본다면 우리는 중요한 사실을 놓치고 있는 것이다. 이미 일상화되고 있는 디지털 기술은 인문학이 일반인들의 생활 속에서 가치를 발휘할 수 있는 기회를 증대시키고 있음을 보아야 한다.

디지털 인문학 교육은 일상 속에서 일어나는 '앎'에 대한 호기심과 자기가 찾은 '앎'을 표현하려는 욕구를 좀 더 체계적이고, 정확하고, 세련된 지식의 탐구로 고양시키는 역할을 할 수 있다. 어떤 사물이나 사실을 접할 때 그것을 고립된 실체가 아닌, 다른 많은 것과의 관계 속에서 만들어지고 의미를 갖는 것으로 볼 수 있게 되면, 자연스럽게 그 관계를 더듬어 가는 지적 탐구의 여정을 시작하게 된다.

[그림 I -23] Google Earth로 기술한 나의 문화유산 답사기: 경상남도 함양군 남강천의 누정 답사

인터넷상에서 내 호기심의 주제와 관련이 있는 정보를 찾고, 그 정보를 무턱대고 베끼기보다는 그 출처를 검증하고, 그 내용의 문맥을 이루는 지식 요소들을 더 깊게 조사하여 남들에게 자신 있게 보일 수 있는 자기의 콘텐츠로 만들기까지……. 이와 같은 일련의 지식 탐구 능력은 실제로 그러한 류의 지식 콘텐츠 편찬 작업을 해 보는 교육을 통해서 올바른 방향으로 신장될 수 있다. 디지털 인문학 교육은 학생들로 하여금 그들이 관심을 두는 대상을 디지털 세계에 옮겨 그릴 수 있게 한다. 그냥 옮기는 것이 아니라, 대상을 좀 더 바르게 이해하고, 좀 더 창의적으로 재현하는 방법을 알려 주는 것이다.

2. 디지털 인문학 교육의 방법

디지털 인문학 교육은 인문지식과 함께 그 지식을 디지털 환경에서 다루는 방법을 교수함으로써 인문학에 대한 관심과 활용 능력을 증진시키는 교육이다. 디지털 인문학 교육은 그 교육의 대상이 디지털 원어민 세대라는 것을 전제한다. 이것은 그들이 현재 디지털 기술 환경에 친숙하다는 점만을 강조하는 것이 아니라, 앞으로 삶의 더 많은 부분을 디지털적인 것에 의존하면서 살아가게 될 사람들이라는 사실을 인지하자는 것이다. 쇼핑도, 금융거래도, 직업훈련도, 취미생활의 많은 부분까지도 디지털 세계에서 이루어지는데 유독 인문학 교육만 전통적인 방법에 의존할 수는 없는 일이다.

디지털 환경에서 시행하는 인문학 교육은 디지털 교육 콘텐츠를 수동적으로 읽게 하는 교육이 아니다. 종이책 대신 똑같은 내용을 태블릿 PC로 보게 하는 것은 디지털 인문학 교육에 속하는 일이 아니다. 디지털 인문학 교육은 디지털 기술로 인문지식을 '읽을' 뿐 아니라, 그것을 분석하고 새롭게 정리하여, 자기의 주관대로 '쓸' 수 있게 하는 것을 목표로 한다. 디지털 인문학 교육은 학습의 성과가 성적표의 숫자로 남는 것이 아니라, 학생들 스스로 만든 디지털 인문지식 콘텐츠로 남는 것이다.

학생들이 인문학 지식을 배우고 그 속에서 자신의 관심거리를 찾아 새롭게 구성해 내는 인문콘텐츠는 애니메이션이나 동영상의 형태일 수도 있고, 위키피디아 방식의 하이퍼텍스트일 수도 있고, 관심지점을 표시한 3차원 전자지도일 수도 있고, 혹은 그 여러 가지를 조합한 멀티미디어 콘텐츠일 수도 있다. 무엇이든 그러한 것을 만들 수 있기 위해서는 정보기술의 활용법에 대한 이해가 있어야 한다.

디지털 인문학 교육은 어디까지나 '인문학 교육'이지 '정보기술 교육'이 아니다. 그렇지만 실효성 있는 인문학 교육을 위해서는 학생들에게 정보를 다루는 기술을 가르쳐야 한다. 인문학의 분과 영역이 여러 가지이고, 그 안에서 다루어지는 주제도 다양하기 때문에 인문학 교육을 돕는 정보기술을 몇 가지로 특정하기는 어렵다. 하지만 교육의 세부 주제가 무엇이든, 자신이 조사하고 발견한 내용을 체계적으로 정리하고, 동료들과의 협업을 용이하게 하고, 학습의 결과물을 다른 사람도 쉽게 이해하고 재이용할 수 있도록 하는 정도의 기술은 일반적으로 강구될 필요가 있다고 생각한다. 이러한 일을 도울 수 있는 도구적 기술로 다음과 같은 것을 들 수 있다.

※ 디지털 인문학 교육의 기술적 주제

① 위키(Wiki) 소프트웨어를 활용한 공유 문서 편찬: 여러 사람의 협업으로 체계적인 지식 콘텐츠를 만들어 가는 훈련

② 온톨로지(ontology) 설계 기술: 정보화의 대상이 되는 세계를 전자적으로 표현할 수 있도록 구성하는 능력 배양

③ XML(eXtensible Markup Language): 인문 분야의 지식 자원에 기계적 가독성을 부여하는 방법

④ 데이터베이스(database): 인문지식 데이터를 체계적으로 관리하고, 다양한 목적으로 그것을 분석, 종합하는 방법. 데이터의 연결 고리를 추적하여 감춰졌던 사실을 발견하는 능력 배양

⑤ 하이퍼미디어(hypermedia): 디지털 환경에서 문자 텍스트와 함께 다른 미디어의 콘텐츠를 종합적으로 엮어내는 기술. 지식과 감성이 결합하는 시각적 텍스트 편찬 능력 함양

⑥ 지리정보시스템(GIS, Geographic Information System) 응용 기술: 지리적 정보의 시각화를 통해 공간감과 장소감을 재현

⑦ 데이터의 시각화(Data Visualization; infographics): 인문학 지식

으로 의미를 갖는 데이터의 관계망이나 통계적 수치를 그래프 형태로 시각화

이러한 기술은 기초적인 입문 단계에서 고도의 응용 단계까지 그 활용의 스펙트럼이 매우 넓기 때문에 그 어느 것에 대해서도 '쉽다', '어렵다'고 단정적으로 말할 수 없다. 분명한 사실은 이러한 기술들이 결코 정보기술자들의 전유물이 아니며, 사회의 여러 분야에서 널리 활용되는 다용도의 도구(utility) 역할을 하고 있다는 점이다. 그렇기 때문에 입문적 활용을 위한 안내 체계가 잘 정비되어 있고, 다양한 교육 콘텐츠를 인터넷상에서 쉽게 접할 수 있다.

디지털 인문학 교육이 '정보기술 교육' 따로, '인문학 교육' 따로의 방식으로 가서는 안 된다는 것은 아무리 강조해도 지나치지 않다. 디지털 인문학 교육의 핵심은 정보기술과 인문지식의 거리를 좁히는 것이다. 인문계 학과의 학생들에게 디지털 인문학 교육을 시행할 때, 그들도 대체로 디지털 기술 자체를 어려워하지는 않는다. 디지털 친화적이지 않은 인문지식의 원천 자료를 디지털 기술이 요구하는 방식으로 재구성하는 것이 그들에게 가장 어려운 과제이고, 디지털 인문학 수업의 많은 부분이 할애되어야 하는 주제이다.

위에서 예시한 범용적 지식 관리 도구 중 한두 가지 또는 몇 가지를 이용하여 인문학적 주제의 디지털 콘텐츠를 만들어 보는 팀 프로젝트는 디지털 인문학의 입문 과정 수업으로 권장할 만하다. 학생들은 이 수업을 통해 인문지식, 디지털 기술, 그리고 협업을 통한 문제 해결 방법을 배울 수 있다.

디지털 인문학 교육은 이른바 프로젝트 기반 학습(Project-based Learning, PBL)의 형식을 취할 때 보다 용이하고 효과적으로 수행될 수 있다. 여러 명의 학생들이 모여서 팀을 이루게 되면, 그 중의 일부

는 인문학 지식을 탐색하는 일에 더 관심을 갖기도 하고, 몇 사람은 디지털 도구의 활용에 더 빠른 적응력을 보이기도 한다. 이들의 관심과 능력을 획일적인 틀로 재단하기보다는 서로의 장점에 대한 이해와 협업을 통해 공동의 목표를 이루게 하는 것이 PBL 방식의 디지털 인문학 교육이 추구하는 바이다. 실제로 이러한 방식의 디지털 인문학 교육을 이수한 학생들이 표명하는 성취감 속에는 인문학 지식이나 디지털 기술의 활용 능력의 증진 못지않게 서로를 도와 목표를 이루었다고 하는 자부심이 적지 않은 부분으로 자리한다.

월드와이드웹(World Wide Web)이나 SNS, 위키(Wiki) 소프트웨어와 같은 디지털 기술 환경은 아날로그 세계에서 쉽지 않았던 소통과 협업의 이상적 목표에 다가가기 위해 개발되었다고 해도 무방하다. 전통적인 인문학 교육에서도 소통과 협업은 결코 소홀히 취급되지 않았다. 이 과제의 해법을 훈화적인 인성(人性) 교육에서만 찾을 것이 아니라, 소통과 협업이 아니고서는 무엇도 이루기 어려운 세계를 학생들 스스로 체험하게 함으로써 효과적인 협업의 방법을 발견할 수 있게 하는 것이 디지털 인문학 교육의 또 하나의 지향점이라고 할 수 있다.

정보 기술을 활용하여 인문지식을 탐구하게 하는 디지털 인문학 교육이 가능하기 위해서는 인문지식의 교수 능력을 가진 인문학자가 디지털 기술을 활용한 교육 방법을 운용할 수 있어야 하고, 학생들을 가르치기에 앞서 교수들이 먼저 그 방법을 배워야 한다. 그렇다고 해서 모든 인문학 교수들이 이 방면의 디지털 기술을 심도 있게 알아야 하는 것은 아니다. 디지털 인문학의 가장 중요한 키워드인 '협업'은 교수와 학생의 사이에서도 유효하다. 디지털 인문학 교육을 위해 어떠한 소프트웨어 운용 기술을 도입하든, 디지털 원어민인 학생들은 빠른 시간 안에 교수를 능가하는 적응력을 보일 것이다.

디지털 인문학을 가르치는 교육자는 기술적인 부문에 관한 한, 학생들이 학습의 첫발을 내딛을 수 있도록 길을 열어주고, 도달해야 할 목표를 제시해 줄 수 있으면 된다. 그 가운데 해당 교과 교육이 본령으로 삼는 인문학 지식이 올바른 방향으로 탐구되도록 하는 것이 그의 주된 임무일 것이다.

4장 디지털 인문학 교육의 첫걸음: 위키 콘텐츠 제작

디지털 인문학 교육은 학생들이 디지털 환경에서 인문지식을 수용할 뿐 아니라, 그 배움에서 얻은 것을 정리하고 새롭게 편성하여 자신의 이야기로 표현할 수 있게 하는 것을 목표로 한다. 월드와이드웹과 같은 디지털 환경에서 다른 사람이 만들어 놓은 콘텐츠를 탐색하고 읽는 것은 디지털 원어민인 오늘날의 학생들에게는 이미 익숙한 일이다. 디지털 언어로 '읽을' 수 있을 뿐 아니라 '쓸' 수 있는 능력, 즉 디지털 문식(디지털 文識, Digital Literacy)의 증진을 위한 교육을 강구할 때, 위키(Wiki) 소프트웨어를 활용한 인문지식 콘텐츠의 편찬을 우선적으로 고려할 만하다.

위키 소프트웨어는 누구나 저자가 될 수 있는 백과사전 위키피디아(Wikipedia)를 통해 세계적으로 알려진 공유 문서 편찬 소프트웨어이다. 가장 널리 쓰이는 미디어위키(MediaWiki)를 비롯하여 여러 가지 위키 소프트웨어가 보급되고 있다. 위키 소프트웨어는 학생들 스스로 자신이 탐구한 인문지식을 체계적인 디지털 콘텐츠로 표현할 수 있게 하는 교육 도구로 활용할 수 있다.[37)]

37) 김현, 「디지털 인문학과 선비문화 콘텐츠」, 『儒學硏究』 33, 충남대학교 유학연구소, 2015, 13쪽.

1. 위키 소프트웨어의 특징

위키는 위키 소프트웨어(Wiki Software)를 기반으로 운영되는 웹사이트를 말한다. 위키 엔진(Wiki Engine), 위키 어플리케이션(Wiki Application)으로도 불리는 위키 소프트웨어는 인터넷 접속이 가능한 웹 브라우저(Web Browser)에서 마크업 언어(Markup Language)인 위키 문법을 사용하여 여러 사용자들이 함께 문서를 작성하고 수정할 수 있도록 협업을 지원하는 소프트웨어이다.

위키 웹 사이트는 하나의 위키 소프트웨어가 구동됨으로써 작동되며, 여러 개의 위키 문서(Wiki Document)들로 구성되어 있다. 위키 문서는 하이퍼링크(hyperlink)를 통해 연결되어 있으며, 하이퍼링크는 문서 내에서 단어, 문장 등 정보를 확장하고자 하는 부분에서 자유롭게 부여되어 관련된 주제의 연결을 돕는다.

최초의 위키는 1994년 워드 커닝엄(Ward Cunningham)에 의해 고안되었다. 프로그래머인 워드는 다른 프로그래머들과 프로그래밍 코드에 대해서 의견을 교환하고 공유해 나갈 수 있는 협업 환경의 온라인 데이터베이스를 개발하였는데, 이것이 최초의 위키 소프트웨어이자 최초의 위키 사이트인 위키위키웹(Wiki Wiki Web)이다.[38] 여기서 위키(Wiki)는 하와이어로 '빠른'을 의미하며, 기존의 웹 문서와 달리 빠르고 간편하게 문서를 작성하고 수정하고 배포할 수 있다는 점에서 이와 같은 이름이 붙여졌다.

컴퓨터 프로그래머 커뮤니티에서 제한적으로 사용되었던 위키가 일반 대중들에게까지 널리 알려지게 된 것은 2001년 위키피디아(Wikipedia)가 성공적으로 개발되면서부터다. 이제 위키는 널리 알려

38) http://c2.com/cgi/wiki

진 용어가 되었으며, 학술 단체뿐 아니라 공공기관, 기업 등 다양한 분야의 커뮤니티에서는 위키 기반의 웹 사이트를 구축하여 정보를 생산하고 관리하고 있다. 이러한 수요로 인하여 현재 배포된 위키 소프트웨어만 해도 수십 가지에 이른다. 따라서 목적에 따라 다양한 조건의 위키 소프트웨어를 자유롭게 선택하여 사용할 수 있다.

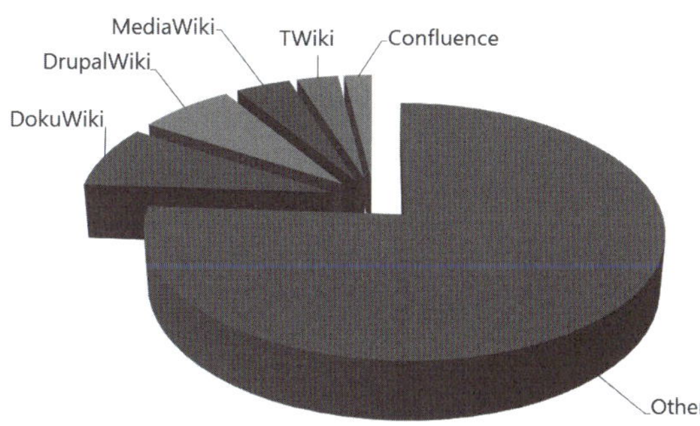

[그림 I -24] 인기 위키 소프트웨어 top5

일반적인 온라인 시스템과 구별되는 위키 기반 웹 사이트의 주요 특징은 웹 브라우저, 위키 문법, 협업이라는 키워드를 통해 설명할 수 있다. 위키 시스템에서 사용자들은 웹 브라우저를 이용하여 직접 문서를 작성·수정·배포할 수 있다. 따라서 웹 페이지 편집 프로그램과 같은 별도의 확장 프로그램이 필요 없으며 빠르게 정보를 생산할 수 있는 환경을 제공한다.

또한 위키 문서는 일반적으로 '위키 문법'(Wiki Syntax)이라고 하는 마크업 언어를 사용하여 작성된다. 마크업 언어는 텍스트에 태그(tag) 등을 이용하여 문서의 형식과 서식을 지정하는 언어이다. 위키 문법은 일반적으로 웹 페이지를 작성할 때 사용되는 언어인 HTML보다 간편한 마크업 언어를 제공한다. 따라서 위키 문서를 작성하는 데 있어서 특별히 기술적인 능력을 요구하지 않기 때문에 누구나 쉽게 문서 편집에 접근할 수 있다는 이점이 있다.[39)]

위키는 이와 같은 기술적인 장치를 기반으로 여러 사용자들이 공동으로 정보를 생산하고 관리할 수 있게 하는 협업 환경을 지원한다. 누구나 정보의 생산자가 될 수 있으며, 문서가 전달하는 정보에 관하여 자유롭게 의견을 교환할 수 있는 환경을 제공한다.

2. 위키 소프트웨어의 활용 사례

1) 새로운 형태의 백과사전: 위키피디아

위키피디아(Wikipedia)는 모두가 함께 만들어 가며 누구나 자유롭게 쓸 수 있는 다언어판 인터넷 백과사전이다. 2001년 지미 웨일스(Jimmy Wales)와 래리 생어(Larry Sanger)에 의해 위키피디아 프로젝트가 시작되었고, 현재는 비영리재단인 위키미디어 재단(Wikimedia Foundation)이 관리하고 있다.

위키피디아는 위키 시스템의 대중적 인지도를 높였다는 점과 함께 새로운 형태의 백과사전 양식을 만들어냈다는 점에서 의미를 가진다. 즉 인터넷을 기반으로 하여 실시간으로 편집되고 갱신된다는 점에서 시의성을 갖춘 정보를 제공한다는 특징을 가지며, 누구나 편집과 관리에 참여할 수 있다는 점에서 집단 지성의 긍정적 효과를 극대화하는 특징을 가진다. 위키피디아는 비록 그것이 새로운 형태

39) 주의할 것은 '위키 문법'이 하나의 표준화된 문법으로 존재하는 것은 아니라는 점이다. 위키 문법은 위키 소프트웨어별로 각기 다르다. 따라서 자신이 사용하는 위키 소프트웨어를 확인한 후에 그에 맞는 위키 문법을 익혀야 한다.

를 취한다 하더라도 기본적으로 정확한 정보를 제공하는 사전의 기능을 담당해야 하므로, 문서를 등재하고 편집하는 데 있어서 엄격한 정책과 지침이 존재한다.

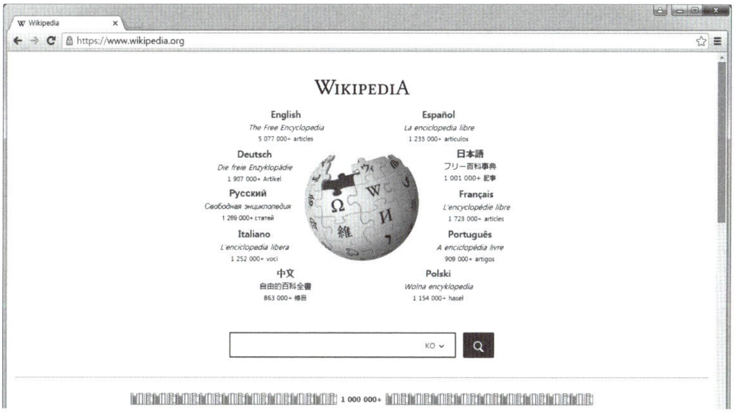

[그림 I -25] 위키피디아 홈페이지[40)]

[그림 I -26] 한국어 위키백과[41)]

---

40) Wikipedia, https://www.wikipedia.org/
41) 위키백과(한국어 위키백과), https://ko.wikipedia.org/wiki/위키백과

2) 프로젝트 수행을 위한 협업 공간: 아테나

일반적으로 하나의 프로젝트가 진행될 때에는 여러 사람이 그 일에 관여하게 되고, 여러 번의 회의와 모임을 갖기도 하며, 여러 가지 문서가 만들어지고, 참여자들이 실시간으로 공유해야 할 정보들이 지속적으로 발생하게 된다. 동시에 여러 사람이 하나의 문서를 편집하고 관련 정보를 추가할 수 있는 위키 소프트웨어의 기능은 연구 프로젝트 수행 시에 관계자들 사이의 소통과 협업을 돕는 도구로 활용하기에 적합하다.

아테나 프로젝트(ATHENA Project)는 유럽의 박물관, 미술관, 도서관 등의 기관들이 유럽의 문화유산 포털인 유로피아나(Europeana)에 정보를 제공할 때 발생할 수 있는 메타데이터, 용어, 시소러스 등과 관련된 문제들을 통합적으로 관리할 목적으로 기획된 프로젝트이다.

이 프로젝트를 위한 위키는 프로젝트 참여자(유로피아나에 디지털 데이터를 제공하는 박물관, 도서관, 기록관 등)들에게 유로피아나에 관한 기술적인 정보와 함께 데이터 처리를 위한 교육 교재 등을 제공하며, 각 나라 및 기관에서 사용하는 자원들을 공유할 수 있는 환경을 조성하고 있다. 이 사이트는 기본적으로 아테나 프로젝트 참여자들을 위한 협업 공간으로 운영되고 있지만, 유로피아나의 기술적 환경에 관심이 있는 사람이라면 누구든 참여하여 정보를 공유할 수 있도록 하고 있다.

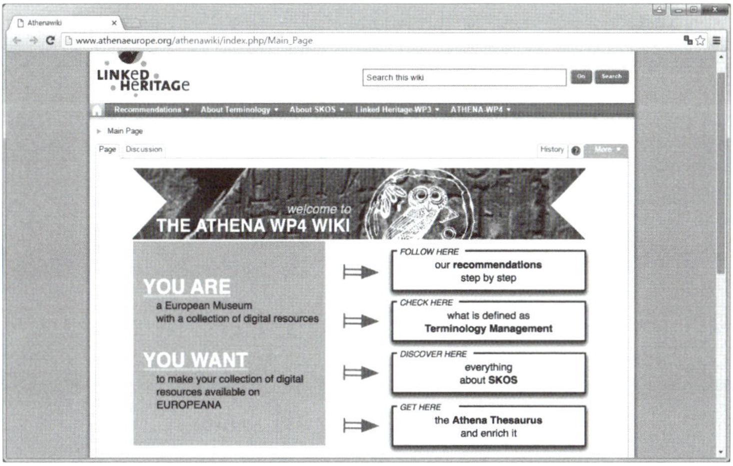

[그림 I -27] ATHENA Project의 홈페이지[42)]

3) 인문학 자료의 공동 연구 도구: 중국철학서 전자화

방대한 규모의 연구 자료를 집적하고 그 내용의 학술적인 깊이를 더해가는 활동의 무대를 마련하는 데 위키 소프트웨어는 큰 기여를 할 수 있다.

'중국철학서 전자화 프로젝트'(中國哲學書電子化計劃, Chinese Text Project, CTP)는 한문으로 쓰인 중국 고전 자료의 한문 원문 텍스트와 영어 번역문을 온라인상에서 디지털 텍스트로 제공하는 서비스이다.[43)] CTP는 이미 20,000여 편의 텍스트를 제공하고 있지만, 더 많은 디지털 데이터가 활용될 수 있도록 위키 방식의 텍스트 편집 시스템을 운영하고 있다. CTP의 등록 이용자는 이 시스템의 위키(wiki) 섹

42) http://www.athenaeurope.org/athenawiki/index.php/Main_Page
43) 중국 고전언어(한문) 기반의 디지털 인문학 연구자 Donald Sturgeon이 데이터베이스의 편찬과 운영을 책임지고 있다.

션에서 아직 다른 사람들이 입력하지 않은 새로운 한문 텍스트를 추가할 수 있고, 불완전한 텍스트의 오류를 수정할 수도 있다.

위키피디아의 이용자들이 백과사전 본문을 직접 수정할 수 있는 것과 달리, CTP의 위키 섹션은 메인 데이터베이스와 분리되어 있다. 이곳은 메인 데이터베이스로 이전될 텍스트들이 잠정적으로 수집되고 수정되는 공간이며, 이곳에서 완성도를 높인 데이터가 향후 메인 데이터베이스에 탑재된다. 이와 같이 절충적인 방식의 공동 편찬 시스템은 텍스트의 교열, 표점, 번역 등 공익적이면서도 전문성을 요구하는 연구 편찬 사업의 수행 모델로 참고할 만하다.

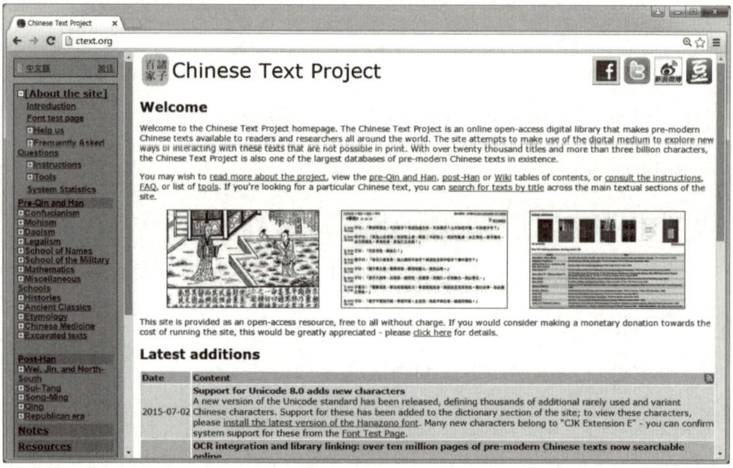

[그림 I -28] Chinese Text Project 홈페이지[44]

44) Chinese Text Project, http://ctext.org/

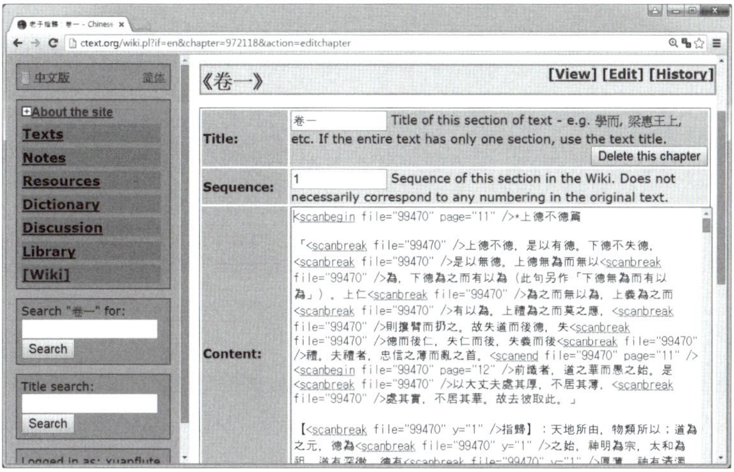

[그림 I-29] Chinese Text Project의 wiki 섹션: 텍스트 편집

3. 위키 콘텐츠 편찬 방법

디지털 인문학 교육의 영역에서 위키라는 플랫폼이 가지는 의미는 그것이 디지털 인문학의 중요한 가치라고 할 수 있는 소통과 협력 방법을 학습할 수 있게 한다는 점에 있다.

위키의 구조적인 측면에 있어서 소통과 협력의 양상은 위키 본연이 가지고 있는 특징과 다르지 않다. 하나의 위키 문서는 관련 있는 주제 및 문맥상의 키워드를 설명하는 또 다른 문서들과 하이퍼링크를 통해 연결된다. 사용자는 그러한 연결을 좇아가면서 부분적인 지식 정보 사이의 맥락을 발견하게 된다.

위키 환경에서 사용자들은 지식의 소비자인 동시에 지식의 생산자로서 직접 문서를 생성하고 수정할 수 있다. 하이퍼링크를 좇아 넓은 범위의 지식을 배울 수 있는 것처럼, 같은 방법을 써서 부분적인 지식의 조각들을 연결할 수 있고, 서로 의미가 통하는 지식의 네트워크를 구현할 수 있다.

위키 플랫폼은 다양한 영역에서 지식을 탐구하고 생산하는 공동체에 소통과 협력의 환경을 제공한다. 그러나 학습의 성취를 주로 개인적인 노력에 의존하였던 전통적인 인문학 교육 체제에서는 이러한 환경에 익숙하지 않은 것이 사실이다. 따라서 디지털 인문학 교육의 현장에서 위키 소프트웨어의 도입과 관련하여 고민해야 할 것은 '기존의 인문지식을 어떻게 소통과 협력을 경험할 수 있는 콘텐츠로 재구성할 수 있을 것인가'에 관한 것이라고 할 수 있다.

인문지식을 위키 콘텐츠로 재현할 때 가장 먼저, 가장 신중하게 고민해야 할 문제는 '만들어진 콘텐츠를 사용자에게 어떻게 보여 줄 것인가'가 아니라, '콘텐츠를 만들기 위해 대상을 어떻게 이해할 것인가'이다.

인문지식을 위키라는 플랫폼에 담기는 콘텐츠로 재구성할 때, 여러 사용자가 협력하여 그것이 다른 지식들과 유연하게 소통하기 위해서는 어떻게 해야 할지 구상하는 것이 위키 콘텐츠 편찬의 시발점이다. 이 절에서는 이러한 구상을 돕는 방법에 대해 살펴보기로 한다. 다만 이것은 대상 콘텐츠의 내용이 무엇이든 일반적인 수준에서 고려할 만한 사항들로, 위키 콘텐츠의 실제적인 편찬 과정에서는 대상 인문지식이 가지고 있는 특수성이 반영될 수 있도록 하는 노력이 추가적으로 필요할 것이다.

1) 위키 콘텐츠를 위한 데이터 구조 설계

위키 콘텐츠의 제작은 위키 소프트웨어에 담을 데이터의 구조를 설계하는 일로부터 시작한다.[45] 이것은 정보화의 대상이 되는 세계를 디지털 공간에 옮겨 놓기 위한 구상이라고 할 수 있다. 이러한 구상을 온톨로지(ontology)[46] 설계라고도 하는데, 위키 소프트웨어 학습의 첫 단계에서는 온톨로지 이론을 본격적으로 학습하기보다는 그것의 핵심을 이루는 몇 가지 준칙을 이해하고 이를 위키 문서 제작에 적용해 보기로 한다.

그것은 첫째, 위키 문서에 담고자 하는 지식의 범주를 정한다.

둘째, 각각의 범주에 속하는 위키 문서에 공통적으로 기록할 요소가 무엇인지 정한다.

셋째, 각각의 범주에 속하는 문서들 사이에 어떠한 종류의 관계성이 있을지 생각하고, 그 관계성에 따라 하이퍼링크를 만들 계획을 세

---

45) 위키 소프트웨어를 처음으로 개발한 워드 커닝엄(Ward Cunningham)은 위키를 '온라인상에서 동작하는 가장 간단한 데이터베이스'(the simplest online database that could possibly work)라고 설명했다. 이 말에서 주의 깊게 살펴야 할 것은 위키가 '데이터베이스'라는 점이다. 데이터베이스는 데이터를 체계적, 구조적으로 편성해 놓은 것을 말한다. 데이터베이스에 데이터를 저장하기 위해서는 먼저 그 저장 공간을 체계적으로 설계하는 일이 필요하다. 마찬가지로 위키 콘텐츠의 제작을 위해서는 위키로 표현할 정보를 어떠한 구조와 체계로 구성할 것인지에 대해서 미리 고민해야 한다. 일반적인 데이터베이스 설계와 다른 점은 콘텐츠 제작자가 데이터베이스 조작 기술에 대해서 몰라도 된다는 것이다. 그 부분은 위키 소프트웨어가 대신해 주기 때문이다. 하지만 콘텐츠를 의미 있는 체계로 구성하는 것은 위키 소프트웨어가 해 줄 수 있는 일이 아니라 위키 콘텐츠의 생산자가 담당해야 할 몫이다.

46) 온톨로지(ontology)란 정보화의 대상이 되는 세계를 전자적으로 표현할 수 있도록 구성한 데이터 기술 체계를 말한다. 온톨로지 설계 기술에 관해서는 이 책의 제2편 '인문정보학: 디지털 인문학을 위한 정보기술'에서 좀 더 자세히 다루기로 한다.

운다고 하는 것이다.

간단한 예를 들어 보기로 하자. '내가 추천하는 단편 영화'라고 하는 주제로 위키 콘텐츠를 제작하고자 한다면 어떤 내용의 위키 문서들을 만들어야 할까? 단순히 작품의 목록을 만들고 그 속에서 개별 영상물에 대한 설명을 부가할 수도 있겠지만, 좀 더 풍부한 내용을 가진 지식 콘텐츠를 만들고자 한다면 다음과 같이 생각할 수도 있을 것이다.

① 위키 문서의 범주:

a. 영화 작품, b. 영화배우, c. 영화 제작사 등 세 가지 종류의 위키 문서를 제작한다.

② 위키 문서의 내용 속성:

a. 범주(영화 작품)의 문서에는 영화 제목, 상영 시간, 제작 연도, 출연 배우, 제작사, 스토리 개요, 포스터 사진 등의 정보를,
b. 범주(영화배우)의 문서에는 이름, 출생년도, 출생지, 출연 작품, 수상 경력, 배우 사진, Facebook URL 등의 정보를,
c. 범주(영화 제작사)의 문서에는 회사명, 설립연도, 소재지, 연혁, 대표 작품, 회사 로고 이미지, 회사 홈페이지 URL 등의 정보를 기록한다.

③ 위키 문서 사이의 관계(하이퍼링크):

a. 범주(영화 작품)의 문서는 작품에 출연한 배우(b 범주) 및 그 영화를 제작한 제작사(c 범주)의 문서로 연결되는 하이퍼링크를 갖도록 한다.
ex) ~는 이 영화의 출연 배우이다 / ~는 이 영화의 제작사이다

b. 범주(영화배우)의 문서는 그가 출연한 영화(a 범주)의 문서로 연결되는 하이퍼링크를 갖도록 한다.

ex) ~는 이 배우가 출연한 영화이다

c. 범주(영화 제작사)의 문서는 그 회사가 제작한 영화(a 범주)의 문서로 연결되는 하이퍼링크를 갖도록 한다.

ex) ~는 이 회사가 제작한 영화이다

온톨로지 설계 용어를 빌리자면, 위의 ①과 같이 대상 정보의 범주를 정하는 것을 클래스(class) 설계라고 하고, ②와 같이 각각의 범주에 속하는 문서의 내용 요소를 정하는 것을 속성(attribute) 설계, ③과 같이 문서와 문서의 관계를 정의하는 것을 관계성(relation) 설계라고 한다. 그리고 하나의 '위키 문서'처럼 콘텐츠의 단위 정보가 되는 요소를 개체(individual)라는 이름으로 부른다. 위의 ①, ②, ③에서 구상한 내용을 그림으로 보이면 다음과 같다.

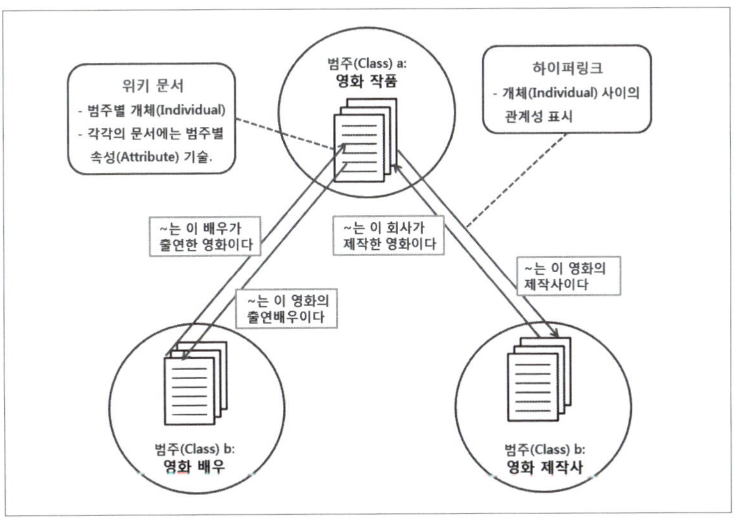

[그림 I -30] 위키 콘텐츠 편찬을 위한 데이터 구조 설계 예시

문학, 철학, 역사 분야의 학술적인 지식은 물론 '내 고장의 생활·문화 공간', '우리 가족의 역사', '나의 개인적인 여행 경험' 등 위키에 기록하여 디지털 콘텐츠로 만들 수 있는 자원은 무한하다. 그러한 콘텐츠는 짧은 시간 안에 제한적으로 만들 수도 있겠지만, 단계적으로, 지속적으로 확장시켜 갈 수도 있다. 데이터 구조 설계가 중요한 이유는 현재의 콘텐츠가 앞으로 더 발전해 갈 수 있는 기반이 되기 때문이다. 또한 협업의 공간인 위키 시스템 안에서는 하나의 주제를 가지고 여러 사람이 참여하여 복합적인 내용의 콘텐츠를 만들 수도 있다. 이런 경우, 다수의 저작자가 제각각 다른 모양의 위키 문서를 만드는 것보다 전체를 담을 큰 틀을 약속하고, 그 틀 안에서 일정한 형식으로 정확하게 소통할 수 있게 하는 것이 중요하다.

아래의 그림은 앞의 예시보다 조금 더 확장된 데이터 범주(class) 설계의 예시다. 처음에는 이 정도의 단순한 데이터 모델을 모방·변용하는 방법으로 자신의 위키 데이터 구조 설계를 대신할 수 있다.

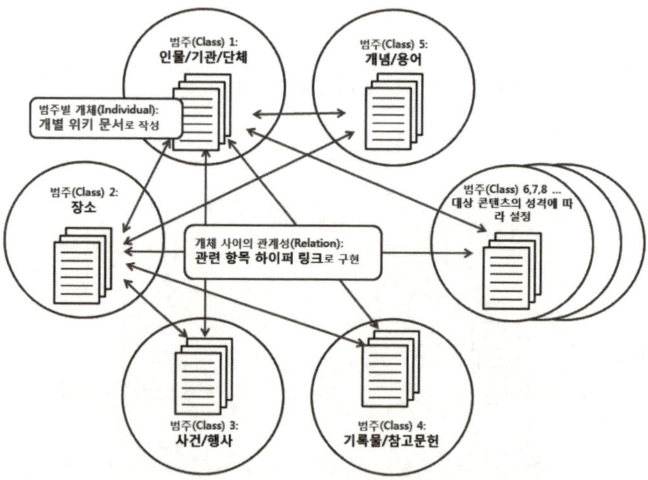

[그림 Ⅰ-31] 위키 콘텐츠 편찬을 위한 일반적인 데이터 구조 설계 예시

2) 문서 단위 설정하기

위키 콘텐츠 편찬에서 위키 문서의 단위는 데이터 구조 설계(온톨로지 설계)에서 정의한 범주(class)의 구성원인 개체(individual)를 기준으로 설정하도록 한다. 즉 클래스를 구성하는 개체 1건 당 1개의 위키 문서가 제작될 수 있다. 그리고 각각의 개체에 대해 독립적인 성격의 기사를 작성하기보다는 하이퍼링크를 통해 다른 개체와 연관을 맺도록 한다.

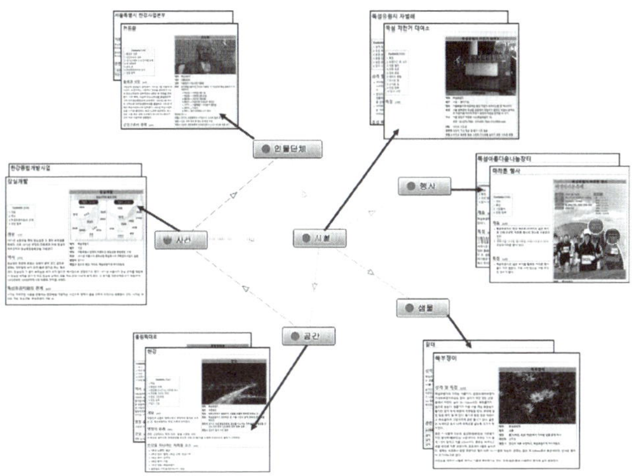

[그림 I -32] 데이터 모델 설계에 따라 제작한 위키 문서 예시 (뚝섬 유원지)

위키에서 제공하는 분류 기능을 이용하여 개별 문서 단위로 분산된 개체들의 목록을 작성할 수가 있다. 온톨로지에서 정의한 클래스를 분류명으로 사용하여 각각의 클래스에 해당되는 문서들을 수집해 보도록 하자.

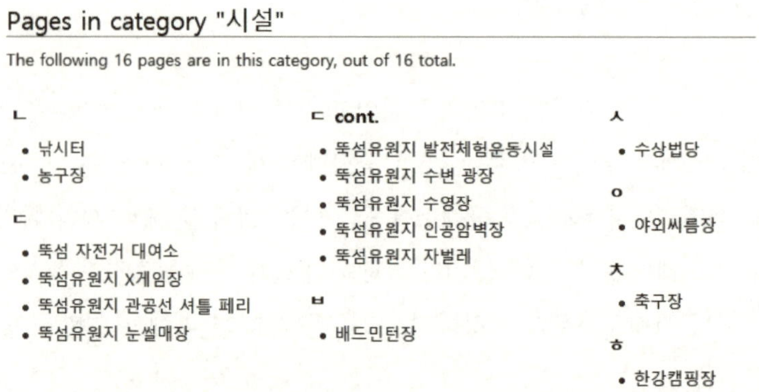
Pages in category "시설"

The following 16 pages are in this category, out of 16 total.

ㄴ
- 낚시터
- 농구장

ㄷ
- 뚝섬 자전거 대여소
- 뚝섬유원지 X게임장
- 뚝섬유원지 관공선 셔틀 페리
- 뚝섬유원지 눈썰매장

ㄷ cont.
- 뚝섬유원지 발전체험운동시설
- 뚝섬유원지 수변 광장
- 뚝섬유원지 수영장
- 뚝섬유원지 인공암벽장
- 뚝섬유원지 자벌레

ㅂ
- 배드민턴장

ㅅ
- 수상법당

ㅇ
- 야외씨름장

ㅊ
- 축구장

ㅎ
- 한강캠핑장

[그림 I -33] 위키의 '분류' 기능을 이용하여 특정 범주에 속하는 문서를 조회

이러한 분류 기능은 기존의 정보 시스템에서 항목에 대한 분류를 제한적으로 허용했던 것과는 달리 중복으로 적용이 가능하다는 점에서 유연하게 사용될 수 있다. 다양한 관점과 기준에 의해 분류된 위키 문서들은 그만큼 다양한 맥락의 지식으로 소통될 수 있을 것이다.

3) 속성 정보 표현하기

특정 범주에 속하는 개체들은 동일한 유형의 속성(attribute)을 가질 수 있다. 예를 들어 '인물' 범주에 속하는 개체들은 모두 '이름'과 '출생년도' 등을 속성으로 가질 수 있고, '시설' 범주에 속하는 개체들은 '이름'과 '주소' 등을 공통 속성으로 가질 수 있다. 이러한 범주별 공통 속성은 위키에서 제공하는 틀(template) 기능을 이용하여 기술하면 편리하다. 위키의 틀은 여러 문서들 간에 공통적인 부분이 있을 때, 그 부분을 따로 모아서 편집하기 쉽게 만들어주는 기능을 제공한다.

기관	문헌
용인문화원	시장과 시장 사람들: 용인의 전통시장

설립연도	1982년
주소	경기 용인시 처인구 중부대로 1199
경도	127.177156
위도	37.241578
편집자	조성현

저자	임영상 외
발행년	2013년
발행처	선인
편집자	주동완

[그림 I -34] 틀 사용 예시: 특정 범주에 속하는 개체의 속성 정보를 기술

4) 문서 사이의 관계 명시하기

위키 문서상에서 다른 문서의 제목을 '[[ ]]' 기호 안에 표시하면 바로 그 문서로 갈 수 있는 하이퍼링크 기능이 구현된다. 하지만 이 방법만으로는 그 연결이 어떠한 종류의 관계를 의미하는 것인지 알기 어렵다. 아래에 보이는 예시는 문서와 문서 사이의 하이퍼링크가 어떠한 관계성에 의한 것인지 알게 하는 정보를 위키의 문서 안에 '표'로 담은 것이다.

관련 문서 [편집]

이 문서	관계	관련 문서	설명
용인중앙시장	~이 있는 곳	김량장동	용인중앙시장이 있는 곳
용인중앙시장	~에서 열리는 행사	용인음식문화축제	용인중앙시장에서 열리는 음식문화축제
용인중앙시장	~의 운영 주체	용인중앙시장상인회	용인중앙시장 상인들의 조합

[그림 I -35] 문서 사이의 관계를 표 형태로 보여주는 예시

위에 보인 표에서 '관련 문서' 열의 텍스트를 클릭하면 해당 문서로 건너가게 된다. 위키 문서의 하이퍼링크는 본문 텍스트 속의 키워드에 부여할 수도 있고, 별도의 '분류' 키워드에 부여할 수도 있지만, 이처럼 '관련 항목' 또는 '관련 문서'라는 소제목 아래에 하이퍼링크 문서의 목록과 그 관계를 명시적으로 표시해 줄 수도 있다. 다소 인위적이라고 할 수 있는 세 번째 방법을 소개하는 이유는 위키 콘텐츠 제작을 통해 지식 콘텐츠의 체계적 편성 방법을 배우는 데 도움이 되기 때문이다.

4. 위키 문서 작성 방법

위키로 제작할 콘텐츠의 체계에 대한 구상이 이루어진 후에는 위키 문법에 따라 대상 지식을 위키 문서에 담아내는 일을 수행할 수 있다. 이 절에서는 위키 문서를 실제로 만드는 방법을 설명하기로 한다. 다음의 예시를 따라 직접 위키 문서를 작성해 보면서 위키 소프트웨어의 마크업 언어 사용법을 익히도록 하자. 예시에 사용된 위키 소프트웨어는 미디어위키(MediaWiki)로, 마크업 언어도 미디어위키의 문법을 따른다. 보다 자세한 문법 및 기능에 대한 설명은 위키 사이트에서 확인할 수 있다.[47]

47) 미디어위키의 문법 및 기능에 대한 설명
https://ko.wikipedia.org/wiki/위키백과:위키_문법
https://ko.wikipedia.org/wiki/위키백과:위키문법_요약
https://ko.wikipedia.org/wiki/위키백과:도움말

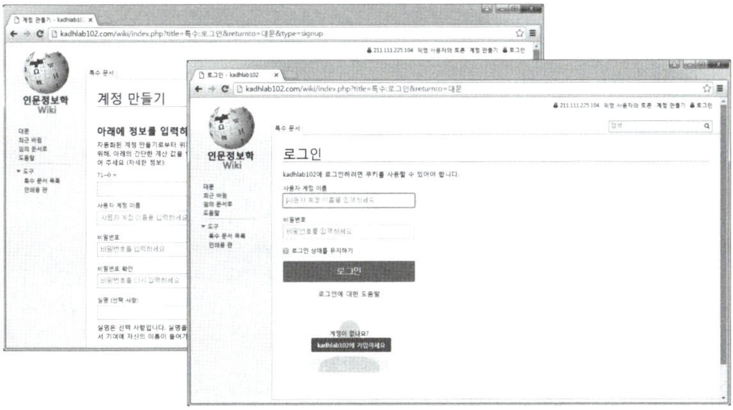

[그림 Ⅰ-36] 미디어위키의 계정 만들기 화면과 로그인 화면

1) 계정 만들기와 로그인

위키 문서의 저작자가 되기 위해서는 자신이 활동할 위키 사이트에서 자기의 계정을 만들어야 한다. 위키 사이트는 관리자의 운영 방침에 따라, 문서 작성 및 수정 기능을 모든 사용자(익명 사용자 포함)에게 허가할 수도 있고, 계정을 가진 사용자에게만 허가할 수도 있다. 경우에 따라서는 특별한 권한을 가진 사용자만 문서의 편집 권한을 갖게 할 수도 있다.

위키 문서의 제작은 온라인상에서 여러 사람에게 보이는 저작물을 만드는 것이기 때문에 저작자로서의 책임과 의무가 따르는 일이라고 할 수 있다. 익명 기고가 가능한 사이트라 하더라도 자신의 계정을 만들고, 그 계정으로 로그인한 후 문서를 편집하는 것이 바람직하다.

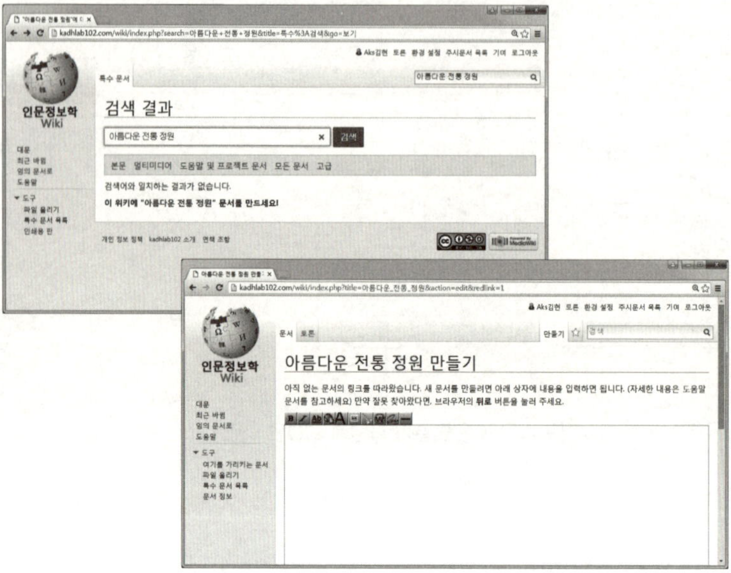

[그림 I -37] 새로운 문서의 생성

2) 새로운 문서의 생성

위키 소프트웨어는 새 문서를 만드는 기능을 별도로 제공하지 않는다. 대신, 검색창에 문서의 제목을 입력하고 검색 버튼을 누를 때 같은 제목의 문서가 검색되지 않으면 "검색어와 일치하는 결과가 없습니다. 이 위키에 OOOO 문서를 만드세요!"라는 메시지를 표시한다. 이 때 붉은색으로 표시된 문서 제목을 클릭하면 같은 제목의 문서를 편집할 수 있는 창이 열리게 된다. 다른 문서상에서 아직 만들지 않은 새 문서를 하이퍼링크로 연결하려 할 때에도 동일한 과정을 밟게 된다. 이 때 열리는 편집창 안에 새 문서의 내용을 입력하고 아래쪽에 있는 '저장' 버튼을 누르면 위키 사이트에 새로운 위키 문서가 등록되게 된다.

3) 위키 문서의 편집

이제 아래와 같은 내용의 콘텐츠를 위키 문서로 작성해 보도록 하자. 작성할 문서의 제목은 '담양 소쇄원'이다.

※ 문서 제목: 담양 소쇄원

<table>
<tr><td rowspan="3">①</td><td>⑤</td><td>§문화유산 정보
문화재 지정 번호: 명승 제40호
문화재 지정 명칭: 담양 소쇄원((潭陽 瀟灑園)
영문 명칭: Soswaewon Garden, Damyang
주소: 전라남도 담양군 남면 소쇄원길 17
위도: 35.184307
경도: 127.012159</td></tr>
<tr><td>②
③</td><td>§해설문
소쇄원은 자연과 인공을 조화시킨 조선 중기의 대표적인 정원으로 우리나라 선비의 고고한 품성과 절의가 풍기는 아름다움이 있다.
양산보(梁山甫, 1503~1557)가 조성한 것으로 스승인 조광조(趙光祖)가 유배를 당하여 죽게 되자 출세의 뜻을 버리고 이곳에서 자연과 더불어 살았다.
소쇄원이라는 이름은 양산보의 호(號)인 소쇄옹(瀟灑翁)에서 비롯되었으며, 맑고 깨끗하다는 뜻이 담겨 있다. (출처: '담양 소쇄원' 문화재 안내판)</td></tr>
<tr><td>④</td><td>§건조물 배치도
</td></tr>
</table>

①	⑥	§관련 항목 [부속 건조물] 제월당(霽月堂), 광풍각(光風閣), 오곡문(五曲門), 애양단(愛陽壇), 대봉대(待鳳臺) [관련 인물] 양산보(梁山甫), 양자징(梁子澄), 김인후(金麟厚), 송순(宋純) [관련 공간] 식영정(息影亭), 필암서원(筆巖書院)
	⑦	§분류: 문화유산, 명승, 담양군

※ 문서의 체제와 레이아웃에 대한 구상

① ☞ 단락 구성과 소표제
② ☞ 본문 텍스트에 하이퍼링크 넣기
③ ☞ 본문 텍스트에 주석 달기
④ ☞ 이미지 파일 불러오기
⑤ ☞ 틀을 사용한 데이터 입력
⑥ ☞ 표 만들기
⑦ ☞ 분류 적용하기

① 단락 구성과 소표제

위키에서 단락 머리글은 2개 이상의 등호(=) 기호를 글의 앞뒤에 붙여서 표시한다. 4개 이상의 단락을 사용할 경우 자동으로 목차가 생성된다.

입력	==머리글 1 수준== ===머리글 2 수준=== ====머리글 3 수준==== * 항목 1 * 항목 2
출력	머리글 1 수준 [편집] **머리글 2 수준** [편집] **머리글 3 수준** [편집] • 항목 1 • 항목 2

② 본문 텍스트에 하이퍼링크 넣기

a. 내부 문서 하이퍼링크

본문 텍스트 내의 어구를 클릭할 때 하이퍼링크가 만들어지도록 하려면 그 어구의 앞뒤에 '[[ ]]' 표시를 넣어 주면 된다. 이 경우 '[[ ]]' 안에 쓰인 어구를 제목으로 하는 문서를 찾게 된다. 만일 그 위키 시스템 안에 해당 제목의 문서가 없을 경우 그 어구는 붉은색으로 표시된다.

입력	[[양산보|양산보(梁山甫, 1503~1557)]]가 조성한 것으로 스승인 [[조광조|조광조(趙光祖)]]가 유배를 당하여 죽게 되자 출세의 뜻을 버리고 이곳에서 자연과 더불어 살았다. 소쇄원이라는 이름은 [[양산보]]의 호(號)인 소쇄옹(瀟灑翁)에서 비롯되었으며, 맑고 깨끗하다는 뜻이 담겨 있다.
출력	**양산보**(梁山甫, 1503~1557)가 조성한 것으로 스승인 **조광조(趙光祖)**가 유배를 당하여 죽게 되자 출세의 뜻을 버리고 이곳에서 자연과 더불어 살았다. 소쇄원이라는 이름은 **양산보**의 호(號)인 소쇄옹(瀟灑翁)에서 비롯되었으며, 맑고 깨끗하다는 뜻이 담겨 있다.

위의 예시는 내부 문서(같은 위키 시스템 내의 문서)에 대한 두 가지 형태의 하이퍼링크를 포함하고 있다.

- [[**양산보**]]

☞ 제목이 '양산보'인 문서를 하이퍼링크로 연결.

- [[**양산보|양산보**(梁山甫, 1503~1557)]]

☞ 제목이 '양산보'인 문서를 하이퍼링크로 연결하지만, 화면에는 '양산보(梁山甫, 1503~1557)'라고 표시.

※ '**조광조**'에 대한 하이퍼링크가 화면에서는 붉은색으로 표시되는데 이것은 아직 이 위키 시스템 상에 '조광조'를 제목으로 하는 문서가 없음을 보이는 것이다.

b. 외부 문서 하이퍼링크

월드와이드웹 상의 외부 문서를 찾아가는 하이퍼링크를 만들기 위해서는 '[ ]' 기호를 사용한다.

입력	소쇄원은 자연과 인공을 조화시킨 조선 중기의 대표적인 정원으로 우리나라 [http://encykorea.aks.ac.kr/Contents/Index?contents_id=E0028737 선비]의 고고한 품성과 절의가 풍기는 아름다움이 있다.
출력	소쇄원은 자연과 인공을 조화시킨 조선 중기의 대표적인 정원으로 우리나라 **선비**의 고고한 품성과 절의가 풍기는 아름다움이 있다.

- [http://encykorea.aks.ac.kr/Contents/Index?contents_id=E0028737 **선비**]

☞ 화면에는 '선비'라고 표시되고, 이곳을 클릭하면 『한국민족문화대백과사전』의 '선비' 항목 콘텐츠를 보여준다.

③ 본문 텍스트에 주석 달기

정보의 출처를 표시하거나, 본문에서 다루는 내용 가운데 추가적인 설명이 필요할 때 다음과 같이 주석 달기 기능을 사용할 수 있다. '<ref> ..... </ref>' 태그로 둘러싸이는 부분은 주석의 내용이고, <references/> 태그가 놓인 부분은 주석을 각주 형태로 보일 위치이다.

입력	소쇄원이라는 이름은 [[양산보]]의 호(號)인 소쇄옹(瀟灑翁)에서 비롯되었으며, 맑고 깨끗하다는 뜻이 담겨 있다.<ref>출처: '담양 소쇄원' 문화재 안내판</ref> .... ==주석== <references/>
출력	소쇄원이라는 이름은 **양산보**의 호(號)인 소쇄옹(瀟灑翁)에서 비롯되었으며, 맑고 깨끗하다는 뜻이 담겨 있다.[1] .... 주석 [편집] 1. ↑ 출처: '담양 소쇄원' 문화재 안내판

❹ 이미지 파일 불러오기

문서에 이미지를 삽입하기 위해서는 먼저 로그인이 되어 있어야 한다. '파일 올리기' 페이지에서 PC에 저장한 이미지 파일을 위키 시스템에 업로드한 후에, 해당 문서에서 파일의 이름을 이용하여 이미지를 불러오도록 한다.

입력	==건조물 배치도== [[파일:Soswaewon05.jpg|700px|소쇄원 경내 건조물 배치도]]
출력	건조물 배치도 [편집] 

이미지 파일은 다음과 같이 다양한 형태로 불러올 수 있다.

- [[**파일**:Soswaewon05.jpg]]
  ☞ 이미지 파일을 원본 크기 그대로 사용
- [[**파일**:Soswaewon05.jpg|**소쇄원 경내 건조물 배치도**]]
  ☞ 이미지 위에 마우스 커서를 올려놓으면 '소쇄원 경내 건조물 배치도'라는 캡션을 표시
- [[**파일**:Soswaewon05.jpg|700px|**소쇄원 경내 건조물 배치도**]]
  ☞ 이미지 파일의 가로 크기를 700픽셀로 조정
- [[**파일**:Soswaewon05.jpg|**섬네일**]]
  ☞ 이미지를 섬네일 형태로 표시하고, 섬네일을 클릭하면 원본 이미지 표지

❺ '틀'을 사용한 데이터 입력

위의 예시 정보에서 보인 문화유산의 '대표 명칭', '지정 번호' '지정 명칭', '영문 명칭', '주소', '경도', '위도' 등은 '문화유산' 범주(class)에 속하는 문서가 공통으로 가져야 할 속성 정보이다. 이와 같은 정보는 '틀'을 사용하여 표현하면 어느 문서에서나 일관된 형식을 유지할 수 있다. 틀을 사용하는 방법은, 먼저 틀을 정의하는 문서를 작성하고, 이를 필요로 하는 문서에서 해당 틀을 불러와서 사용하는 형태이다. 틀은 다음과 같이 정의할 수 있다.

틀을 정의하는 문서 (문서 이름: '틀: 문화유산정보')

입력

```
<onlyinclude>
{|class="metadata" style="background:#f2f2f2; width:400px; margin:
5px 5px 5px 5px;" cellspacing="10" align="right"
|-
! colspan="2" style="background:#800000; color:#ffffff; font-size:150%;
text-align:center;" | '''{{{대표명칭}}}'''
|-
| colspan="2" style="text-align:center;" | [[파일:{{{사진|}}}|380px]]
|-
| style="width:80px; text-align:center;" |'''지정 번호''' || {{{지정번호|}}}
|-
| style="text-align:center;"|'''지정 명칭''' || {{{지정명칭|}}}
|-
| style="text-align:center;"|'''영문 명칭''' || {{{영문명칭|}}}
|-
| style="text-align:center;"|'''주소''' || {{{주소|}}}
|-
| style="text-align:center;"|'''위도''' || {{{위도|}}}
|-
| style="text-align:center;"|'''경도''' || {{{경도|}}}
|-
|}
</onlyinclude>
```

출력

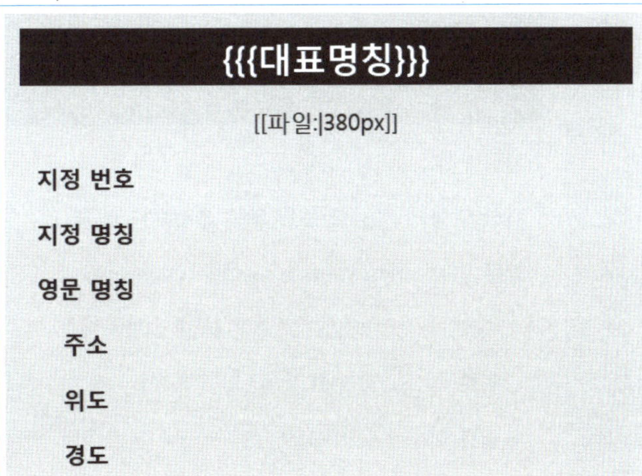

'문화유산정보' 틀의 적용

<table>
<tr><td>입력</td><td>{{문화유산정보
|대표명칭 = 소쇄원
|지정번호 = 명승 제40호
|지정명칭 = 담양 소쇄원(潭陽 瀟灑園)
|영문명칭 = Soswaewon Garden, Damyang
|주소 = 전라남도 담양군 남면 소쇄원길 17
|위도 = 35.184307
|경도 = 127.012159
|사진 = Soswaewon03.jpg
}}</td></tr>
<tr><td>출력</td><td>
<table>
<tr><th colspan="2">소쇄원</th></tr>
<tr><td colspan="2"></td></tr>
<tr><td>지정 번호</td><td>명승 제40호</td></tr>
<tr><td>지정 명칭</td><td>담양 소쇄원(潭陽 瀟灑園)</td></tr>
<tr><td>영문 명칭</td><td>Soswaewon Garden, Damyang</td></tr>
<tr><td>주소</td><td>전라남도 담양군 남면 소쇄원길 17</td></tr>
<tr><td>위도</td><td>35.184307</td></tr>
<tr><td>경도</td><td>127.012159</td></tr>
</table>
</td></tr>
</table>

❻ 표 만들기

위키 시스템에서는 다음과 같은 기호를 사용하여 표를 작성할 수 있다.

<table>
<tr><th>기호</th><th>기능</th></tr>
<tr><td>{|</td><td>표의 시작</td></tr>
<tr><td>|+</td><td>표의 제목</td></tr>
<tr><td>!</td><td>표의 머리글</td></tr>
<tr><td>|-</td><td>표의 행 구분</td></tr>
<tr><td>|</td><td>표의 열(칸) 구분</td></tr>
<tr><td>||</td><td>표의 연속된 열(칸) 구분</td></tr>
<tr><td>|}</td><td>표의 끝</td></tr>
</table>

아래의 예시는 이 문서와 의미적 연관 관계가 있는 다른 문서와 그 관계성을 표 형태로 정리해서 보인 것이다. 위키 콘텐츠의 자료 구조(온톨로지)를 설계할 때 기획한 개체 사이의 관계성을 이와 같은 형태로 표시할 수 있다.

입력

```
==관련 항목==
{|class="wikitable"
!이 문서 || 관계 || 관련 문서
|-
|담양 소쇄원 || 부속 건조물 || [[소쇄원_제월당|제월당(霽月堂)]], [[소쇄원_광풍각|광풍각(光風閣)]], [[소쇄원_오곡문|오곡문(五曲門)]], [[소쇄원_애양단|애양단(愛陽壇)]], [[소쇄원_대봉대|대봉대(待鳳臺)]]
|-
|담양 소쇄원 || 관련 인물 || [[양산보|양산보(梁山甫)]], [[양자징|양자징(梁子澄)]], [[김인후|김인후(金麟厚)]], [[송순|송순(宋純)]]
|-
|담양 소쇄원 || 관려 공가 || [[식영정|식영정(息影亭)]], [[필암서원|필암서원(筆巖書院)]]
|}
```

출력

관련 항목 [편집]

이 문서	관계	관련 문서
담양 소쇄원	부속 건조물	제월당(霽月堂), 광풍각(光風閣), 오곡문(五曲門), 애양단(愛陽壇), 대봉대(待鳳臺)
담양 소쇄원	관련 인물	양산보(梁山甫), 양자징(梁子澄), 김인후(金麟厚), 송순(宋純)
담양 소쇄원	관련 공간	식영정(息影亭), 필암서원(筆巖書院)

❼ 분류 적용하기

'문화유산', '명승', '담양군'과 같이 해당 문서가 속하는 범주(class)나 하위 범주(subclass)의 이름 또는 관련 주제어를 분류 기준으로 설정하는 방법은 다음과 같다.

입력	[[분류:문화유산]] [[분류:명승]] [[분류:담양군]]
출력	분류: 문화유산 | 명승 | 담양군

이와 같이 특정 주제어가 분류 기준으로 설정되었을 때 그 주제어를 클릭하면 해당 분류에 속하는 문서의 종합 목록이 자동적으로 생성된다.

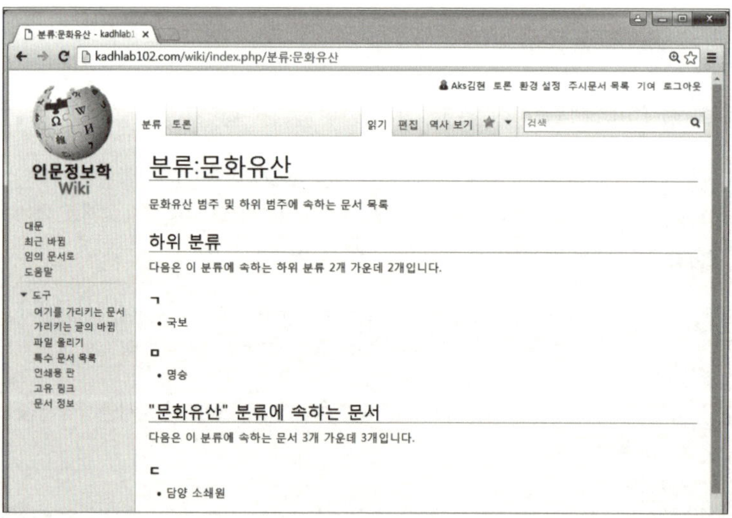

이상에서 소개한 위키 문법에 따라 작성한 위키 문서의 완성된 형태는 다음과 같다.

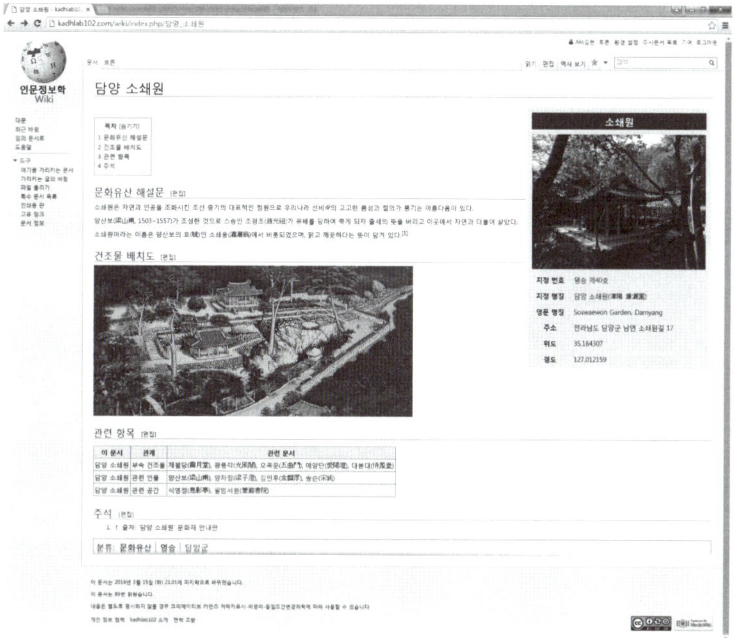

[그림 I -36] 위키 문서: 틀 사용, 표 작성, 주석 달기, 분류 적용 예시

위키 소프트웨어는 여기서 소개한 것보다 훨씬 더 많은 편집 기능을 제공한다. 미디어위키(MediaWiki)가 제공하는 편집 기능과 마크업 언어의 문법은 아래의 위키 사이트에서 확인할 수 있다.

https://ko.wikipedia.org/wiki/위키백과:도움말
https://ko.wikipedia.org/wiki/위키백과:위키문법_요약
https://ko.wikipedia.org/wiki/위키백과:위키_문법

제2편

인문정보학: 디지털 인문학을 위한 정보기술

1장 인문정보학이란 무엇인가?

디지털 인문학은 인문학과 정보기술의 융합 영역에서 이루어지는 다양한 연구, 교육 활동을 폭넓게 지칭하는 말이다. 인문정보학은 디지털 인문학을 위한 기술적 방법론을 탐구하는 학문으로서, 디지털 인문학의 한 분야라고 할 수 있다.[1)]

1. 디지털 인문학과 인문정보학

인문정보학은 디지털 인문학의 연구와 교육에 쓰일 수 있는 정보처리 기술을 연구하고, 그것의 효과적인 활용 방안을 실천적으로 모색한다. 인문학 교육의 수단으로 정보기술을 가르치지 않으면 '디지털 인문학 교육'이 될 수 없듯이, 정보기술의 도움을 받지 않는 '디지털 인문학'은 성립할 수가 없다.

그렇기 때문에 디지털 인문학의 첫 단계인 '디지털 문식(디지털 文識, Digital Literacy) 증진'의 과정에서는 인문정보학과 디지털 인문학이 동일한 것으로 취급될 수도 있다. 굳이 두 가지 이름의 차이점을 이야기하자면, 디지털 인문학은 전통적인 인문학의 연구를 디지털 환경에서 계승·발전시키려 하는 노력에 대한 포괄적인 이름이고, 인문정

1) 인문학적 지식을 연구자 및 그 연구 성과의 수요자가 공유할 수 있는 디지털 지식정보 자원으로 전환하고, 그 자원을 자유롭게 활용하여 2차적인 지식을 생산할 수 있는 가상의 연구 공간을 만듦으로써 인문학의 연구 생산성을 향상시키고 그 성과의 사회적 확산을 용이하게 하는 것. 이를 위한 인문학 맞춤형 정보기술 연구를 인문정보학이라고 한다. (김현, 『인문정보학의 모색』, 성남: 북코리아, 2012, 363쪽)

보학은 이를 위한 기술적 방법론의 탐구에 무게중심을 두는 도구적 학문이라는 점이다.

디지털 인문학은 우리 사회에서 디지털 기술의 영향력이 커졌기 때문에 발생했지만, 다른 관점에서는 인문학과 디지털 기술 사이의 거리가 무척 멀기 때문에 그것을 좁히기 위해서 생겨난 것이라고도 할 수 있다. 미래에 디지털 기술의 활용이 일반화 되어 그 간극이 해소되면 디지털 인문학은 그냥 그 시대의 인문학 또는 그것에 속하는 분과 학문의 이름으로 불릴지 모른다. 굳이 '디지털'이라는 수식어를 유지할 필요가 없게 되는 것이다. 반면, 인문정보학의 향방은 이와는 조금 다른 각도에서 점쳐진다. 정보기술의 영향력이 커진다는 것은 그것의 응용 범위가 넓어진다는 이야기이고, 적용 영역에 따라 그 분야의 특수한 요구를 반영하는 맞춤 기술이 생겨나게 된다는 것이다. 인문학 연구의 디지털 기술 의존도가 높아갈수록 인문학의 고유한 요구를 반영하는, 더 나아가 역사, 철학, 문학 등 분과 학문의 특수성을 반영하는 특수 목적 기술이 더욱 강도 높게 요청될 것을 예상할 수 있다. 인문정보학은 인문과학의 여러 분과 영역에서, 또는 제분과 학문 사이의 융합과 소통을 추구하는 영역에서 발생하는 정보기술적 수요에 적정한 해법을 제공할 것을 목적으로 한다. 디지털 기술의 고도화와 더불어 그것이 인문학 연구에 소용되게 하려는 인문정보학적 연구는 더욱 심화되고 전문화되어 갈 것이다.

인문학이 주인인 디지털 인문학은 디지털 기술을 충분히 소화하여 더 힘있는 인문학이 되는 것을 목표로 한다. 인문정보학은 인문학에 대한 존중과 이해를 바탕으로 디지털 기술의 인문적 활용을 선도함으로써 같은 목표를 향해 봉사하고자 한다. 이러한 목표 지향적 관점에서는 디지털 인문학과 인문정보학을 구별하여 볼 필요가 없다. 디지털 인문학을 돕는 정보기술 연구를 굳이 '인문정보학'이라고 지목하여 부르지 않아도 무방하다. 인문정보학은 디지털 기술에 대해 연구하되, 그 목적을 디지털 기술 자체에 두지 않고, 인문학 활동에 봉사하는 데 둔다고 하는 점을 강조하기 위한 조어이다.[2] 정보기술을 인문학과 무관한 타자로 인식하기보다는 인문학 연구에 도움을 주는 동반자로 인정하고, 그 활용을 실천적으로 모색하는 노력이 디지털 인문학의 발전을 위해 필요함을 이해하는 것이 중요하다.

2. 인문정보학이 추구하는 것

기독교의 성서에 나오는 '노아의 방주(方舟)'는 세상이 대홍수로 사라질 때 옛 세상에 속했던 동물들을 그곳에 태워 새 세상으로 이주시키는 역할을 했다. SF 영화나 소설 중에는 지구가 재앙을 맞아 사라지게 되었을 때 거대한 우주선이 인류를 싣고 은하계 건너편의 새 지구를 찾아 떠나는 이야기도 있다. 이것은 신화나 소설 속에만 있는 이야기가 아니다. 불과 수십 년도 안 되는 짧은 기간 동안 사이버 공간이라는 전에 없던 전혀 새로운 세계가 만들어지고 옛 세계에 속했던 많은 것이 그곳으로 옮겨 가고 있다. 세계에서 가장 많은 책을 판매하는 서점도, 세계에서 가장 거래량이 많은 백화점도, 세계에서 가장 많은 지식을 담고 있는 백과사전도 예전에 그것들이 있었던 실재 세계에 더 이상 존재하지 않는다. 사이버 공간으로 이주해 간 것이다. 현재로서는 현실 세계의 일부분이, 그러나 미래에는 좀 더 많

2) 10여 년 전부터 나는 내가 수행하는 일과 그것을 위한 일련의 연구 개발을 '인문정보학'이라는 이름으로 불러왔다. 인문지식의 정보화 기술에 대한 연구라는 뜻이지만, 그 내면에는 인문학과 정보기술, 두 세계가 만나는 교차로에서 서로를 이해하고, 존중하며, 상호 교섭을 통해 새로운 가치를 창출하려는 소망을 담아 지어낸 말이다.

은 부분이 그곳으로 옮겨갈 것이다. 지금 우리 주변에서는 인류가 수천 년의 역사 속에서 만들고 쌓아온 유산들을 인류 문명의 새로운 거주 공간으로 이주시키기 위해 수많은 방주들이 건조되고, 짐을 싣고, 닻을 올리고 있다. 인문정보학은 인문지식의 사이버 이주를 위한 방주를 띄우는 일이다.

컴퓨터의 대중화가 시작된 20년 전부터 오늘까지 인문지식의 디지털화는 종이에 적힌 글자를 디지털 코드로 전환하는, 문자의 디지털화 위주로 진행되었다. 그것만으로도 적지 않은 부가가치를 얻을 수 있었다. 문자 검색이 가능해진 것은 그 이점 중의 하나이다. 하지만 이 정도의 변화는 사이버 환경의 특성에 충분히 적응한 모습으로 볼 수 없다. 앞으로 탐구해야 할 인문정보학의 과제는 인문지식의 내용이 디지털 환경 속에서 더욱 가치 있는 콘텐츠가 되게 하는 요건들이다.

인문지식을 디지털 환경에 적응시키는 방법의 많은 부분은 정보과학이나 컴퓨터공학 분야에서 이루어낸 기술적 성과에 의존하고 있다. 하지만 이러한 기술 요소들을 특정 분야의 인문지식에 적용하여 인문지식 콘텐츠를 생산하는 일은 어디까지나 그 분야 지식에 관한 전문성을 가진 사람들에 의해 이루어질 수 있다. 또한 그 일은 단순히 확정된 기술을 인문 분야에 도입하기만 하면 되는 것이 아니라 인문지식의 내용과 특성에 따라 적용할 기술을 변경하고 발전시키는 노력을 수반해야 하는 일이다.[3)]

그렇다면, 인문지식을 배경으로 하는 연구자가 정보기술을 이해하고 응용하는 것은 용이한 일인가? 중요한 사실은 '정보기술'이 결코 정보기술 전문가를 위해서 만들어진 것이 아니라는 점이다. 그것

3) 김현, 「인문콘텐츠를 위한 정보학 연구 추진 방향」, 『인문콘텐츠』 1, 인문콘텐츠학회, 2003.

은 '인문학'이 인문학 교수들을 위해 존재하는 것이 아니라는 사실과 같은 논리이다. 정보기술 분야의 전문 연구자들은 현재 기술의 한계에 도전하여 더욱 발전된 새 기술을 만들어내는 데 주력한다. 그것이 그들의 일이다. 하지만 일단 만들어진 기술은 그것을 필요로 하는 사람들이 그 운용의 주체가 된다. 물론 이를 위해서는 학습이 필요하다. 휴대폰 하나를 새로 장만해도 그 사용법에 대한 학습이 필요하고, 카메라 하나를 새로 사도 그것을 잘 쓰기 위한 공부가 필요한데, 인문지식을 디지털 콘텐츠로 제작하고자 하는 사람이 그것을 이루어내는 기술적인 방법에 대한 학습과 연구를 도외시할 수는 없는 일이다. 인문정보학의 교육 프로그램은 인문지식을 디지털 세계에 소통시키는 데 꼭 필요한 요소 기술들을 선별하고, 인문지식의 전문가가 그것들을 자유롭게 운용할 수 있도록 하는 훈련하는 과정을 포함한다.

인문정보학을 배우고 연구하는 사람은 누구인가? 21세기의 디지털 문명 속에서 인문학을 공부하고자 하는 사람은 누구나 인문정보학에 주의를 기울일 필요가 있다. 인문정보학이 가르치는 디지털 텍스트와 하이퍼미디어는 아날로그 시대의 글쓰기와 책 출판을 대체할 수단이기 때문이다. 이러한 관점에서는 인문정보학을 독립된 전공이나 분과 학문으로 보기보다는 인문학의 학습과 연구를 위한 기초 소양 과정으로 인식할 수 있다.

한편, 인문학 연구 분야 중에서도 방대한 사료 속 데이터의 분석이라든가 언어 자원 처리, 지리 정보의 수집 분석 등 데이터 처리를 수반하는 연구에 관심을 두는 사람은 학제 간 연구 또는 디지털 인문학 연구를 준비하는 차원에서 좀 더 심화된 수준의 인문정보학 교육을 이수할 필요가 있다. 유감스럽게도 한국에서 이 분야의 연구 수준은 매우 취약하며, 연구 효율 제고를 위한 인식의 전환이 시급하다.

인문학 연구 성과를 이용한 다양한 응용 연구, 디지털 환경에서 인문지식을 사회화 하는 지식 콘텐츠의 개발에 관심을 둔 사람은 문화콘텐츠학의 일환으로, 또는 직접적으로 인문정보학을 전공으로 삼아 인문지식의 디지털 정보화 기술과 그것의 이론적 배경을 심도 있게 공부할 수 있다. 이들은 사회에 진출해서 다양한 문화콘텐츠를 만들어내는 기획·개발자, 공공 영역에서 지식 자원의 사회적 수집·공유·활용을 촉진하는 정보 관리자, 디지털 인문지식의 생산과 소통의 효율성을 높이는 방법을 연구하는 인문정보학 전문 연구자로서 활동하게 될 것이다.

사이버 세계는 단순히 아날로그 신호가 디지털 신호로 전환된 세계가 아니다. 현실 세계에서 불가능했던 일이 그곳에서 가능해지기도 하고, 현실 세계에서 지배적이었던 논리가 그곳에서는 아예 의미 없게 되기도 한다. 이주하려는 곳의 환경이 기존에 살던 곳과 전혀 다르다면, 그 다른 점을 수용하고, 새로운 성장의 발판으로 삼으려는 노력이 필요하다. 인문지식을 사이버 세계로 이주시키는 인문정보학의 과업은 인문지식이 그곳에서 새로운 힘을 얻게 하는 일이다.

3. 인문정보학의 연구 주제

인문정보학은 인문지식의 정보화에 관련된 다양한 문제들을 탐구 주제로 삼는다. 정보처리 기술 수준으로 이야기하자면, 가장 낮은 단계의 데이터 입출력 문제에서부터 정보과학의 궁극적 목표라고 할 수 있는 인공지능의 구현에 이르기까지, 거기에 인문지식이 결부되는 과제들은 모두 인문정보학의 과제일 수 있다. 따라서 인문정보학의 주제를 몇 가지로 한정하여 설명하기는 어렵겠지만, 디지털 인문학의 도구라는 관점에서 우선적으로 강구되어야 하는 주제들을 제한적으로 살펴보는 것은 가능할 것이다.

디지털 인문학의 첫 단계는 디지털 문식(디지털 文識, Digital Literacy), 즉 인문학 연구자와 인문학을 배우는 학생들이 디지털 환경에서 읽고 쓸 수 있는 능력을 증진시키는 것이다. 월드와이드웹(World Wide Web)과 SNS(Social Networking Service)의 보편적인 이용으로 인해, 디지털로 표현되는 지식을 읽는 능력은 우리 사회에서 어느 정도 일반화 되었다고 보인다. 그러나 디지털적인 방법으로 자신의 의사를 표현하는 '쓰기'(writing) 능력은 기성세대뿐 아니라 디지털 원어민이라고 할 수 있는 청소년들에게 있어서도 '읽기'(reading) 능력에 비해 현저히 떨어지는 것이 사실이다. 디지털 세계에서 쓰기 능력이란 곧 디지털 콘텐츠의 저작 능력을 말한다. 디지털 인문학을 위한 인문정보학의 과제는 인문학적 지식을 디지털 콘텐츠의 형식으로 표현할 수 있는 방법을 찾고, 그 방법을 운용할 수 있는 능력을 배양하는 것이다.

아날로그 시대의 지식과 디지털 시대의 지식은 동일한 주제를 다루고 있다고 하더라도 그것을 기술하고 표현하는 형태에 차이가 있다. 책, 논문 등의 저작물에 담겨서 독자에게 제공되는 전통적인 인문학 지식은 그 미디어 내에서 독립적인 완결성을 추구한다. 저자는 자기가 전달하고 싶은 지식을 모두 자신의 저작물 안에 담으려 한다는 것이다. 저자가 욕심을 부려서가 아니라 종이책이라는 미디어 상에서는 다른 방법이 없기 때문이었다. 한 권의 책에서 충분한 지식을 얻지 못할 때, 다른 자원을 찾아서 보충하는 것은 전적으로 독자의 몫이었다.

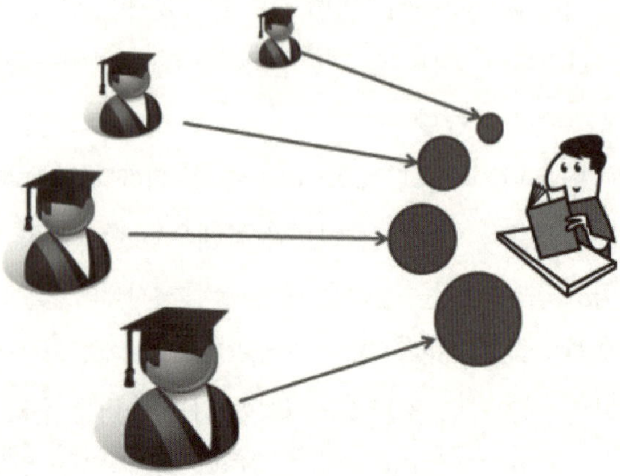

[그림 Ⅱ-1] 전통 시대의 지식: 독립적이고 자기 완결적인 지식

디지털 시대의 지식 유통은 이와는 다른 형태를 추구한다. 인터넷 상에서 유통되는 디지털 저작물은 그 자체로 지식 콘텐츠이기도 하지만, 동시에 다른 지식으로 가는 길을 열어 주는 소통의 교점이기도 하다. 디지털 미디어 상의 콘텐츠라도 아날로그 저작물을 그대로 복제한 경우에는 그와 같은 특성을 발견하기 힘들겠지만, 위키피디아의 기사처럼 처음부터 디지털 콘텐츠로 만들어진 저작물은 그 텍스트를 읽다가 즉각적으로 다른 기사를 참조할 수 있게 하는 수많은 하이퍼링크 노드들을 포함하고 있다. 유관한 지식의 연계가 위키 백과와 같은 특정 콘텐츠 안에 국한되지 않고, 디지털 세계의 모든 영역에서 이루어질 수 있도록 하는 것이 우리가 미래의 지식 세계에 거는 기대이다.

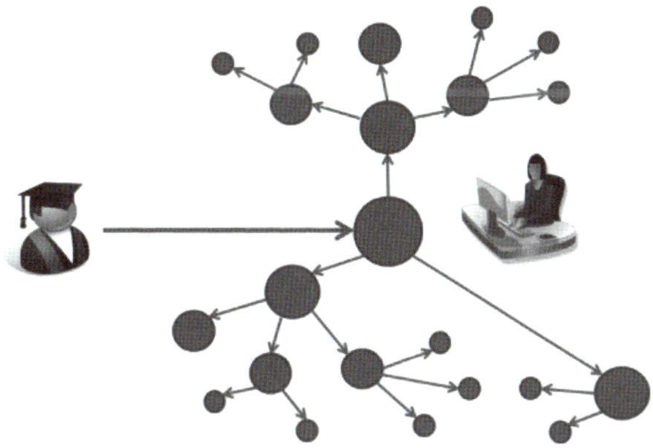

[그림 Ⅱ-2] 디지털 시대의 지식: 다른 지식으로 가는 길을 담고 있는 소통의 교점(交點, node)

인문정보학이 일차적으로 관심을 두는 과제는 인문학 연구자들로 하여금 자신의 인문학 지식을 디지털 콘텐츠로 표현하고, 그것이 사이버 공간상에 펼쳐지는 광대한 지식 세계에서 소통의 노드 역할을 할 수 있게 하는 방법을 찾는 것이다. 이 책에서는 이러한 관심사를 가지고 탐구되는 인문정보학의 연구 주제 몇 가지를 소개하고자 한다. 첫째는 인문학적 지식을 디지털 미디어에 탑재하여 사이버 공간에서 읽히고, 활용될 수 있도록 하는 디지털 텍스트 편찬 기술, 두 번째는 '읽고 이해하는' 대상이었던 인문지식 콘텐츠를 '보고 느끼는' 감성적 체험의 대상으로 전환하는 인문지식의 시각화 기술, 세 번째는 월드와이드웹 세계에 산재하는 인문지식 데이터가 단편적인 정보의 조각에 머물지 않고 맥락과 체계를 이루게 하는 시맨틱 웹 응용 기술, 그리고 네 번째는 백과사전 속의 인문지식과 아카이브의 실물 정보가 사이버 공간에서 하나의 지식으로 만날 수 있게 하는 백과사전적 아카이브 구현 전략이다.

2장 디지털 텍스트

디지털 텍스트란 지식을 전달하는 문자 언어를 디지털 미디어에 전자적인 신호로 기록한 것을 말한다. 워드프로세서로 작성하여 컴퓨터 속에 저장한 한 편의 글도 넓은 의미의 디지털 텍스트라고 할 수 있다. 워드프로세서로 만든 문서는 종이에 출력하여 사람이 읽게 하는 것을 목표로 하지만, 우리가 관심을 갖는 디지털 텍스트는 기계(컴퓨터)가 읽고 해석할 수 있게 함으로써 종이에 쓰일 때에 얻을 수 없었던 부가가치를 낳을 수 있게 하는 것이다.

1. 디지털 텍스트와 하이퍼링크

컴퓨터와 정보통신 네트워크, 모바일 컴퓨터라고 할 수 있는 스마트폰까지 대중화된 오늘날의 사회에서 우리는 이미 디지털 텍스트의 영향력을 실감하고 있다. 매일매일 접하는 인터넷상의 웹(web) 문서들이 모두 다 디지털 텍스트이다. 그러한 문서들이 종이책의 텍스트와 다른 점은 무엇인가? 그것이 어느 나라, 어느 기관의 서버에 있든, 인터넷 포털이 제공하는 서비스를 통해 검색과 열람이 가능하다. 그리고 적지 않은 양의 웹 문서에는 그 문서상에서 내용적 관련성을 가진 다른 문서를 찾아갈 수 있는 연결고리가 포함되어 있다.

컴퓨터가 숫자를 다루던 기계에서 벗어나 문자와 영상, 음향 등을 저장하고 전송할 수 있게 되면서, '책'이라고 하는 매체에 담겨 있는 다양한 종류의 지식들이 전자적인 매체로 옮겨 가게 되었다. 과거 종이에 기록되었던 정보들을 컴퓨터를 통해 처음 접할 수 있게 되었을 때, 그 새로운 책의 장점으로 주목받았던 것은 저장 공간의 획기적 절감, 데이터 접근의 신속성, 텍스트와 멀티미디어 데이터의 복합적 활용 가능성, 정보 검색의 효율성 등이었다. 전자책의 이러한 장점들은 지식의 전달과 활용의 측면에서 종이책의 한계를 극복한 커다란 변화로 인식되었다. 그러나 전자매체가 가져온 더 큰 변화는 단순히 지식 유통의 편의성을 증진시킨 데 있는 것이 아니라, 지식의 기술 형태를 변화시키고 나아가 그 내용마저도 과거와는 다른 것을 지향하게 만든 데 있다고 할 수 있다.

종이책은 그 내용을 이루는 지식 요소가 고정되어 있을 뿐 아니라, 그 요소들의 나열 순서가 저자의 기획에 따라 일정하게 확립되어 있어서, 독자는 그 정해진 순서에 따라 책 속의 지식과 정보를 전수하게 된다. 설사 독자가 저자의 의도와는 달리 그 책의 이 부분 저 부분을 임의로 읽어 간다 해도 그것은 저자가 미리 일정한 틀 속에 담아 놓은 지식을 부분적으로 탐색하는 것에 지나지 않는다. 반면 우리가 인터넷상의 디지털 문서를 접할 때에는 이와는 다른 방식의 '읽기'가 이루어진다. 한 편의 기사를 읽다가도 그 텍스트의 여러 곳에 파랗게 표시되는 부분을 클릭함으로써 다른 기사로 건너뛰기를 할 수 있는 것이다. 전자문서의 텍스트 중에 그 문서의 다른 부분 또는 인터넷상의 다른 곳에 있는 문서로 갈 수 있도록 하는 연결 요소를 '하이퍼링크'(hyperlink)라고 한다. 나의 관심의 방향에 따라 내가 선택하는 하이퍼링크가 달라지고, 그에 따라 내가 읽는 콘텐츠의 문맥과 내용이 달라질 수도 있다.

문서 안에 다른 문서에 대한 연결고리, 즉 하이퍼링크를 가지고 있는 전자 문서를 하이퍼텍스트 문서(Hypertext Document)라고 한다. 하이퍼텍스트의 특성을 이해하기 위해 다음의 예시를 보기로 하자.

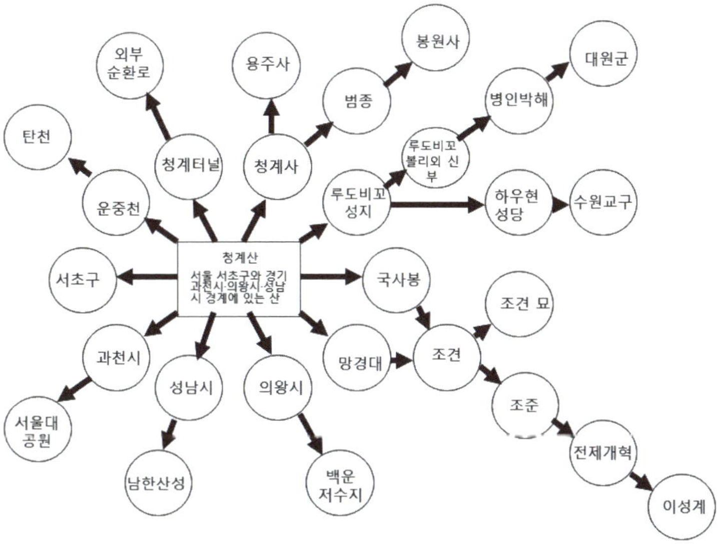

[그림 Ⅱ-3] 관련 정보의 연결 고리

위에서 보인 도표는 '청계산'에 관한 기사에 담긴 내용 요소들과 그 각각의 요소와 관련이 있는 정보들의 관계를 도시한 것이다. 만일 이 기사의 저자가 위에 나열한 모든 요소들을 자기 글 속에 포함시키고자 한다면 그 결과물은 원고지 수십 매에 달하는 방대한 분량이 될 것이다. 하지만 위에 나열된 유관 정보들의 기사가 이미 어디엔가 존재하고 있고, 그것들을 쉽게 연결해서 볼 수 있다면, '청계산'에 대한 기사는 원고지 1~2매 분량으로도 충분할 수 있다. 또한 후자의 경우, 독자들은 그의 개인적 관심이 모이는 방향에 따라 상이한 줄거리의 지식을 접할 수도 있다. 똑같이 '청계산'을 출발점으로 삼았다 하더라도, 어떤 경우에는 '청계산의 주봉인 망경대' → '망경대라는 이름을 낳게 한 조견' → '조견의 형 조준' → '조준이 주도한 고려 말의 전제 개혁' → '이성계의 역성혁명'의 경로를 따라 여말선초(麗末鮮初)의 역사를 탐구할 수 있고, 또 다른 경우에는 '루도비꼬 유적지' → '루도비꼬 볼리외 신부'→ '병인박해' → '대원군'으로 이어지는 연결 고리를 좇아 조선 말기의 동서교섭사(東西交涉史)를 공부할 수도 있다.

지식과 정보는 유통 목적에 따라 그 내용 요소의 조직을 일정하게 유지할 필요도 있고, 자유로운 조합을 허용할 필요도 있다. 종래의 '종이책'은 전자에 적합한 매체였다. 우리가 새롭게 '하이퍼텍스트'에 주목하는 이유는 그것이 과거의 정보 매체에서는 구현하기 어려웠던 후자의 기능을 열어 주고 있기 때문이다.

2. 하이퍼텍스트 기술의 발전

'관계가 있으면 연결한다'고 하는 하이퍼텍스트의 취지는 컴퓨터를 통해서만 현실화할 수 있다. 물론 종이매체를 이용한 백과사전이나 도서관 목록 카드가 '참조:…' 또는 '…도 보라'라는 식으로 유관한 정보를 안내해 주는 기능을 포함하기도 하였다. 그러나 종이매체 상에서는 참조 지시를 받을 때마다 페이지를 넘겨 유관 자료를 찾아가는 것이 결코 쉬운 일이 아니며, 그 관련성의 범위도 지극히 제한적일 수 밖에 없다. 하이퍼텍스트는 '관련 정보로의 순간적인 이동'이 가능한 경우에만 효용성을 발휘한다. 특정 정보에 대한 기록을 빠르고 정확하게 찾아내고자 하는 과제는 전자매체를 사용하는 컴퓨터 시스템을 통해 그 해결책을 찾게 되었고, 그것이 오늘날의 '하이퍼텍스트로 짜인 거대한 정보의 세계'- 월드와이드웹(World Wide Web)을 출현시킨 배경이 되었다. 이러한 점에서 진정한 하이퍼텍스트의 역사는 컴퓨터 발전의 역사와 궤적을 같이 한다고 할 수 있다.

1) 배니버 부쉬의 메멕스

하이퍼텍스트의 개념을 처음으로 제안한 사람은 제2차 세계대전 당시 미국의 대통령 과학자문위원이었던 배니버 부쉬(Vanevar Bush, 1890~1974)였다. 당시 미국은 전쟁에서 이기기 위해 그와 관련된 제 분야의 생산성을 고도화 하는 데 총력을 기울여야 하는 상황이었으며, 부쉬는 그러한 전시체제 하에서 미국의 과학기술 연구 역량을 집결시키는 구심점 역할을 하는 인물이었다. 전쟁이 막바지로 치닫던 1945년 부쉬는 「마치 우리가 생각하는 것처럼… 」(As we may think)이라는 제목의 글을 통해 '기억 확장기'(Memory Extender, 줄여서 Memex)라고 이름붙인 문서관리 장치를 제안하였다. 그는 그 시대에 이미 지식의 양이 폭발적으로 증가한 사실에 주목하였고, 종래의 문서관리 체계 – 수많은 자료를 한두 가지 체계에 의해 분류하고 색인을 부여한 후, 그 색인을 이용하여 필요한 자료를 찾게 하는 방법 – 로는 그 방대한 규모의 지식을 제대로 활용할 수 없다고 하는 사실을 직시하였다. 그는 인간의 사고방식이, 머릿속에 일정한 체계의 색인을 만들어 놓고 매번 그 색인을 참조하면서 생각을 전개시켜 나아가는 것이 아니며, 한 가지 생각 속에서 순간적으로 다른 생각으로 이어지는 실마리를 찾아가는 것이라고 보았다. 인간의 두뇌 밖에 있는 자료를 이용할 때에도 '마치 인간이 생각하는 것처럼' 즉각적인 연상의 실마리를 좇아 지식과 정보를 찾아갈 수 있다면 얼마나 효과적일까? 부쉬는 어떠한 기계적 장치가 자신의 꿈을 현실화할 수 있을 것으로 기대하였다.

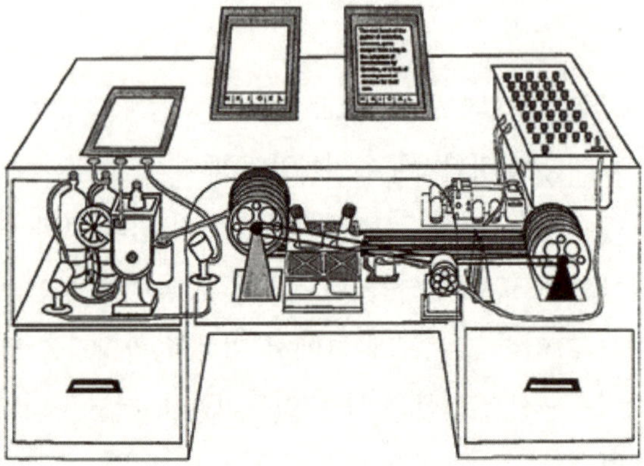

[그림 Ⅱ-4] 배니버 부쉬가 구상한 메멕스의 모습

2) 테드 넬슨의 하이퍼텍스트

부쉬가 '메멕스'라는 이름으로 제안한 유연한 문서관리 체계는 그로부터 약 20년이 지나 테드 넬슨(Ted Nelson)에 의해서 '하이퍼텍스트'라는 이름을 얻게 되었다. 넬슨은 1965년 그의 저서 『리터러리 머신』(Literary Machines)에서 재나두(Xanadu)라는 이름의 거대한 프로젝트를 제안하였다.

재나두는 전세계의 수많은 사람들이 남긴 기록들이 망라적으로 등재되어 있는 거대한 문서의 세계이다. 이곳에 있는 각종 문서들은 그 내부에 다른 유관 문서로 연결될 수 있는 고리를 갖는다. 재나두를 방문한 독자들은 그 연결 고리를 따라 자유롭게 다양한 기록들을 탐색할 수 있고, 또 그 스스로 또 다른 기록의 저자가 되어 지식과 정보의 새로운 경로를 만들어 낼 수도 있다. 오늘날의 월드와이드웹(World Wide Web)을 더욱 이상적으로 묘사한 듯한 이 가상세계의 중심 개념이 바로 하이퍼텍스트이다. 넬슨은 하이퍼텍스트를 '비순차적인 글쓰기'(Non-sequential Writing)라고 정의하였다. 그 자체로는 순서 없이 존재하는 여러 개의 텍스트 조각(Text Chunk)이지만, 그 안에는 다른 조각으로 이어지는 다양한 연줄(link)이 있어서 독자의 선택에 따라 이렇게 이어지기도 하고 저렇게 이어지기도 하는 것을 하이퍼텍스트라고 이름한 것이다.

[그림Ⅱ-5] 테드 넬슨의 『리터러리 머신』 표지

3) 애플사의 하이퍼카드

배니버 부쉬에 의해 창안되고, 테드 넬슨에 의해 이름을 얻게 된 '하이퍼텍스트'는 1960년대 후반부터 실제로 컴퓨터상에서 구현되기 시작하였지만, 연구개발의 차원을 넘어서서 실용화되기 시작한 것은 1980년대 중반을 지나면서부터였다. 1987년 미국의 애플사(Apple Computer, Inc.)는 자사의 매킨토시 시스템에서 사용되는 하이퍼텍스트 응용상품 하이퍼카드(HyperCard™)를 출시했는데, 이는 사용자들의 폭발적인 호응을 얻었다. 하이퍼카드의 성공 요인은 텍스트뿐 아니라 소리와 이미지로의 링크를 제공하여 컴퓨터의 멀티미디어적 편리성을 부각시켰다는 점이다. 하이퍼카드처럼 멀티미디어 기능을 가진 하이퍼텍스트 시스템을 '하이퍼미디어'(hypermedia) 시스템이라고 부르기도 한다.

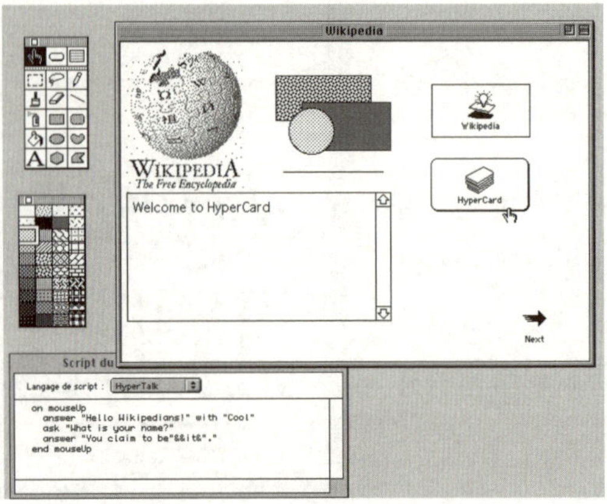

[그림Ⅱ-6] 애플사의 하이퍼카드

4) 월드와이드웹의 탄생

하이퍼텍스트를 모든 곳의 자료가 자유롭게 연결되는 길로 열어 놓은 것은 출발 단계에서부터 비영리적인 목적을 취한 작은 연구 프로젝트에서 비롯되었다. 1980년대 초부터 개인적으로 하이퍼텍스트를 연구하던 팀 버너즈리(Tim Berners-Lee)는 스위스 제네바에 있는 유럽 소립자물리학연구소(Conseil Européen pour la Recherche Nucléaire, CERN)에 취직한 후, 그 연구소에 쌓인 엄청난 양의 자료들을 세계 각처의 관련 연구자들에게 효과적으로 제공할 수 있는 방법에 대해 고민하기 시작하였다. 이 때 그가 주목한 것은 애플사의 하이퍼카드가 입증한 '하이퍼텍스트'의 편리성, 그리고 전 세계의 컴퓨터를 하나의 네트워크로 연결하고 있는 '인터넷'의 개방성이었다. 1989년 버너즈리는 하이퍼텍스트와 인터넷을 결합시키는 프로젝트를 제안했고, 네트워크 전문가 로버트 카이유(Robert Cailliau)의 협조로 온라인 서비스 상에서의 하이퍼텍스트 개념을 정립하였다. 이로써 이용자의 관심이 이끄는 대로 읽어 갈 수 있는 정보 조각들의 거대한 거미줄 망(web)이 탄생하게 되었으며, 그 이름은 월드와이드웹(World Wide Web)으로 지어졌다. 1991년 12월 버너즈리는 미국의 산안토니오에서 열린 Hypertext'91 학술회의에서 월드와이드웹을 세계에 소개하였다.

3. 하이퍼텍스트 구현 기술

우리가 '월드와이드웹'(World Wide Web)이라고 부르는 것의 정의는 '하이퍼텍스트 문서를 지원하는 인터넷 서버들의 범세계적인 집합'이다. 그리고 여기서 말하는 '하이퍼텍스트 문서'의 기술적 의미는 'HTML로 쓰이고 HTTP를 통해 전송되는 전자 텍스트'를 말한다. HTML은 '하이퍼텍스트 표기 언어'(Hypertext Markup Language), HTTP는 '하이퍼텍스트 전송 규약'(Hypertext Transfer Protocol)의 약어이다. HTML로 작성되어 인터넷 서버에 저장된 전자문서를 우리는 통상적으로 '웹 문서' 또는 '웹 페이지'라고 부른다. 하이퍼텍스트의 구현을 위해 우리가 먼저 알아야 할 것은 이러한 맥락을 가진 웹 문서의 제작 방법이다. '월드와이드웹'이 '인터넷'과 동일시될 만큼 큰 영향력을 발휘하는 오늘날, 웹에서 운영될 수 있는 전자문서를 제작하는 것은 곧 세계의 모든 자원과 소통할 수 있는 하이퍼텍스트 콘텐츠를 제작한다는 의미를 지니게 된다.

하이퍼텍스트를 이루는 텍스트 조각들 사이의 연결을 '하이퍼링크'(hyperlink)라고 한다. 다음 그림은 월드와이드웹 환경에서 개별적인 웹 문서들 사이의 하이퍼링크가 구현되는 과정을 개념적으로 도시한 것이다.

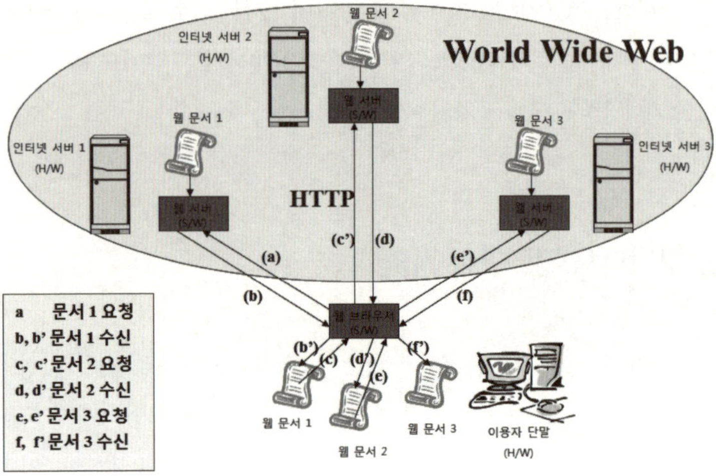

[그림Ⅱ-7] 월드와이드웹의 하이퍼링크

월드와이드웹을 구성하는 인터넷 서버 머신들은 다른 웹 문서로의 연결 고리를 포함하는 여러 개의 웹 문서를 저장하고 있다. 인터넷 세계의 정보를 탐색하고자 하는 이용자는 '웹 브라우저'(Web Browser)라고 하는 소프트웨어를 이용하여 첫 번째 웹 문서를 호출한다. '인터넷 익스플로러'(Internet Explorer, IE™), '크롬'(Chrome™), '파이어폭스'(Firefox™), '사파리'(Safari™), '오페라'(Opera™) 등이 모두 웹 브라우저의 기능을 하는 소프트웨어들이다. PC나 스마트폰 등 이용자 단말기에서 운영되는 웹 브라우저는 인터넷 서버 머신에서 운영되는 '웹 서버' 프로그램과 메시지를 주고받으면서 서버 머신에 저장된 웹 문서를 이용자 단말기로 불러오는 기능을 수행한다. 이 때 웹 브라우저와 웹 서버, 두 소프트웨어가 주고받는 신호에 대한 약속이 이른바 '하이퍼텍스트 전송 규약', 즉 HTTP이다. 이 약속이 있음으로서 이용자 쪽의 웹 브라우저와 서버 쪽의 웹 서버가 웹 문서의 요청과 전송을 정확하게 수행할 수 있는 것이다.

첫 번째 문서를 성공적으로 불러오게 되면, 이용자는 그 문서에 포함되어 있는 다른 문서로의 연결 고리(Hypertext Link Node)를 선택함으로써 내용적 연관성이 있는 다른 문서를 호출할 수 있다. 웹 브라우저는 또 다시 HTTP에 따른 요청 신호를 해당 웹 서버로 보내고, 그 신호를 받은 웹 서버는 자기 쪽 컴퓨터에 수록된 두 번째 웹 문서를 요청자에게 전송한다.

4. HTML

월드와이드웹의 플랫폼은 이미 확립되어 있고, 또 그것은 누구나 참여할 수 있도록 개방되어 있으므로, 새로운 콘텐츠의 제작을 위해서 우리가 해야 할 일은 월드와이드웹에서 통용될 수 있는 형식의 '디지털 텍스트'를 만드는 일이다. 이 말은 바꿔 말해, '웹 브라우저'와 '웹 서버'가 읽을 수 있는 형태의 문서를 만드는 것이라고 할 수 있으며, 더 구체적으로는 HTML로 쓰인 문서를 만드는 것이라고 할 수 있다.

HTML은 문서의 내용을 다양한 형태로 이용자에게 보여줄 수 있는 기능을 지원하는데, 정보 요소의 시작과 끝 부분에 '태그'(tag)라고 불리는 표시를 부가하는 형식을 취한다. 다음은 HTML 문서의 가장 기본적인 형태를 보이는 예시이다.

HTML 문서

```
<html>
        <head>
                <title>웹 사이트 목록</title>
        </head>
        <body>
                <a href="http://www.humancontent.or.kr">인문콘텐츠학회</a><br/>
                <a href="http://www.aks.ac.kr">한국학중앙연구원</a><br/>
                <a href="http://www.digerati.kr">인문정보학교실</a><br/>
        </body>
</html>
```

순수하게 문자나 삽도만으로 이루어진 기본 텍스트(Plain Text)에 이와 같은 태그를 기입하는 것을 마크업(markup)이라고 한다. 순수한 텍스트는 사람에게 읽히기 위한 것이지만, 여기에 부가된 태그들은 기계(컴퓨터)가 읽고 해석하며, 지시된 기능을 수행하게 한다. 이를 테면, 문서의 처음과 끝에 반드시 들어가야 하는 <html>....... </html>이라는 태그는 그 사이의 내용이 하나의 HTML 문서임을 알리는 역할을 한다. <head>.......</head>는 그 사이에 이 문서에 대한 정보(메타데이터: 문서의 제목, 문서의 스타일에 관한 지정 등)가 있다는 뜻이고, <body>....... </body>는 이곳이 문서의 내용을 담고 있는 부분임을 알리는 것이며, <titlle>.......</title>이라는 태그는 표시된 부분이 그 문서의 제목이니 제목으로 취급하라는 의미이다.

<a href="url">......</a>라는 태그는 그곳을 클릭하면 URL(Uniform Resource Locater)로 지시되는 곳(월드와이드웹 상의 주소)의 문서로 이동하라는 의미이다. '닻'(anchor)이라는 이름을 가진 이 태그는 HTML 문서가 하이퍼텍스트 기능을 수행할 수 있게 해 주는 핵심

장치이다.[4)]

HTML의 '앵커'(<a>) 요소는 반드시 'href'라는 이름의 속성을 갖는다. 'href'는 '하이퍼텍스트 참조'(Hypertext Reference)를 의미하며, 그 속성값으로 하이퍼링크 목적지의 주소를 기입하게 되어 있다.

하이퍼링크 목적지의 주소, 즉 웹 어드레스는 '하이퍼텍스트 전송 규약'(HTTP)에 의해 월드와이드웹 상에서 통용되는 웹 문서의 소재 정보이다. 이러한 주소 체계를 'URL'이라고 부르는데, 그 구성 요소는 다음과 같이 나눌 수 있다.

http://www.xuanflute.com/index.html

a = http:// , b = www.xuanflute.com/ , c = index.html

a. 서버에게 요청하는 서비스의 종류
b. 서버 장비의 인터넷 주소
c. 찾고자 하는 웹 문서의 파일 이름

5. XML

XML(eXtensible Markup Language)은 문서의 구조적인 형식과 내용 요소들이 컴퓨터가 식별할 수 있는 명시적 정보로 기술될 수 있도록 하기 위한 전자문서 마크업 언어이다. 월드와이드웹의 표준화

---

4) HTML에서 하이퍼링크를 위한 연결 고리를 '앵커'(anchor), 즉 '닻'이라고 부르는 이유는 '월드와이드 웹'의 세계에서 이 문서를 읽다가 저 문서로 옮겨 가는 행위를 마치 대양을 항해하는 배가 이 항구에 들렀다가 다시 저 항구에 정박하는 것에 비유한 데서 비롯된다. '앵커'는 웹의 세계를 항해하는(navigate) 배가 앞으로 '닻'을 내려야 할 곳을 지목한다. 하나의 웹 문서 속에 여러 개의 '앵커'가 포함되어 있다면, 그 항해의 다음 기착지를 여러 곳으로 제안하는 것이다.

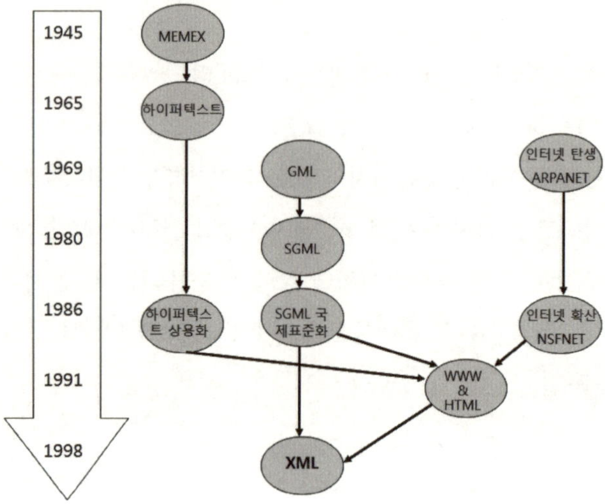

[그림Ⅱ-8] XML 탄생 배경

를 주도하고 있는 W3C(World Wide Web Consortium)는 1998년 최초의 XML 권장안을 제시하였으며, 최근에 이르기까지 여러 단계의 개선안과 함께 다양한 응용기술의 표준화 방안을 제공하고 있다.

위의 그림에서 보듯이 XML은 HTML과 SGML(Standard Generalized Markup Language)의 결합으로 만들어졌다. 보다 정확하게 말한다면, HTML이 약화시켰던 SGML의 중요한 목적을 XML이 다시 회복시킨 것이다. SGML은 문서에 담긴 정보 요소와 그 요소들 간의 관계를 컴퓨터가 이해할 수 있도록 만든 마크업 언어인데, 1969년 미국 IBM사의 찰스 골드파브(Charles Goldfarb)와 그 동료들에 의해 GML(Generalized Markup Language)이라는 이름으로 처음 만들어졌고, 그 후 지속적으로 발전하여 1986년 국제표준기구에 의해 구조적 데이터 표현의 표준안(ISO 8876)으로 인증되었다.

XML 문서의 특징은 문서를 '문서의 구조', '문서의 내용', '문서의 모양' 3 가지로 분리한다는 것이다. 다음에 예시한 간단한 편지를 HTML로 만들었을 때와 XML로 만들었을 때를 비교하여 보자.

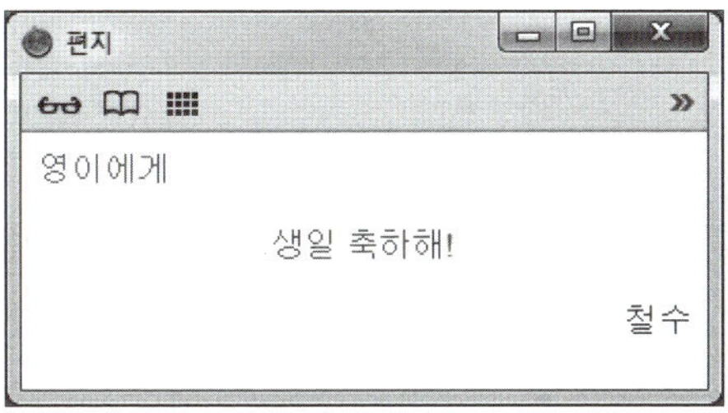

HTML: 문서의 내용과 모양을 한꺼번에 취급

```
<html>
        <head>
<title>편지</title>
        </head>
        <body>
                <p style="color:red; text-align:left">영이에게</p>
                <p style="color:green; text-align:center">생일 축하해!</p>
                <p style="color:blue; text-align:right">철수</p>
        </body>
</html>
```

XML: 문서의 내용

```
<?xml version="1.0" encoding="utf-8"?>
<?xml-stylesheet type="text/xsl" href="letter.xsl"?>

<편지 xmlns="letter.xsd">
   <수신>영이에게</수신>
   <본문>생일 축하해!</본문>
   <발신>철수</발신>
</편지>
```

XSD: 문서의 구조

```
<?xml version="1.0" encoding="utf-8"?>
<xs:schema targetNamespace="letter.xsd"
   xmlns:xs="http://www.w3.org/2001/XMLSchema"
   elementFormDefault="qualified">
   <xs:element name="편지>
       <xs:complexType>
           <xs:sequence>
               <xs:element ref="수신/>
               <xs:element ref="본문/>
               <xs:element ref="발신/>
           </xs:sequence>
       </xs:complexType>
   </xs:element>
   <xs:element name="수신 type="xs:string"/>
   <xs:element name="본문 type="xs:string"/>
   <xs:element name="발신 type="xs:string"/>
</xs:schema>
```

XSL: 문서의 모양

```
<?xml version="1.0" encoding="utf-8"?>

<xsl:stylesheet version="1.0"
     xmlns:xsl="http://www.w3.org/1999/XSL/Transform"
     xmlns:ltt="letter.xsd">
<xsl:template match="/">
     <html>
          <head>
               <title>편지</title>
          </head>
          <body>
               <xsl:apply-templates/>
          </body>
     </html>
```

```
</xsl:template>
<xsl:template match="ltt:편지">
    <xsl:apply-templates/>
</xsl:template>
<xsl:template match="ltt:수신">
    <p style="color:red; text-align:left"><xsl:value-of select="."/></p>
</xsl:template>
<xsl:template match="ltt:본문">
    <p style="color:green; text-align:center"><xsl:value-of select="."/></p>
</xsl:template>
<xsl:template match="ltt:발신">
    <p style="color:blue; text-align:right"><xsl:value-of select="."/></p>
</xsl:template>
</xsl:stylesheet>
```

첫 번째 HTML 문서에서는 문서의 내용과 모양이 한꺼번에 취급되었다. 반면, XML 문서는 XML(XML 텍스트), XSD(Schema Definition), XSL(Stylesheet Language) 세 부분이 모여서 하나의 완성된 문서를 만들어낸다. 위의 예시에서 XML 문서 letter.xml은 내용만 담고 있고, 스키마 정의 문서 letter.xsd는 그 문서의 내용 구조를 정의하며, 스타일 문서 letter.xsl은 문서의 모양새에 관한 정보만 가지고 있다. 자칫 쉽게 할 수 있는 일을 복잡하게 만든 듯이 보이기도 하겠지만, 하나의 문서를 만들어내는 요소를 이렇게 세 가지로 나눈 데에는 그럴만한 이유가 있다. 첫째, XML은 HTML이 표현하지 못하는 문서의 구조와 내용 요소의 성격을 스키마 정의 문서(XSD)를 통하여 명확하게 드러내 준다. 또한 문서의 내용인 텍스트(XML)와 그것을 어떻게 보여줄 지를 정의하는 스타일시트(XSL)를 구분함으로써, 문서의 내용을 그대로 두고 모양만을 바꾼다거나, 모양에 손대지 않은 채 내용을 확장하고 수정할 수 있는 유연성을 갖게 하였다.

HTML의 태그는 미리 만들어진 것을 쓰는 것인 데 반해, XML의 태그는 문서 제작자가 새롭게 정의할 수 있고, 그 각각의 태그에 대해 컴퓨터가 어떠한 처리를 할 것인지를 지시할 수 있다. XML의 이러한 특성 때문에 HTML로 구현된 하이퍼텍스트와 XML로 구현된 하이퍼텍스트는 큰 차이를 갖는다. 전자는 '텍스트'와 '텍스트'의 연결을 가능하게 하지만 그 텍스트 조각이 어떠한 특성을 가지고 있으며, 어떠한 의미맥락 속에 있는 것인지에 대해서는 관심을 두지 않는다. XML에 의한 하이퍼텍스트는 하이퍼링크의 노드 하나하나가 정보 요소로서의 성격을 명시적으로 드러내기 때문에 그 성격에 합당한 방법으로 다양한 형태의 하이퍼링크를 구현할 수 있다.

다음은 XML 문서로 만들어진 디지털 텍스트의 한 예이다.

원시 데이터

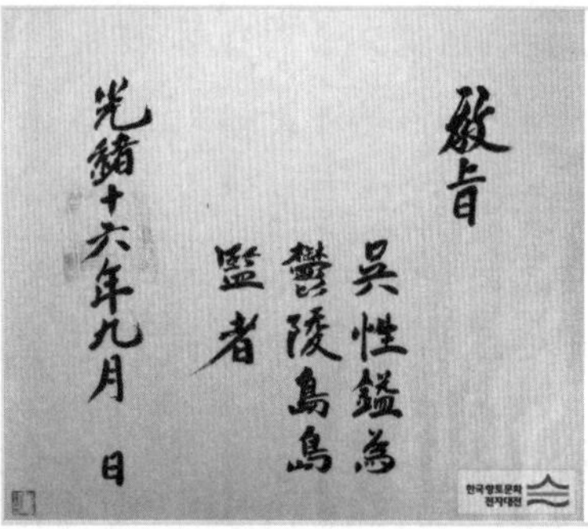

教旨
吳性鎰爲鬱陵島島監者.
光緖十六年九月 日

교지
오성일을 울릉도 도감으로 임명함.
광서 16년 9월 일

XML 문서: 고문서 정보

```
<기록물 ID="R0001" 유형="고문서">
    <명칭>울릉도 도감 교지</명칭>
    <메타데이터>
        <분류>교지</분류>
        <발급자>고종(高宗)</발급자>
        <수급자>오성일(吳性鎰)</수급자>
        <발급일>1890.10.14. ~ 11. 11.</발급일>
        <소장처 ID="S0001">독도박물관</소장처>
        <원문이미지 ID="D0001"/>
    </메타데이터>
    <원문>
        <표제>敎旨</표제>
        <본문><인명>吳性鎰</인명>爲<지명>鬱陵島</지명>島監者</본문>
        <일지 서력-"1890. 10.14.-11. 11."><연호>光緖</연호>十六年九月 日</일자>
    </원문>
    <번역>
        <표제>교지</표제>
        <본문><인명>오성일/인명>을 <지명>울릉도</지명> 도감으로 임명함.
        <일자 서력="1890. 10.14.~11. 11."><연호>광서</연호> 16년 9월  일</일자>
    </번역>
</기록물>
```

XML 문서: 위치 정보

```
<공간정보 ID="S0001" 유형='기관'>
        <명칭>독도박물관</명칭>
        <주소>경상북도 울릉군 울릉읍 도동리 581-1</주소>
        <위치>
                <위도>37.48332</위도>
                <경도>130.9008</경도>
        </위치>
</공간정보>
```

우리는 원시 문서에 쓰인 오성일(吳性鎰)이 사람 이름이고, 울릉도(鬱陵島)가 지역 이름이라는 것을 알지만, 컴퓨터는 그것을 인식할 수 없다. 하지만 첫번째 XML 문서(고문서 정보)에서처럼 '吳性鎰'에 <인명> 태그를 달아주고, '鬱陵島'에 <지명> 태그를 달아주면 컴퓨터도 텍스트 속에서 그것을 식별해 낼 수 있다. 이러한 문서가 수만 건 정도 있다고 가정해 보자. 컴퓨터는 그 모든 자료에 대해 완벽한 인명 색인과 지명 색인을 만들어낼 수 있다. 그 뿐 아니다. 두 번째 XML 문서(위치정보)에는 이 문서를 소장하고 있는 독도박물관이라고 하는 곳이 지구상의 어느 곳에 위치하는지를 알리는(Global Positioning) 정보가 포함되어 있다. XML 마크업을 통해 <경도> 요소와 <위도> 요소를 컴퓨터가 인식할 수 있게 하고, XML 문서의 시각화를 담당하는 XSL(eXtensible Stylesheet Language) 문서에 그것의 처리를 지시하면,[5] 컴퓨터는 전자지도 상에서 그곳의 위치를 정확하게 나타내 준다. 이 두 XML 문서는 독립적인 문서로 존재할 수도 있지만, '독도박물관'이라는 키워드를 매개로 하이퍼링크를 맺을 수 있다. 조선시대의 고문서를 3차원 위성 영상 지도를 통해 볼 수 있게 하는 서비스가 가능해지는 것이다.

[그림Ⅱ-9] 고문서와 위치 정보의 연계

5) XSL 문서에서 전자지도 콘텐츠 공급자가 제공하는 Open API(Application Programming Interface)를 구동하는 방법을 사용한다.

위의 예시들은 소략한 정보만을 담고 있지만, 이보다 훨씬 크고 복잡한 데이터도 XML이라는 디지털 텍스트의 형식을 통해 체계적, 명시적으로 기술하여, 컴퓨터에게 그 처리를 지시할 수 있다. 낱장의 고문서나 지도뿐 아니라 수십 권 분량의 백과사전이나 수백 년에 걸쳐 만들어진 역사 기록이 모두 디지털 텍스트로 편찬됨으로써, 그 속에 담긴 작은 사실 하나까지도 사이버 공간에서 지식 정보로 활용될 수 있는 것이다.

3장 시각적 인문학

시각적 인문학(Visual Humanities)이란 인문지식을 시각적인 형태로 전환하여 그 활용성을 높이려는 시도이다. 디지털 정보시대의 인문지식 수요를 겨냥한 시각적 인문학은 전통적인 문자 텍스트와 뉴미디어상의 시각적 자료가 적정한 문맥으로 엮어져서 감성적인 멀티미디어(multimedia)[6] 텍스트로 재탄생하는 것을 목표로 한다.

1. 가상현실과 시각적 스토리텔링

인문지식은 수천 년 동안 '글'이라는 이름의 문자 중심 텍스트 형식으로 기록되고 전승되어 왔다. 그 영향으로 인문지식은 곧 글, 그리고 그 글을 담은 종이책으로 대변된다. 하지만 오늘날의 독자들이 흡수하는 지식의 텍스트는 반드시 전통적인 책이나 글의 형식을 따르는 것이 아님이 분명하다. 인터넷과 같은 정보통신 네트워크가 가장 영향력 있는 지식 유통의 무대가 되면서, 책 속의 글과는 다른 모습의 텍스트가 요구되기 시작했다. 시각적 인문학은 인문지식을 전달하는 텍스트가 문자에만 국한되지 않고, 디지털 공간에서 시각적인 미디

6) '멀티미디어'(multimedia)란 다양한 가상화 기술을 통해 어떤 대상을 감성적으로 체험할 수 있게 하는 기술이다. 문자, 음향, 영상 등 한 가지 유형의 콘텐츠를 저장하는 매체를 '모노미디어'(monomedia)라고 하는 데 반해, 여러 가지 유형의 콘텐츠를 한꺼번에 담아낼 수 있는 매체를 '멀티미디어'라고 한다. 여기에서 파생된 넓은 의미의 멀티미디어는 이 종합적인 매체에 다양한 유형의 콘텐츠가 서로 의미 있게 연결되도록 담아낸 것을 말한다. 진정한 멀티미디어는 다양한 모노미디어를 의미 있게 조합하여, 종합적인 세계를 형상화하고 그 속에서 전개되는 이야기를 전달할 수 있어야 한다.

어를 통해 표현될 수 있도록 하는 것이다.

한 마을의 자연 환경, 역사적인 유래와 유적, 그곳 주민들의 생업과 문화적인 이벤트, 특산물 등을 종합적으로 조사하여 기록한 학술 보고서를 예로 들어보자. 참고 도판 몇 장이 들어 있을 뿐, 대부분의 텍스트가 문자로만 기술되어 있는 상태에서는 학계의 전문가들에게나 유용한, 딱딱하고 지루한 자료로 여겨질 것이다. 하지만 거기에서 이야기되는 모든 사실과 인물들이 마을이라는 공간과 그 마을이 지내온 시간의 어느 위치에 놓여 있는 것인지 시각적으로 확인할 수 있게 하고, 그것이 묘사하는 환경과 현장의 모습을 생생하게 눈으로 보는 장치를 마련하면, 이 딱딱한 학술 보고서는 그 자체로 즐기면서 배우는 문화콘텐츠의 기능을 발휘할 수 있게 된다.

조선시대 왕궁의 건축과 조경, 왕실의 혼인 등 갖가지 의례, 궁중에서 벌이는 다양한 연희와 놀이, 왕자와 공주에 대한 교육…… 건축학, 역사학, 예술학, 교육학 등 분과 학문 분야에서 제각기 따로따로 이러한 문제를 탐구하지만 그것은 '궁중'이라는 일정한 범위의 공간 내에서 밀접하게 연관되어 존재했던 것이다. 조선시대 궁중을 3차원 입체영상으로 재현하여 조선 왕실에 관한 다양한 지식을 수용하는 무대로 만들고, 그 안에서 독자들이 알고자 하는 문제의 해답을 찾을 수 있게 하고, 자연스럽게 좀 더 깊은 지식에 대한 호기심을 일으킬 수 있게 한다면, 전통시대의 역사 문화에 대한 학습은 힘들고 따분한 일이 아니라 게임을 즐기듯 흥미진진하게 몰입할 수 있는 일이 될 수도 있다.

1) 가상현실 기술

산과 언덕, 강과 호수와 같은 자연 지형이나 전각, 누정, 불탑과 같은 건축물을 디지털 공간에 3차원 형상으로 재현하는 기술은 이미 상당한 수준으로 발전해 있다. 이른바 가상현실(Virtual Reality)이라고 하는 기술 분야의 연구 개발 성과에 의한 것이다.

자연 지형을 실물에 가까운 형태로 가상화 하는 기술은 지리정보시스템(Geographic Information Systems, GIS) 연구를 통해 발전하고 있다. 인공위성에서 조밀하게 측정한 지표면의 고도 데이터를 입체적인 지형 그물망(Terrain Mesh)으로 형상화하고, 그곳에 위성사진이나 항공사진을 통해 얻은 이미지를 입혀서 자연의 실제 모습을 닮은 3차원 영상 지도로 만드는 것이다. 지형 그물망 데이터는 군사적인 목적으로 쓰일 정도의 정밀한 것 외에는 많은 부분이 누구나 활용할 수 있도록 개방되어 있다.

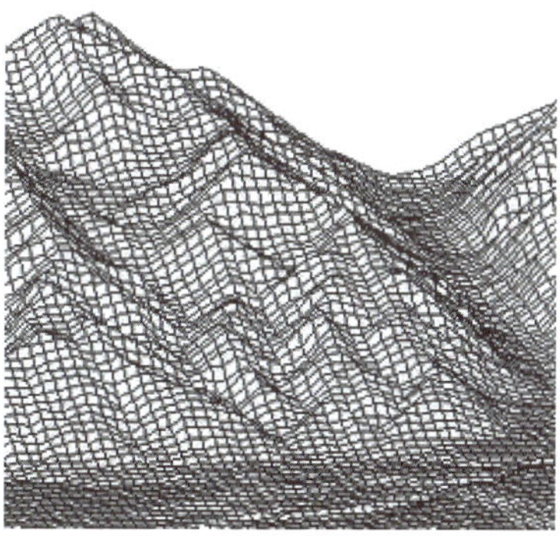

[그림Ⅱ-10] 지형 그물망

건물과 같은 인공 축조물의 가상화는 레이저 스캐너(Laser Scanner)를 통해 대상물 표면의 요철(凹凸)을 측정하고, 그 각각의 화소에 광학적 카메라로 포착한 색상을 입히는 방법으로 구현한다. 건축 문화재를 관리하는 분야에서는 보수를 위해 해체·복원 작업을 할 때나, 화재 등의 사고로 실물을 잃었을 때 원형에 가깝게 재현할 수 있도록 이 기술을 사용하지만, 여기에서 생산된 데이터는 그 문화재의 역사

성과 문화적 의미를 탐구하는 목적으로도 요긴하게 활용될 수 있다.

[그림Ⅱ-11] 3D 모델링: 수원 화성[7)]

사물의 움직임을 가상세계에 옮겨 놓는 작업은 모션 캡쳐(Motion Capture, Motion Tracking) 기술을 활용한다. 게임이나 애니메이션 제작 등에 주로 쓰이던 것인데 최근에는 인문·예술 분야의 연구나 지식 콘텐츠 제작 목적으로도 활용되고 있다. 신체의 움직임을 전자적인 신호로 전환하고, 그 데이터에 따라 컴퓨터 프로그램 상에서 아바타가 움직이게 하는 이 기술을 통해 전통무용의 춤사위, 무예의 몸놀림, 한방체조의 몸동작 등을 정밀하게 재현할 수 있다.

---

7) Chen Weiyu, '水原華城系列', TANTUNNY with SketchUp, http://www.tantunny.blogspot.kr/

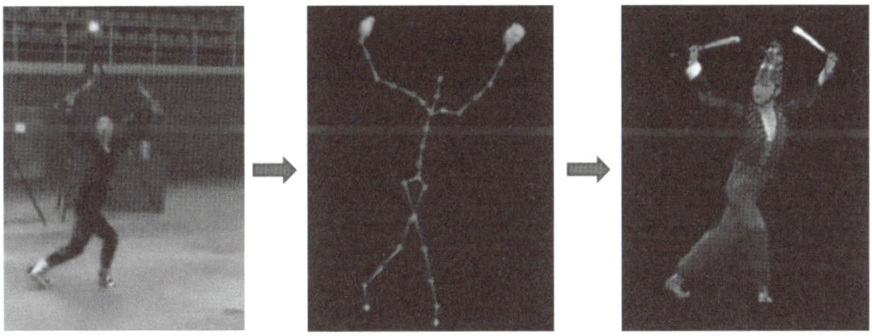

[그림Ⅱ-12] 모션 캡처링을 이용한 움직임의 디지털화[8)]

2) 사진학의 응용

자연 지형이나 인공 축조물의 3D 모델링은 현실과 닮은 3차원 공간을 느낄 수 있게 하기 때문에 가상현실 시스템에서 중추적인 역할을 담당한다. 모션 캡처링도 정적(靜的)이었던 가상세계에 생동감을 주는 기술로 주목받고 있다. 그러나 그것들은 실물의 형상을 수치화하고, 그 수치값을 영상신호로 환원하는 것이기 때문에 실물의 본래의 아름다움을 감동적으로 재현하는 것까지 기대하기는 어렵다. 대상을 눈으로 보면서 느끼는 감성을 가장 잘 전달할 수 있는 매체는 렌즈를 통해 포착된 이미지 – 사진(photography)이다.

과거에 필름이 하던 역할을 디지털 촬상소자(撮象素子)가 대신하게 되면서, 카메라는 셔터를 누르는 순간 디지털 데이터를 생산하는 장비가 되었다. 요즈음은 거기에 갖가지 자동화 기능이 더해져서 누구나 쉽게 사진을 찍을 수 있다.

인문지식의 시각화 자료 가운데에는 카메라로 찍은 스틸 이미지의 비중이 가장 높다고 할 수 있다. 제작이 용이할 뿐 아니라 의미 있는

8) 한국콘텐츠진흥원, 문화콘텐츠닷컴, http://www.culturecontent.com

대상을 명시적으로 포착하는 장점이 있기 때문이다. 그렇지만 고품질 지식 콘텐츠로 쓰일 만한 사진을 제작하는 것은 여전히 쉬운 일이 아니다. 현장에서 활동하는 인문지식 콘텐츠 제작자들은 전통적인 사진학의 성과를 보다 진지하게 이해하고 수용할 필요가 있다. 아날로그 필름 시절부터 사진학에서 다루어 오던 렌즈의 미학은 상당 부분 디지털 콘텐츠의 시대에도 여전히 유효하기 때문이다.

한 지점에서 여러 방향으로 사진을 촬영하고, 그것을 컴퓨터 프로그램으로 합성하여 얻어낸, 넓은 화각의 스틸 이미지를 파노라마 사진(Panoramic Image)이라고 한다. 화각을 상하 사방 360°까지 넓히게 되면 광학적인 3D 영상이 만들어진다. 누정(樓亭)과 그곳에서 바라보이는 산과 강, 사찰이나 서원, 향교의 건물 배치, 전각 내부의 4면의 모습 등 시선을 어느 한 곳에만 고정하고서는 알 수 없는 것들을 360° 전방위 영상은 생생하게 전달해 줄 수 있다.

유·무인 항공기를 이용하여 수십 미터 이상의 고공에서 파노라마 이미지를 만드는 것을 항공 파노라마 사진(Aerial Panoramic Photo)라고 한다. 하늘에서 내려다보는 방법으로 한 마을의 지리적 환경과 취락 구조를 한눈에 알아보게 할 수 있다. 일정한 경로를 따라 이동하면서 360° 주변을 돌아볼 수 있게 하는 동영상 VR도 파노라마 사진 촬영을 기반으로 하는 응용기술이다. 하천을 거슬러 올라가면서 주변의 환경을 살피는 생태 탐사, 재개발 이전 산동네의 좁은 골목길을 걸어보는 체험 프로그램의 구현 등에 응용된다.

[그림 II-13] 누정 안에서 촬영한 360° 파노라마 이미지[9)]

9) 김현, '동호정', 2012년 인문정보학 가을 답사, www.xuanflute.com

[그림Ⅱ-14] 360° 항공 파노라마 이미지[10)]

2. 데이터의 시각화

시각적 인문학의 한 분야는 인문학 지식으로 의미를 갖는 데이터의 관계망이나 통계적 수치를 그래프 형태로 시각화하는 것이다. '족보(族譜)'의 내용을 정보화하는 것을 예로 들어 보자.

족보에는 한 집안의 여러 세대에 걸친 가계가 기록되어 있다. 그런데, 그 내용은 문자로만 기술되어 있는 것이 아니다. 일반적인 하나의 형식을 예로 들면, 한 장의 지면을 5~7개의 단으로 나누고 각 단에 한 계대의 자손을 기록함으로써 여러 대의 가승(家乘)을 한 눈에 볼 수 있도록 되어 있다. 이것은 종이라고 하는 매체만을 사용할 수 있던 시절, 우리의 조상들이 만들어낸 가장 우수한 지식의 시각화 기술 가운데 하나이다.

---

10) AirPano, Temple of Heaven (天壇), 3D Virtual Tours Around the World, http://www.airpano.ru

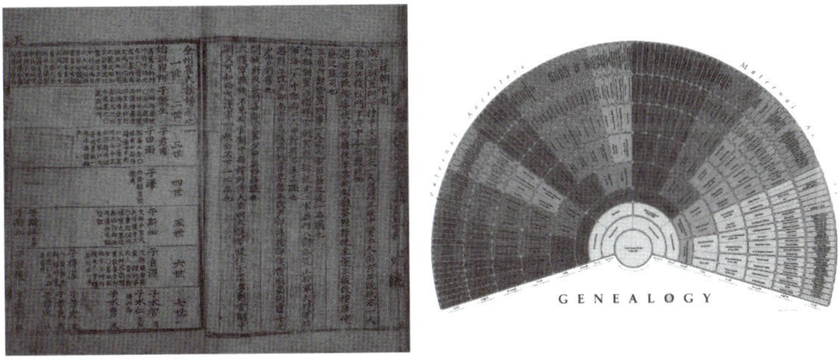

[그림Ⅱ-15] 전통적인 족보의 계대 정보 / 팬 차트 형태로 시각화 한 계대 정보

디지털 기술로 지면의 한계를 벗어날 수 있는 우리는 새로운 방법으로 전자 족보를 만들 수 있게 되었다. 전자족보가 전통적인 족보의 형식을 그대로 유지한다면, 그것은 족보라는 책을 디지털 매체에 옮겨 놓는 것에 불과하다. 우리가 하고자 하는 것은 그 책에 담겨 있는 사실(fact)을 전자적인 방법으로 재현하는 것이다. 디지털 족보의 가상지면 상에서는 가계도를 새로운 모양으로 보여 줄 수 있을 뿐 아니라, 대수를 제한할 필요가 없이 수백 년간의 가계도를 하나의 그래프로 그려낼 수도 있다.

여러 집안의 족보를 표준화된 형식의 데이터베이스에 수록하면 그것은 훨씬 더 의미 있는 지식 콘텐츠로 재탄생하게 된다. 문중간의 혼맥(婚脈)을 찾아내고 그 관계를 데이터망의 시각화 기술을 통해 그래프로 표현할 수 있다. 조선왕조실록이나 조선시대의 과거 급제자 명부인 문무과방목에서 추출한 인명 데이터를 여러 문중의 족보 DB와 연계하여 동일인을 찾고 그 관계성 데이터를 시각화하면 조선시대 정치적 엘리트들의 혈연 지도를 만들어내는 것도 가능할 것이다.

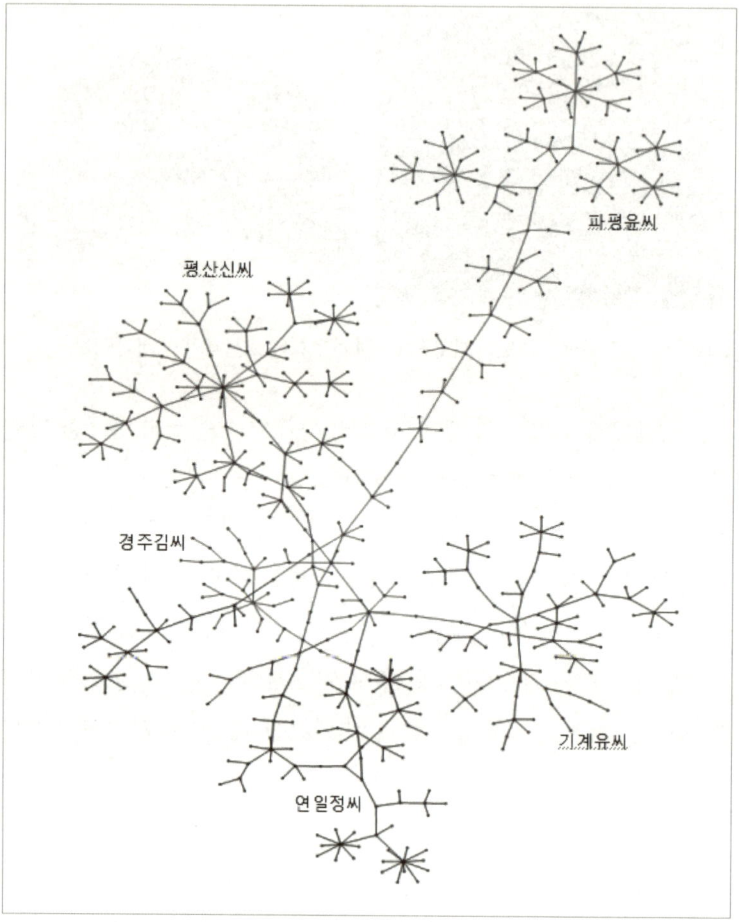

[그림Ⅱ-16] 영 · 정조시대 5개 가문의 가계와 혼인 관계망[11)]

인문 연구의 분야에서 탐구하는 사실을 시각적으로 표현하기 위해서는 어떠한 형태의 데이터를 만들어야 할까? 표현하고자 하는 주제에 따라 시각화의 방법도 다양하게 선택될 수 있지만, 개체와 개체 사이의 관계를 그래프로 보여 주는 네트워크 시각화는 가장 일반적

11) 이재옥, 「혼인 관계 분석을 위한 족보 데이터베이스 개발 연구」, 한국학중앙연구원 대학원 석사학위 논문, 2010. 12.

으로 활용되고 있는 데이터 시각화 기술 중의 하나라고 할 수 있다.

무엇에 관한 네트워크이든 그것의 시각화를 위해서는 먼저 그 네트워크를 형성하는 개체와 그 개체들 사이의 관계가 일정한 형식의 데이터로 정리되어 있어야 한다. 앞에서 언급하였던 '족보(族譜)' 연구의 사례를 좀 더 구체적으로 살펴보자.

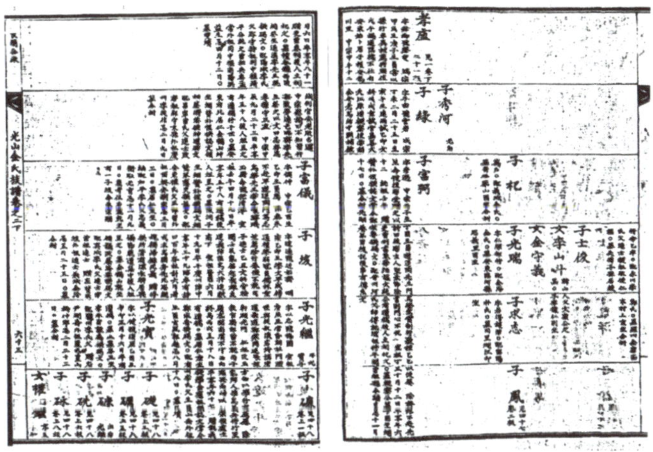

[그림Ⅱ-17] 광산 김씨 족보: 김효로(金孝盧, 1454~1534)와 그의 자손

위의 그림은 조선시대에 만들어진 광산 김씨 가문의 족보 지면이다. 이 족보의 내용을 네트워크 그래프(Network Graph)로 재현하는 방법을 생각해 보자. 네트워크 그래프가 그려지려면 두 종류의 데이터가 있어야 한다. 하나는 그물망 속에서 연결선이 만나는 접점(node)이 되는 개체의 목록이고, 다른 하나는 개체와 개체 사이를 연결(link)하는 관계성에 대한 목록이다.[12]

12) 접점(node)과 연결(link) 두 가지는 이 책의 '제2편 IV. 인문지식 시맨틱 웹'에서 온톨로지 설계의 요소로 다루게 될 '개체'(individual) 및 '관계성'(relation)과 다르지 않다. 사실상 데이터를 시각화 하는 것은 그 데이터를

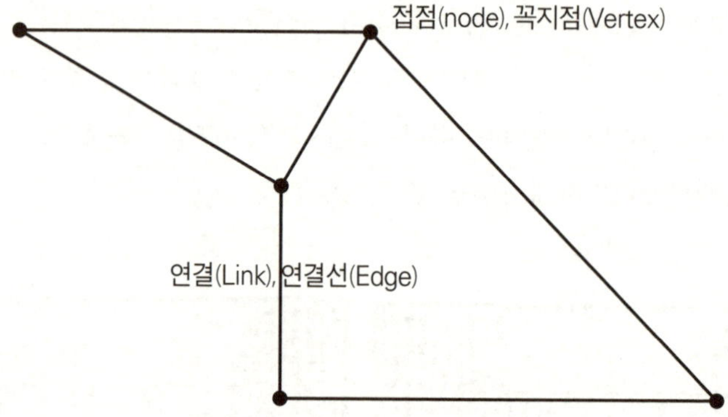

[그림Ⅱ-18] 네트워크 그래프의 구성 요소: 접점(node)와 연결(link)[13)]

우리가 시각적으로 표현하려고 하는 대상이 족보의 내용이기 때문에, 족보상의 인물 한 사람 한 사람이 그물망의 접점(node)이 될 것이고, 그 인물들 사이의 친속관계가 꼭짓점과 꼭짓점 사이의 연결(link)로 표시될 것이다. 위에 예시한 광산 김씨 족보 내용 중에 15세기 후반에 살았던 '김효로(金孝盧, 1454~1534)'와 그의 직계 친속 몇 사람을 뽑아서 접점과 연결의 목록을 만들어 보았다.

접점 목록(Node List)

ID	이름	그룹
GSKN10005	김효지	남자
GSKN10006	김희	남자

구조화 하는 작업이 전제되어야 하는 것이기 때문에, 온톨로지 설계 방법을 알면 데이터의 시각화를 훨씬 더 용이하게 할 수 있다.

13) 이러한 그래프에서의 접점(node)와 연결(link)을 각각 꼭짓점(vertex, pl. vertices)과 연결선(edge)이라고 부르기도 한다.

ID	이름	그룹
GSKN10010	김효로	남자
GSKN10011	김연	남자
GSKN10012	김수	남자
GSKN20037	김효로 처 이씨	부인
GSKN20039	김연 처 조씨	부인
GSKN20040	김수 처 김씨	부인
GSKN40049	김효로 1녀	딸
GSKN40050	김효로 2녀	딸
GSKN50063	김우	사위
GSKN50064	금재	사위

연결 목록(Link List)

개체 1	관계	개체 2
김효지	양자로 삼다	김효로
김회	아들을 낳다	김효로
김효지	아내로 맞이하다	김효로 처 이씨
김효지	아들을 낳다	김연
김효지	아들을 낳다	김수
김효지	딸을 낳다	김효지 1녀
김효지	딸을 낳다	김효지 2녀
김연	아내로 맞이하다	김연 처 조씨
김수	아내로 맞이하다	김수 처 김씨
김우	아내로 맞이하다	김효지 1녀
금재	아내로 맞이하다	김효지 2녀

위와 같이 두 종류의 목록이 만들어지면 네트워크 그래프를 그리기 위한 모든 준비가 다 이루어진 셈이다. 남은 일은 그래프를 그려주는 소프트웨어에 이 2가지 데이터를 입력하는 것이다. 어떤 소프트웨어를 선택하느냐에 따라 데이터 입력 형식도 다소의 차이는 있지만, 접점과 연결 즉 개체와 관계성의 목록은 필수적인 공통 요소이다.

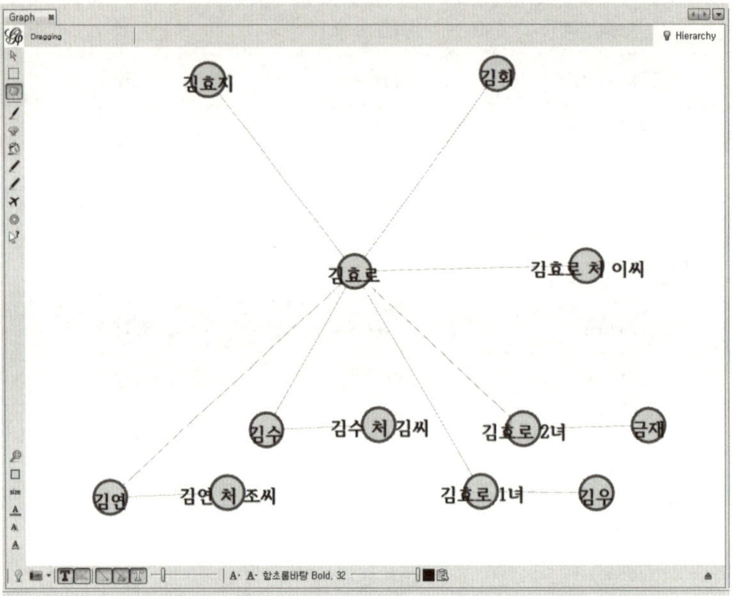

[그림Ⅱ-19] 광산 김씨 가계도의 시각화: 그래프 소프트웨어 Gephi™ 사용[14)]

14) Gephi: 네트워크 분석 및 시각화 소프트웨어. 프랑스 콩피에뉴 공대(University of Technology of Compiègne, UTC)에서 처음 개발하였다. 오픈 소스 프로그램이어서 대학에서의 연구, 교육 목적으로 많이 활용되고 있다. https://gephi.org/

[그림Ⅱ-20] 광산 김씨 가계도의 시각화: Google Visualization API 사용[15)]

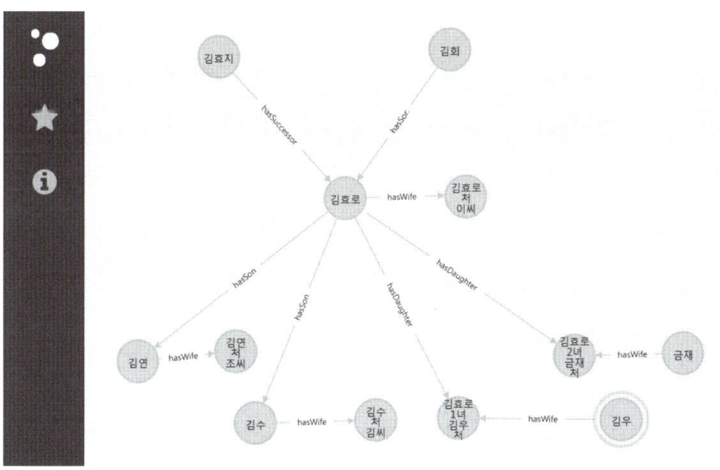

[그림Ⅱ-21] 광산 김씨 가계도의 시각화: 그래프 데이터베이스 Neo4j™ 사용[16)]

---

15) https://developers.google.com/chart/interactive/docs/gallery/table#overview

16) Neo4J: Neo Technology사에서 개발한 그래프 데이터베이스 관리 시스템. 모든 데이터를 노드, 링크, 속성의 형태로 저장하기 때문에 데이터의 관계성

SNS(Social Networking Service)의 확산과 더불어 그 네트워크의 양태를 분석하고자 하는 수요가 일어나면서 네트워크 시각화 기술의 활용이 일반화되었고, 이를 도와주는 다양한 소프트웨어들이 개발되었다. 인문학 연구와 교육도 이러한 시각화 기술의 도입을 통해 효과적인 표현과 의미 있는 발견을 추구할 수 있다. 인문지식 데이터를 그래프로 표현하는 것은 우리가 이미 알고 있는 것을 남들에게 보여주기 위해서 하는 일만은 아니다. 시각화의 방법을 통해 우리는 더욱 정확한 데이터를 만들 수 있고, 그 속에서 우리가 미처 몰랐던 새로운 사실을 발견할 수도 있다.

3. 하이퍼미디어와 인문지식

디지털 환경에서 문자 텍스트와 함께 다른 미디어의 콘텐츠를 종합적으로 엮어내는 것을 하이퍼미디어(hypermedia)라고 한다. 앞에서 다루었듯이, 의미의 연결고리를 좇아 무수한 텍스트 조각들이 자유롭게 연결되어 새로운 이야기를 만드는 것을 하이퍼텍스트(hypertext)라고 하는데, 하이퍼미디어는 그 연결이 종래의 문자 텍스트에 한정되지 않고 오감으로 체험하는 멀티미디어 콘텐츠로까지 확장되는 것을 의미한다.

시각적 인문학은 다양한 멀티미디어 기술이 물리적인 형상의 가상화에 머물지 않고, 인문학적 연구가 찾아낸 무형의 지식이 그 안에 어우러질 수 있도록 하는 것이다. 이 목적을 이루기 위한 하이퍼미디어는 개별적인 모노미디어들을 의미 있는 문맥(context)으로 엮

에 대한 질의가 가능하고, 검색 결과를 그래프 형태로 표현할 수 있다. http://neo4j.com/

어내는 '조합의 기술'이다.

전자지도나 파노라마 영상, 동영상 등이 단순히 텍스트의 의미 전달을 도와주는 삽도(illustration)로서만 기능하는 것이 아니라, 보다 능동적으로 문맥을 만들고 텍스트의 흐름을 이끌어 가게 하기 위해서는 그것이 다른 미디어의 콘텐츠를 매개해 주는 문맥 구현자(Context Builder)[17]의 역할을 할 수 있어야 한다.

문맥 구현자라고 하는 것은 모노미디어적 요소 A와 B가 독립적으로 존재하기보다 서로 관계를 맺음으로써 이야기의 문맥을 형성할 수 있도록 하는 장치이다. '책'이라고 하는 미디어에서는 주로 '글'이 문맥 구현자의 역할을 하였다. 하이퍼미디어의 세계에서는 보다 다양한 방법으로 이야기의 문맥을 보여줄 수 있고, 때로는 그것이 글을 가지고 설명하는 것보다 훨씬 효과적일 수 있다.

창덕궁 안에 있는 여러 전각들이 공간적으로 어떤 관계를 맺고 있는지 글로 설명하는 것은 쉬운 일이 아니다. 하지만 창덕궁 경내 전체를 담은 3D 지도 상에서 각각의 전각을 사실적으로 보여주고 나면, 그 다음에 '글'을 가지고 무엇을 설명해야 할지 더욱 분명해질 수 있다. 이 경우, 전자지도는 대상 세계의 공간적인 문맥을 보여주는 문맥 구현자의 역할을 했다고 할 수 있다.

전자지도 이외에도, 특정 장소에서 여러 가지 사물의 공간적 연관성을 보여 주는 파노라마 영상, 사건의 시간적 선후나 인과 관계를 보여주는 전자연표, 인물, 사건, 장소 등 다양한 개체들의 연관 관계를 그래프로 보여주는 데이터 네트워크 등도 전달하고자 하는 스토리의 문맥을 시각화하는 도구로 쓰일 수 있다. 하이퍼미디어 콘텐츠의 구현의 핵심은 디지털 영상이나 3D 모델 등 모노미디어 콘텐츠

17) 김현, 「하이퍼미디어: 인문지식의 새로운 형식을 찾아서」, 『인문정보학의 모색』, 성남: 북코리아, 2012, 818쪽.

의 제작에 있는 것이 아니라, 그 모노미디어 콘텐츠가 모여서 문맥을 이루고, 그렇게 해서 스토리를 전달할 수 있게 하는 데 있다.

모노미디어와 그 사이의 연결고리를 디지털 텍스트로 기술하거나 표준화된 형식의 메타데이터(metadata)로 제작하는 방법, 그 정보를 체계적으로 편성하고 유지하기 위한 데이터베이스(database)의 구축, 멀티미디어 데이터를 시각화하는 인터페이스 규약을 디지털 텍스트 상에 적정하게 활용하는 방법 등이 '조합의 기술'을 지향하는 하이퍼미디어의 세부 과제이다. 그렇게 함으로써 단편적인 하나하나의 미디어는 이야기(storytelling)로 엮이게 되고, 그 눈으로 보는 이야기를 통해 생동감 있는 지식의 전달이 가능해질 수 있다.

하이퍼미디어의 구현을 위해서는 위에서 언급한 기술을 이해하고 그것의 운용 능력을 얻는 것이 필요하지만, 가장 중요한 과제는 그 기술을 가지고 전달하고자 하는 원천 지식에 대한 심도 있는 이해이다. 그 토대 위에서만 무엇을 어떠한 형태로 시각화할지, 그리고 그것을 어떠한 문맥으로 조합할지를 정하는 판단력을 얻을 수 있기 때문이다.

4장 인문지식 시맨틱 웹

월드와이드웹 상에서 유통되는 디지털 텍스트의 양이 폭발적으로 증가하면서 그 가운데 서로 유관한 데이터가 서로에 대해 의미를 갖고 모여질 수 있도록 하는 기술이 탐구되기 시작했다. 이른바 시맨틱 웹(Semantic Web)이라고 하는 것이다.[18] 시맨틱 웹은 인터넷상에 존재하는 여러 가지 자원들이 각각 별개의 것으로 보이기보다, 서로에 대해 어떠한 의미적 관계를 갖는지를 알게 하는 것을 지향한다.[19]

1. 시맨틱 웹이란?

'시맨틱 웹'의 이상은 월드와이드웹 상에서 '지식의 조각'이라고 할 수 있는 개체들(individuals)이 서로서로 어떤 의미로 관계를 맺는지 명시적으로 드러내고, 그 바탕 위에서 개체와 개체 사이의 관계를 추론하여 새로운 사실을 발견하거나 종합적인 지식을 얻으려는 것이다.[20]

---

18) '시맨틱 웹'은 어떤 기술이나 표준을 특정하는 말이기보다, 미래의 '월드와이드웹'(World Wide Web)에 대한 기대와 이상을 표현하는 용어이다. 하지만 그 이상을 실현하기 위해서는 기술을 개발하고 표준을 정하는 노력이 있어야 한다. 시맨틱 웹은 월드와이드웹의 창시자 팀 버너즈리가 1998년 제안한 이후, 월드와이드웹 콘소시엄(World Wide Web Consortium: W3C)을 중심으로 그것의 구현을 위한 기술의 확장과 표준화 작업이 진행중이다.

19) 시맨틱 웹이란 컴퓨터가 인식할 수 있도록 명확한 의미를 부가한 데이터의 웹이다. 컴퓨터가 인식할 수 있는 데이터 기술 규칙을 만드는 것은 정보기술의 영역에서 추구할 과제이지만, 그 규칙을 응용하고 확장하여 미래의 사이버 공간에서 인문지식이 소통될 수 있도록 만드는 것은 디지털 인문학자들의 과제이다.

20) 시맨틱 웹에 대해 팀 버너즈리는 "현재의 웹에 명확한 의미의 정보를 부가하

이 이상적인 목표를 이루기 위한 실천적 노력의 첫걸음은 한 편의 월드와이드웹 문서를 작성할 때 그것이 다른 무엇과 어떠한 관계를 갖는지 표시해 주는 것이다. 서로에 대해 '관계가 있음'을 알리는 데이터의 집합을 '링크드 데이터'(Linked Data)라고 하며, 그 링크드 데이터가 인터넷상에서 공개되어, 누구라도 그 연결을 확장해 갈 수 있는 것을 '링크드 오픈 데이터'(Linked Open Data, LOD)라고 한다.[21]

시맨틱 웹을 통해 무엇을 얻을 수 있는지 간단한 예시를 통해 알아보기로 하자.

내용적으로 유관한 월드와이드웹 자원

함양 거연정 위치
Google Maps

여 사람과 컴퓨터가 협업할 수 있도록 하는 것"이라고 하였다. (Berners-Lee et al. The Semantic Web, Scientific American (May 2001))

21) 시맨틱 웹(Semantic Web)과 LOD(Linked Open Data): 팀 버너즈리는 시맨틱 웹에 다가가기 위한 실천 전략으로 'Linked Data'와 'Linked Open Data'의 개념을 소개하였다.
☞ Tim Berners-Lee, "Linked Data", W3C Desing Issues (2006, 2009), https://www.w3.org/DesignIssues/LinkedData.html
'시맨틱 웹'이 데이터의 연결망으로서의 미래의 웹에 대한 포괄적인 구상이라고 한다면, LOD는 HTTP URI(Uniform Resource Identifier)와 RDF(Resource Describing Framework) 등의 데이터 기술 형식에 의존하여, 일정한 영역에서 데이터의 연결을 구현하는 구체적인 방법의 제안이라고 할 수 있다.

함양 거연정 사진
문화재청 문화재 DB

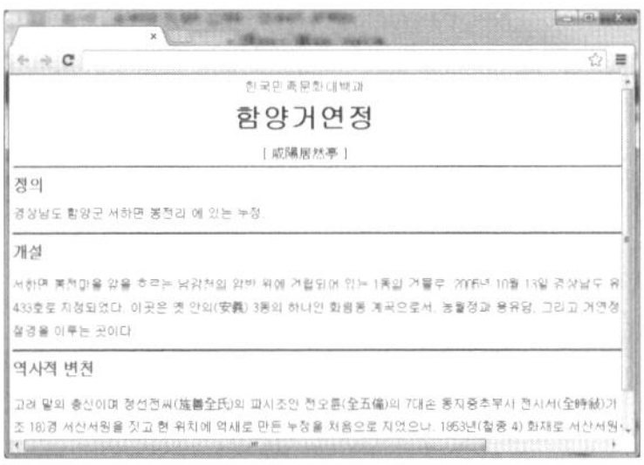

함양 거연정 기사
한국학중앙연구원 한국민족문화대백과사전

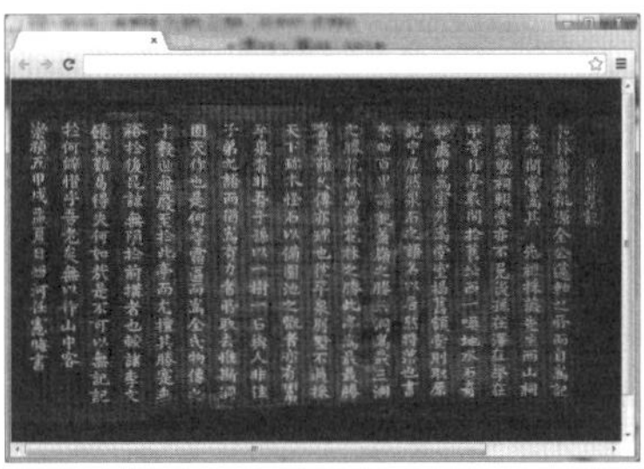

거연정기 편액 사진
개인 웹 페이지

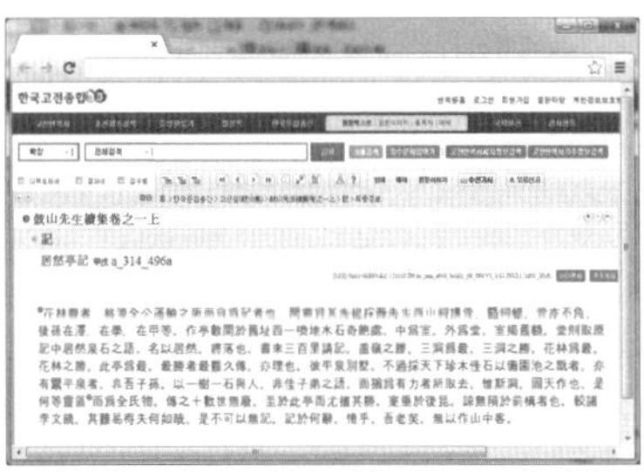

거연정기 한문 원문
고전번역원 문집총간 DB

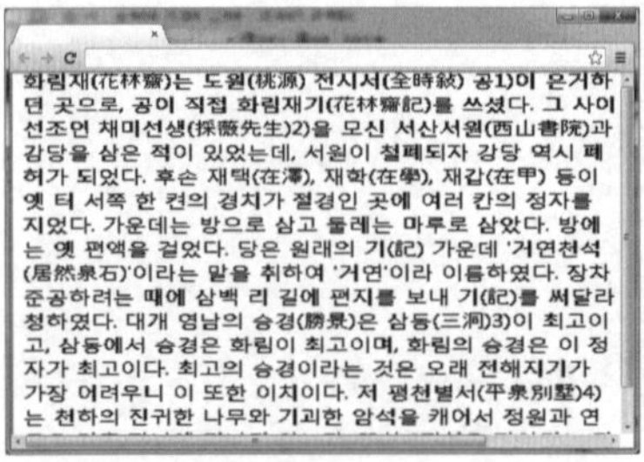

화림재(花林齋)는 도원(桃源) 전시서(全時敍) 공1)이 은거하던 곳으로, 공이 직접 화림재기(花林齋記)를 쓰셨다. 그 사이 선조연 채미선생(採薇先生)2)을 모신 서산서원(西山書院)과 강당을 삼은 적이 있었는데, 서원이 철폐되자 강당 역시 폐허가 되었다. 후손 재택(在澤), 재학(在學), 재갑(在甲) 등이 옛 터 서쪽 한 켠의 경치가 절경인 곳에 여러 칸의 정자를 지었다. 가운데는 방으로 삼고 둘레는 마루로 삼았다. 방에는 옛 편액을 걸었다. 당은 원래의 기(記) 가운데 '거연천석(居然泉石)'이라는 말을 취하여 '거연'이라 이름하였다. 장차 준공하려는 때에 삼백 리 길에 편지를 보내 기(記)를 써달라 청하였다. 대개 영남의 승경(勝景)은 삼동(三洞)3)이 최고이고, 삼동에서 승경은 화림이 최고이며, 화림의 승경은 이 정자가 최고이다. 최고의 승경이라는 것은 오래 전해지기가 가장 어려우니 이 또한 이치이다. 저 평천별서(平泉別墅)4)는 천하의 진귀한 나무와 기괴한 암석을 캐어서 정원과 연

거연정기 번역문
개인 웹 페이지

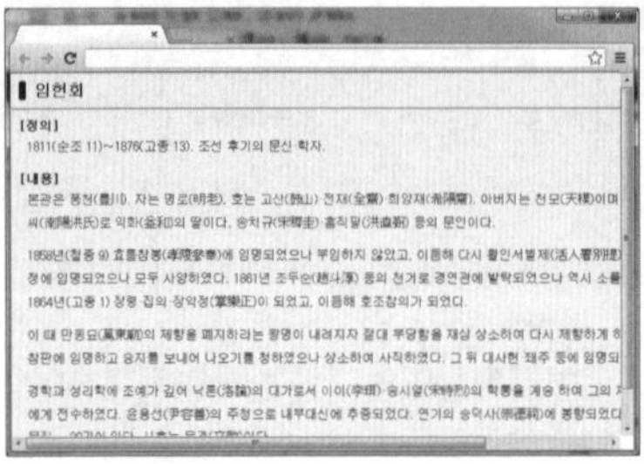

임헌회

[정의]

1811(순조 11)~1876(고종 13). 조선 후기의 문신·학자.

임헌회(거연정기 저자) 기사
한국학중앙연구원 역대인물 DB

위에 예시로 든 7개의 디지털 자료는 모두 경상남도 함양군 남강천에 있는 유서 깊은 누정 '거연정'과 관련이 있는 것이다. 그것들은 내용 면에서 관련성이 있지만 각각 다른 곳에 별개의 문서로 존재한다. 이러한 자료를 고립된 자원으로 두지 않고, 의미의 연결 고리를 좇아 문맥을 이루게 하려면 어떠한 노력이 더해져야 할까?

현재의 월드와이드웹 환경에서는 그 문서들에 공통으로 포함되어 있는 어휘-이를테면 '거연정'-를 이용해서 서로 관계가 있을 수 있는 후보 문서를 모두 탐색한 후에, 이용자의 눈으로 그 결과 하나하나를 확인하면서 필요한 것을 취하는 방법이 가능할 뿐이다.

시맨틱 웹은 데이터가 생산될 때 유관한 자료의 의미적 연관 관계를 약속된 방식으로 명시함으로써 보다 지능적인 데이터 연계가 이루어지게 할 것을 제안한다. 위에 예시한 월드와이드웹 상의 데이터

에 대해 그 관계성을 정의하는 데이터를 다음과 같이 만들었다고 가정해 보자.

개체의 고유한 이름(IRI: Internationalized Resource Identifier) 정의[22)]

N1: 월드와이드웹 상에서 '함양 거연정'을 유일하게 지목하는 식별자

N2: 월드와이드웹 상에서 '거연정기'를 유일하게 지목하는 식별자

N3: 월드와이드웹 상에서 '임헌회'를 유일하게 지목하는 식별자

D1: [1-1] 문서의 월드와이드웹 주소

D2: [1-2] 문서의 월드와이드웹 주소

D3: [1-3] 문서의 월드와이드웹 주소

D4: [1-4] 문서의 월드와이드웹 주소

D5: [1-5] 문서의 월드와이드웹 주소

D6: [1-6] 문서의 월드와이드웹 주소

D7: [1-7] 문서의 월드와이드웹 주소

개체간의 관계성 정의

N1의 누정기는 N2이다.

N2의 저자는 N3이다.

D1은 N1의 지도이다.

D2는 N1의 사진이다.

D3는 N1에 대한 설명이다.

---

22) IRI(Internationalized Resource Identifier): 인터넷상의 특정 자원을 유일하게 식별할 수 있게 하는 이름. 종래의 URI(Uniform Resource Identifier)는 ASCII 문자(영문 알파벳과 기호)를 사용했던 데 반해 IRI는 한글, 한자를 포함하는 세계문자부호계(Unicode/ISO 10646)의 모든 문자를 사용할 수 있도록 하였다. IETF(Internet Engineering Task Force)에서 2005년에 제안. http://tools.ietf.org/html/rfc3987

D4는 N2의 사진이다.

D5는 N2의 한문 원문 텍스트이다.

D6는 N2의 번역문이다.

D7은 N3에 대한 설명이다.

이러한 방식으로 관계성을 기술한 정보가 앞에서 보인 개별 문서와 함께 인터넷상에 존재할 때, 우리가 현재의 월드와이드웹에서는 얻을 수 없는 어떤 것을 더 얻게 될 것인지는 쉽게 이해할 수 있을 것이다. 그 이전까지는 웹상에서 고립된 형태로 존재하던 지식의 조각이 다른 조각들과 함께 모여 커다란 의미체를 이루게 된다.

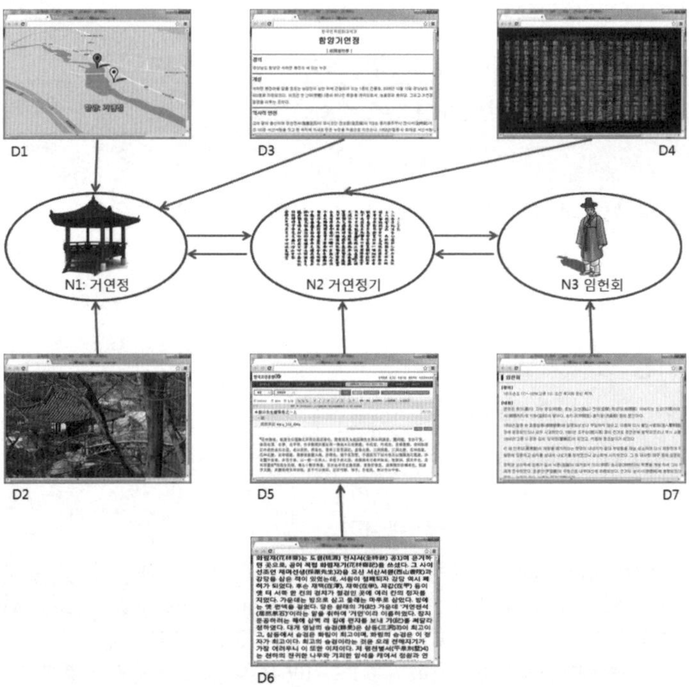

2. RDF

시맨틱 웹이 연결하고자 하는 객체에는 월드와이드웹의 디지털 문서뿐 아니라 그 내용의 문맥을 이루는 요소-인물, 장소, 사건, 문헌, 개념 등-까지도 포함된다. 그러한 객체 사이의 관계성을 표시해 주는 방법은 여러 가지가 있을 수 있겠으나, 월드와이드웹의 세계에서는 RDF(Resource Description Framework)라고 불리는 형식이 표준으로서의 지위를 얻고 있다.[23] 웹 주소와 같은 명명법으로 객체에 식별자를 부여하고 두 객체 사이의 관계성을 약속된 서술어로 기술하는 방식이다. 'A'라는 텍스트와 'B'라는 인물 사이에 '~의 저자는 ~이다'라는 관계성을 서술어로 부여하는 RDF 문의 모양새는 다음과 같다.

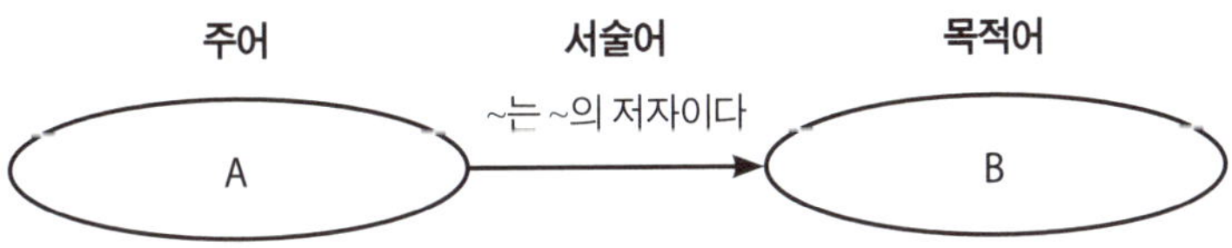

[그림Ⅱ-22] RDF 그래프

RDF를 사용하여 월드와이드웹 자원 사이의 의미적 연관 관계를 기술하는 방법을 다음의 예시를 통해 알아보기로 하자.

'구글'이나 '네이버'와 같은 월드와이드웹 포털에서 '인문정보학'이라는 단어를 검색하면, '한국학중앙연구원 인문정보학 교수 김현'(a), '인

---

23) RDF(the Resource Description Framework)는 월드와이드웹 자원의 메타데이터를 기술하는 형식이다. 2004년 W3C(World Wide Web Consortium)의 권고안이 제시되었으며, 시맨틱 웹 활동의 일환으로 운용되고 있다. RDF가 기술하는 웹 자원의 속성은 인간이 아닌 컴퓨터가 읽고 해석하기 위한 것이며, 인간을 대신하여 지능적인 정보 처리를 하게 하기 위한 것이다. http://www.w3.org/RDF/

문정보학의 모색'이라는 책(b) 등에 관한 웹 문서가 검색 결과로 제공될 것이다. 이 결과를 가지고 (b)의 저자가 (a)라고 하는 사실을 파악하는 것은 검색 결과를 받아 본 이용자의 몫이다. 시맨틱 웹은 이용자가 이 문서를 읽기 전에 그 관계를 먼저 파악하여 더욱 친절하고 효용성 있는 안내를 해 주고자 한다. 하지만 그것은 컴퓨터가 스스로 알아서 할 수 있는 일이 아니고, 처음에 그 문서를 만든 생산자가 그와 같은 관계 정보를 '컴퓨터가 파악할 수 있는 형태로' 문서 안에 포함시킬 때 비로소 가능해질 수 있는 일이다.

RDF 형식으로 웹 자원 상호간의 관계를 기술하기 위해서는 두 가지 조건이 선결되어야 한다. 첫째는 관계성을 부여하고자 하는 객체가 월드와이드웹 상에서 유일하게 식별될 수 있는 이름을 가져야 하는 것, 두 번째는 객체와 객체 사이의 관계를 설명하는 관계 서술어의 표준적인 형태를 약속해야 한다는 것이다. 이 예시에서 보이고자 하는 (a)와 (b)의 관계 기술을 위해 이 두 가지 객체의 고유한 이름을 아래와 같이 정하기로 한다.

(a) '김현'이라는 사람의 식별자:
http://digerati.aks.ac.kr/terms/person#김현

(b) 『인문정보학의 모색』이라는 책의 식별자:
http://digerati.aks.ac.kr/terms/bibliography#인문정보학의모색

이 두 객체의 식별자는 월드와이드웹 문서의 주소와 같은 형식으로 부여되었지만 웹상에 이에 대응하는 문서가 존재하는 것은 아니다. 세상의 모든 사물, 심지어는 추상적인 개념까지도 디지털 세계에서 객체로 식별될 필요가 있을 때에는 웹 주소 형태의 식별자(URI 또

는 IRI)[24]를 부여할 수 있다.

그 다음 필요한 것은 이 객체들 사이의 관계를 표현하는 서술어이다. "~는 ~의 저자이다"라는 관계 서술을 다음과 같이 하기로 한다.

[p] 서술어: ~는 ~의 저작이다
http://purl.org/dc/terms/creator

RDF 문의 주어와 목적어로 쓰인 두 객체의 식별자와 마찬가지로 서술어도 웹 주소 형태로 기술하였다. 이것 역시 서술어가 의미하는 바가 모호해지지 않도록 하기 위한 장치이다. 'http://purl.org/dc/terms/'는 웹 자원 메타데이터 기술 용어의 표준화를 위한 더블린 코어 스키마(Dublin Core Schema)를 의미한다. 여기서 'http://purl.org/dc/terms/creator'는 웹상에 물리적으로 존재하는 문서의 주소가 아니라 '~는 ~의 저작이다'라는 뜻을 명시적으로 알리는 서술어임을 이해하도록 하자.

이제 주어, 목적어, 서술어로 쓸 디지털 언어의 어휘들이 정해졌기 때문에 그 어휘들을 영어의 3형식 문장과 같은 RDF 구문 형식에 집어넣으면 RDF 문이 완성된다.

RDF 문의 구문 형식

주어	서술어	목적어
http://digerati.aks.ac.kr/terms/bibliography#인문정보학의모색	http://purl.org/dc/terms/creator	http://digerati.aks.ac.kr/terms/person#김현

24) 이 장의 주 5) 참조.

RDF Graph

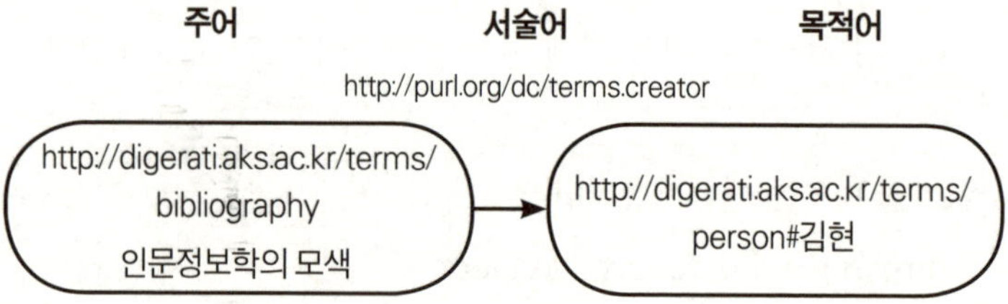

RDF/XML[25)]

```
<?xml version="1.0" encoding="utf-8"?>
<rdf:RDFxmlns:rdf="http://www.w3.org/1999/02/22-rdf-syntax-ns#"
   xmlns:dc="http://purl.org/dc/terms/">

<rdf:Description rdf:about="http://digerati.aks.ac.kr/terms/bibliograhy#인문정
보학의모색">

<dc:creator rdf:resource="http://digerati.aks.ac.kr/terms/person#김현"/>
   </rdf:Description>
</rdf:RDF>
```

월드와이드웹 문서 또는 그 속에 담긴 문맥 요소의 상호 연관 관계를 RDF 문으로 만들고 나면, 그 다음에 어떠한 일이 어떻게 이루어지는지 보기로 하자. 아래에 예시한 3편의 HTML 문서는 웹 브라우저를 통해 볼 때 일반적인 HTML 문서와 다름없는 형태로 표현된다. 그렇지만 이 문서의 내부에는 유관한 것들을 연결시켜 주는 정보가 포함되어 있다.[26)]

---

25) RDF/XML: RDF 문을 XML로 표현하기 위한 W3C(World Wide Web Consortium)의 제안 형식.
https://www.w3.org/TR/rdf-syntax-grammar/

26) RDF 문을 HTML로 쓰인 웹 문서 안에 담아내는 형식을 RDFa(Resource Description Framework in Attributes)라고 한다. 이는 다른 시맨틱 웹 관련

문서1: doc1.htm

```
<html xmlns="http://www.w3.org/1999/xhtml"
        xmlns:dc="http://purl.org/dc/terms/"
        xmlns:foaf="http://xmlns.com/foaf/0.1/"
        version="XHTML+RDFa 1.0" >
    <head>
        <title>이력서: 한국학중앙연구원 인문정보학 교수 김현</title>

<link rel="dc:relation" href="http://digerati.aks.ac.kr/terms/person#김현"/>
    </head>
    <body about="http://digerati.aks.ac.kr/terms/person#김현">
        이름: <span property="foaf:name">김현</span><br/>
        홈페이지: <span property="foaf:homepage">www.xuanflute.com</
span><br/>
        .....
    </body>
</html>
```

기술표준과 마찬가지로 W3C(World Wide Web Consortium)가 제안하는 규약이다. https://www.w3.org/TR/xhtml-rdfa-primer/

문서2: doc2.htm

```
<html xmlns="http://www.w3.org/1999/xhtml"
            xmlns:dc="http://purl.org/dc/terms/“
            version="XHTML+RDFa 1.0" >
    <head>
            <title>서평: 인문정보학의 모색</title>

<link rel="dc:relation" href="http://digerati.aks.ac.kr/terms/bibliography#인문정
보학의모색"/>
    </head>

<body about="http://digerati.aks.ac.kr/terms/bibliography#인문정보학의모색">
            <h2 property="dc:title">인문정보학의 모색</h2>
            <p property="dc:description"> ..... </p>
            .....
    </body>
</html>
```

문서3: doc3.htm

```
<html xmlns="http://www.w3.org/1999/xhtml"
          xmlns:dc="http://purl.org/dc/terms/"
          xmlns:foaf="http://xmlns.com/foaf/0.1/"
          version="XHTML+RDFa 1.0">
  <head>
      <title>디지털 인문학 도서 목록</title>
  </head>
  <body>
      .....

<div about="http://digerati.aks.ac.kr/terms/bibliograhy#인문정보학의모색">

<span property="dc:creator" resource="http://digerati.aks.ac.kr/terms/person#
김현">김현</span>,
          <span property="dc:title"><cite>인문정보학의 모색</cite></span>,
          <span property="dc:created">2012</span>.
          </div>
      .....
  </body>
</html>
```

이와 같은 문서가 월드와이드웹 상에 개별적으로 존재할 때에는 기존의 웹 문서와 별다른 차이를 보이지 않는다. 하지만 이 문서 속

의 RDF 정보가 웹 포털에 의해서 탐색·추출되면 현재와는 다른 데이터 서비스가 가능해진다. 아래의 세 가지 예시는 위의 세 문서 속에 포함된 RDF 문을 기계적으로 추출하여 RDF 그래프 형태로 보인 것이다.

문서1에 포함된 관계 정보

<table>
<tr><td>관계 정보</td><td>문서1 —[관계가 있다]→ #김현 —[이 사람의 속성]→ 이름, 홈페이지 주소</td></tr>
<tr><td>RDF GRAPH</td><td>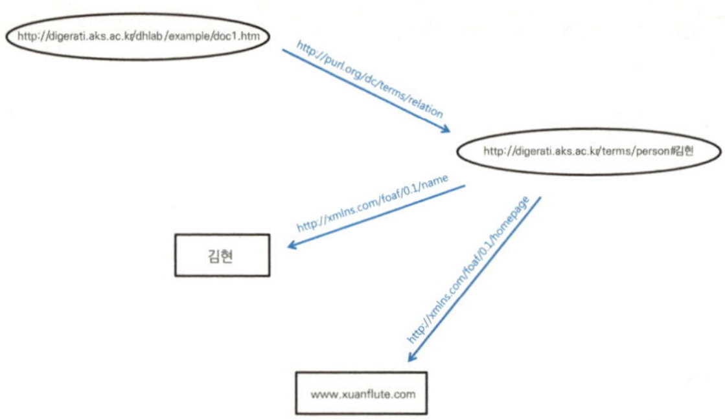
</td></tr>
<tr><td>RDF/ XML</td><td><?xml version="1.0" encoding="utf-8" ?>
<rdf:RDF xmlns:rdf="http://www.w3.org/1999/02/22-rdf-syntax-ns#"
xmlns:dc="http://purl.org/dc/terms/"
xmlns:foaf="http://xmlns.com/foaf/0.1/">
<rdf:Description rdf:about="http://digerati.aks.ac.kr/dhlab/example/doc1.htm">
<dc:relation>
<rdf:Description rdf:about="http://digerati.aks.ac.kr/terms/person#김현">
<foaf:name>김현</foaf:name>
<foaf:homepage>www.xuanflute.com</foaf:homepage>
</rdf:Description>

</dc:relation>
</rdf:Description>
</rdf:RDF></td></tr>
</table>

문서2에 포함된 관계 정보

<table>
<tr><td>관계 정보</td><td>문서2 —[관계가 있다]→ #인문정보학의모색 —[이 책의 속성]→ 저자 이름, 해제</td></tr>
<tr><td>RDF GRAPH</td><td>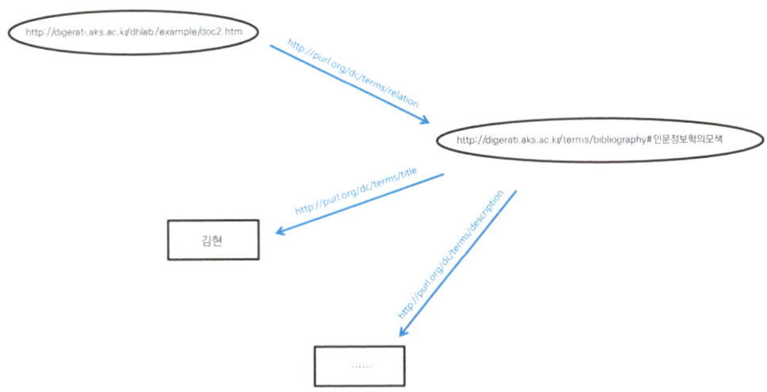
</td></tr>
<tr><td>RDF/XML</td><td>

```
<?xml version="1.0" encoding="utf-8" ?>
<rdf:RDF xmlns:rdf="http://www.w3.org/1999/02/22-rdf-syntax-ns#"
            xmlns:dc="http://purl.org/dc/terms/">
   <rdf:Description rdf:about="http://digerati.aks.ac.kr/dhlab/example/
doc2.htm">
      <dc:relation>
         <rdf:Description rdf:about="http://digerati.aks.ac.kr/terms/
bibliography#인문정보학의모색">
            <dc:title>인문정보학의 모색</dc:title>
            <dc:description> ..... </dc:description>
         </rdf:Description>
      </dc:relation>
   </rdf:Description>
</rdf:RDF>
```

</td></tr>
</table>

문서3에 포함된 관계 정보

관계 정보	#인문정보학의모색 —[~는 ~의 저작이다]→ #김현
RDF GRAPH	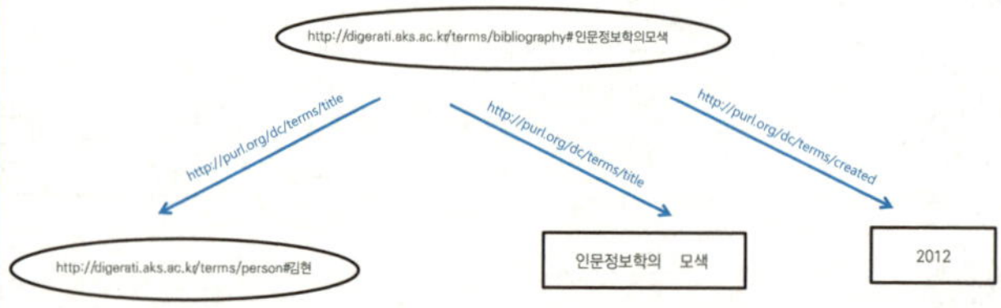
RDF/XML	<?xml version="1.0" encoding="utf-8" ?> <rdf:RDF xmlns:rdf="http://www.w3.org/1999/02/22-rdf-syntax-ns#" xmlns:dc="http://purl.org/dc/terms/"> <rdf:Description rdf:about="http://digerati.aks.ac.kr/terms/bibliograhy#인문정보학의모색"> <dc:creator rdf:resource="http://digerati.aks.ac.kr/terms/person#김현"/> <dc:title>인문정보학의 모색</dc:title> <dc:created>2012</dc:created> </rdf:Description> </rdf:RDF>

이러한 정보는 각각 별개의 웹 문서에서부터 추출된 것이지만, 그것들은 서로 연결될 수 있는 명확한 근거를 가지고 있다. '#김현'이라는 인물과 '#인문정보학의모색'이라는 책이 고유한 식별자로 표시되었고, 개체와 개체 사이의 관계, 개체와 속성의 관계가 누구나(컴퓨터를 포함하여) 인식할 수 있는 표준적인 서술어로 기술되었기 때문이다. 더 많은 사람, 더 많은 책, 그리고 장소와 사건, 개념 용어까지도 이러한 방식으로 연결되면 월드와이드웹은 '단어를 찾아 주는' 수준에서 더 진화하여 '지식을 엮어 주는' 역할까지 할 수 있게 되리라는 것이 시맨틱 웹의 이상이다.

식별자를 매개로 연결된 문서1, 문서2, 문서3의 정보

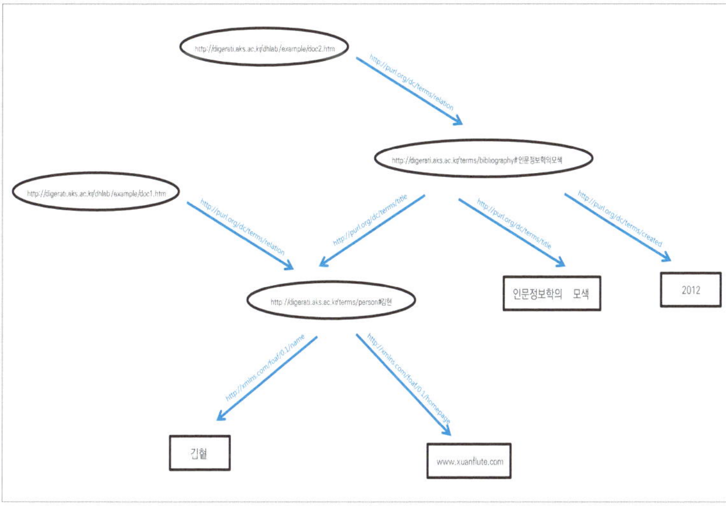

3. 온톨로지

앞에서 살펴보았듯이 시맨틱 웹을 구현하는 핵심 요소는 데이터와 데이터를 명시적으로 연결해 주는 개체 식별자와 관계성 서술 어휘들이다. 이러한 어휘는 누구든지 자기 필요에 따라 만들어낼 수도 있지만, 그렇게 되면 시맨틱 웹이 목적으로 삼는 '소통'의 효과를 거두기 어렵다. 같은 언어를 쓰는 사람끼리 의사소통이 가능하듯이, 의미가 통하는 웹이 만들어지기 위해서는 RDF와 같은 데이터 기술문의 어휘에 관해 일정한 약속을 만들고 이를 지켜야 한다. 정보기술의 세계에서는 그와 같은 성격의 약속을 '온톨로지'(ontology)라는 이름으로 부른다.

1) 온톨로지 설계

'온톨로지'란 정보화의 대상이 되는 세계를 전자적으로 표현할 수 있도록 구성한 데이터 기술 체계이다.[27] 원래 온톨로지라는 말은 철학에서 '존재론'이라고 번역되는 용어로서 '존재에 대한 이해를 추구하는 학문'의 의미를 갖는 말이었다. 그러한 용어가 정보과학 분야에서 중요한 개념으로 등장하게 된 것은 인간이 세계를 이해하는 틀과 컴퓨터가 정보화 대상(콘텐츠)을 이해하는 틀 사이에 유사성이 있다고 보았기 때문이다. 그 틀은 바로 대상을 구성하는 요소들에 대응하는 개념들과 그 개념들 간의 연관 관계이다.[28]

넓은 의미에서는 모든 정보화의 틀이 다 온톨로지일 수 있겠지만, 대상 자원을 '클래스'(class)로 범주화하고, 각각의 클래스에 속하는 개체(individuals)들이 공통의 '속성'(attribute)을 갖도록 하고, 그 개체들이 다른 개체들과 맺는 '관계'(relation)를 명시적으로 기술하는 것이 가장 일반적인 온톨로지 설계 방법이라고 할 수 있다.

다음의 예시를 통해 인문지식을 정보화하기 위한 온톨로지는 어떻

---

27) 정보기술 분야에서 말하는 '온톨로지(ontology)'에 대한 가장 일반적인 정의는 그루버(Gruber, Thomas. 1959~)가 말한 '명시적 명세화의 방법에 의한 개념화'(explicit specification of a conceptualization)이다. (Gruber, 'A Translation Approach to Portable Ontology Specifications', *Knowledge Systems Laboratory Technical Report KSL 92-71*, Stanford University, 1992) 여기서 '개념화'(conceptualization)라는 것은 정보화하고자 하는 대상 세계를 일정한 체계 속에서 파악하는 것, 예를 들면 그 세계에 무엇이 있고, 그것은 어떤 속성을 품고 있으며, 그것들 사이의 관계는 무엇인가 하는 일정한 질문의 틀 속에서 대상 세계를 이해하는 방식이라고 할 수 있다. '명세화'(specification)란 대상 세계에 존재하는 개체, 속성, 관계 등을 일목요연한 목록으로 정리하는 것, 그리고 '명시적'(explicit)이라는 그 정리된 목록을 사람뿐 아니라 '컴퓨터가 읽을 수 있도록'(machine readable) 한다는 것이다.

28) 김현, 「한국 고전적 전산화의 발전 방향 - 고전 문집 지식 정보 시스템 개발 전략 -」, 『민족문화』 28, 2005

게 구상하는 것이 좋을지 생각해 보기로 하자.

명승 40호 '담양 소쇄원' 안내판의 문화유산 설명문

담양 소쇄원(潭陽 瀟灑園)

명승 제40호
전라남도 담양군 남면 지곡리

소쇄원(瀟灑園)은 자연과 인공을 조화시킨 조선 중기의 대표적인 원림(園林)으로 우리나라 선비의 고고한 품성과 절의가 풍기는 아름다움이 있다.

양산보(梁山甫, 1503~1577)가 조성한 것으로 스승인 조광조(趙光祖)가 유배를 당하여 죽게 되자 출세의 뜻을 버리고 이곳에서 자연과 더불어 살았다.

소쇄원이라 한 것은 양산보의 호(號)인 소쇄옹(瀟灑翁)에서 비롯 되었으며, 맑고 깨끗하다는 뜻이 담겨 있다.

오곡문(五曲門) 담장 밑으로 흐르는 맑은 계곡 물은 폭포가 되어 연못에 떨어지고, 계곡 가까이에는 제월당(霽月堂: 비개인 하늘의 상쾌한 달이라는 뜻의 주인집)과 광풍각(光風閣: 비온 뒤에 해가 뜨며 부는 청량한 바람이란 뜻의 사랑방)이 들어서 있다.

소쇄원에는 영조 31년(1775) 당시 모습을 목판에 새긴 「소쇄원도(瀟灑園圖)」가 남아 있어 원형을 추정할 수 있다. 이곳은 많은 학자들이 모여들어 학문을 토론하고, 창작 활동을 벌인 선비정신의 산실이기도 하다. 지금의 소쇄원은 양산보의 5대손 양택지에 의해 보수된 모습이다.

위 예시의 글은 전라남도 담양군에 위치한 조선시대의 대표적인 정원인 소쇄원(瀟灑園)의 문화재 안내판 해설문이다. 이 문화유산과 관련된 다양한 지식의 실마리를 위의 해설문에서 찾고, 이것을 유형별로 정리하면 다음과 같은 키워드 목록을 얻을 수 있을 것이다.

<table>
<tr><th colspan="2">유형 범주</th><th>키워드</th></tr>
<tr><td rowspan="3">문화
유산</td><td>지정문화재</td><td>담양 소쇄원</td></tr>
<tr><td>건조물</td><td>제월당, 광풍각, 오곡문</td></tr>
<tr><td>기록물</td><td>소쇄원도</td></tr>
<tr><td colspan="2">인물</td><td>양산보, 조광조, 양택지</td></tr>
<tr><td colspan="2">장소(공간)</td><td>전라남도 담양군 남면 지곡리</td></tr>
<tr><td colspan="2">연대(시간)</td><td>영조 31년(1775)</td></tr>
<tr><td colspan="2">개념</td><td>원림(園林), 절의(節義)</td></tr>
</table>

위의 표에 정리한 어휘들은 담양 소쇄원 문화재 안내판 해설문에 적힌 내용의 뼈대를 이루는 문맥 요소(Contextual Element)들이다. 이 문맥 요소들은 문장 속의 단어로만 존재하는 것이 아니라, 소쇄원에 얽힌 역사, 그것의 문화적 의의에 관한 지식을 대표하는 용어라고 할 수 있다. 이것을 근거로, 담양 소쇄원 관련 지식의 관계도를 만들어 보기로 한다.

① 개체(individual) 탐색

온톨로지 설계를 위해 제일 먼저 할 일은 정보화 하고자 하는 지식 세계에 어떠한 지식 요소들이 있는지 탐색하고, 그 성격을 분석하는 것이다. 위의 예시에서 목록화한 개개의 요소들을 온톨로지 용어로는 '개체'라고 한다. 이것은 정보화하고자 하는 지식의 단위 요소이자, 관련 지식의 네트워크에서 관계의 접점이 될 노드(node)이다.

Individuals:

② 클래스(class) 설계

정보화의 대상 세계에 대체로 어떠한 성격의 문맥 요소가 존재하는지 파악되었으면, 그 다음에 할 일은 그 요소들 가운데 서로 유사한 성격의 것들을 묶어줄 수 있는 범주를 정하는 것이다. 온톨로지 용어로는 이러한 범주를 클래스라고 한다. 이 클래스 설계는 대상 세계를 무차별적인 사실/사물의 나열로 보지 않고, 일정한 체계 속에서 이해하려는 노력이라고 할 수 있다. 따라서 어떠한 클래스를 정하느냐 하는 것은 연구자가 대상을 어떠한 시각에서 보고자 하느냐에 따라 달라진다. 여기서는 '담양 소쇄원'을 '문화유산'이라는 관점에서 보고, 그 문화유산의 역사적·문화적 문맥을 이해하는 데 도움이 되는 방향으로 지식의 체계를 만들어 보기로 한다. 일단, 위에서 나열한 12개의 문맥 요소를 분류할 수 있는 체계를 다음과 같이 설계하였다.

Classes:

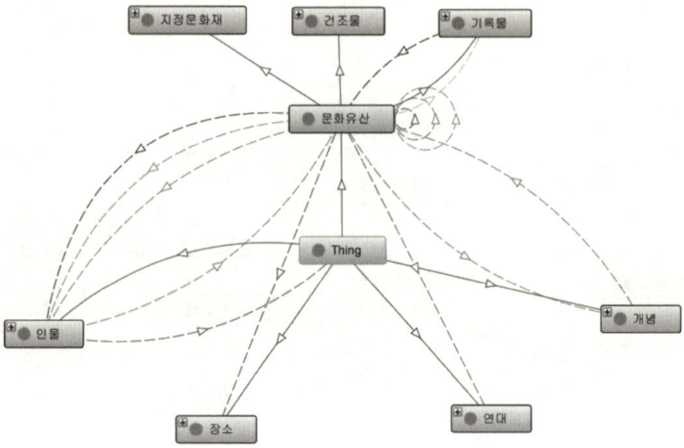

이 그림의 가운데에 그려진 'Thing'은 대상 세계의 모든 존재를 포괄하는 가상의 최상위 범주이다. 그 아래에 '문화유산', '인물', '장소', '연대', '개념' 등 5가지 차상위 클래스를 두기로 하고, 다시 '문화유산' 클래스 밑에 '지정문화재', '건조물', '기록물' 등의 하위 클래스를 두었다. 문화유산 클래스를 이렇게 중층으로 구성한 것은 예시로 든 문화유산 사례에서 보듯이 '담양 소쇄원'이라는 지정문화재(명승 제40호) 안에 '광풍각', '제월당'과 같은 부속 건조물도 있고, '소쇄원도'와 같은 기록물도 있기 때문에 디지털 정보세계가 그와 같은 체계를 반영할 수 있도록 하기 위해서였다. 문화유산의 범위를 넓히게 되면 또 다른 하위 요소도 추가될 수 있을 것이다. 유적지 경내에 있는 노거수(老巨樹), 묘정비(廟庭碑) 등도 고려 대상이 될 수 있다.

③ 속성(attribute) 설계

클래스 설계가 이루어졌으면, 각각의 클래스에 속하는 개체(individual)들이 어떤 속성을 갖는지를 살피고, 이 속성을 담을 수 있는 틀을 만들어야 한다. 예를 들어 '인물' 클래스에 속하는 개체들에 대해서는 이름, 이름의 한자 표기, 별명(자, 호, 봉작호, 시호 등), 생몰년, 관직 등의 정보를 부여하는 것이다. 클래스 설계와 마찬가지로 속성 설계도 '이렇게 해야 한다'는 절대적인 기준은 없다. 대상 개체를 어떤 관점에서 보고 있으며, 그 정보를 어떠한 목적으로 사용할 것인가를 기준으로 삼으면 된다. 간단한 예시를 위해 여기서는 다음과 같이 최소한의 속성만을 부여하기로 한다.

Attributes:

Class	한자	유형	생년	몰년	위도	경도	서력	설명
지정문화재	○	○						○
건조물	○	○			○	○		○
기록물	○	○						○
인물	○	○	○	○				○
장소	○	○			○	○		○
연대	○	○					○	○
개념	○	○						○

④ 관계성(relation) 설계

각각의 클래스에 속하는 개체들이 서로 어떠한 의미적 연관 관계를 맺고 있는지 분석하여, 그 관계성을 표현할 수 있는 서술어를 정한다. 이 관계성 서술어는 주어와 목적어를 수반하여 RDF(Resource Description Framework) 문을 완성하게 된다. 이 때 주어 역할을 할 수 있는 개체들의 클래스를 '정의역'(定義域, domain)이라고 하고, 목적어 역할을 하는 개체들의 클래스를 '치역'(値域, range)이라고 부른다. 담양 소쇄원과 관계가 있는 개체들을 기준으로 아래와 같은 17개의 관계 서술어를 정하였다.[29)]

Relations:

Relation	Domain (A)	Range (B)	설명
created	문화유산	연대	A는 B에 만들어졌다
creator	문화유산	인물	A는 B가 만들었다
renovator	문화유산	인물	A는 B가 중건(중수)했다
depicts	기록물	문화유산	A는 B를 묘사한다
isDepictedIn	문화유산	기록물	A는 B에 묘사되었다
hasDescendant	인물	인물	A는 B를 후손으로 두었다
isDescendantOf	인물	인물	A는 B의 후손이다
hasDisciple	인물	인물	A는 B를 문인으로 두었다
isDiscipleOf	인물	인물	A는 B의 문인이다
hasPart	문화유산	문화유산	A는 B를 포함한다
isPartOf	문화유산	문화유산	A는 B의 일부이다
hasSon	인물	인물	A는 B의 아버지이다
isSonOf	인물	인물	A는 B의 아들이다
isEnshrinedIn	인물	문화유산	A는 B에서 제향된다
isFriendOf	인물	인물	A와 B는 친구이다

29) 온톨로지의 어휘들은 컴퓨터 시스템이 인식할 수 있도록 일관성 있게 사용하면 되는 것이기 때문에 원천 어휘를 한국어로 하느냐 영어로 하느냐는 기술적으로 문제되지 않는다. 하지만 온톨로지 공유를 통해 소통하고자 하는 범위가 국제적이라면, 세계 여러 나라에서 이미 사용하고 있는 동의어의 사용이 권장된다. 이 책에서의 온톨로지 설계는 교육의 목적으로 하는 것이기 때문에 학생들이 이해하기 쉽도록 한국어 어휘를 위주로 하였다. 다만 관계성 서술어는 한국어 어휘를 쓸 경우 주어와 목적어의 식별이 모호해질 수 있기 때문에 편의상 영어식의 조어(造語)를 사용하기로 한다.

Relation	Domain (A)	Range (B)	설명
isLocatedIn	문화유산	장소	A는 B에 위치한다
isRelatedTo	개념, 인물, 문화유산	개념, 인물, 문화유산	A와 B는 관계가 있다

④ 개체(individual)에 대한 속성, 관계성 부여

지금까지 수행한 네 가지 과정이 온톨로지 설계에 해당하는 일이라고 한다면 이 다섯 번째 작업은 설계된 온톨로지에 따라 데이터베이스를 구축하는 일이다.[30)]문맥 요소로 발굴된 모든 개체를 해당 클래스에 귀속시킨 후, 각각의 개체에 고유한 속성을 부여하고, 개체와 개체 사이의 관계성을 지정한다.

§ Individual '담양 소쇄원'

* Class: 문화유산 > 지정문화재
* Attribute
    한자: 潭陽 瀟灑園
    유형: 명승
* Relation
    hasPart: 광풍각
    hasPart: 소쇄원도
    hasPart: 오곡문
    isDepictedIn: 소쇄원도

30) 온톨로지 설계에 의해 만들어진 데이터베이스를 일반적인 관계형 데이터베이스(Relational Database, RDB)와 구분하여 '온톨로지 기반 데이터베이스'(Ontology Based Database, ODB)라고 부르기도 한다. 실험적인 ODB는 온톨로지 설계 도구를 이용하여 구현할 수 있다.

creator: 양산보

renovator: 양택지

§ Individual: '양산보'

* Class: 인물
* Attribute:

생년: 1503

몰년: 1557

한자: 梁山甫

* Relation

hasDescendant: 양택지

isDiscipleOf: 조광조

12개 개체(indviduals)에 개체에 대해 모두 이러한 작업을 수행하면 아래 그림과 같이 관계의 맥락을 명시적으로 드러내게 된다.

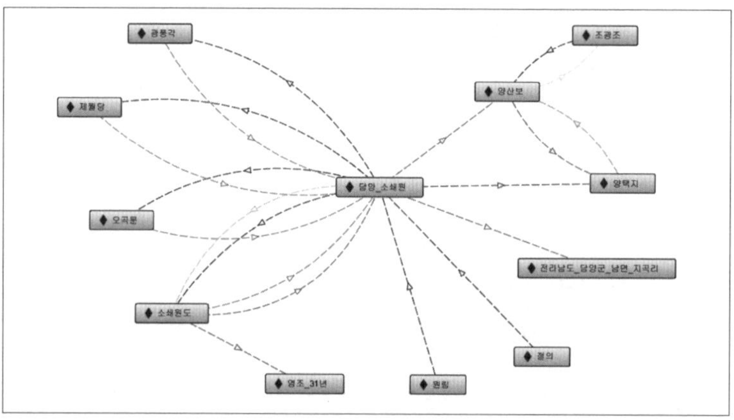

위의 그래프에 담겨 있는 정보는 다음과 같은 것들이다.

[문화유산] '담양 소쇄원' 은 [장소] '전라남도 담양군 남면 지곡리' 에 위치한다.

[문화유산] '담양 소쇄원' 은 [인물] '양산보' 가 세웠다.

[인물] '양산보' 는 [인물] '조광조' 의 제자이다.

[문화유산] '담양 소쇄원' 은 [개념] '원림' / '절의' 와 관련이 있다.

[문화유산] '담양 소쇄원' 안에는 [건조물] '광풍각' / '제월당' / '오곡문' 이 있다.

[문화유산] '담양 소쇄원' 안에는 [기록물] '소쇄원도' 가 있다.

[기록물] '소쇄원도' 는 [문화유산] '담양 소쇄원' 을 묘사했다.

[기록물] '소쇄원도' 는 [연대] '영조 31년' 에 제작되었다.

[인물] '양택지' 는 [인물] '양산보' 의 후손이다.

[인물] '양택지' 는 [문화유산] '담양 소쇄원' 을 중수했다.

이 데이터는 이것의 원시 데이터라고 할 수 있는 안내판 해설문 속의 정보를 컴퓨터가 읽고 해석할 수 있는 형태로 가공한 것이라고 할 수 있다. 이와 같은 기계가독형(machine-readable) 데이터를 만들어서 얻는 이점은 무엇일까? '담양 소쇄원'이라는 하나의 문화유산 정보만 디지털화한 상황에서는 온톨로지 기반 데이터베이스의 장점을 드러내기 힘들다. 하지만 이러한 정보가 수천 건, 수만 건 있다고 가정해 보면, 다음과 같은 효과를 쉽게 기대할 수 있다.

여러 가지 기대 효과 가운데 가장 우선시되는 것은 별개의 문화유산 해설문 속에 담겨 있는 정보들이 서로서로 관련성을 좇아 광대한 의미의 연결망을 만들 수 있을 것이라는 점이다. '용인 심곡서원'에는 양산보의 스승 조광조가 제향되어 있다. '장성 필암서원'에 제향된 김인후는 양산보의 친구이고, 김인후와 함께 제향된 그의 제자 양자징은 양산보의 아들이다. 이 세 곳의 문화유산들은 공통의 관련 인물을 매개로 다음 그림과 같은 관계망을 형성한다.

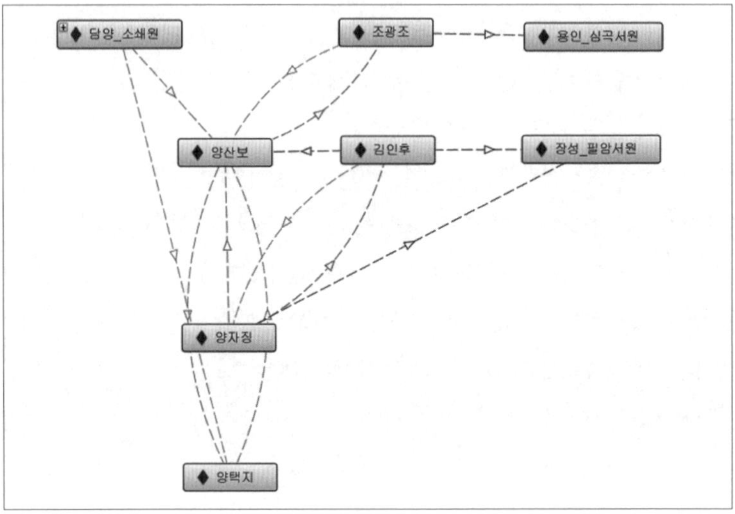

이와 같이 서로서로 의미의 연결고리를 맺고 있는 지식의 네트워크 속에서는 그 관계를 추론하여 새로운 지식을 얻는 것도 가능하다. 우리가 이 예시를 위해 만든 데이터 안에서도 '소쇄원을 만든 사람의 스승은 누구인가?', '그를 제향한 서원은 어디인가?'라는 질문을 던지면, 컴퓨터는 그 질문에 대해 정확한 답변을 제공한다. 이 온톨로지를 공유하는 더 많은 데이터가 만들어졌을 경우, 컴퓨터는 보다 유용한 지식 탐구의 동반자 역할을 할 수 있을 것이다.

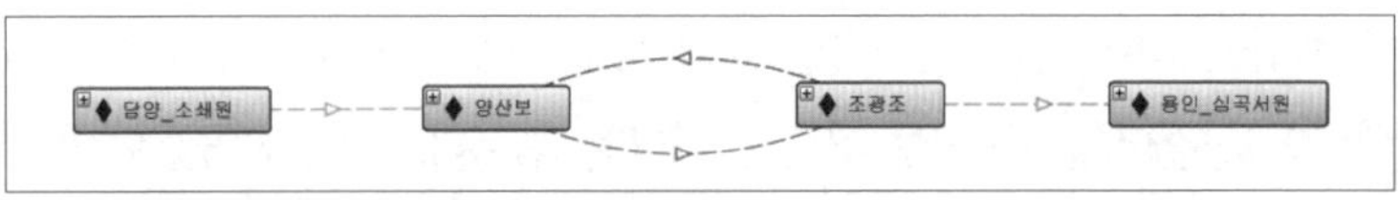

2) 온톨로지 기술 언어

어떤 대상을 디지털 공간에 재현하기 위해 만든 온톨로지는 같은 분야의 지식을 다루는 여러 사람들이 지식의 소통을 위한 공동의 약속으로 사용할 때 큰 효용성을 발휘한다. 예를 들자면, 월드와이드웹의 세계 안에는 수많은 사람들이 개인적으로 작성한 '문화유산 답사기'가 존재하는데, 그 글 속에 담긴 객관적 사실 정보들이 앞에서 예시한 바와 같은 '문화유산 온톨로지'에 의해 기술될 수 있다면, 그 결과는 월드와이드웹 속에 '한국의 문화유산에 관한 시맨틱 웹'이 만들어지는 것이고, 우리는 그것을 통해 더욱 풍성한 문화유산 관련 지식을 얻을 수 있게 될 것이다.

특정 분야의 지식에 관한 온톨로지가 여러 사람들, 또는 다수의 컴퓨터 시스템 사이에서 공유될 수 있기 위해서는 그 설계의 내용이 명시적이고 표준적인 언어로 기술되어야 한다. 앞에서 살펴보았던 RDF(Resource Description Framework)는 가장 기본적인 형태의 온톨로지 기술 언어에 속한다고 할 수 있다. RDF는 단순히 주어와 목적어 사이의 관계를 서술하는 것을 위주로 한다. 그런데 그 관계성이 어떤 대상들 사이에서 유효한지, 그리고 다양한 관계 서술어 사이에는 또 어떤 상관관계가 존재하는지 등도 점검할 필요성이 제기됨에 따라 RDF보다 좀 더 확장된 기능의 온톨로지 기술 언어들이 등장하였다.

학계, 산업계에서 실험적으로, 또는 특정 영역에서 실용적으로 쓰이는 온톨로지 기술 언어는 매우 다양하지만, 월드와이드웹 상에서 운용되는 시맨틱 웹의 구현을 목적으로 하는 온톨로지 기술 언어로는 RDF를 확장시켜 나아간 RDFS(RDF Schema)와 OWL(Web Ontology Language)이 표준적인 약속으로 권장되고 있다.[31] RDF,

---

31) RDF Schema: Resource Description Framework Schema. RDFS, RDF(S), RDF-S, RDF/S 등 다양한 형태의 약어로 지칭되고 있다. RDFS는 RDF 형식으로 표현하고자 하는 대상의 온톨로지를 기술하는 어휘(vocabulary)를 제공한다. RDF Schema는 1998년 W3C에 의해 처음 제안되었으며, 현재 통용되는 권고안은 2004년에 발표되었다.
https://www.w3.org/TR/rdf-schema/

RDFS, OWL은 별개의 언어가 아니라, 먼저 정해 놓은 약속을 기반으로 하면서 더 유용한 수단으로 발전시켜 간 것이라고 할 수 있다.

OWL 문서에서 기본적으로 참조하는 이름 공간(Name Space)

```
xmlns:owl="http://www.w3.org/2002/07/owl#"
xmlns:rdfs="http://www.w3.org/2000/01/rdf-schema#"
xmlns:rdf="http://www.w3.org/1999/02/22-rdf-syntax-ns#"
xmlns:xsd="http://www.w3.org/2001/XMLSchema#"
```

OWL은 얼마나 복잡하고 정교한 온톨로지를 설계하느냐에 따라 사용하는 어휘의 종류가 달라질 수 있지만, 핵심적인 것은 클래스, 속성, 관계성, 개체를 선언하고, 각각의 개체에 속성을 지정하거나 개체 사이의 관계성을 지정하는 데 필요한 어휘들이다.

OWL(Web Ontology Language)의 주요 어휘

OWL 어휘	의미
owl:Ontology	온톨로지 선언
owl:Class	클래스 선언
owl:ObjectProperty	관계성 선언
owl:DatatypeProperty	속성 선언
owl:NamedIndividual	개체 선언
rdfs:subClassOf	서브 클래스 선언
rdfs:domain	정의역 지정
rdfs:range	치역 지정
rdf:datatype	데이터 타입 지정

OWL(Web Ontology Language)은 RDFS보다 확장된 온톨로지 기술 언어이다. W3C에 의해 2004년에 제안되었으며, 이것을 부분적으로 수정·확장한 OWL2는 2009년에 발표되었다.
https://www.w3.org/TR/owl2-overview/

온톨로지 기술 언어를 사용하면 우리가 앞에서 예시로 다루었던 '담양 소쇄원' 등의 문화유산 관련 정보를 월드와이드웹 상에서 통용되는 시맨틱 데이터로 기술할 수 있다.

OWL 어휘를 XML/RDF 문법으로 표현한 웹 온톨로지 기술 문서

```
<?xml version="1.0" encoding="UTF-8"?>
<rdf:RDF xmlns="http://digerati.aks.ac.kr/terms/CHoKorea#"
 xml:base="http://digerati.aks.ac.kr/terms/CHoKorea"
 xmlns:owl="http://www.w3.org/2002/07/owl#"
 xmlns:rdfs="http://www.w3.org/2000/01/rdf-schema#"
 xmlns:rdf="http://www.w3.org/1999/02/22-rdf-syntax-ns#"
 xmlns:xsd="http://www.w3.org/2001/XMLSchema#"
 xmlns:dc="http://purl.org/dc/terms/"
 xmlns:CHoKorea="http://digerati.aks.ac.kr/terms/CHoKorea#">

 <!-- 온톨로지 선언-->

 <owl:Ontology rdf:about="http://digerati.aks.ac.kr/terms/CHoKorea"/>

 <!-- 클래스 선언 예시: '문화유산' 클래스를 선언-->

 <owl:Class rdf:about="http://digerati.aks.ac.kr/terms/CHoKorea#문화유산/>

 <!-- 속성 선언 예시: '인물' 클래스의 개체는 '생년' 속성을 갖는다-->


<owl:DatatypeProperty rdf:about="http://digerati.aks.ac.kr/terms/CHoKorea#
생년>

<rdfs:domain rdf:resource="http://digerati.aks.ac.kr/terms/CHoKorea#인물/>
 </owl:DatatypeProperty>

 <!-- 관계성 선언 예시: 'isLocatedIn'이라는 관계성은 '문화유산'과 '장소' 클래스
개체 사이에 성립할 수 있다-->
```

```
 <owl:ObjectProperty rdf:about="http://digerati.aks.ac.kr/terms/
CHoKorea#isLocatedIn">

<rdfs:domain rdf:resource="http://digerati.aks.ac.kr/terms/CHoKorea#문화
유산/>

<rdfs:range rdf:resource="http://digerati.aks.ac.kr/terms/CHoKorea#장소/>
 </owl:ObjectProperty>

<!-- 개체 선언 및 속성/관계성 지정 예시: 개체 '양산보'는 ....의 속성을 가지며 개체
  '양택지' 등과 .....의 관계성을 갖는다-->


<owl:NamedIndividual rdf:about="http://digerati.aks.ac.kr/terms/
CHoKorea#양산보>
    <rdf:type rdf:resource="http://digerati.aks.ac.kr/terms/CHoKorea#인물/>
    <생년 rdf:datatype="http://www.w3.org/2001/XMLSchema#integer">
    1503</생년>
    <몰년 rdf:datatype="http://www.w3.org/2001/XMLSchema#integer">
    1557</몰년>
    <한자 rdf:datatype="http://www.w3.org/2001/XMLSchema#string">
    梁山甫</한자>
    <hasDescendant rdf:resource="http://digerati.aks.ac.kr/terms/CHo
    Korea#양택지/>
    <isDiscipleOf rdf:resource="http://digerati.aks.ac.kr/terms/CHoKorea#
    조광조/>
  </owl:NamedIndividual>

</rdf:RDF>
```

이와 같은 웹 온톨로지 기술 문서에서 우리가 의미 있게 보아야 할 것은 대상 세계가 존재하는 모습을 표현하는 모든 데이터가 유일하게 식별될 수 있는 이름을 갖도록 했다는 점이다.

이 온톨로지 전체가 'http://digerati.aks.ac.kr/terms/CHoKorea'라는 고유한 이름을 부여받았으며, RDF 문에서 동사처럼 쓰이는 관계성, 속성 서술어, 그리고 주어와 목적어가 되는 모든 개체가 온톨로지 이름을 접두어로 삼는 고유한 식별자를 갖는다. 실제 세계에서 쓰이는 이름과 용어가 있는데도, 이와 같이 작위적인 유일 식별자를 또 다시 부여하는 이유는 무엇인가? 어떤 이름이 어떤 대상을 가리키는지 분명하게 알 수 있게 하기 위해서이다. 여기서 '분명하게 안다'는 것은 사람의 능력이 아니라 컴퓨터 시스템의 기능을 두고 하는 말이다.

3) 온톨로지 편집기

온톨로지의 설계는 현재 우리의 관심 분야인 어느 영역의 대상 세계를 특별한 목적을 지닌 관점에서 바라보고 해석하는 일이기 때문에, 기술적인 작업 이전에 대상 세계를 적정하게 분석하는 과정이 중요하다. 대상 세계를 어떻게 정보화 할 것인지 구체적인 구상이 이루어진 후 그것을 온톨로지 기술 언어로 표현하는 것은 '온톨로지 편집기'(Ontology Editor)의 도움을 받아서 수행하면 편리하다. 온톨로지 편집기는 '온톨로지'의 설계와 검증, 지속적인 확장 및 수정, 보완 기능을 제공하는 소프트웨어이다. 이용자는 이 소프트웨어상에서 클래스, 속성, 관계성, 개체 등 온톨로지 핵심 요소들을 디자인할 수 있고, 데이터의 입력을 통해 어느 정도 규모의 실험적인 데이터베이스를 구축할 수도 있다. 온톨로지 편집기상에서 데이터 클래스의 구조, 개체 상호간의 관계성 등을 시각적인 그래프로 확인하는 것도 가능하다.

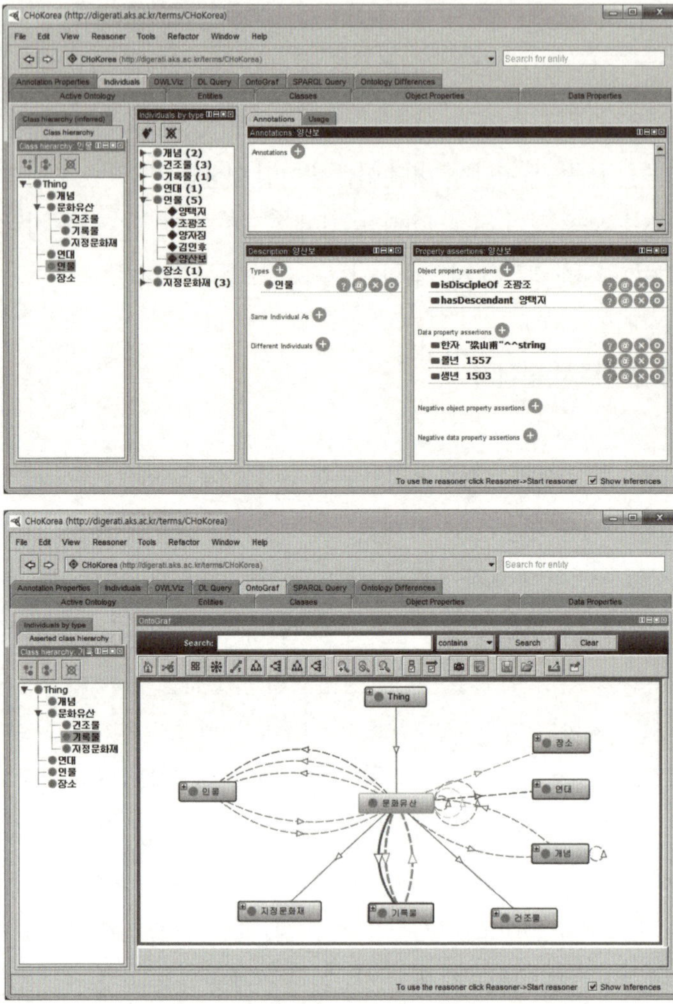

[그림 II-23] 온톨로지 편집기 Protégé™[32)]

32) Protégé™: 온톨로지 설계 및 시각화 기능을 제공하는 소프트웨어. 미국 스탠포드 대학의 의료정보학센터(Stanford Center for Biomedical Informatics Research)에서 개발 연구를 이끌고 있는 오픈 소스 소프트웨어. 다양한 온톨로지 에디터 가운데 교육 및 연구 분야에서 가장 많이 쓰이고 있는 제품이다. http://protege.stanford.edu/

4) SPARQL

온톨로지를 설계하고 그에 따라 데이터를 입력하면 '온톨로지 기반 데이터베이스'(Ontology Based Database, ODB)를 구축할 수 있다. '스파클'(SPARQL, Simple Protocol and RDF Query Language)과 같은 RDF 질의어는 그와 같은 데이터베이스상에서 필요한 정보를 찾는 방법을 제공한다.[33] 다음은 스파클 질의어의 간단한 사용 예시이다.

SPARQL	질의 내용

PREFIX chk: <http://digerati.aks.ac.kr/terms/CHoKorea#>
PREFIX dc: <http://purl.org/dc/terms/>
SELECT ?picture
WHERE
{
chk:조광조 chk:hasDisciple ?X.
?Y dc:creator ?X.
?Y chk:isDepictedIn ?picture.
}
☞ 소쇄원도
	조광조의 제자 X가 만든 Y가 묘사된 그림은?
	
	☞ 소쇄원도

33) SPARQL(Simple Protocol and RDF Query Language): RDF 형식의 데이터를 탐색할 수 있는 데이터베이스 질의어. W3C(World Wide Web Consortium)에서 2008년에 처음 제안하였다. 2013년 이후 SPARQL 1.1이 W3C의 공식 권장안이다. https://www.w3.org/TR/sparql11-query/

<table>
<tr><th>SPARQL</th><th>질의 내용</th></tr>
<tr><td>PREFIX chk: <http://digerati.aks.ac.kr/terms/CHoKorea#>
PREFIX dc: <http://purl.org/dc/terms/>
SELECT ?site
WHERE
{
chk:담양_소쇄원 dc:creator ?X.
?Y chk:isFriendOf ?X.
?Y chk:isEnshrinedIn ?site.
}
☞ 장성_필암서원</td><td>담양 소쇄원을 만든 X의 친구 Y가 제향된 곳은?

☞ 장성_필암서원</td></tr>
<tr><td>PREFIX chk: <http://digerati.aks.ac.kr/terms/CHoKorea#>
PREFIX rdf: <http://www.w3.org/1999/02/22-rdf-syntax-ns#>
SELECT ?site ?part
WHERE
{
{?site rdf:type chk:지정문화재}
UNION
{?site chk:hasPart ?part
}
☞
<table>
<tr><th>site</th><th>part</th></tr>
<tr><td>담양_소쇄원</td><td></td></tr>
<tr><td>장성_필암서원</td><td></td></tr>
<tr><td>용인_심곡서원</td><td></td></tr>
<tr><td>담양_소쇄원</td><td>광풍각</td></tr>
<tr><td>담양_소쇄원</td><td>제월당</td></tr>
<tr><td>담양_소쇄원</td><td>오곡문</td></tr>
<tr><td>담양_소쇄원</td><td>소쇄원도</td></tr>
</table></td><td>지정문화재에 속하는 문화유산과 그것에 부속된 문화유산은?</td></tr>
</table>

스파클은 하나의 독립적인 데이터베이스 안에서 정보를 찾기보다 온톨로지를 통해 정보의 연결고리를 맺고 있는 시멘틱 웹의 넓은 세계에서 그 관계성을 좇아 의미 있는 정보를 탐색하는 것을 목적으로

한다. 위의 예시에서 보듯이, 'PREFIX' 지정을 통해 이 질의문에서 어떤 온톨로지를 어떤 접두사(prefix)로 참조할지를 정하고, 이하의 질의문에서 사용하는 모든 어휘(개체, 클래스, 관계성, 속성의 이름)는 앞에서 정의된 접두사를 첨부함으로써 그 대상과 의미를 명시적으로 식별할 수 있게 한다. 이러한 방법을 통해 월드와이드웹 상에 존재하는 다양한 지식 요소들 사이의 관계를 기계적으로 추론할 수 있도록 하는 것이다.

4. 시맨틱 웹과 인문지식

명시적인 기계가독형 언어로 기술된 웹 온톨로지가 월드와이드웹의 세계에서 공유되고, 특정 분야의 지식과 정보를 생산하는 사람들이 이것을 참조하여 상호 소통할 수 있는 데이터를 생산한다면, 그 분야 지식의 활용과 교육, 연구의 양상이 크게 바뀌게 될 것임은 자명하다. 문제는 누가 어떠한 방법으로 그 일을 시작할 것이며, 또 누가 어떠한 역할로 그 일을 발전시켜 가겠는가 하는 것이다.

정보화의 대상 세계를 기계적 식별과 분석이 가능하게끔 명시적으로 명세화하자는 것은 시맨틱 웹의 고유한 주장이 아니며, 모든 정보처리 기술의 기본 전제라고 해도 무방하다. 사실상 회사, 공공기관, 특정 목적의 커뮤니티가 운영하는 데이터베이스 안에서는 이미 오래전부터 시맨틱 웹이 추구하는 것과 다름없는 일들이 일어나고 있었다. 대학에서 운영하고 있는 학사관리 시스템을 예로 들어 보자. 학생들은 누구 하나 예외 없이 '학번'이라고 하는 고유번호를 갖고 있으며, 강의를 담당하는 교수들도 모두 교원번호를 가지고 있다. 모든 개설 교과목은 강좌코드로 식별되고, 강의실과 강의시간도 다른 장소, 다른 시간대와 구별되는 분명한 이름을 가지고 있다. 그 틀 안에서 어느 학생이 어느 과목을 수강하는지, 그 과목은 어느 교수가 담당하고 언제 어디에서 강의하는지 분명하게 알 수 있게 되고, 컴퓨터는 기계적으로 개설 강의 목록과 과목별 출석부, 학생들의 수강 이력과 성적표를 산출한다. 누구든 이 데이터베이스에 접근할 수만 있다면 간단한 질의어 한 문장을 데이터베이스 관리시스템에 입력함으로써 지난 3년간 인문정보학 강의 수강생 가운데 역사, 문학, 철학, 예술 전공 학생의 비율을 조회할 수도 있을 것이다.

시맨틱 웹은 어느 한 기관, 조직, 업무의 폐쇄된 영역이 아니라 월드와이드웹의 무한히 개방된 영역에서 이와 유사한 데이터의 명시적 연계를 이루어내고자 하는 구상이다. 그것은 과연 가능한 일일까?

학교나 회사 내의 사무적인 일이 요구하는 정보와 달리 월드와이드웹의 세계에서는 형식과 내용을 한정할 수 없는 다양한 정보가 무한히 넘쳐나고 있다. 이러한 것을 빠짐없이 취급하는 데이터베이스를 만드는 것은 가능하지 않을 뿐 아니라 필요하지도 않다. 시맨틱 웹에 대해 우리가 오해하지 말아야 할 것은 그것이 전 세계의 모든 데이터를 망라적으로 수용하려는 것은 아니라고 하는 점이다.

시맨틱 웹은 디지털 세계에 존재하는 수많은 층위의 다양한 정보 가운데 그것의 문맥 요소를 명시적으로 식별하고, 그 관계성을 정밀하게 탐색할 필요성이 있는 것만을 대상으로 삼는다. 그리고 이 '필요성'이라는 것에 정해진 기준이 있는 것은 아니기 때문에, 어떤 영역에서든 지식의 소통과 이를 위한 협업이 필요한 곳에서는 그 분야의 필요성에 부응하는 온톨로지를 설계하고 이를 공유하는 방법으로 기존의 웹의 한 부분을 시맨틱 웹으로 만들어 갈 수 있다.

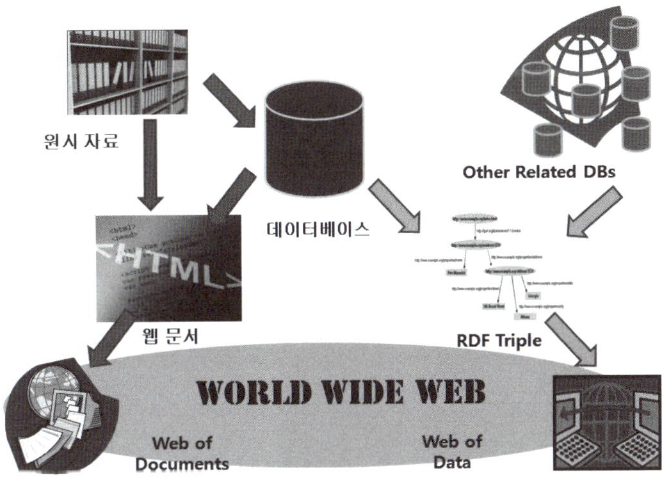

[그림Ⅱ-24] 미래의 월드와이드웹: 기존의 웹과 시맨틱 웹의 공존

특정 조직 내의 데이터베이스 시스템과 달리 시맨틱 웹은 월드와이드웹이라는 개방된 세계에서 만들어지는 것이며, 그 개방의 장점을 최대한 이끌려는 의도를 갖고 있기 때문에 어떠한 주제의 시맨틱 웹이든 그것을 이용하거나 데이터의 생산에 참여할 수 있는 범위는 항상 열려 있다. 하지만 시맨틱 웹이 일종의 '약속'이라는 점을 주목하면, 그 약속을 만들고, 그 약속에 따라 데이터를 만들고, 그렇게 만들어진 데이터를 이용하는 사람들이 존재할 때만 그 세계가 의미를 갖게 된다는 점 또한 부인할 수 없다. '시맨틱 웹'이라는 개념으로 설명하는 '개방적인 데이터베이스'는 특정 기관이나 조직의 소유물은 아니되, 관심사를 공유하는 사람들의 조직적인 노력 없이는 만들어질 수 없는 것이다.

인문학 분야의 학술적인 일에 종사하는 사람들이 '인문지식 시맨틱 웹'을 만들고자 한다면, 그 필요성에 공감하는 사람들이 공동의 약속을 정하고, 그들이 이제부터 만들어낼 '인문지식 데이터' 속에 그 약속에 의한 메타데이터를 첨가하는 노력을 기울여 가야 한다.

그 노력은 한꺼번에 전체를 만들고자 하는 노력이 아니다. 관심이 모여지는 곳에서부터 부분적인 것을 만들되, 그 범위와 경계를 한정하지 않음으로써 향후에 더 확장될 수 있게 하고, 경우에 따라서는 전혀 다른 영역에서 만들어진 시맨틱 웹 데이터와도 소통할 수 있게 하는 것이다. 예를 들어, 우리나라 여러 지방의 마을 또는 가정에서 전승되고 있는 민간 의학에 관한 정보를 시맨틱 웹 데이터로 생산하는 일을 생각해 보자. 치료하고자 하는 병증, 약재로 쓰이는 식물, 약재를 가공하는 방법, 치료 효과에 대한 주장 등을 일정하게 기술할 수 있는 방법을 정하고 이를 사람들에게 알리면, 대학이나 공공기관의 연구팀이 아닌 개인 블로거들도 자신의 웹 페이지에 쓴 자기 마을의 민간 한방요법이야기가 시맨틱 웹의 한 노드로 기능하게 할 수 있다. 그리고 시맨틱 웹 상의 다른 정보에 의해 그 블로그에 지방 사투리로 쓰인 약용식물의 이름에 상응하는 학명이 무엇인지 알려지면, 식물학, 화학, 제약학 영역에서 제공되는 정보를 블로거의 글과 연결해서 살펴보고, 그 신빙성을 검증하는 일도 가능해진다.

이러한 일들이 가능성에 대한 담론에 머물지 않고, 이루어질 수 있는 방향으로 나아가기 위해서는 어떠한 실천적인 노력이 필요할까? 나의 웹 문서에 쓰인 정보를 시맨틱 데이터로 기술하는 데 필요한 '이름'을 정하는 일이 우선되어야 한다. 바꿔 말해, 특정 주제의 시맨틱 웹을 위한 온톨로지를 설계하고 그 안에서 주어, 서술어, 목적어로 쓰일 수 있는 어휘들의 표준적인 이름을 제시함으로써 누구든지 그 어휘를 이용하여 '소통할 수 있는' 데이터를 생산하게 한다는 것이다.

이 장의 첫 번째 절에서 살펴보았듯이, '함양 거연정'에 대해 이야기하는 여러 가지 웹 문서들은 '함양 거연정'이라는 건조물, '거연정기'

라는 기록물, '임헌회'라는 인물 등 세 가지 개체의 고유한 이름을 매개로 서로 연결될 수 있었다. 두 번째 절에서는 '김현'이라는 인물과 '인문정보학의 모색'이라는 저서가 같은 방식으로 연결되는 구체적인 사례를 보였다. 그리고 세 번째 절에서는 이러한 종류의 개체에 더하여 장소, 연대, 개념어 등에도 고유한 이름을 부여함으로써 문화유산 안내문을 기계가독적인 텍스트로 전환해 보았다. 이 과정에서 다루어 본 몇 가지 범주와 그것에 속하는 개체들, 그리고 그 개체들 사이의 상관관계는 인문학 분야의 지식, 그 중에서도 한국의 전통문화 관련 지식의 정보화를 위한 데이터 모델의 핵심적인 구성 요소이다. 다시 말해, 그와 같은 범주에 속하는 중요 개체들이 표준적인 이름을 갖도록 하는 '한국 문화유산 온톨로지'가 누군가에 의해 만들어지고 많은 사람들이 이를 공유한다면, 우리나라의 디지털 정보세계 전체에서 통용되는 '문화유산 시맨틱 웹'이 만들어질 수 있다는 것이다. 그 일은 누가 해야 할까?

인문지식 시맨틱 웹의 구현이 교육이나 실험의 차원이 아니라 실효성 있는 지식 소통의 기능을 하기 위해서는 이 분야의 학술 진흥에 관한 공익적 책임을 지고 있는 기관들이 그 역할을 담당해야 한다. 시맨틱 웹의 노드와 링크가 될 요소들을 찾아내고 그것에 고유한 이름을 부여하는 일은 그 분야의 대상 지식을 분석할 수 있는 전문가라면 누구나 할 수 있다. 하지만, 그 일을 연구자들이 저마다 개인적인 차원에서 하려 한다면, 표준을 만드는 일은 점점 더 어려워질 것이다. 우리나라의 인문 분야 학술 연구기관들은 이미 인문지식 시맨틱 웹의 노드로 활용될 수 있는 문맥 요소 데이터를 작지 않은 규모의 데이터베이스로 구축해 놓고 있다.[34] 이 데이터를 기반으로 기본적인

34) 예를 들어 한국학 분야의 정부 출연 연구기관인 한국학중앙연구원이 운영하고 있는 다음과 같은 데이터베이스로부터 '한국학 시맨틱 웹'의 기초자원이

인문지식 시맨틱 웹 온톨로지를 구축하는 것은 그 데이터를 축적해 온 공공기관들이 담당해야 할 과업이다.

한국사, 문화유산, 고전문학 등 주제 영역별로 통용될 수 있는 온톨로지가 만들어지고 누구나 이를 참조할 수 있게 되면 개인 연구자의 연구 활동이나 대학의 인문학 교육 과정에서 생산되는 다양한 데이터가 시맨틱 웹의 세계에 진입할 수 있는 길이 열리게 된다. 연구자들이 논문을 발표하거나, 교사가 수업 자료를 만들 때, 학생들이 리포트를 작성할 때, 심지어는 학계의 일원이 아닌 누군가가 문화유적지를 돌아보며 기행문을 남길 때에도 자신이 지금 웹에 남기는 흔적이 #어떤 인물, #어떤 사건, #어느 장소, #어느 문헌, #어떤 개념과 관계가 있는지, 온톨로지 참조를 통해 명시적으로 밝힐 수 있게 되는 것이다.

이렇게 만들어진 시맨틱 웹 데이터는 월드와이드웹 상에서 어떻게 활용될까? 앞의 스파클(SPARQL) 사용 예시에서 보았듯이, 웹상에서 단어를 검색하는 데 머무는 것이 아니라 사실과 사실 사이의 관계를 추론하여 새로운 지식을 얻는 일이 가능해질 것이다.

시맨틱 웹 데이터를 집적하여 사실의 추론이 가능한 데이터 검색 서비스를 제공하는 역할은 미래의 '시맨틱 웹 포털'이 담당할 역할이

될 수 있는 데이터(고유한 식별자를 가진 개체 목록 및 개체 사이의 관계를 기술하는 RDF 데이터)를 생산할 수 있다.

보유 자원: 데이터베이스	산출 가능한 시맨틱 웹 자원
역대인물정보	우리나라 전근대 인물의 식별자 / 혈연적 · 사회적 관계 정보
한국사연표	한국사의 주요 사건 식별자 / 사건의 전개와 관련된 시간 정보
한국향토문화전자대전	인물, 작품, 문화유산, 역사적 사건과 지리적 공간 사이의 관련성 정보
한국민족문화대백과사전	한국역사상의 주요 인물, 문화유산, 기록유산, 개념 · 용어 식별자 / 역사적 인물과 역사적 시공간의 관련성 정보

다. 시맨틱 웹 포털은 국가가 운영하는 공공 데이터 포털[35)]이나 민간 상업 포털이 기능 확장을 통해 구현할 수도 있고, 특정 지식 영역의 커뮤니티에서 온톨로지 기반 데이터베이스에 관심 주제의 시맨틱 데이터를 집적하는 방법으로 구현할 수도 있다.

[그림Ⅱ-25] 한국 문화유산 시맨틱 웹의 구현을 위한 협력 구도

시맨틱 웹 포털의 기술적인 환경을 구축하는 일은 정보기술 전문가들이 주도적인 역할을 담당할 것이다. 이 영역의 일은 기술 표준이 확립되어 가고 있고, 또 성공적인 선행 모델이 있기 때문에 언제든지 필요하면 만들어질 수 있는 것이라고 해도 무방하다. 반면, 인문학적 내용을 담은 시맨틱 웹 데이터의 생산은 인문학을 중심에 두는 디지털 인문학의 영역에서 만들어져야 한다. 디지털 세계에서 다양한 인

35) http://www.data.go.kr

문지식 자원들이 의미의 맥락을 좇아 무한히 이어지는, 그 문맥 속에서 새로운 사실을 발견하기도 하고, 알려진 사실의 신뢰성을 검증할 수도 있는 인문지식 시맨틱 웹의 구현은 그 네트워크의 노드와 링크 하나하나를 정밀하게 선택하고 다듬는 노력 위에서 만들어진다. 디지털 인문학의 역할은 인문지식 데이터에 대해 바로 그와 같은 실천적 노력을 투입하는 것이다.

5장 디지털 아카이브

아카이브의 실물을 관리하는 입장에서 그것과 유관한 인문지식을 포용하고자 하는 시도는 기존의 정보과학에서 강도 높게 추구되어 왔다. 인문정보학은 그 반대 방향에서의 접근을 일차적인 소임으로 삼는다. 즉, 인문학 연구의 결과물이 디지털 네트워크상에서 아카이브학의 자원으로 재이용될 수 있도록 그것을 구조적으로 체계화하고 맥락화 하려는 것이다. 인문지식이 학계와 아카이브 두 세계에서 분업의 결과물로 나뉘기보다는 디지털 협업의 플랫폼 위에서 하나로 소통되게 하자는 것이 이 분야에서 인문정보학이 추구하는 목표이다.[36)]

1. 디지털 아카이브란?

인문지식이 디지털 아카이브(Digital Archives)의 세계에 다가가기 위해서는 그 대상에 대한 이해가 선행되어야 한다. 디지털 아카이브란 무엇인가? 일각에서는 음원, 영상 등 디지털 신호로 만들어진 데이터를 보존하는 것을 디지털 아카이빙(Digital Archiving)이라고 이

36) 아카이브에 소장된 기록물이나 박물관에서 전시하는 문화유산의 역사적, 문화적 가치를 탐구하고 드러내는 일은 대학의 연구자들이 '인문학'이라는 이름으로 추구해 오던 것과 다르지 않다. 이론 연구에 치중하는 인문학자들도 그 이론을 입증하는 증거를 아카이브나 박물관의 실물에서 찾았고, 수장고에 쌓인 유물들을 분류하고 그것의 역사적·문화적 맥락을 좇아 전시실을 꾸미는 큐레이터들도 자신의 직무에 필요한 지식을 인문학적 연구 성과에서 얻을 수 있었다. 이 양자 사이의 소통이 디지털 네트워크상에서 더욱 혁신적으로 이루어질 수 있다는 점이 인문정보학의 관심사이다.

름하기도 하고,[37] 또 다른 영역에서는 아카이브 기능을 수행하는 곳(Institutional Repository)에서 수장품의 디지털 사본을 제공하는 경우, 이를 디지털 아카이브라고 부르기도 한다.[38]

---

37) 국내에서 '디지털 아카이브'라는 말이 쓰이기 시작한 것은 1990년대 후반, TV 방송사들을 중심으로 '영상물 데이터베이스' 구축에 대한 논의가 시작되면서부터이다. (1999년 문화관광부의 '디지털 아카이브 시스템 구축 사업'[디지털 방송 시대에 대비하여 각 방송사의 영상물을 디지털 신호로 데이터베이스화하는 사업] 등) 이 때, 디지털 신호로 이루어진 방송 영상 데이터와 그에 관한 메타데이터를 저장하는 데이터베이스를 '디지털 아카이브'라고 지칭하였는데, 이는 아카이빙 대상 자원이 디지털 형태임을 의미하는 것이다. 최근에도, 아날로그 매체(필름, 테이프, 음반)에 담겨 있던 영상물 또는 음원의 보존과 활용을 위해 그것을 디지털 신호로 전환하고 데이터베이스에 수록하는 경우, 이를 '디지털 아카이브'로 지칭하는 사례를 볼 수 있다. (2013년 11월 대한민국 국방부에서 구축·발표한 「6·25전쟁 영상 디지털 아카이브」 등)

38) 디지털 도서관, 디지털 박물관, 디지털 기록관 등을 표방하는 국내의 공공분야 정보시스템의 입장에서 '디지털 아카이브'의 개념을 정의한다면 그것은, '1차 자료에 관한 정보를 디지털 형태로 정리, 축적한 데이터베이스'라고 할 수 있다.
우리나라에서는 전자정부 구현의 정책적 추동에 힘입어 상당수의 공공기관이 기관 고유 업무의 전자정보화를 이루어냈고, 또 그곳에서 축적된 콘텐츠를 대국민 서비스 자원으로 활용하고 있다. 특히, 도서관, 박물관, 기록관 등 아카이브 기능을 갖고 있는 공공기관의 경우, 소장하고 있는 자료에 관한 정보를 수록한 데이터베이스를 구축하고 그 콘텐츠를 온라인 네트워크 상에서 국민들에게 제공하는 것은 그 기관이 기본적으로 갖추어야 할 기능의 하나로 인식하게 되었다. 이와 같은 디지털 콘텐츠 서비스는 원시 자료 또는 기관의 성격에 따라 디지털 도서관, 디지털 박물관, 디지털 기록관 등으로 구분하여 이름 짓기도 하나 '아카이빙 자료'의 디지털 서비스라는 점에서 모두 유사한 성격의 '디지털 아카이브'라고 볼 수 있다.

전통적으로 도서관[39], 박물관[40], 기록관[41]은 각기 차별화된 기능을 수행하는 조직으로 인식되어 왔다. 도서관은 주로 출판물을 소장하며, 박물관은 역사성이 있는 유물을, 기록관은 사건의 증거가 되는 기록물의 원본을 보존한다. 고객에게 제공하는 서비스의 형태 또한 도서관은 대출, 박물관은 전시, 기록관은 열람의 방법을 위주로 하였다. 그러나 현대의 도서관, 박물관, 기록관은 그 기능이 확대되면서 상호간의 경계가 점차 모호해져 가고 있으며, 그 융합적인 기능을 지칭하는 새로운 용어[42]까지 등장하였다. 그 기능을 디지털 세계로 옮겨 놓은 곳에서는 융합의 성격이 더욱 두드러진다.

현실 세계의 사물과 달리 디지털 콘텐츠는 어느 한 공간에 귀속될

---

39) 도서관(library): 도서관은 체계화된 정보 자료를 고객이 열람하거나 대출할 수 있는 곳이다. 이용자들이 직접적으로 자료를 열람(Physical Access)하거나 디지털화된 자료를 열람(Digital Access)할 수 있고, 열람 장소는 빌딩 또는 방(room), 또는 가상공간(Virtual Space), 또는 두 장소 모두가 될 수 있다. 도서관에 축적된 자료로는 도서, 정기간행물, 신문, 수고본, 영화, 지도, 유인물, 문서, 마이크로필름, CD, 카세트테이프, 비디오테이프, DVD, 블루레이 디스크, 전자책, 오디오북, 데이터베이스, 그리고 기타 자료들이 포함된다. (Library, Wikipedia. http://en.wikipedia.org/wiki/Library)

40) 박물관(museum): 인류와 그들의 환경이 남긴 유무형의 유산을 교육, 연구, 오락의 목적으로 획득, 보존, 연구, 소통, 전시하는 곳이다. 사회봉사 및 발전을 위해 비영리적, 영속적, 개방적으로 존재한다. (Museum Definition, The World Museum Community. http://icom.museum/the-vision/museum-definition/)

41) 기록관(archives): 편지, 보고서, 메모(notes), 사진, 또는 그 밖의 원시 자료로부터 일차적인 사실(facts), 데이터, 증거 등을 얻을 수 있는 장소이다. (What's an Archives, The U.S. National Archives and Records Administration. http://www.archives.gov/about/info/whats-an-archives.html)

42) Larchiveum: library, archive, museum의 합성어. 2008년 미국 텍사스 대학의 Megan Winget 교수가 복합 수집기관(Multidisciplinary Collecting Institution)의 새로운 모델로 제안. 우리나라에서는 경상북도 문화콘텐츠진흥원이 2013년 12월 「라키비움(Larchiveum)」이라고 명명한 복합 문화공간을 개관하였으며, 안동시에서 건립중인 '세계유교문화박물관'도 라키비움 모델을 표방하고 있다.

필요가 없다. 의미적으로 관련이 있다면 그 원시 자료가 유물인지 책인지 기록물 원본인지에 구애됨이 없이 하나의 스토리를 갖는 지식정보로 연결 지을 수 있다. 인문정보학이 봉사하고자 하는 디지털 아카이브는 전통적인 기록관 개념의 연장선상에 있다기보다 디지털 도서관, 디지털 박물관과 통용되는 융합적인 개념이다.

2. 개방과 공유: 디지털 아카이브의 새로운 패러다임

디지털 데이터의 생산과 유통에 관한 국제사회의 선진적인 논의는 이른바 '오픈 아카이브'(Open Archives)[43], 또는 '링크드 오픈 데이터'(Linked Open Data)[44]라고 하는, 개방과 공유의 세계를 지향하는 데 초점을 모으고 있다. 오픈 아카이브는 아카이브 기능을 갖는 기관(Institutional Repository)들이 표준적인 메타데이터를 생산하고 공

---

43) 실물 자원은 소장처라는 공간 안에서만 이용할 수 있는 데 반해, 디지털 자원은 온라인 네트워크 상에서 누구나 그것에 접근하고, 다양한 형태로 재활용(reuse)할 수 있다. 이러한 이유에서 '디지털 아카이브'는 단순히 디지털 복제물의 생산과 서비스 차원을 넘어서서 그것의 광범위한 공유와 재사용의 방법을 모색하게 되었는데, 이것을 가능케 하는 새로운 개념의 디지털 아카이브 네트워크를 'Open Archives'라고 한다. OAI(Open Archives Initiative)는 Library & Information Science 분야의 전문가 그룹으로서 Open Archives를 위한 기본적인 기술 표준을 제시하고 있다. (OAI 지원 기구: Andrew W. Mellon Foundation, Coalition for Networked Information, the Digital Library Federation, National Science Foundation)

44) 월드와이드웹 상에 존재하는 각각의 데이터에 유일한 식별자(Uniform Resource Identifier, URI)를 부여하고, 이를 이용하여 데이터 상호간의 연결이 가능하도록 하는 네트워크 모델을 '링크드 데이터'(Linked Data)라고 하며, 이것이 개방적으로 운용되는 것을 '링크드 오픈 데이터'(Linked Open Data, LOD)라고 한다. W3C(World Wide Web Consortium)가 이를 구현하기 위한 기술 표준을 선도하고 있다.

유함으로써 이용자들로 하여금 장소와 조직의 경계에 구애됨이 없이 필요한 데이터에 자유롭게 접근할 수 있게 하는 것이며, 링크드 오픈 데이터(LOD)는 디지털 자원들이 서로에 대해 갖는 '의미'를 명시적으로 기술함으로써 인터넷상에 유관한 자원들로 엮인 광대한 의미망이 형성될 수 있도록 하려는 제안이다.

인문지식이 디지털 아카이브의 실물 정보와 소통하게 하려는 인문정보학의 노력은 바꿔 말해, 디지털 아카이브 영역에서 추구되는 새로운 패러다임을 인문학 지식의 생산과 유통에도 적용시키려는 것이라고 할 수 있다. 이를 위해서는 그 패러다임에 대한 이해가 선행되어야 한다. 이 점에서 OAI(Open Archives Initiative), 국제박물관협의회(International Council of Museums, ICOM), 유로피아나(Europeana) 등이 제시하는 학술과 문화, 예술 영역의 지식정보 유통 체계는 매우 유용한 참조 모델이자 학습 과제이다. 디지털 아카이브로 연장되는 인문정보를 전문적으로 연구하기 위해서는 그와 같은 선행 모델을 깊이 있게 들여다보아야 하겠지만, 인문정보학의 연구 주제를 안내하는 이 글에서는 각 기술의 용도와 특성만 간략히 소개하기로 한다.

1) OAI의 기술 표준: 웹 콘텐츠의 상호 운용성을 위한 표준

정보과학 분야의 전문가 그룹이 이끄는 OAI(Open Archives Initiative)는 디지털 콘텐츠의 효율적인 보급을 촉진하는 기술 표준을 개발하고 있다. OAI 활동은 원래 전자문서(e-print) 아카이브에 대한 접근을 용이하게 함으로써 학술정보의 소통을 증진시키려는 목적에서 출발하였는데, 현재는 다양한 디지털 자원의 개방적인 이용 환경을 조성하는 방향으로 연구 영역을 확대해 가고 있다. 미국의 앤드류 멜론 재단(Andrew W. Mellon Foundation), CNI(Coalition for

Networked Information), DLF(Digital Library Federation), NSF(National Science Foundation) 등이 이 OAI 활동을 재정적으로 지원하며, 성과 확산을 돕고 있다.

OAI-PMH: 메타데이터 교환을 위한 상호 운용성 확보 표준

OAI-PMH(Open Archives Initiative Protocol for Metadata Harvesting)는 여러 곳의 다른 아카이브로부터 그들이 가지고 있는 디지털 자원의 메타데이터를 수합하는 규약이다. 데이터를 제공하는 기관이 이 규약에 따라 자기 데이터를 구조화된 형태로 노출시키면, 그 데이터를 받으려는 측에서 역시 이 규약에 따라 데이터를 요청하여 획득할 수 있도록 하고 있다.

OAI-ORE: 웹 자원의 집성체(aggregation)를 위한 기술 표준

OAI-ORE(Open Archives Initiative Object Reuse and Exchange)는 집성체 형태의 웹 자원을 기술하고 교환하기 위한 표준이다. 웹 자원은 텍스트, 이미지, 데이터, 비디오 등 분산되어 존재하는 멀티미디어 자원이 하나로 묶인 형태(집성체: aggregation)로 만들어질 수 있다. 누군가가 이렇게 집성체 형태로 만들어진 웹 자원을 재사용(reuse)하고자 한다면 그것의 내용에 대한 충분한 정보가 있어야 할 것이다. OAI-ORE는 웹 자원의 재이용과 교환을 가능하게 하기 위해 그와 같은 집성체를 표준적인 방법으로 기술하는 틀을 제공한다.

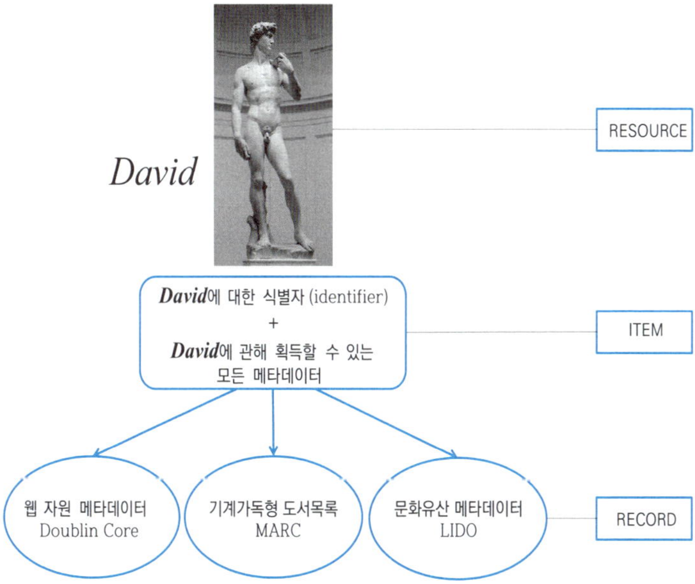

[그림Ⅱ-26] OAI-PMH를 통해 취합할 수 있는 메타데이터 형식의 예시[45)]

45) Main Technical Ideas of OAI-PMH, Open Archives Forum, http://www.oaforum.org/tutorial/english/page3.htm

2) LIDO: 문화유산 정보 스키마

LIDO(Lightweight Information Describing Objects)는 국제박물관협의회(International Council of Museums, ICOM)에서 제정한[46] 문화유산 정보의 기술을 위한 XML 스키마이다. 박물관의 유물 등 문화유산에 관한 정보를 명시적으로 전달하기 위한 목적으로 고안되었다.

오늘날 박물관들은 자체적으로 문화유산 정보를 제공하는 데 머물지 않고, 그것을 다양한 수준의 포털 – 주제별, 지역별, 국가적, 국제적 – 에 제공함으로써 종합적인 지식정보 네트워크를 이루어낼 필요성에 당면하고 있다. 그런데 개별 박물관들은 대부분 독자적인 유물관리 시스템을 운영하기 때문에 여기에 담긴 데이터가 그대로 온라인 네트워크 상에서 통용되기 어려운 실정이다.

LIDO의 제정 목적은 여러 박물관이 표준적인 형식을 좇아 문화유산 데이터를 생산하게 함으로써 종합적인 포털 서비스와 데이터 교환을 용이하게 하자는 것이다. LIDO는 문화, 기술, 자연과학 등 모든 영역의 문화유산에 대한 설명 정보(Descriptive Information)를 담을 수 있는 틀을 제공한다.

LIDO의 가장 중요한 부분은 CIDOC CRM[47]에서 채용한 'event' 개념이다. 예를 들어, 어떤 대상의 창작, 수집, 사용 등이 모두 'event'로 서술되는데, 이 'event' 요소는 그 안에서 다시 언제(date), 어디서

---

46) 2010년 국제박물관협의회의 국제문서화위원회(ICOM-CIDOC, International Committee for Documentation) 컨퍼런스에서 LIDO v1.0이 공표되었다.

47) CIDOC CRM: Conceptual Reference Model. 국제박물관협의회의 국제문서화위원회 (International Committee for Documentation of the International Council of Museums)에서 제안한, 문화적인 개념의 데이터화를 위한 온톨로지. 86개의 클래스(class)와 137개의 속성(property)으로 이루어져 있다. 2006년 ISO에 의해 국제표준으로 채택되었다. (ISO 21127:2006)

(place), 누가(actor) 했는지를 기술할 수 있게 하고 있다.

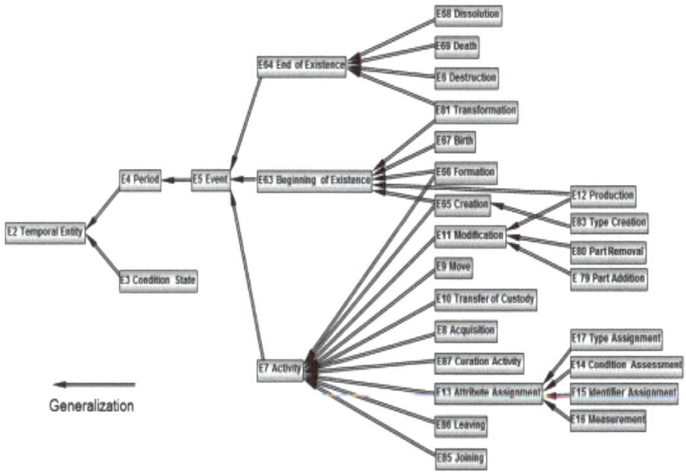

[그림Ⅱ-27] CIDOC CRM의 Event 클래스 구조[48)]

3) 유로피아나

유로피아나(Europeana)는 유럽 전역의 3,000여 박물관, 도서관, 기록관이 보유하고 있는 문화적 자료(도서, 그림, 영화, 그 밖의 박물관 소장 유물 및 기록물 등)의 디지털 콘텐츠를 서비스하는 가상의 디지털 박물관이다. 유로피아나의 설립은 유럽연합(EU) 차원의 문화 시책에 의한 것이다. 2008년 브뤼셀에서 열린 유로피아나 출범 각료회의는 유로피아나의 설립 취지를 다음과 같이 공표하였다.

48) CIDOC CRM Class Hierarchy, International Council of Museums, http://www.cidoc-crm.org/cidoc_graphical_representation/crm_class_hierarchy.htm

"디지털화와 온라인 접근은 문화 및 학문적 유산을 복원하고 새로운 콘텐츠의 개발을 촉진하며, 최신 온라인 서비스를 배양하는 중요한 채널이다. 이 두 요소는 정보 접근성을 민주화하고 정보사회와 지식기반 경제를 발전시키는 데 기여한다." (2008. 11. 유로피아나 출범 유럽 각료회의. 브뤼셀)

유로피아나에서 서비스되는 모든 디지털 자료는 한 곳의 중앙 시스템에 저장되어 있는 것이 아니고, 유럽 각처에 있는 기관에서 네트워크를 통해 제공된다. 그 기관(도서관, 박물관, 기록관, 시청각 자료관 등)들은 각각 다른 표준에 따라 그들의 자료를 생산하며, 그 자료에 대한 접근 방법 역시 다양하다. 무엇을 어떻게 디지털화할지는 원천 자료의 소장 기관이 결정하며, 유로피아나는 디지털화된 콘텐츠의 메타데이터만을 제공받는다.

하지만 유로피아나는 이 메타데이터의 형식을 설계함에 있어, 다양한 디지털 데이터가 의미적 연관을 가지고 서비스될 수 있도록 하였으며, 이를 기반으로 유럽 전역의 문화유산 디지털 콘텐츠를 포함하는 거대한 지식망을 구현하는 데 성공하였다.

유로피아나의 데이터 모델 EDM은 다양한 문화유산 소장 기관이 유로피아나에 제공하는 데이터를 구조적으로 표현하는 방법이다. EDM은 시맨틱 웹(Semantic Web)과 링크드 데이터(Linked Data)의 확산에 기여하고자 하는 취지에서 그것의 핵심 원칙을 준수하고 있으며, 이미 제정된 시맨틱 웹 개념의 여러 가지 표준의 기반[49] 위에서 만들어졌다.

---

49) RDF(S), OAI-ORE, SKOS, DC(Dublin Core) 등

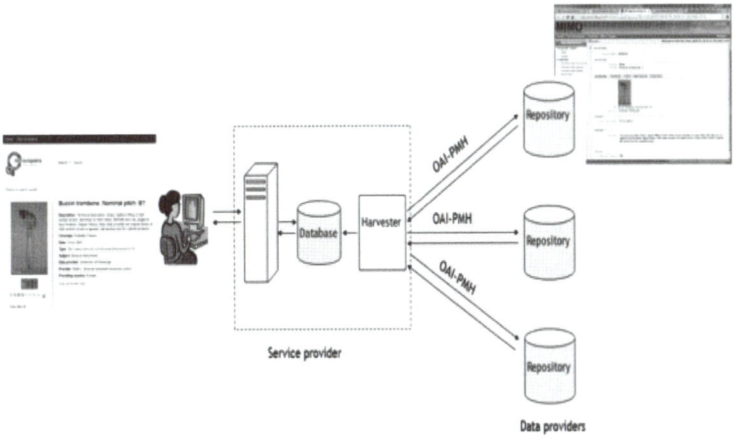

[그림Ⅱ-28] 유로피아나와 데이터 제공 기관 사이의 메타데이터 수 · 발신 체계 (OAI-PMH 기반)

유로피아나 문화유산 콘텐츠를 담는 데이터 구조는 3종의 핵심 클래스(Core Class)와[50] 4가지 유형의 문맥 정보 클래스(Contextual Classes)로[51] 구성된다. 유로피아나가 단순히 아카이브 소장 물품의 정보 서비스에 머물지 않고, 그것들 사이의 지식망을 형성할 수 있게 하는 것은, 문화유산 콘텐츠 속에서 문맥 정보를 식별해 내고, 그것을 매개로 유관 지식의 연계를 이루어낼 수 있게 하기 때문이다.

---

50) 3종의 EDM 핵심 클래스(Core Classes):
- · EDM:ProvidedCHO – 문화유산 그 자체에 대한 정보
- · EDM:WebResource – 문화유산에 관한 디지털 웹 자원의 정보
- · ORE:Aggregation – 문화유산 정보와 디지털 웹 자원의 집합체

51) 4종의 EDM 문맥 정보 클래스(Contextual Classes):
- · EDM:Agent – 개인, 기관, 단체 등 행위의 주체 LIDO의 actor에 상응하는 요소
- · EDM:Place – 장소
- · EDM:TimeSpan – 시간, 사건
- · SKOS:Concept – 개념, 용어

3. 디지털 아카이브와 인문지식 네트워크

시맨틱 웹 시대의 디지털 아카이브는 실물 자료의 디지털 사본을 온라인상에서 제공하는 기능에 머물지 않는다. 유관한 정보들이 의미의 연결 고리를 그물처럼 맺고 있는 지식 네트워크 상에서 인물, 사건, 개념, 문헌 등 다른 유형의 지식과 결합하여 한 시대의 역사와 문화를 보여주는 문맥을 형성하게 하는 것이 현대에 추구되는 디지털 아카이브의 이상적인 모습이다. 하지만 이것은 아카이브 데이터베이스의 메타데이터만 확장한다고 되는 일이 아니다. 한 개의 벼루가 500여 년의 왕실 역사와 관련이 있다고 해서, 500년 동안 일어난 모든 일을 그 벼루의 속성으로 기록할 수는 없다. 500년 동안 일어났던 많은 사건과 그 시대를 살아온 인물들, 그에 관한 다양한 기록과 이야기들이 언제든지 필요할 때 그 실물의 정보와 결합될 수 있도록 하면 되는 것이다. 이것이 가능하기 위해서는 아카이브의 실물이 인문학 지식에 다가가는 길과 함께 인문학 지식의 연결 고리가 아카이브의 실물에 도달할 수 있는 장치를 마련해야 한다.

LIDO나 유로피아나가 추구하는 아카이브 실물에 관한 지식의 확장은 모두 링크드 데이터(Linked Data) 또는 시맨틱 웹(Semantic Web) 개념의 디지털 환경에서 이루어질 수 있는 일이다. 학계의 인문학 연구자들이 생산하는 인문지식도 같은 환경에서 같은 방식으로 만들어진다면, 그 두 세계의 지식은 언제든지 필요할 때 의미 있고 흥미로운 문맥을 형성하며 소통하게 된다.

'인문지식'이라고 추상적으로 표현하면 그 범위가 너무 넓어서 이러한 소통의 노력이 다소 허황하게 보일 수 있다. 그래서 그 범위를 '백과사전의 콘텐츠를 이루는 인문지식' 정도로 축소해 놓고 보기로 한다. 한국의 역사, 문화, 사회에 관한 다양한 정보를 수록하고 있는 백과사전과 박물관이 소장하고 있는 우리나라 각 시대의 유물들의 관계를 생각해 보자. 국립중앙박물관의 도자 전시실에는 '청화(青華)'라는 기법으로 만들어진 도자기가 있고, 『한국민족문화대백과사전』에는 '청화백자'라는 항목의 기사가 있다. 또한 그 기사의 말미에는 「청화백자의 안료에 대하여」나 「조선 전기 청화백자의 변천」과 같은 참고문헌이 소개되어 있다. 각각의 정보 사이에 연결 통로가 마련되면, 박물관의 전시 카드에 쓰인 서너 줄짜리 안내 정보가 백과사전의 개론적 지식으로, 필요한 경우 전문적인 학술연구 정보로까지 확장되어 갈 수 있게 된다.

반대 방향으로 가는 연결에 대해서도 생각해 보자. 『한국민족문화대백과사전』에는 백범 김구 선생의 생애와 업적을 기술한 항목이 있다. 이 기사를 읽는 사람이 독립기념관이 소장하고 있는 '김구 서명문 태극기'를 보고, 거기에 쓰인 김구의 친필 문장[52]을 읽는다면 열정적인 독립운동가 김구의 이미지를 더욱 선명하게 갖게 될 것이다.

[그림Ⅱ-29] 백자 청화매조죽문 유개항아리. 국보 제170호. 국립중앙박물관 소장

52) "…. 亡國의 서러움을 免하려거든, 自由와 幸福을 누리려거든, 精力. 人力. 物力을 光復軍에게 밫어서 强弩末勢인 원수 日本을 타도하고 祖國의 光復을 完成하자"

[그림Ⅱ-30] 김구 서명문 태극기. 등록문화재 388호. 독립기념관 소장

4. 백과사전적 아카이브

각기 다른 곳에서 만들어진, 그렇지만 의미적으로 유관한 지식들을 함께 검색해서 찾아내는 것은 오늘날의 인터넷상에서 가능하다. 하지만 이것은 그 정보들 사이에 의미적 연결 고리(Semantic Link)가 있어서가 아니라, 텍스트 안에 같은 어휘가 쓰이고 있어서 발견되는 것이다. 인문정보학은 이러한 지식의 연계가 훨씬 더 정확하고 체계적으로 이루어지는 방법을 개발하고, 그것을 새로운 지식의 편찬에 적용하는 노력을 기울인다.

'백과사전적 아카이브'(Encyclopedic Archives, Encyves)는 인문지식의 '원천 자료'이자 그 지식의 진실성을 입증하는 '증거'인 '실물 자료'(기록물, 유물 등) 데이터가 광대한 인문지식 네트워크의 노드(node)로 존재하는 세계이다.

1) 디지털 시대의 백과사전, 디지털 시대의 아카이브

아날로그 시대에 백과사전은 대중들이 분야별 전문지식의 세계로 들어가는 관문의 역할을 담당했다. 디지털 시대에는 인터넷상에 구현된 월드와이드웹이 종래의 '백과사전'의 역할을 대신한다. 종래의 백과사전은 매체의 제약으로 인해 '개설적인 안내' 기능을 넘어서기 어려웠지만, 디지털 환경에서는 '보다 전문적인 지식'에서 '그 지식의 근거가 되는 원천 자료'로의 연계가 가능하다. 시맨틱 웹 기술을 기반으로, 유관한 지식의 조각들이 다양한 방향으로 지식의 문맥을 형성할 수 있게 하는 것이 디지털 시대 백과사전의 새로운 모습이다. 이러한 디지털 백과사전은 그 네트워크의 연장선상에서 자연스럽게 모든 유관한 영역의 디지털 아카이브를 포섭한다.

도서관, 박물관 기록관 등 아카이브 기능을 수행하는 곳에서도 그들의 디지털 아카이브가 미래의 백과사전적 아카이브의 일부가 될 수 있도록 발전시켜 가야 한다. 과거에는 가치 있는 실물 자료를 수집하고 보존하는 것이 아카이브의 주된 임무였다. 오늘날에는 그 실물 자료의 '활용성'을 증대시키는 일이 중요한 과제로 부상하였다.[53] 아카이브의 실물 자료가 독립적으로 존재하기보다 세상 사람들의 다양한 관심사에 긴밀하게 연계되어 있음을 밝히는 노력이 필요하다. 그 노력이란 아카이브의 실물 자료 하나하나가 인류, 국가, 지역, 조직

53) 도서관(library), 박물관(museum), 기록관(archives)과 같은 조직들은 실물을 소장하고 관리하는 일을 하기 때문에, 일찍부터 그 일을 보조하는 수단으로 정보기술의 활용을 모색해 왔다. 초기에는 자료의 수집, 정리, 전시, 대출 등의 업무 프로세스를 자동화하는 것을 위주로 하였지만, 정보통신 기술 환경의 급진적인 진화와 함께 이곳의 정보 시스템도 변화의 국면을 맞이하게 되었다. 소장하고 있는 '실물'의 관리뿐 아니라 그 실물의 의미와 가치를 알리는 '지식'을 함께 다루어야 하는 과제가 대두된 것이다.

의 문화에 관한 지식의 문맥(context) 속에서 하나의 노드(node)로 기능할 수 있도록 하는 것이다.

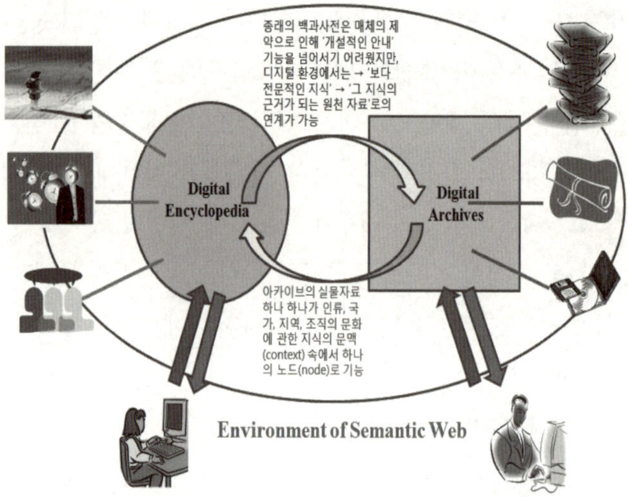

[그림 II-31] 백과사전적 아카이브(Encyclopedic Archives, Encyves): 디지털 백과사전과 디지털 아카이브의 융합 모델

백과사전적 아카이브는 어느 한 곳의 박물관이나 기록관을 그런 형태로 만들자는 제안이 아니라, 백과사전적 지식정보 데이터베이스를 중개자로 삼아 수많은 디지털 아카이브의 실물 정보들이 의미적 관계를 좇아 서로 연결될 수 있게 하자는 것이다. 그 네트워크의 연장은 아주 전문적인 학술 지식에 도달하기도 하고, 매우 대중적인 오락거리 상식과 접촉할 수도 있다.

백과사전적 아카이브의 구현은 학계와 아카이브계 양쪽에서 추구되어야 할 과제이지만, 그 실현의 관건이 되는 첫 번째 과제는 디지털 지식 네트워크상에서 운용할 수 있는, 새로운 형태의 '데이터 기반 인문지식 백과사전'을 편찬하는 것이다.

2) 데이터 기반 인문지식 백과사전

아날로그의 세계에서 백과사전과 아카이브는 서로 독립적으로 존재했었다. 하지만 이제 그것이 모두 디지털 세계에 있고, 데이터의 형태로 존재한다면, 그 두 가지는 더 이상 별개의 것이어야 할 필요가 없다. 한 번의 클릭으로 아카이브의 실물에 다가갈 수 있는 데이터 시대의 백과사전은 기존의 백과사전과 무엇이 다른가? 데이터 기반 인문 지식 백과사전의 특징을 다음과 같이 정리해 볼 수 있다.

① 데이터 네트워크 형태의 백과사전

다양한 주제의 정보가 독립적인 '항목'으로 나열되어 있는 것이 종래의 백과사전이었다고 한다면, 데이터 기반 백과사전은 항목과 항목, 또는 개별 항목 속의 지식 요소들이 서로 어떠한 의미의 연관이 있는지 그 '관계성'을 보이는 데 주력한다. 데이터 기반 백과사전은 '가나다' 순으로 정리된 목록 형태가 아니라, 방대한 규모의 데이터 네트워크의 형태로 편찬된다. 그 네트워크의 노드 하나 하나가 백과사전의 항목이고, 노드와 노드 사이를 연결하는 연결선은 항목과 항목 사이의 다양한 연관간계를 대변한다.

② '지식'과 '자료'를 넘나드는 융합 콘텐츠

데이터 기반 백과사전 속에서는 이론화된 지식과 그 지식의 증거 자료가 단절 없이 연결될 수 있다. 아날로그 세계에서는 '연구실'과 '아카이브'가 서로 분리된 영역에 속했지만, 한 번의 클릭으로 그 두 세계를 넘나들 수 있는 디지털 환경에서는 '지식'과 '자료'가 훨씬 가깝게 묶일 수 있기 때문이다. 데이터 기반 백과사전은 서로 유관한 '지식'과 '자료'를 함께 탐구할 수 있는 길을 제공한다.

③ 가상현실에서 지식을 탐구하는 시각적 체험 공간

새로운 백과사전의 데이터는 텍스트에 한정되지 않는 멀티미디어 콘텐츠이다. 역사와 문화의 자취를 담은 지리적 공간을 3차원 가상현실 속에서 체험하면서, 그 구석구석에서 호기심에 답하는 백과사전적 지식을 열어 볼 수 있는 유저 인터페이스를 제공한다.

④ 집단 지성의 기여로 확장되는 개방적 데이터

데이터 기반 백과사전의 지식 관계 네트워크는 학자들이 생산한 전문 지식뿐 아니라, 다양한 층위의 '유용한 지식'에 접근할 수 있는 길을 열어준다. '위키피디아'처럼 독자가 직접 백과사전 기사(네트워크의 한 노드)를 수정, 증보할 수 있을 뿐 아니라, 노드 사이의 링크 데이터를 추가하여 지식 관계 네트워크를 확장해 갈 수 있다. 이 방법으로 사회과학이나 산업 분야의 빅데이터에 대한 연결고리가 만들어질 수 있으며, 4차산업혁명을 이끄는 현대 사회의 빅데이터 속에서 과거와 현재, 인간과 사회를 잇는 인문지식이 유효한 역할을 할 수 있게 한다.

3) 디지털 인문학과 디지털 아카이브의 통섭

디지털 인문학이 미래의 인문지식 백과사전 편찬이라는 과제를 두고 디지털 아카이브의 영역에 주목하는 이유는 두 가지로 이야기할 수 있다.

첫째, 백과사전 편찬에 응용할 수 있는 인문지식 온톨로지의 선도적 모델을 그곳에서 찾을 수 있다. 유로피아나, LIDO, CIDOC-CRM 등에서 조직적으로 체계화 하려는 문화유산 관련 지식은 학계에서 탐구하는 인문지식과 다른 별개의 것이 아니다. 학계의 학술연구는 주로 개인 연구자 차원에서 이루어졌기 때문에 지식의 공익적 확산을 위한 노력이 상대적으로 미흡했던 반면, 아카이브 분야의 세계적인 기관들은 공익적 봉사가 그들의 존재 이유이기 때문에, 그리고 그것의 촉진을 위한 재원 조달이 가능했기 때문에 선도적인 모델의 제시가 가능했다고 할 수 있다.

둘째, 디지털 데이터로 편성된 인문지식 백과사전이 만들어졌을 때, 그것과 바로 소통할 수 있는 지식의 수요처가 디지털 아카이브의 세계이다. 미래의 디지털 백과사전은 학술 연구, 학교 교육, 사회 교육, 지식문화 산업 등 인문학 지식을 필요로 하는 모든 영역에서 지식의 중재자 역할을 하게 될 것이다. 그와 같은 지식의 중재 기능이 기술적으로 가장 용이하게, 그리고 수요 면에서 가장 적극적으로 활용될 것으로 기대되는 영역이 역사, 문화, 예술 분야의 디지털 아카이브이다. 아카이브의 실물 정보는 인문지식과의 연계를 통해 그 큰 가치를 드러낼 것이고, 그렇기 때문에 디지털 세계에서의 지식 확장을 위한 노력이 그곳에서도 지속적으로 경주될 것이기 때문이다.

오늘날 세계의 어느 유명 출판사도 더 이상 종이로 된 백과사전을 간행하지 않는다. 과거에 백과사전이 누렸던 지위를 이제는 인터넷이 차지하고 있다. 그렇다고 해서, 지난날 인문학자들에게 가장 큰 규모의 지식 사업으로 여겨졌던 백과사전 편찬이 디지털 세계에서 사라지게 되는 것은 아니다. 아카이브의 실물 정보가 그 활용성 증대를 위해 확장된 지식으로 나아가려 하고 있고, 학계의 전문적인 학술 연구가 대중의 지적 호기심에 닿을 수 있는 실마리를 찾으려 하고 있다. 한층 넓어진 지식 유통의 세계에서는 수요와 공급이 적정하게 만날 수 있도록 하는 지식의 매개자 역할이 더욱 중요하다. 과거의 백과사전 콘텐츠를 그대로 디지털 미디어에 담아내는 방식으로는 그러한 역할을 기대할 수 없다. 디지털 시대의 백과사전은 시맨틱 웹의 철학

을 좇아, 기존의 조직이나 분야의 벽을 넘어서 서로 소통하는 새로운 체제로 편성되어야 한다.[54)]

54) 한국학중앙연구원 인문정보학교실은 '한국문화 엔사이브'(Encyves of Korean Culture)'라는 이름으로 디지털 시대의 백과사전 모델을 보이기 위한 연구·편찬 사업을 수행하고 있다. 이 연구를 통해 만들어진 '데이터 기반 인문지식 백과사전' 시범 콘텐츠는 아래의 온라인 사이트에서 서비스되고 있다. '한국문화 엔사이브', 한국학중앙연구원, http://dh.aks.ac.kr/Encyves/wiki

제 3 편

디지털 인문학에 관한 제논의

1장 세계의 디지털 인문학 동향

1. 미국의 '디지털 인문학 선언*

홍정욱**

1) 디지털 혁명과 인문학

디지털 혁명은 인간 체험의 영역을 현실세계에서 가상공간으로까지 확장 가능하게 하였다. 이는 단순히 인간의 일상생활 및 의사소통 방식에만 변화를 가져온 것이 아니라, 지식의 생산과 전파 방식에도 거대한 변화를 가져오게 되었다. 새로운 디지털 기술과 미디어가 기존의 주요 지식 전달 매체이던 인쇄물을 흡수하고 지식 생산 및 전파를 담당하게 됨으로써, 인간의 읽기 및 쓰기 그리고 학습 체험에 거대한 변화를 가져오게 되었다. 이러한 변화가 결국 인간과 인간의 문화를 주요 대상으로 하는 인문학 연구 전반을 흔들어 놓는 것은 당연한 일일 것이다.

디지털 인문학(Digital Humanities)은 정보기술을 이용한 새로운 방식의 인문학 연구 및 교육 그리고 이와 관련된 창조적 저작 활동으로

---

* 홍정욱, 「디지털기술 전환 시대의 인문학 - 디지털 인문학 선언문을 통한 고찰」, 『인문콘텐츠』 38, 인문콘텐츠학회, 2015.

** 한국외국어대학교 문화콘텐츠학 연계전공 강사

정의되는데,[1)] 김현에 따르면 이는 전통적 인문학 주제를 계승하면서 연구 방법 면에서 디지털 기술을 활용하는 연구, 그리고 예전에는 가능하지 않았지만 컴퓨터를 사용함으로써 시도할 수 있게 된 새로운 성격의 인문학 연구를 포함한다. 현재 디지털 인문학은 디지털 시대의 예술 및 인문 사회과학 지식의 생산 및 전달 체계의 변화에 대응하여 디지털 기술과 인문학의 접목을 시도하면서 인문학 연구의 새로운 패러다임을 제공하며 인문학의 변화를 주도하고 있다. 미국의 인문학 연구 지원 재단인 미국 인문학재단(NEH, National Endowment for the the Humanities)의 디지털 인문학 지원단(ODH, Office of Digital Humanities) 디렉터인 Brett Bobley는 2009년 한 인터뷰에서 이러한 디지털 인문학을 가리켜 'game-changer'라고까지 표현하면서[2)] 인문학의 판도를 바꾸어 놓을 만한 역사적 사건으로 보고 있다. 물론 여전히 일부 인문학자들은 이러한 디지털 인문학에 대해 비판적이다. 예를 들면, 디지털 인문학의 담화는 주로 역사적 부조리와 진부화라는 명목을 내세워 위협하고자 하는 저의를 깔고 있는 과장된 판매 기술에 지나지 않으며,[3)] 전통적 인문학은 그대로 유지하면서 디지털 기술은 단지 유용한 도구로만 사용하는 것이라고 하는가 하면, 디지털 인문학은 새로운 진리(New Truth)의 전조이며 이를 거부하는 것은 새로운 진리에 대한 거부라고 하는, 이중적인 주장을 하고 있다고 비판

---

1) 김현, 「디지털 인문학: 인문학과 문화콘텐츠의 상생 구도에 관한 구상」, 『인문콘텐츠』 29, 인문콘텐츠학회, 2013, 9-26쪽.
2) Smith, Kathleen. "Q&A with Brett Bobley, Director of the NEH's Office of Digital Humanities (ODH)". HASTAC (Blog). 2009. https://www.hastac.org/blogs/kathleen/2009/02/01/qa-brett-bobley-director-nehs-office-digital-humanities-odh
3) Kirsh, Adam. "Technology Is Taking Over English Departments: The false promise of the digital humanities". *New Republic*. 2014. https://newrepublic.com/article/117428/limits-digital-humanities-adam-kirsch

한다.[4] 이에 본 글에서는 인문학계의 뜨거운 감자로서 이슈화되고 있는 디지털 인문학에서 지난 2010년 '디지털 인문학 선언문'(Digital Humanities Manifesto)[5]을 발표한 사건이 어떠한 시대적 의미를 가지는지 살펴보고, 선언문에 담긴 내용을 통해 디지털 인문학에서 바라보는 디지털 혁명에 따른 인문학 연구 및 학제 전반에 가져오는 변화 및 확장의 개념을 논의함으로써 새로운 인문학 연구 발전 및 확장에 기여하고자 한다.

2) 디지털 인문학 선언문 발표 배경

디지털 인문학이란 무엇인가에 대한 논의는 지금까지 많은 디지털 인문학자들에 의해 정의되어 왔지만 여전히 이에 대한 질문은 계속되고 있다. Kirsh는 이 질문은 지금까지 주로 디지털 인문학자들 스스로에 의해서 언급되고 논의되고 있다고 주장한다.[6] 이는 인문학 연구가 하루가 다르게 변화무쌍하게 변화하고 발전하고 있는 디지털 기술을 어떻게 이용할 것인지에 대한 가능성 또한 예측하기 어려운 이유도 있을 것으로 보인다. 그러나 분명한 것은 디지털 인문학은 '디지털(digital)'과 '인문학(humanities)'의 결합을 의미하며, 이는 이제 인문학에서의 단순한 디지털 툴의 이용이나 가공물을 의미하는 것이 아니라 디지털 기술을 통해 인문학이 예술 및 사회과학 분야 등과의

---

4) Fish, Stanley. "Mind Your P's and B's: The Digital Humanities and Interpretation." *The New York Times*. 2012.

5) *Digital Humanities Manifesto 2.0.* (디지털 인문학 선언문 2.0), http://manifesto.humanities.ucla.edu/2009/05/29/the-digital-humanities-manifesto-20/한글 번역본은 '부록' 참고.

6) Kirsh, Adam. "Technology Is Taking Over English Departments: The false promise of the digital humanities". *New Republic*. 2014. https://newrepublic.com/article/117428/limits-digital-humanities-adam-kirsch

융합을 통해 확장해 나가는 것으로 논의되고 있다.[7] 이는 디지털 기술을 통해 대량의 데이터 분석이 가능해 지면서 전통 인문학 연구 작업에 새로운 연구 주제 및 연구 확장이 필요하게 되었다는 것을 의미한다. 그러나 여전히 많은 인문학자들에게 디지털 인문학은 기술을 앞세워 기존 인문학적 전통을 위협하고자 하는 과장된 손짓에 불과한 것으로 인식되고 있다. 현재의 이러한 디지털 혁명의 시대적 배경은 유럽에서 과학 발전이 이루어지면서 새로운 문명에 대한 찬양과 보수적 전통이 대립하던 19세기 말에서 20세기 초 유럽 산업화의 시대적 배경과 비교해 볼 때, 기술혁명으로 인한 시대적 변화라는 측면에서 어느 정도 일치하고 있다. 이러한 점에서 20세기 초 유럽을 휩쓸었던 아방가르드 예술운동의 경우에 비추어 2010년 '디지털 인문학 선언문'(Digital Humanities Manifesto)의 장르적 의미 및 선언문 작성 및 발표 배경에 대해 살펴볼 필요가 있다.

(1) 선언문의 장르적 의미

디지털 인문학 선언문의 영문 제목인 'Digital Humanities Manifesto'에 사용된 매니페스토(manifesto)라는 용어는 보통 '선언문' 또는 '성명서'로 해석된다. 매니페스토 즉, 선언문이라는 장르에서는 한 사회에 오랜 기간 동안 내려오던 믿음이나 신념 등의 급격한 변화를 요구하고 '우리' vs. '그들'이라는 식의 대립적 개념의 글쓰기 방식을 통하여 과거와 단절하고 새로운 시대를 향한 의지를 표명하고자 한다. 즉, 선언문은 마치 양자택일의 텍스트 같아서 목표 설정, 기본 정신, 실행 방법 및 방향 등이 분명히 제시되어 애매한 해석을 배

---

7) Burdick, A., Drucker, J., Lunenfeld, P., Presner, T., & Schnapp, J. *Digital Humanities*. MA: MIT Press. 2012.

제한다.[8)] 이러한 선언문의 장르적 특징은 마르크스의 공산당선언문, 미국의 독립선언문이라 일컫는 '아메리카 13개 연합주의 만장일치선언', 그리고 1919년 일본에 맞서 조선의 독립을 주장했던 기미독립선언문 등의 예를 통해서 알 수 있다.

디지털 인문학 선언문의 초안을 작성했던 Presner에 따르면[9)], 이 선언문은 20세기 초 유럽의 아방가르드 형식을 따르고 있다. '아방가르드'(avant-garde)는 프랑스어로 본 부대에 앞서 있는 전위 부대를 가리키는 군사용어에서 출발하여 20세기 예술 분야에서 모더니즘에 대한 비판으로 등장하여 '심미적' 개념으로 발전하였다. 이러한 아방가르드적 예술 운동이 추구하는 정신은 1909년 이탈리아 마리네티(Marinetti)가 발표한 '미래파 선언문'에 잘 나타나고 있다.[10)] 19~20세기 초의 유럽 사회는 산업기술과 기계의 발달로 생활 및 도시 구조에서 급속한 변화가 일고 있었는데, 이러한 기술사회로의 전환은 미래파의 예술적 사상에 활력을 불어 넣었다. 당시 마리네티의 '미래파 선언문'은 유럽의 새로운 문화예술 운동을 이끌며 역사적으로 큰 획을 긋는 계기가 되었다. 미래파 선언문은 모두 11개의 항목으로 구성되어, 전통적 기준과 권위적 원칙을 공유하려는 전통적 인문학적 정신

---

8) 이택광.『 (세계를 뒤흔든) 미래주의 선언: 혁명을 꿈꾼 아방가르드 예술가들의 열정』, 서울: 그린비. 2008.

9) Presner, Todd. "Digital Humanities 2.0: A Report on Knowledge." Connextions, Apr. 18. 2010, http://cnx.org/contents/J0K7N3xH@6/Digital-Humanities-20-A-Report

10) 미래파: 1908~1924년에 이탈리아에서 일어난 아방가르드 예술운동으로서, 1909년 2월 20일자 프랑스의 Le Figaro 신문에 실린 마리네티(Marineti)의 선언문을 필두로, 1910년 4월 11일 미래파화가 선언눈, 1912년 4월 1일 미래파 조각 선언문, 1914년 8월 10일 미래파 건축 선언문 등이 발표되었다. http://www.unknown.nu/futurism/

을 거부하고 강력한 힘과 기계 문명을 예찬하면서, 과거의 세계를 계승이 아닌, 지양되어야 할 대상으로 간주하며 급진적으로 이를 변화시키려 한다. 이것은 특히 아래의 항목 3, 4, 10에서 강하게 드러나고 있다.

3. 지금까지 문학은 황홀경, 수면, 고요한 생각만을 찬양했다. 우리는 공격적인 행동, 열에 들뜬 불면증, 경주자의 활보, 목숨을 건 도약, 주먹으로 치기와 손바닥으로 따귀 때리기를 찬양하고자 한다.
4. 우리는 새로운 아름다움, 다시 말해 속도의 아름다움 때문에 세상이 더욱 멋있게 변했다고 확언한다. 폭발하듯 숨을 내쉬는 뱀 같은 파이프로 덮개를 장식한 경주용 자동차 – 포탄 위에라도 올라탄 듯 으르렁거리는 자동차는 '사모트라케의 니케'보다 아름답다.
10. 우리는 박물관, 도서관, 모든 종류의 아카데미를 파괴하고, 도덕주의, 페미니즘, 모든 기회주의적이고 실용주의적인 비겁함에 맞서 싸울 것이다.[11)]

이 선언문이 발표된 지 100년이 지난 현재 디지털 혁명이라는 새로운 변화를 맞이하면서 디지털 인문학자들이 또다시 '선언문'이라는 장르의 성명서를 발표하였다. 이는 100년 전 미래파 선언문과 마찬가지로 기존의 전통적 인문학적 사고 및 연구에 대한 직접적인 도전이며 변화를 요구하는 강력한 메시지로 해석할 수 있다. 이제 디지털 기술 발전으로 인해 과거의 독점적 매체로서의 인쇄물은 멀티미디어에 흡수되고 예술 및 인문 사회과학 지식은 디지털 기술 및 미디어를 통해 생산되고 전파되고 있다. 다양한 매체 및 네트워크를 통해 지식 및 정보 획득이 용이해지면서, 지식은 더 이상 상아탑 안에 갇혀 일

11) 이택광. 『(세계를 뒤흔든) 미래주의 선언: 혁명을 꿈꾼 아방가르드 예술가들의 열정』. 서울: 그린비. 2008.

부에 의해 독점될 이유가 없다. 좀 더 개방적인 지식 공유 체계를 확립하는 동시에 이로 인한 연구 질문 및 방법의 확장을 위한 인문학자들의 적극적 참여가 요구되고 있다. 이에 따라 '미래파 선언문'과 마찬가지로 '디지털 인문학 선언문' 또한 선언문의 장르적 특성에 따라 행동강령을 제시하면서, 선언문 전반에 걸쳐 직설적이고 도전적이며, 언어 선택이 다소 과격하고 유토피아적 표현을 많이 사용하고 있다.

(2) 선언문 제작 및 발표

현재까지 디지털 인문학 선언문은 미국과 프랑스에서 발표되었는데, 미국의 선언문은 UCLA에서 개최된 9차례의 멜론 세미나(Mellon Seminar)를 통해 만들어져서 2009년 'Digital Humanities Manifesto'라는 이름으로 발표되었으며, 프랑스에서는 2010년 5월 18~19일 댓캠프(THATCamp) 개최를 계기로 유럽의 디지털 인문학자들이 파리에 모여 유럽 버전의 'The Manifesto of Digital Humanities'을 프랑스어와 영어로 발표하였다. 프랑스에서 발표된 선언문은 이미 김동윤[12]에 의해 논의된 바 있으므로, 본 논문에서는 미국에서 발표된 선언문을 중심으로 논의하고자 한다.

미국의 디지털 인문학 선언문은 당시 UCLA 멜론 세미나를 이끌었던 UCLA의 Todd Presner와 스탠포드 대학교의 Jeffrey Schnapp가 1차 선언문(Digital Humanities Manifesto 1.0)[13]을 썼고, 이를 2008년 12월 15일에 Commentpress[14] 방식의 블로그를 통해 발표하였

12) 김동윤, 「프랑스 '디지털 인문학'의 인문학적 맥락과 동향」, 『인문콘텐츠』 34, 인문콘텐츠학회, 2014, 9~27쪽.

13) http://manifesto.humanities.ucla.edu/2008/12/15/digital-humanities-manifesto/

14) Commentpress: 오픈소스 프로그램으로서 독자들로 하여금 문단마다 코멘

으며, 여기에 다수의 디지털 인문학자들이 참여하여 선언문 내용에 대한 의견들을 교환하도록 하였다. 이 의견들을 참고하여 수정한 Digital Humanities Manifesto 2.0을 2009년 5월 29일 동일한 블로그에 발표하였고, 여기에 이미지를 추가하여 pdf 파일로 제작한 Digital Humanities Manifesto 3.0을 4개 국어 버전으로 만들어 온라인을 통해 전파하였다. 이러한 움직임은 디지털 인문학자들 스스로 전문적이고 엄격한 연구 기준을 마련하고 이론적 탐구의 틀을 마련하고자 하는 노력을 보여주는 것이며, 현재의 디지털 인문학의 동향 및 방향을 연구하는 데 중요한 지침이 된다고 할 수 있다. 이런 의미에서, 이 선언문의 내용을 통해 디지털 인문학의 본질 및 미래 방향 등을 논의하는 것은 의미있는 일이다.

3) 디지털 인문학 선언문 내용 분석 및 논의

본 선언문은 주로 과거에 대한 강한 비판적 어조 및 과격한 표현을 비롯하여 미래에 대한 유토피아적 표현으로 가득하지만, 선언문 구성 측면에서는 다소 산만하다. 그러나 전체적으로 디지털 인문학의 발전 과정 및 디지털 혁명으로 인한 인문학 연구 및 연구 환경의 변화 그리고 미래 인문학의 방향 제시 등에 대해 다소 구체적인 내용을 담고 있다. 이에, 이 장에서는 이러한 선언문 내용을 이 선언문을 통해 재구성되어지는 디지털 인문학의 발전 과정, 인문학 연구가 디지털과 접목됨으로써 요구되는 연구 환경을 둘러싼 핵심적 가치, 그리고 디지털 혁명으로 인한 지식사회적 변화와 관련한 키워드를 중심으로 하여 디지털 인문학의 시대적 사명 및 요구 그리고 미래의 방향

트를 남길 수 있도록 한다.

에 대한 관점에서 논의하고자 한다.

(1) 디지털 인문학 발전 과정

본 선언문에서는 디지털 인문학 발전 과정을 1차와 2차로 구분하고 있는데, 이 발표 이전에는 디지털 인문학이 1980~90년대 인문학자 주도의 연구에서 컴퓨터 기술이 인문학 연구에 보조적 역할을 담당하는 개념의 'Computational Humanities', 즉 전산 인문학에서 변화되어 발전되었다는 논의가 일반적이었다. 김현은 로베르토 부사(Roberto Busa)가 1949년부터 미국 IBM사의 도움으로 1천1백만 단어에 이르는 토마스 아퀴나스(Thomas Aquinas)의 저작과 관련 자료를 컴퓨터를 이용해 정리하였고, 1974년 인쇄물과 1992년 CD-ROM으로 이를 간행한 것을 디지털 인문학의 효시로 보고 있다. 이후 전산 인문학에서 1980~90년대에 주로 도서관 사서들과 정보 전문가들이 기계가 판독할 수 있는 기록, 파일 포맷(File Formats) 및 이들을 지원하는 시스템을 개발하게 되면서, 인문학 연구를 보조하기 위해 주로 코퍼스 구축, 텍스트 인코딩 기준 마련 및 인문학 코퍼스를 사용할 수 있는 데이터베이스 구축 등에 주력하였다.[15] 이러한 전산 인문학 연구의 바탕 위에서 디지털 기술의 발전과 더불어 컴퓨터 기술을 갖춘 인문학자들에 의해 인문학 연구에서 컴퓨터 응용 기술이 단순한 보조적 위치에서 벗어나 인문학의 핵심 연구 방법의 일부로 출현하게 되면서 인문학적 연구 질문의 확장이 가능해짐에 따라 디지털 인문학이라는 새로운 지평을 열게 되었다. 이처럼 지금까지 인식되어 온 디지털 인문학의 발전 과정을 본 선언문에서는 1차와 2차로 나누어 아래와 같이 재구성하고 있다. 이는 디지털 인문학 연구를 기존의

15) Burdick, A., Drucker, J., Lunenfeld, P., Presner, T., & Schnapp, J. *Digital Humanities*. MA: MIT Press. 2012.

디지털을 이용한 인프라 구축 및 양적 연구 중심에서 이제는 이들을 이용하고 응용한 질적 연구로 확장해 가고 있기 때문이며, 또한 미래 인문학 영역의 새로운 연구 확장으로 인한 3차적 발전에 대비하고자 하는 것으로 해석된다. 이러한 점에서 이러한 재구성은 매우 의미있는 일이다.

> 1차 디지털 인문학이 데이터베이스 검색, 코퍼스 언어학 및 하이퍼카드 등을 이용한 양적 연구 중심이었던 반면, 2차 디지털 인문학에서는 질적·해석적·경험적·감성적·생성적 연구가 주를 이루며, 복잡성·매체적 특성·역사적 배경·분석적 깊이·비평 및 해석 등을 중시하는 인문학 연구를 지원할 수 있는 디지털 도구를 연구에 적용한다. 그러나 이러한 이분법적 접근은 질적 연구에서 양적 분석을 배제하지 않는 것처럼 양적 분석에서 감정적 잠재성을 배제하지는 않는다. 오히려 새로운 연구 모델과 새로운 도구 및 기술의 결합을 추구한다. (디지털 인문학 선언문)

좀 더 자세히 살펴보면, 1차 디지털 인문학은 과거 500년에 걸쳐 성문화된 텍스트들을 주요 대상으로 삼으면서 데이터베이스 검색, 코퍼스 언어학 및 하이퍼카드 등을 이용한 양적 연구 중심이었다. 이러한 연구는 1990년대부터 2000년대 초반에 주로 이루어진 프로젝트들을 예로 들 수 있는데, 이에는 '페르세우스 프로젝트'(the Perseus Project)[16], '여성 작가 프로젝트'(the Women Writers Project)[17] 그리고 '어둠의 계곡'(The Valley of the Shadow) 프로젝트 등이 있다. 페르세우스 프로젝트는 미국 터프츠(Tufts) 대학교 디지털 라이브러리 프로젝트 중 하나로서, 고대 그리스 연구 자료 수집을 위해 1987년에 시

---

16) The Perseus Digital Library, http://www.perseus.tufts.edu/hopper/
17) Women Writers Project, http://www.wwp.northeastern.edu/

작되어 1995년 두 장의 CD-ROM과 월드와이드웹(World Wide Web)을 이용한 페르세우스 디지털 도서관을 설립하였다. 현재는 고대 그리스-로마는 물론 영국 르네상스 고전 자료들도 담고 있다. 이 프로젝트는 수백만 개에 이르는 그리스와 라틴 고대 텍스트를 디지털 형태로 전환하여 단어와 번역문을 비롯하여 문법 주석, 그리스어 사전, 역사적인 지도책, 도형, 고고학 유적들의 그림들도 함께 제공하고 있다. '여성 작가 프로젝트'(the Women Writers Project)는 1986년 미국 브라운 대학교의 장기 연구 및 출판 프로젝트로 시작해서 2013년부터 미국 노스이스턴 대학교에서 계속 진행중이다. 근세(Early Modern Period) 여성 작가들의 작품들을 '여성 작가 온라인'(Women Writers Online)을 통해 읽을 수 있도록 하기 위한 프로젝트로서, 16~19세기 중반 여성들이 쓴 글들 중에서도 특히 희귀한 작품들을 수집해 놓았다. 온라인 개설 이래 텍스트 인코딩에 관한 서적 발간 및 다양한 워크숍이나 세미나를 개최하고 있다. '어둠의 계곡'(The Valley of the Shadow)[18] 프로젝트는 1993년 미국 버지니아 대학교에서 시작되어 이후 1998년 이 대학의 버지니아 디지털 역사 연구소(Virginia Center for Digital History) 설립과 함께 이 연구소의 프로젝트로 포함되어 2007년까지 수행되었다. 미국 남북전쟁 (전후 기간을 포함한) 기간 동안 버지니아 주의 오거스타 카운티와 펜실베니아 주의 프랭클린 카운티 주민들에 의해 남겨진 수천 통의 편지와 일기, 신문, 연설문, 인구 조사 및 교회 기록 등 다양한 기록들을 담은 디지털 아카이브를 구축하였다. 이처럼, 1차 디지털 인문학에서는 주로 과거 문헌 및 기록들을 대상으로 하는 거대한 디지털화 작업 프로젝트와 기술 인프라 구축에 주력하면서 주로 텍스트를 중심으로 분류 체계, 마크업,

18) The Valley of the Shadow, http://valley.lib.virginia.edu/

텍스트 인코딩 또는 학술적 에디팅을 이용하여 디지털화 및 아카이브 구축을 통한 도서관 개념의 프로젝트들이 주를 이루었다.

선언문에서 규정하는 2차 디지털 인문학은 'Born Digital' 즉 처음부터 디지털로 만들어진 자료 및 다양한 디지털 환경에 존재하는 지식의 생산 및 조합 그리고 상호작용을 위한 도구를 개발하면서, 생성적·감성적·해석적·경험적·질적 연구에 주력한다. 이러한 2차 디지털 인문학은 전반적으로 새로운 학문적 패러다임, 통합적 연구 영역, 혼합형 연구 방법론 및 새로운 출판 모델을 제시한다.[19] 이러한 특성을 보여주는 연구는 미국 UCLA의 '하이퍼시티'(HyperCities)[20] 프로젝트를 꼽을 수 있는데, 이 프로젝트는 미국 UCLA의 Todd Presner, David Shepard 그리고 Yoh Kawano의 주도하에 이루어지고 있으며, 지리정보시스템(GIS, Geographic Information System)을 이용하여 지구상의 주요 도시들의 문화와 건축 및 도시 역사에 대한 데이터베이스를 만드는 것을 목적으로 한다. 이 프로젝트는 수많은 데이터베이스와의 네트워크 링크를 통해 디지털 자원들을 모아 놓은 참여형 플랫폼으로서, 참여적 학술 활동, 콘텐츠와 어플리케이션을 공유하는 오픈 소스 모델, 지속적 개발 및 학제간 협력을 추구한다. 즉, 이 프로젝트가 추구하는 개방, 참여 그리고 공유의 개념이 2차 디지털 인문학의 특성을 보여주고 있다.[21] 이 프로젝트를 통해 구현된 플랫폼 중에서 'HyperCities Egypt'의 예를 통해 좀 더 자세히 살펴보면, 2011년 11월 25일, 이집트 피라미드에서 멀지 않은 곳에서 혁명이 시작되

19) Presner, Todd. "Digital Humanities 2.0: A Report on Knowledge." *Connextions*, Apr. 18. 2010.
20) HyperCities, http://www.hypercities.com/
21) Presner, Todd. "Digital Humanities 2.0: A Report on Knowledge." *Connextions*, Apr. 18. 2010.

었다. 당시 시위자들이 호스니 무바라크 이집트 대통령 축출을 요구하며 카이로 거리를 점령하고 있었고, 소셜미디어, 특히 트위터에서는 현지에서 현장을 목격한 사람들의 긴장감 넘치는 글들[22]로 넘쳐나고 있었다. 이 때 미국 UCLA의 Todd Presner가 HyperCities 플랫폼을 이용하여 트위터에 기록된 시위 현장에서의 역사적 순간에 대한 기록을 데이터베이스화하고, 날짜 및 시간별로 이 기록들을 검색해 볼 수 있도록 하였다.[23]

현재 2차 디지털 인문학은 이처럼 기존 인문학 연구에 디지털 기술을 이용한 새로운 연구 방법을 통해 분석하는 것은 물론이고, 더 나아가 디지털을 담고 있는 인문학으로서의 새로운 개념을 이론화하고자 하는 시도가 이루어지고 있다.[24] 즉, 디지털 기술과 인간과의 상호작용을 통해 인간의 사고와 행동 양식에 영향을 미치며 변화를 가져다줄 수 있는 기술에 대한 연구, 즉 기술에 대한 인문학적 관점에서의 연구 및 논의들이 다양하게 이루어지고 있다. 지난 2010년 3월 영국의 스완지 대학(Swansea University)에서 열렸던 'Computational Turn' 워크숍에서는 위와 같은 관점에서 다양한 주제들의 논문들이 발표되었는데, 시각화 기술이 텍스트에 주로 의존하는 인문학을 어떻게 변화시키고 어떠한 기여를 하게 될 것인지에 대한 논의,[25] 인

22) "총소리가 이곳 모한데신의 거리에 울려 퍼졌고, 지금 군대가 탱크를 몰고 오고 있다." (Gun shorts heard in our street in Mohandeseen and the army is bringing in tanks), "카이로 거리에 탱크들이 있어요." (Tanks on the streets in Cairo) 등.

23) Shaw, Jonathan. "The Humanities, Digitized: Reconceiving the study of culture". Harvard Magazine. May-June 2012.

24) Evans, L. & Rees, S. "An Interpretation of Digital Humanities". *Understanding Digital Humanities*, Ed. David M. Berry, NY: Palgrave macmillan, 2012.

25) Carusi, A. "Technologies of Representation, Images, Visualisations and Texts." The *Computational Turn*. 2011.

간의 일상에서 데이터베이스 및 정보기술의 역할과 - 예를 들면, 위치 기반 서비스(Location-based Service) 및 지리 공간정보(Geospatial Information) 등 - 이들이 인간에게 장소의 현상적 및 존재적 실제에 대한 인식에 어떠한 영향을 미치는가에 대한 논의,[26] 그리고 컴퓨터 코드 및 소프트웨어의 역할은 물론이고 존재에 대한 논의를 통해 인문학 연구 방법의 변화를 모색[27]하는 등 다양한 주제의 논문 발표가 있었다. 이를 통해, 아직은 논의가 시작되는 단계에 있지만 결국 기술과 인간간의 상호 관계 속에서 기술은 인간의 경험과 감성에 많은 영향을 미치며 이제 인문학 연구의 범주에서 논의가 이루어지고 있다는 것을 알 수 있다.

(2) 디지털 인문학의 핵심 가치(Core Values)

1차를 거쳐 2차 디지털 인문학 단계에 들어서면서 디지털 인문학 연구 특성뿐만 아니라 연구에 필요한 환경 조건 또한 기존 인문학 연구와 많은 차이를 보이고 있다. 이 장에서는 선언문 내용에서 디지털이라는 영역에서 가지는 주요 특징을 바탕으로 디지털 인문학이 새로운 실천 학문 분야로서 중시하는 핵심적 가치를 논의하고자 한다.

① 디지털은 오픈 소스의 영역이다.

> "디지털은 오픈 소스, 오픈 리소스의 영역이다. 이 영역을 폐쇄시키고자 하는 것은 어떤 것이든 '적'(the enemy)으로 간주되어야 한다." (디지털 인문학 선언문)

26) Klocubar, A. "All Your Database are Belong to Us'y: Aesthetics, Knowledge and Information Management." *The Computational Turn*. 2011.

27) Dexter, S. "Toward a Poetics of Code", *The Computational Turn*, 2011.

오픈 소스는 소프트웨어 혹은 하드웨어 제작자의 권리를 지키면서 원시 코드를 누구나 열람할 수 있도록 하는 소프트웨어 혹은 오픈 소스 라이선스를 통칭하는 말이다[28]. 코페르니쿠스적 혁명이 사회를 계급과 수동적 지식으로부터 해방시켜 탐구 및 지식 공유의 정신을 고양한 것처럼, 오픈 소스는 코드로 표현되는 아이디어의 자유로운 공유를 극대화하고자 하는 정보통신 혁명으로 볼 수 있다.[29] 특히 2차 디지털 인문학 연구를 위해서는 반드시 선행되어야 할 덕목이라 할 수 있다. 이에 선언문에서는 이 영역을 폐쇄하고자 하는 것은 어떤 것이든 '적'(the enemy)으로 간주되어야 한다고 강조한다. 또한 이러한 '적'들에 대응하기 위한 행동강령을 제시하는데, '공정사용'(Fair Use)이라는 것은 비용이 수익을 훨씬 능가하는 비영리 목적의 시도이며 IP 및 저작권 가치를 높이기 위한 시도일 뿐이므로 이를 무시할 것으로 행동강령으로 제시한다. 심지어 더욱 강력한 행동강령을 제시하기도 하는데, 디즈니(Disney)와 같은 거대 기업들의 자료들을 불법복제하고 왜곡함으로써 디지털 무정부상태로 만들어 버릴 수 있다고 강조한다. 이러한 행동강령은 콘텐츠 제작자들의 권리는 연구 및 교육 목적의 재작업 그리고 비평 및 사용을 위한 자유에 우선할 수 없음을 의미한다.

② 디지털은 풍부함(copiousness)을 중시한다.

"디지털 인문학은 인문지식의 다목적 다중적 채널을 의미하며, 다른

---

28) '오픈 소스'. 위키백과, http://ko.wikipedia.org/wiki/오픈_소스
29) Spiro, Lisa. ""This Is Why We Fight": Defining the Values of the Digital Humanities", *Debates in the Digital Humanities*. Ed. Matthew K. Gold. MN: University of Minnesota Press. 2012. p.16-34.

채널에 배타적이지 않다. 그 경제성은 희소성이 아니라 풍부함에 기반을 두고 있다. 즉, 오리지널보다는 '복제'를 훨씬 더 가치있게 여긴다." (디지털 인문학 선언문)

전통 인문학은 정보의 희소성을 중시하여 독창성(originality)과 권위(authority) 그리고 저작(authorship)에 가치를 두는 반면, 디지털 인문학에서는 혼합(remixing)과 개방(openness) 그리고 참여(participation)를 중시한다.[30] 혼합은 풍부한 자료를 바탕으로 이루어질 수 있는데, 선언문에서는 이를 'COPIA', 'COPIOUSNESS' 그리고 'THE OVERFLOWING BOUNTY OF THE INFORMATION AGE'로 표현하고 있다. 'copia'는 라틴어로 '대량으로 저장시켜 둔 물건'을 의미하며 이탈리아어로는 '(그림이나 문서의) 복사'를 의미하는 용어이다. 그리고 'copiousness'는 '풍부함 또는 풍성함'을 의미한다. 이 두 단어는 '복제'를 의미하는 'copy'라는 단어에 어원을 두고 있음을 알 수 있다. 즉, 선언문에서는 'copy'와 'copiousness'의 단어 파생관계를 통하여 복제의 힘을 강조하고자 하는 것으로 해석된다. 그 결과 선언문에서는 이 시대는 정보가 넘쳐나고 할 일도 넘쳐나는 시대임을 강조하고 있다. Spiro[31]는 정보는 관리되어야 하는 상품이 아니라 공유되고 재사용되어야 하는 사회재라고 주장한다. 즉, 복제는 정보의 개방을 통해 자유롭게 공유되며 연구 주제 및 방법에 의해 다양하게 혼합되어 질 수 있으며, 이러한 다양한 정보의 사용이 인문학적 지식과 사고의 확장을 가져올 수 있다.

30) 위의 글
31) 위의 글

③ 디지털 인문학은 생성 인문학(Generative Humanities)이다.

> "디지털 인문학=빅 인문학=생성 인문학. … 디지털 인문학은 전문지식의 영역을 넘어 더욱더 큰 그림을 그리는 통합과 생성 활동에 관한 것이다. 새로운 문화, 르네상스 인문주의, 또는 보편적 지식 능력의 출현에 대한 것이 아니다. 이와 반대로 디지털 인문학은 전문지식 영역들 간의 협력과 창조를 장려한다." (디지털 인문학 선언문)

디지털 인문학의 발전 과정에 대한 논의에서 밝힌 것처럼, 현재의 디지털 인문학은 1차 디지털 인문학인 '전산 인문학'에서 발전되었다. 이는 컴퓨터 기술 및 도구가 인문학 연구에서 단순한 기술적 지원을 위한 보조 역할에 그치던 단계에서 인문지식 연구의 중추적 위치를 차지하게 된 것으로 해석될 수 있다. 디지털 기술이 인문학뿐만 아니라 다양한 분야의 학술 연구의 존재론 및 인식론적 바탕에 영향을 미치면서 연구 과정 및 방법에 변화를 가져오고 있다.[32] 이제 디지털 인문학은 학제간(interdisciplinarity)/초학제적(transdisciplinarity)/다학제적(multidisciplinarity) 연구를 중시하면서 인문학이라는 학문 분야를 넘어 다른 전문지식 및 기술들과의 협력을 통하여 더욱더 큰 그림을 그리는 통합과 생성 활동에 관한 학문으로 정의되고 있다. 이는 창조, 큐레이션, 협업, 실험 그리고 지식의 다목적성 또는 다채널성에 기반을 두고 있다. 선언문에서는 이러한 인문학적 활동을 위해 학문 또는 씽크탱크(Think Tank)라는 벽에 갇혀 있을 이유가 없으며 혁신적인 사고를 유지해야 한다고 강조한다. 그리고 이를 위해 위키노믹스(wikinomics)를 예로 들고 있는데, 이는 기존 인문학 영역에서 교수와 학

32) Berry, David M. "The Computational Turn: Thinking About the Digital Humanities". *Culture Machine* 12. 2011.

생, 전문가와 비전문가, 학계와 공동체의 역할에 대한 정의를 파괴하고 구조를 변경시키고 있으며, 학문적 탐구 및 교육, 출판은 물론 실천이 함께 이루어지도록 하고 있다고 강조하고 있다. 또한 지식은 단어, 사운드, 냄새, 지도, 다이어그램, 장치, 환경, 데이터 저장고, 테이블 등 다양한 형식을 갖고 있다고 정의하면서, 생산이라는 육체노동의 영역과 사고라는 정서적 영역간의 단순한 이분화에 반대한다. 이는 다양한 형식의 지식 표출을 위한 작업 (예, 디지털 디자인, 물리적 조작, 이미지 배열, 소리 조합 등) 모두가 지식의 생산이기 때문이다. 이러한 측면에서, 2차 디지털 인문학의 단계에서는 이성적 계몽주의를 거부하고 디자인과 다매체성 그리고 경험을 강조하면서 학문이 추구할 수 있는 정서적 범위를 확장해 가고자 한다.[33]

④ 디지털 인문학은 공동창조(co-creation)이다.

> "디지털 인문학=공동창조 (Co-creation). 빅인문학 프로젝트의 복잡성으로 인해 팀워크, 팀 내 역할, 그리고 '생산' 표준이 인문과학에서 디지털적 전회(Digital Turn)를 보여주는 세부적 특징이다." (디지털 인문학 선언문)

전통 인문학에서는 실험이나 설문조사 등의 방법을 통해 데이터를 수집하기 보다는 이미 존재하는 기록들을 분석하는 연구가 주를 이루는데, 이러한 연구는 주로 인문학자 개인의 해석과 관점에 주로

---

33) Spiro, Lisa. ""This Is Why We Fight": Defining the Values of the Digital Humanities", *Debates in the Digital Humanities,* Ed. Matthew K. Gold, University of Minnesota Press, 2012. p.16-34.

의지하는 경향을 갖게 된다.[34] 그러나 디지털 인문학은 초학제적이며 다학제적 특성으로 말미암아 전통 인문학의 요람인 대학이라는 벽을 넘어 다양한 공동체들과의 협력을 통한 공동연구(Collaborative Research) 중심의 복잡하고 거대한 프로젝트들을 주로 담당하게 된다. 인문학 연구에서의 디지털적 전회(Digital Turn)는 대규모의 광범위한 연구를 가능하게 하며, 문제를 개념화하고 해결하기 위해 인문학자, 과학기술 전문가, 사서, 사회과학자, 예술가, 건축가, 정보과학자, 그리고 컴퓨터과학자 등과의 협업이 주로 이루어진다. 따라서 이러한 대규모 연구의 특수성을 감안한 팀워크와 역할 분담 및 생산 표준이 요구된다. Siemens[35]에 의하면, 실제로 디지털 인문학 연구팀들을 대상으로 한 설문조사에서 서로 다른 기술을 가지고 있는 팀 참가자들과의 협업(collaboration)은 생산성을 높이는 데 기여하는 것으로 나타났다. 또한 협업은 상생의 기회를 제공하기도 한다. 킹스 칼리지(King's College of London)의 디지털 인문학과 교수인 Short에 의하면,[36] 킹스 칼리지의 인문학부(Human Faculty)에서 인문학과 컴퓨터공학을 결합한 학부 과정 프로그램 개발 당시 다수의 세계적으로 저명한 인문학자들이 포진되어 영국 내 최고 수준의 평가를 받

34) Spiro, Lisa. "Computing and Communicating Knowledge: Collaborative Approaches to Digital Humanities Projects." *Collaborative Approaches to the Digital in English Studies*. Ed. Laura McGrath, Logan. UT: Computers and Composition Digital P/Utah State Up. 2011.

35) Siemens, Lynne. ""Able to develop much larger and more ambitious projects": An exploration of digital projects teams." *Digital Curation: Practice, Promise and Prospects,* Proceedings of Digital Curation conference. Eds. Helen R. Tibbo, Carolyn Hank, Christopher A. Lee & Rachael Clemens. Chapel Hill. 2009. p.119-124.

36) Short, H., Nyhan, J., and Welsh, A. ""Collaboration Must Be Fundamental or It's Not Going to Work": an Oral History Conversation between Harold Short and Julianne Nyhan", *Digital Humanities Quarterly* 6(3). 2012.

던 인문학부와는 달리 컴퓨터공학과는 영국 컴퓨터학회(BCS, British Computer Society)로부터 매우 부정적인 평판을 받으면서 위기를 겪고 있었다. 그러나 컴퓨터공학과는 인문학부의 저명한 교수진들과의 협업을 통해 프로젝트 제안서 및 논문에 나란히 이름이 실리게 되고, 인문학 연구진들이 연구에 사용하기 위해 제공하는 인문학 데이터를 접하게 되고, 또한 이들이 제안하는 새로운 방법론이나 관점들이 컴퓨터공학과에 연구에 대한 새로운 안목과 기회를 가져다주었다. 결국 인문학부와의 협업으로 컴퓨터공학과는 영국 내에서 좋은 명성을 얻게 되는 계기가 되었다. Nowviskie[37]는 이러한 협업에서는 교수진, 대학원생, 기술진 또는 도서관 사서 등 모든 참여자들의 공헌을 인정해 주는 공평함과 존중이 바탕이 되어야 한다고 주장한다. 실제로 이를 위해 디지털 인문학자들은 '협업 참여자들의 권리 장전'(Collaborators' Bill of Rights)[38]을 발표하여, 프로젝트 참여자들의 권리 보호 및 분배를 위한 조항들을 마련하여 디지털 인문학의 협업적 특성에 따라 발생할 수 있는 갈등 및 제반 문제들에 대비하고자 하였다.

4) 주요 키워드로 본 디지털 인문학

이미 앞 장에서 설명한 디지털 기술 전환시대에 인문학 연구 및 발

---

37) Nowviskie, Bethany. "Monopolies of Invention", *Bethany Nowviskie*. December 30, 2009.

38) 2011년 1월 21일 메릴랜드 칼리지 파크에서 열렸던 'Off the Tracks' 워크숍을 통해 제안되어 Matthew Kirschenbaum, Bethany Nowviskie, Tom Scheinfeldt 그리고 Doug Reside에 의해 작성되었다.
http://mcpress.media-commons.org/offthetracks/part-one-models-for-collaboration-career-paths-acquiring-institutional-support-and-transformation-in-the-field/a-collaboration/collaborators%E2%80%99-bill-of-rights/

전을 위한 주요 핵심 가치에 대한 논의를 바탕으로, 이 장에서는 이를 좀 더 사회적으로 확장된 시각에서 디지털 시대 인문학적 지식의 유통과 생산이라는 측면에서 논의하고자 한다. 이미 디지털 기술은 인문학을 비롯한 학문의 연구 방법 뿐만 아니라 일반 대중의 지식 습득 및 교환 방식 그리고 일상의 생활 방식에도 많은 변화를 가져다주었다. 이러한 점에서, 디지털 인문학 분야에 중점을 두어, 지식 유통 및 전파 그리고 수집 등과 관련되어 앞으로의 인문학에 어떠한 변화가 필요한지에 대한 논의가 이루어져야 할 필요가 있다. 특히, 선언문에서는 디지털 시대 인문학 연구를 개방, 지식 그리고 큐레이션과 관련하여 인문학의 미래를 예측하고 있다.

(1) 개방(Openness)

Spiro[39)]는 Borgman[40)]을 인용하여 상호 운용성(interoperability), 유용성(usuability), 탐색(discovery), 재사용 가능성(reusability)을 높인다는 측면에서 개방의 중요성을 강조한다. 이러한 개방을 통해 인문학자들이 연구에 필요한 데이터 및 자료를 용이하게 획득하고 효율적으로 사용 및 재사용함으로써 궁극에는 공공의 작업 체계를 형성할 수 있다고 주장한다. 즉, 이미 앞 장에서 논의된 것처럼 디지털 영역에서의 개방은 디지털 인문학의 발전을 위해 가장 중요한 인프라로서 인문학적 지식 공유 및 지적 발전을 위한 핵심적 요소임을 의미한다. 이러한 공유를 통하여 일반 대중에게 이어질 수 있는 초학제적이며 협동 그리고 지식의 민주화라는 확장된 가치를 지원할 수 있다.

---

39) Spiro, Lisa. ""This Is Why We Fight": Defining the Values of the Digital Humanities", *Debates in the Digital Humanities.* Ed. Matthew K. Gold. MN: University of Minnesota Press. 2012. p.16-34.

40) Borgman, Christine L. "The Digital Future Is Now: A Call to Action for the Humanities." *Digital Humanities Quarterly* 3(4). 2009.

개방에 관한 본격적인 논의는 OSI(Open Society Institute)가 지원하는 소규모 모임이 부다페스트에서 열렸고, 이를 통해 2002년 2월 부다페스트 오픈 액세스 이니셔티브(Budapest Open Access Initiative, BOAI)[41]를 발표하면서 본격화되었다. 여기에서는 모든 학문 분야의 학술 문헌이 인터넷을 통해 과학자, 학자, 교사, 학생 및 이에 관심이 있는 모든 이들이 자유롭게 이용할 수 있도록 허용할 것을 제안한다. 특히, 이 오픈 액세스는 '셀프 아카이빙'과 '오픈 액세스 저널'의 전략을 통해 실현될 수 있다고 강조한다. 셀프 아카이빙 전략은 비오픈 액세스 학술지에 논문 출판 후 출판사로부터 오픈 액세스 아카이브에 아카이빙할 수 있도록 허락을 받는 것을 의미한다. 오픈 액세스 저널은 학술지 논문들에 대한 접근과 사용을 자유롭게 허용하여 허가 절차나 이용료 없이 누구나 읽을 수 있도록 한다. 한 예로, 디지털 인문학 분야의 학술 저널인 'Digital Humanities Quarterly'[42]도 오픈 액세스를 허용하면서 디지털 인문학 연구 범위 및 연구자들을 비롯한 다양한 독자들의 관심을 확장시키고자 한다. 또한 이러한 개방은 교육 분야로까지 확장되어 세계 유수의 대학들이 제공하는 Open Courseware(OCW)를 통해 대학의 전유물이었던 교양 및 전문지식 과목의 강좌 및 이에 관한 교육 자료 및 커리큘럼까지 온라인으로 개방함으로써 지식의 공유가 전세계적으로 가능할 수 있도록 하고 있다. 이처럼 지식이 기존의 출판물을 통한 전파 및 공유 방식에서 디지털을 통해 개방되어 공유되는 방식으로 변화하면서 기존 지식의 가치체계에도 많은 변화를 맞게 되었다.

---

41) BOAI 번역문, http://www.budapestopenaccessinitiative.org/pdf/BOAI-Korean.pdf

42) Digital Humanities Quarterly (DHQ), http://www.digitalhumanities.org/dhq/

(2) 지식(Knowledge)

선언문에 의하면 디지털 인문학은 새로운 문화, 르네상스 인문주의 또는 보편적 지식 능력의 출현에 대한 것이 아니라, 전문지식 영역들 간의 협력과 창조를 장려한다. 즉, 디지털 인문학은 인문학적 지식의 영역 확대 및 지식 공유를 통하여 인문학적 지식의 영향력을 확장하는 데 중점을 둔다. 선언문에서는 특히 인문학은 더 이상 기득권층의 영역이 아니라고 강조하면서 디지털 인문학은 이러한 기존의 전통적 인문학적 탐구와 연구, 방법론 및 매체를 해체하고자 한다고 선언한다. 이러한 관점은 Lyotard가 설명하는 지식의 본질 및 개념에 대한 논의를 바탕으로 하고 있다.[43] Lyotard[44]는 'The Postmodern Condition: A Report on Knowledge'라는 저서를 통하여, 우리가 어떻게 그리고 무엇을 알게 되는지, 어떠한 지식이 어떻게 소통되는지 그리고 지식 습득자로서의 우리는 누구인지 등 지식에 대한 본질적 문제들이 포스트모더니즘 시대의 기술 및 사회 그리고 경제적 변화와 함께 변화되었다고 설명한다. 실제로 지식은 점점 잘게 쪼개어지고 세분화되면서, 판매되고 관리 및 통제되는 대상으로 인식되어 가고 있다.[45] 그는 또한 1979년 해당 저서를 프랑스어로 저술 당시에 이미 미래의 컴퓨터가 발달하는 사회에서 특정 기업 및 국가에 의해 정보가 관리되고 유지되는 정보의 독점화 현상이 발생할 것이라고 예측하였는데, 현재 구글(Google)의 예가 이를 증명하고 있다.[46] 선언문

43) Presner, Todd. "Digital Humanities 2.0: A Report on Knowledge." *Connextions*. Apr. 18. 2010.

44) Lyotard, Jean-François. *The Postmodern Condition: A Report on Knowledge*. Manchester, UK: University of Minnesota Press. 1984.

45) Presner, Todd. "Digital Humanities 2.0: A Report on Knowledge." *Connextions*. Apr. 18. 2010.

46) 위의 글

에 의하면, 실제 구글 홈페이지는 세계 디지털 정보의 포털이 되었고, 구글 어스(Google Earth)는 현대판 '마파 문디'[47]가 되었다고 묘사하고 있다. 그는 대학이 더 이상 지식의 생산 및 관리를 위한 유일한 곳으로서 지식에 대한 정당성을 부여할 수 있는 특권을 누려서는 안 된다고 주장한다. 지식의 정당성(Knowledge Legitimation)이란 누가 지식을 창조하고 관찰하고 허가하고 전파하느냐 그리고 지식이 누구에게 어떠한 효과를 가져다 줄 것인지에 대한 문제라고 할 수 있다. 전통적으로 학문에 대한 논의 및 담화 그리고 연구 방법론 및 매체 등은 해당 학제가 규범화하는 범위 안에서만 허용될 수 있었다. 그러나 오늘날의 지식세계는 거대하고 다층적이고 복잡해서 더 이상 대학만이 지식 정당성에 대한 특권을 누릴 수 없게 되었다. 이러한 점에서, 선언문은 디지털 인문학은 대학을 벗어나 연구 공동체로 확장된 지식의 글로벌적 본질을 수용하면서 지식 생산 및 재생산 모델을 추구한다고 밝히고 있다. 특히, 위키피디아(Wikipedia)를 그 대표적 모델로 제시하고 있다. 실제로 위키피디아는 대학에서 만들어지지 않았지만, 정보를 모으고 만들고 관리하기 위한 글로벌한 다중언어의 저자와 편집 공동체로 발전하여 디지털 시대 지식 활동의 새로운 모델로 제시되고 있다. 이는 인문학 영역에서 거장과 제자간의 계층 관계 구조의 변화는 물론이고 교수와 학생 및 전문가와 비전문가 등의 역할에 대한 기존의 정의 파괴를 가져오고 있다.

(3) 큐레이션(Curation)

선언문에 의하면, 디지털 인문학은 과거 도서관이나 박물관에서의 작업으로 한정되었던 큐레이션을 미래 인문학 규범의 중심에 위

47) 마파 문디(Mappa Mundi): 중세 유럽에서 쓰이던 세계지도

치시키고, 박물관, 도서관 및 아카이브에 학술적 사명을 부여하고자 한다. 이는 박물관, 도서관 그리고 아카이브를 통한 지식 수요의 확장이 이루어지고 학문의 실천적 과정이 중시되면서 끊임없이 쪼개고 맞추는 작업을 반복하는 가운데 정보 필터링의 역할을 강조하는 것으로 해석된다. 이에 디지털 인문학은 학자를 큐레이터로, 큐레이터를 학자로 재구성하고자 한다. 큐레이션을 통해 수많은 정보들 가운데 필요한 정보를 찾아내며, 더 나아가 새롭거나 또는 오랫동안 방치되어 있던 자료 및 말뭉치들을 발굴할 수도 있다. 이러한 점에서 도서관과 아카이브는 계속해서 폭발적으로 성장해 나갈 것이며, 이와 함께 큐레이션은 더욱더 학문을 강화하고 증대시키는 데 기여할 것으로 전망한다. 또한 교육과 학습의 증진을 가져올 수 있을 것이라고 예측하는데, 인문학 교육에 큐레이션 작업을 추가함으로써 연구소의 전문 연구자들의 지도로 지식을 수집하고 생산하는 데 직접 참여하는 방식의 교육이 이루어지면서 인문학 교육 및 연구의 확장을 가져올 수 있다. 큐레이션에 대한 개념을 좀 더 디지털 환경에 중점을 두어 디지털 큐레이션(Digital Curation) 또는 데이터 큐레이션(Data Curation)이라는 용어를 사용하기도 한다. 디지털 큐레이션이란 양질의 디지털 자료(Digital Material)의 노후화를 방지하면서 장기간 사용될 수 있도록 저장·관리하기 위한 것으로 정의될 수 있다.[48] 이는 자연과학에서 처음 개발되어 사용되었고, 이후 인문학 연구에 확대되어 적용되기에 이르렀다. Poole[49]은 미국 학술단체협의회(the American Council of Learned Societies)에서 2006년 발간한 'Our

48) Higgins, Sarah. "Digital Curation: The Emergence of a New Discipline". *The International Journal of Digital Curation* 2(6). 2011. p.78-88.

49) Poole, Alex. H. "Now is the Future Now? The Urgency of Digital Curation in the Digital Humanities". *Digital Humanities Quarterly* 7(2). 2013.

Cultural Commonwealth'라는 보고서를 인용하여, 디지털 인문학자들이 연구를 일반 대중에게 확대하고 좀 더 새로운 연구 질문을 만들어 낼 수 있는 데이터 액세스 환경을 만들어야 한다고 강조하면서 이를 위해서는 양질의 디지털 데이터는 물론이고 큐레이션의 역할이 중요하다고 주장한다. 디지털 큐레이션은 현재 영국의 디지털 큐레이션 센터(Digital Curation Centre)[50]를 중심으로 새로운 학술 규범으로 등장하였다. 디지털 큐레이션 센터는 주로 연구와 교육 활동 지원을 위한 디지털 정보 큐레이션에 관한 정보 및 기술 지원 등의 다양한 활동을 벌이고 있다.

5) 맺음말

15세기 구텐베르크 활자술 발명은 서양 유럽의 지식 축적 및 전파 능력을 바꾸어 놓음으로써 엄청난 지식의 발전을 가져왔지만, 정작 이보다 200년이나 앞서 활자술을 발명했던 한국에서는 단지 역사적 기록을 통해서나 이 사실을 알 수 있다는 선례는 지금의 디지털 시대를 맞고 있는 인문학자들에게 많은 과제를 남기는 듯하다. 그렇다고 인문학 연구 및 교육에 반드시 디지털 기술이 접목되어야 한다는 의미는 아니다. 다만 이제 인문학에서의 디지털 기술 전환에 대한 논란은 더 이상 불필요한 것으로 보인다. 무엇보다 중요한 것은 인문학 연구에서 가장 중심이 되어야 하는 것은 인간과 문화이어야 하며, 디지털 기술은 이미 사회 및 문화 전반에 영향을 미치고 인간의 삶 깊숙이 파고들어 인간의 문화와 소통 및 사고의 방식에 변화를 가져오고 있다. 즉, 이는 인문학 연구에도 새로운 변화를 가져옴과 동시에 인문

---

50) Digital Curation Centre (DCC), http://www.dcc.ac.uk/

학 연구의 확장을 가져옴으로써 인문학에 위기가 아닌 기회를 제공할 것으로 해석해 볼 수 있다. 이러한 배경에서 디지털 인문학은 디지털이라는 새로운 문명의 시대에서 이루어지는 인문학 연구의 중심 과제를 디지털을 통하여 새로운 연구 방법을 개척해 나가고자 하는 것으로 해석할 수 있다.

지금까지 살펴본 디지털 인문학 선언문에서의 논의는 인문학에서의 디지털 기술 전환은 과거의 무조건적인 청산이라기보다는 정보와 지식에 대한 개념이 변화하고 있고 과거 유산이 디지털 형태로 전환되고 있는 시대를 맞아 전통적 학제 구조, 지식 생산 매체 및 의미화 방식에 의문을 제기함으로써 인문학적 가치를 재평가하고 재해석하고 있다. 또한 이를 통해 제4의 정보시대에 맞게 될 도전과 가능성에 대비하고자 하는 것으로 보인다. 인문콘텐츠학회 창립 발기문에서도 정보혁명 시대에 핵심적 기반이 되는 디지털 기술과 제반 형식의 내용물을 인문학이 채워줄 수 있어야 한다고 주장한 바 있다. 인문학은 인간 자체와 인간의 문화를 연구하는 학문으로 정의될 수 있으며, 인간을 둘러싼 문제들, 즉 언어, 문학, 역사, 철학, 법, 예술 등 다양한 분야를 통해 크고 작은 역사적·시대적 변화에 맞서 유지, 발전되어 왔다. 그리고 지금 인문학은 디지털이라는 새로운 문명으로 인해 또 다시 거대한 변화의 시기를 맞고 있다. 또한 인간의 지식 습득 방법 및 전달 방식에도 거대한 변화가 불면서 인쇄물을 통해서가 아닌 디지털 세상 속에서 지식의 창조 및 전달이 이루어지고 있으며, 과거에 단순히 인문학 연구를 위해 컴퓨터 기술을 보조 수단으로 이용하던 개념에서 이제는 디지털이라는 도구를 통해 감성적, 경험적, 생성적 인문학 연구로 발전하고 있다. 이에 현재 디지털 인문학에서는 단순히 디지털이라는 틀과 형식에 내용물을 채운다는 개념에서 기존의 인문학적 탐구와 연구, 방법론 및 매체를 해체하고, 인문학적 규범과 미디어 형태간의 결합 그리고 예술, 과학, 기술 간의 결합을 추구한다는 개념으로 발전해 가고 있다. 즉, 기술과 인문학을 분리해서 보는 것이 아니라 기술이나 툴과 인문학적 규범의 적극적 결합을 통해 현재 급속도로 변화하고 있는 디지털 중심의 사회 속에서 진정한 인간 중심의 인문학 추구가 가능해 지고 있다.

2. 프랑스의 '디지털 인문학 선언'*

김동윤**

1) 디지털 인문학, 새로운 학문의 시도

논자는 2014년 7월 6일 프랑스어권 스위스 도시 로잔에 위치한 로잔 공과대학에서 개최한 국제 디지털 인문학 컨퍼런스를 방문한 것을 계기로 디지털 인문학이 서유럽에서 크게 고조되고 있다는 점을 확인할 수 있었다. 디지털 인문학 연구자 밀래드 두에이이(Milad Doueihi)에 따르면, 2009년 12월 '현대 언어 연합회'(Modern Language Association) 회의를 계기로 '이른바 공식적으로 입장(入場)'(entrée prétendument officielle)한 것으로 알려져 있다.[1)]

디지털 인문학(Digital Humanities)은 최근 세계적으로 주목받고 있는 기술과 인문과학을 결합하려는 현상으로서 "정보(컴퓨터) 기술의 노하우를 인문 사회과학 분야의 문제에 적용시키는 것"으로 정의된다.[2)] 디지털 인문학이란 단순히 디지털 도구를 학문과 지식의 재구

---

* 김동윤, 「프랑스 '디지털 인문학'의 인문학적 맥락과 동향」, 『인문콘텐츠』 34, 인문콘텐츠학회, 2014.

** 건국대학교 문화콘텐츠학 교수

1) 프랑스의 경우 2010년 5월 21일 '디지털 인문학 선언문'이 발표된 바 있다. http;//digitalhumanities.fr 참조. 밀래드 두에이이는 2009년 4월 디지털 인문학 관련 초고(esquisse)를 세미나(《Nouvelles formes d'éditorialisation et communautés virtuelles》) 에서 발표한 바 있다. Milad Doueihi. "Pour l'humanisme numérique". Seuil. 2011. p. 22. 주 1).

2) "Les humanités numériques peuvent être définies comme l'application du 《savoir-faire des technologies de l'information [et de l'informatique] aux questions de sciences humaines et sociales".》 "Humnités numériques" 항목. Wikipedia.

성을 위해 동원하는 것에 그치는 것이 아니라 초(超)학제적으로 경계를 넘나드는 새로운 학문 공동체를 구성하려는 시도이다. 분과 학문과 분절된 연구 관행을 넘어선다는 점에서 디지털 인문학은 '연방적 운동'(un mouvement fédérateur)으로서 횡단적 협업의 '커다란 폿대'(grand chapiteau)를 세우는 학문 작업이라고 말할 수 있다.[3)]

디지털 인문학은 '컴퓨팅'에서 '디지털', 즉 '휴머니티 컴퓨팅'에서 디지털 인문학(Digital Humanities)에로의 패러다임 전환을 의미한다.[4)] 이것은 과거 문헌과 자료를 전산화하는 작업과 본질적으로 차원을 달리한다. 컴퓨팅에서 디지털로의 전환은 "통계 계산의 적용이 아니라 인문 사회과학의 담론" 수준에 더 가까운 것이다.[5)] 디지털 인문학의 관건은, 전통적인 인문학이 디지털 기술 환경에 적응하는 방식만을 말하는 것이 아니라, 기존의 지식 생산방식과 완전히 다른 지식 생산도구와 실천, 그리고 상상력을 만들어 나가야 한다는 점이다.[6)]

이런 맥락에서 현대 서구 인문학의 본산지라고 할 수 있는 프랑스어권 국가에서도 디지털로의 근본적인 패러다임의 변화를 인식하고 디지털 인문학과 관련한 활발한 움직임들이 목격되고 있다. 예를 들어 2014년 6월에 결성된 프랑스어권 디지털 인문학 연합인 'Humanistica'(위마니스티카)는 벨기에의 브뤼셀에 본부를 두고 활발

---

3) "Cette vision ne doit pas éclipser le dialogue entre les disciplines : il ne s'agit pas uniquement d'une mise à disposition d'outils dans les champs des sciences humaines, mais d'un mouvement fédérateur - la métaphore du《grand chapiteau》met en valeur le fait que cette communauté se pense comme extrêmement accueillante -. qui vise à renouveler les pratiques savantes et leur épistémologie. tout en réconciliant la recherche et la demande sociale." Wikipedia. 위의 곳.

4) Milad Doueihi. "Pour l'humanisme numérique". *Seuil*. 2011. p.23.

5) Milad Doueihi. 2011. p.23.

6) Milad Doueihi. 2011. p.24

하게 움직이고 있는 비영리 디지털 인문학 단체이다. 2012년 파리에서 열린 '댓캠프(THATCamp) Paris 2012'에서 비롯된 프랑스 디지털 인문학 연합 '위마니스티카'는 1) 프랑스어로 된 인문과학과 사회과학의 연구와 교육에 있어서 디지털 기술과 관련된 모든 주제를 함께 논의하고, 2) 프랑스어 권역에서 디지털 인문학을 촉진하며, 3)디지털 인문학의 영역에서 프랑스어권 언어와 문화(la Francophonie)를 진작시킬 목적으로 결성되었다.[7] ('위마니스티카'는 일반 의회, 국제협력처, 선출된 멤버의 사무소, 대변인, 재정담당관 등의 공식적인 조직을 운영하고 있다.[8] '위마니스티카'는 15명의 대표자들[9]을 선출하였으며, 매년 개최하는 국제적인 디지털 인문학 대회의 운영 조직과도 긴밀한 연계를 갖고 있다.)

프랑스는 일반적으로 디지털 기술의 확산에 대해 유보적인 분위기가 강한 나라이다. 사회 여러 분야에서 디지털화에 대한 저항이 거센 것이 사실이나,[10] 다른 한편 보수적인 인문학 전통이 뿌리 깊은 이곳에서도 디지털 인문학에 관한 관심이 고조되고 있는 것도 사실이다. 따라서 본고에서는 디지털 인문학과 프랑스 인문학과의 관계, 그리고 '프랑스 디지털 인문학'의 역사적, 문명사적 맥락을 짚어보고, '댓캠프

---

7) http://www.humanisti.ca/presentation
"Pour que l'association remplisse ses missions, les différentes instances assureront le développement d'actions servant trois enjeux principaux:
1. organiser la discussion et la réflexion collective dans l'espace francophone sur tous les sujets relatifs aux technologies numériques dans la recherche et l'enseignement des sciences humaines et sociales;
2. promouvoir les humanités numériques à l'intérieur de l'espace francophone;
3. promouvoir la francophonie dans le champ des humanités numériques."

8) http://www.humanisti.ca/presentation

9) http://www.humanisti.ca/presentation

10) Gilles Babinet. "L'ère numérique, un nouvel âge de l'humanité : Cinq mutations qui vont bouleverser notre vie". *Le Passeur*. 2014. p.199.

(THATCamp)'의 파리 '디지털 인문학 선언문'을 통해 최근 동향을 살펴보고자 한다.

2) 디지털 인문학과 프랑스 인문학의 전통

(1) 프랑스 근대 인문학을 바라보는 하나의 시선

프랑스는 20세기 들어서 F.d.소쉬르를 시작으로 하여 현대 언어학(기호학)이 발달하였으며 '언어학적 전회'(Linguistic Turn) 이후 구조주의 신화학자 클로드 레비스트로스와 롤랑 바르트에 의해 구조주의가 강고하게 자리잡았다. 구조주의는 전통적인 서구철학의 경향 - 개인과 주체 중심의 '위마니슴'(humanisme)과 현상학, 형이상학, 사르트르의 실존주의 사상 - 을 정면으로 비판하는 사조로서 서구 인문과학의 인식론적 '혁명'을 가져왔다. 잘 알려진 바대로 구조주의는 개인이나 주체의 의식보다는 공시태(synchrony)를 통해 사회문화적 현상 이면에 감춰져 있는 '구조'를 파악하려는 입장으로서 주체로서의 서구적 인간을 탈중심화하고 해체하는 데 기여한 바 있다.[11)]

소쉬르의 현대 언어과학으로부터 크게 영향 받은 롤랑 바르트와 그레마스에 의해 정립된 현대 기호학은 구조주의 인류학과 함께 20세기 서구 인문과학의 큰 흐름을 형성하였다고 말할 수 있다. 그러나 사회문화 현상을 이항대립적인 도식과 정태적인 상태로 이해하려는 구조주의는 사회의 역동성과 시간성을 포착하지 못하는 한계를 노정함으로써 데리다와 푸코와 같은 이른바 '후기구조주의'자들의 비판의 대상이 되었다. 데리다는 모든 현상을 텍스트로 보았고 텍스트가 기표와 기의의 만남은 늘 연기되고 포착 불가능한 것으로 보았

11) Philip Smith, Alexander Riley. *Cultural Theory An introduction*. MA: Blackwell. 2009. p.92-95.

고, 이것을 '차연'(디페랑스, différance) 개념을 통해 정의하려고 하였다. 데리다의 해체주의적 사유는 구조주의가 모든 것을 구조와 공시태(synchrony)로 바라보려는 입장을 극복하고, 더 나아가서 소리중심주의에 착근하고 있는 서구 인문학의 전통 자체를 '해체'하려는 프로젝트로 해석될 수 있다.[12)]

프랑스에서 발흥한 후기구조주의는 새로운 인문과학의 흐름을 형성하면서 영미권으로 전파되었고 이른바 '프랑스 이론'(French Theory)이라는 새로운 학문 사조를 낳게 되었다.[13)] 이렇듯 20세기 서구 인문 사회과학의 풍부한 지형을 형성하는 데 있어서 프랑스 사상가들의 기여는 결정적이라고 할 수 있다. 그러나 실증적이고 경험주의적 사고가 지배적인 영미권 학문 전통과 달리 프랑스와 독일의 인문학 전통은 과학기술적 근대와 그것에 기초한 세계관에 대해 비판적인 입장을 보여온 것도 사실이다. 이러한 현대과학과 테크놀로지에 대한 비판의 인식의 근거는 - 예를 들면 - 하이데거, 후설, 메를로퐁티와 같은 현상학자들, 비판철학자 하버마스, 그리고 과학철학자이면서도 깊은 시적 상상력의 세계를 탐구한 바슐라르에게서 찾을 수 있다. 다른 한편, 폴 비릴리오, 시몽동, 자크 에륄, 베르나르 스티글레르과 같은 과학기술 비판 철학자들의 영향력이 여전히 강고한 것도 프랑스의 지적 전통에서 간과할 수 없는 사실이다.[14)]

따라서 근현대 인문과학 계보의 큰 축을 담당하면서도 과학기술

12) Geoffey Bennington et Jacques Derriada. "Jacques Derrida". Seuil. 1991.
13) François Cusset. *French Theory: How Foucault, Derrida, Deleuze, & Co. Transformed the Intellectual Life of the United States*. MN : Univ. of Minnesota Press. 2008.
14) 디지털이 가져올 기술 기반의 유토피아와 디스토피아의 미래에 관한 논의는 다음을 참고 할 것. 김도훈 외, 『디지털 시대의 인문학, 무엇을 할 것인가』, 사회평론, 2001. 특히 프랑스 내의 다양한 논의를 소개하고 있는 '03 디스토피아이론 비판과 유토피아론을 위한 변명' 부분을 참고할 것. 199-242쪽.

비판 담론의 전통이 강한 프랑스 인문학이 디지털 기술과 인터넷의 전방위적 확산이라는 문명사적 전환을 어떻게 수용하고 있는가를 살펴보는 것은 흥미로운 주제가 될 것이다. 프랑스 인문학이 전반적으로 과학기술과 자본주의와의 결합, 그로 인한 인간성의 쇠락, 더 나아가 인간 자체의 소멸 가능성에 대해 비판적인 경향을 보이는 것은 사실이다. 예컨대 디지털적 전회 이전에 푸코가 『말과 사물』에서 예언적으로 말했듯이, 근대 인문주의 에피스테메의 소멸을 "인간의 얼굴이 바닷가 끝에서 모래알처럼 사라지는 것"으로 비유하였다.[15)]푸코의 발언을 디지털적 전회의 시대에 적용한다면, 디지털 테크놀로지의 발달에 의해 인간적인 것의 축소는 근대 인문주의의 에피스테메가 디지털 에피스테메로 전환되는 것으로 해석될 수 있다.

다른 한편 최근 과학기술 강국이기도 한 프랑스에서 디지털 기술을 통해 사회제도와 국가와 문명을 새롭게 구성하자는 논의와 움직임이 활발히 일어나고 있는 점은 흥미로운 현상이다.[16)] 이러한 움직임은 인문 사회학과 디지털과의 결합으로 이어지고 있으며 그것의 결과는 다양한 형태로 나타나고 있다. 프랑스에서 부상하고 있는 디지털 인문학은 - 여전히 초기 단계에 머물러 있으면서 - 독립적인 성격을 지니는 것이 아니라 서유럽 디지털 인문학과 함께 연동되어 있으며 서구 디지털 휴머니티의 철학과 비전을 상당 부분 반영한다고 볼 수 있다. 그러므로 디지털 인문학의 기술적인 검토와 구체적인 실천에 앞서 서구 디지털 문명의 역사적 배경과 그것이 지니는 인문적 맥락과 의미를 짚어보는 것은 장차 전개될 디지털 인문학의 미래를

---

15) "alors on peut bien parier que l'homme s'effacerait, comme à la limite de la mer un visage de sable." Michel Foucault. *Les mots et les choses*. NRF – Gallimard. 1966. p.398.

16) Gilles Babinet. "L'ère numérique, un nouvel âge de l'humanité: Cinq mutations qui vont bouleverser notre vie". *Le Passeur*. 2014. p.27-40.

바라보는 하나의 전망을 제공할 수 있을 것이다.

(2) 프랑스 디지털 인문학과 역사적·문명사적 맥락

프랑스는 영국·독일과 함께 서유럽에서도 인문학 전통이 매우 강한 나라이다. 비록 디지털 인문학은 과거의 전통과의 단절이 아니라 계승이며 재창조이고 미지의 영역을 개척하는 작업이다. 프랑스에서 진행되고 있는 디지털 인문학의 커다란 역사적 정신적 흐름은 계몽주의 정신과 백과전서의 전통, 지적·정신적 고양을 추구하는 전통, 과학기술에 대한 비판정신과 아울러 기술 발전을 방대한 지식의 융합과 통합에 활용하려는 노력, 그리고 문명사의 새로운 지평으로서의 인문학 등으로 정리해 볼 수 있을 것이다.

① 백과전서파와 계몽주의의 맥락

우선 프랑스는 계몽주의 시대에 이미 모든 지식을 총망라하고자 백과전서[17]를 출간한 나라인 점에 주목할 필요가 있다. 유럽 디지털 인문학의 중요한 이정표 가운데 하나는 18세기 계몽주의 시대에 출간된 백과전서로서 이것은 계몽정신(Aufklärung)의 구현이다. 1751년 디드로, 달랑베르, 루소는 다양한 분야의 지식을 총망라한 본격적인 백과전서를 출간함으로써 장차 도래할 만인을 위한 세계전자백과사전의 출현을 암시하였다. 백과전서는 그야말로 지식의 융합과 창조적 협업의 산물로서 누구나 지식을 공유할 수 있다는 점에서 휴머니티 보편성의 구현인 것이다. 인문학의 역사에 있어서 백과전서의 기여는

---

17) 프랑스 백과전서의 원제는 'L'Encyclopédie ou Dictionnaire raisonné des sciences, des arts et des métiers'로서 1751년에서 1772년 사이 디드로와 달랑베르가 편집권을 가지고 출간하였다. wikipedia 프랑스어 판 항목 'Encyclopédie ou Dictionnaire raisonné des sciences, des arts et des métiers'에서 인용.

'책의 문화와 제도(대학, 출판, 언론제도)'를 완성함으로써 모든 사람들이 자유롭게 방대한 지식에 접근하게 만든 것이다.[18] 이것은 디드로의 계몽정신에 부합하는 것으로서 - 디드로의 말대로 - "오랫동안 각자 일해 왔던 인문학자와 숙련된 사람들이 상호간의 선의와 인류의 공익을 위해 함께 창조적 협력을 도모할 때에 백과전서 프로젝트는 비로소 완성"되는 것이다.[19] 디지털 테크놀로지로 가능해진 월드와이드웹(World Wide Web)과 지식 생태계는 정신적 고양과 보편성, 지식의 민주주의를 추구한 계몽정신의 전자적 구현으로서 디지털 휴머니티의 가능성을 보여주었다.[20]

디지털 인문학의 핵심인 지식 융합과 창조적 협업의 좋은 예를 우리는 위키피디아에서 찾을 수 있다. '디지털 챔피온' 질 바비네가 '디지털 시대'에서 언급하였듯이,[21] 21세기 벽두에 지미 웨일즈에 의해 만들어진 위키피디아는 "매달 4억 8천 만 명이 방문하고 270개의 언어로 2천 백 만 개 항목의 글들이 올라오고 있는" '빠른'(wiki) 백과사전이자 어디서든 무료로 지식의 바다에 다가가고자 하는 많은 사람들

---

18) Milad Doueihi. "Pour l'humanisme numérique". *Seuil*. 2011. p.15.

19) "This is a work that cannot be completed except by a society of men of letters and skilled workmen, each working separately on his own part, but all bound together solely by their zeal for the best interests of the human race and a feeling of mutual good will." 'Encyclopedia of Diderot & d'Alembert Collaborative Translation Project', www.hti.umich.edu/d/did/

20) 'Gallica' 프로젝트는 만인을 위한 지식 생태계 구성이라는 백과전서파의 정신을 계승하고 있는 프랑스 디지털 인문학의 좋은 사례로 손꼽힌다. http://gallica.bnf.fr '갈리카'는 프랑스 국립도서관이 소장한 각종 문헌과 자료들을 디지털화한 전자도서관을 말한다. 누구나 접속 가능한 프랑스 국립 전자도서관은 디지털화된 모든 자료들을 검색 열람할 수 있는 거대한 지식의 저장고로서 디지털 인문학의 한 범례라고 할 수 있다.

21) Gilles Babinet. "L'ère numérique, un nouvel âge de l'humanité : Cinq mutations qui vont bouleverser notre vie". *Le Passeur*. 2014.

의 바람에 답하는 전자 백과사전이다.[22] 많은 사람들의 기부로 운영되는 위키피디아는 독자가 타인이 작성한 글을 교정할 수 있는 체제를 구축함으로써 지식의 질적 수준과 편집의 자율성을 확보하고 있다.[23] 디지털 인문학의 범례인 위키피디아는 일반 독자들과 전문가들이 함께 일할 수 있는 환경을 만들었다는 데 성공의 비결이 있다. 디지털 인문학의 본질은 다양한 전공의 융합과 지식 창조를 가능케 하는 창의적 협업에서 찾을 수 있다.[24]

창의적 협업은 인지자본주의(le capitalisme cognitif)가 요구하는 필수적인 요소이다. 얀 물리에 부탕은 인지자본주의 시대에 있어서 창의성을 지식 생산의 핵심으로 보고, 그것을 추동하는 심리적 상태를 '리비도 시엔디'(libido sciendi)로 정의하고 있다.[25] '리비도 시엔디'는 디지털 기반 사회에서 지식을 습득하고 생산하는 형태가 '놀이의 취향'(le goût du jeu de la connaissance)과 흡사하게 되는 것을 말한다.[26] 달리 말하면, 디지털 인지자본주의의 '에토스'(ethos)는 산업자본주의 시대의 지배적인 '리비도 도미난디'(libido dominandi)나 '리비도 센티엔디'(libido sentiendi)와 근본적인 차이를 보인다. 리비도 도미난디는 위계적 조직에서 권력 행사를 통해 타인을 지배하려는 태도이고, 리비도 센티엔디는 경제적 인간(호모 에코노미쿠스)이 물질적 충족을 최

---

22) Gilles Babinet. 2014. p.81.

23) Gilles Babinet. 2014. p.85. 위키피디아는 - 비록 재정적 어려움과 소멸 가능성의 소문에도 불구하고 - 저자의 기능과 역할의 변화, 그리고 문화적 다양성과 특수성을 바탕으로 한 보편성 등을 보여주고 있다는 점에서 디지털 인문학의 대표적인 사례로 연구의 가치를 지닌다고 하겠다. Milad Doueihi. *La Grande Conversion numérique*. 2008. p.67.

24) 위의 내용의 일부는 논자가 매일경제신문 [21세기 인문학 리포트](2014년 9월 4일자)에 기고한 "횡단적 사고의 '서프라이즈'"와 동일한 맥락임을 밝혀둔다.

25) Yann Moulier Boutang. *Le Capitalisme cognitif, La Nouvelle Grande Tranformation*. Editions Amsterdam. 2007. p.109-113.

26) Yann Moulier Boutang. 2007. p.109

대화하려는 욕망을 지칭한다.[27)] 리비도 시엔디는 아담 스미스가 정의한 산업자본주의 시대의 노동, 뒤르카임이 말하는 사회적 분업 개념과 근본적으로 다른 것으로서 지식 생산을 위해 창조적 협업이 요구하는 심리적 태도나 열정을 의미한다.[28)] 리비도 시엔디는 혁신적인 인간 활동과 창조적인 두뇌들 간의 협업의 태도로서 디지털 인문학이 요구하는 바와 부합하는 것이다. 혁신적이고 창의적이며 협업적인 태도와 활동은 - 과거 위계적이고 단자화(單子化)된 고립된 상태에서의 노동과 달리 - 보다 고양된 정신과 문명으로 상승하려는 열정의 표현으로서 계몽정신의 이상인 보편성과 진보 개념에 맞닿아 있다.

② 누스페어(Noosphere)와 디지털 인문학

'인지자본주의' 시대에 디지털에 대한 창조적이고 유희적인 태도는 디지털 문명에 대한 낙관적인 전망을 가능케 한다. 프랑스어권에서 디지털 문명의 도래에 대해 적극적인 입장과 낙관적인 전망을 보인 학자는 피에르 레비(Pierre Lévy)이다. 디지털 인문학에 대한 본격적인 논의가 진행되기 이전에 피에르 레비는 자신의 역저 『사이버 문화』, 『누스페어』에서 최근에 전개되고 있는 디지털 문명에로의 전면적인 전환을 이미 예고한 바 있다.[29)] 그는 디지털 테크놀로지와 사이버 문화의 발달을 인류 역사에 있어서 인간화 과정의 최근 단계로 규정하고 신학자 테이야르 드 샤르댕(Teilhard de Chardin)의 핵심 개념인 '누스페어'를 디지털 문명의 최종 지향점으로 삼았다.[30)] 샤르댕은 "우

---

27) Yann Moulier Boutang. 2007. p.109
28) Yann Moulier Boutang. 2007. p.109
29) 피에르 레비, 김동윤, 조준형 역, 『사이버 문화』, 서울:문예출판사, 2000; 피에르 레비, 김동윤, 조준형, 손주경 역, 『누스페어』, 서울:생각의 나무, 2000.
30) 『누스페어』, 194쪽.

주와 인류, 지구의 역사가 발생진화론(genesis)의 성격을 지니며"[31] 인간정신은 보편적 고양을 향해 나아가며 인간정신과 그것이 구성하는 세계를 '누스페어'(Noophere, 정신계)로 정의하였다.[32] 누스페어란 생물학적인 영역과 대칭되는 인간 정신의 영역(Sphere of Mind)으로서, 인간이 중층적 복합성을 추구할수록 정신계가 스스로를 자각하면서 보다 고양된 상태로의 향진하는 것을 의미한다. 여기서 말하는 고양된 상태는 '좁은 지리 발생'(geogenesis)의 영역을 거쳐 '얼 발생'(noosgenesis)의 과정에서 전개되는 인간 현상이다.[33] 인간 현상은 인류가 보다 큰 의식과 큰 정신(얼)에로 통합하려는 의지가 발현되는 상태를 말하며, '오메가 포인트'는 인간 현상의 극점이자 인간 역사가 완성되는 지점이기도 하다.[34]

인간의 역사는 인간화(hominisation)의 과정이고 그것은 커다란 의식, '사람 같은 우주'를 향해 진화하는 오름이다. '사람 같은 우주'를 향한 각 개인의 오딧세이는 궁극적으로 '으뜸가는 의식', 큰 사람으로 '스스로 자기의 집중을 더해가는' 여정이라고 할 수 있다.[35] 테이야르드 샤르댕은 인간화 과정의 높은 상태를 다음과 같이 기술하고 있다. "그런 자기 집중의 결과 자기를 둘러싼 '다른 중심들과 손을 잡는다'. 느낌으로나 생각으로나 우리 안에 어떤 거대한 우주가 쌓여가는 것을 가끔 경험하지 않는가?"[36] 이는 베르그송이 『창조적 진화』에서 다윈의 적자생존의 개념으로 설명될 수 없는 인간 정신의 고양과

---

31) 『누스페어』, 8쪽.

32) Teilhard de Chardin. *The Phenomenon of Man*. NY: Perennial Library. 1975. p.14. 이하 PH로 약칭함. 우리말 번역 양명수 역, 『인간현상』, 서울: 한길사, 2002, 이하 『인간현상』으로 약칭함.

33) 『인간 현상』, 253쪽

34) 『인간 현상』, 240쪽

35) 『인간 현상』, 241쪽

36) 『인간 현상』, 241쪽

창조를 향한 향진 가능성과 크게 다르지 않다. 삶을 추동하는 약동(Élan vital) 개념으로 함축되는 베르그송의 창조적 진화론은, 인간과 자연이 대립하는 데카르트적 이분법적 사고를 정면으로 부정하는 것으로서, 샤르댕의 '누스페어', '오메가 포인트'의 인간 정신의 철학과 근본적으로 조응하는 것이다.

피에르 레비는 테이야르 드 샤르댕의 '누스페어'(얼누리) 구현을 향한 진화론을 디지털적 전회에 적극 수용한 대표적인 경우이다. 레비는 디지털이란 용어 대신에 사이버 문화라는 개념을 사용하면서 사이버 공간은 근본적으로 인간의 의식이 확장되고 더 큰 인간, 즉 정신계로 나아가는 단계로 보았다.[37] 정신계의 구현은 인간화 과정에서 특징적으로 나타나는 무수한 형태의 발명으로 이루어진다고 볼 수 있다. 디지털 문명을 누스페어의 경지로 상승시키는 것은 각 개인이 큰 의식과 '큰 사람'으로 융합되는 상태를 말하며 이것은 수많은 형태의 발명으로 가능하게 된다.[38] 누스페어를 향한 집단지성은 형태의 지성으로서 "자유롭고 전방향적이며 근본적으로 다양하고 복합적인 형태"를 잉태하는 지성이다.[39] 디지털 인문학의 인류학적 문명사적 의의는 긍정적으로 조망한다면, 새롭고 다양한 형태의 창조를 통해 우리 안에 조금씩 우주적인 것을 쌓아 나가면서 커다란 의식의 정신계, 즉 '오메가 포인트'를 향해 솟아오르는 인간 의식의 도약의 발판을 마련한 것이라고 할 수 있다.

---

37) Pierre Lévy. *World philosophie : Le marché, le cyberespace*, la conscience. Odile Jacob. 2000. p. 173, p.208; 『누스페어』 194, 236쪽.

38) 『누스페어』, 190쪽.

39) 『누스페어』, 241쪽.

③ 디지털 문화(『누스페어』)에 대한 비판 이론

디지털 기술이 가져올 새로운 문명의 변화에 대해 긍정적이고 낙관적인 시각만이 존재하는 것은 아니다. 디지털 테크놀로지에 의해 추동되는 인간의 삶과 사회의 변화에 대해 비판적인 시각과 논리가 프랑스어권에 있어서 강고하게 자리잡고 있는 것도 사실이다. 근자에 출간된 밀래드 두에이이(Milad Doueihi)의 연구는 최근 디지털 문화를 둘러싸고 벌어지고 있는 논쟁에 있어서 다분히 인문적인 성찰과 비판적 사유를 반영하고 있다는 점에서 주목할 필요가 있다. 기술 비판적 조망에서 본다면, 디지털 문화는 "지식을 새로운 형식과 형태로 (…) 다시 정의하고 재구성하려는 커뮤니케이션과 정보 교환 방식으로 이루어져 있으며" 지식의 생산에 있어서 새로운 도구와 '디지털 능력'(la compétence numérique)을 요구하는 획일화된 기능주의의 문화인 것이다.[40] 이는 프랑스 기술비판 철학자 자크 에륄(Jacques Ellul)의 생각과 크게 다르지 않다. 역사적으로 기술은 문명의 한 부분에 불과하였다. 기술은 비기술적인 것의 구성 요소 가운데 하나였으나, 오늘날 기술은 문명 전체를 '삼키고' 관장하게 된 것이다.[41] 기술이 문명의 일부가 아니라 문명이 기술이 된 것이다. 이것은 단지 인간 삶에 기술이 하나의 편리한 도구로서 들어온 것이 아니라, 인간의 삶과 사유의 방식, 그리고 감수성과 상상력마저 기술의 영역으로 편입되고 있음을 의미한다. 밀래드 두에이이의 지적대로, 디지털 문화는 "스스로 변화하면서 구체적인 문화적·정치적 정체성을 위해 봉사하는 것이 아

40) Milad Doueihi. "*La Grande Conversion numérique*". *Seuil*. 2008. p.37.

41) Jacques Ellul. *La Technique ou l'Enjeu du siècle*. Paris: Economica. 1990. p.117.
재인용, Milad Doueihi. "La Grande Conversion numérique". *Seuil*. 2008. p. 26.

니라 또 하나의 정체성을 만들어 가고 있다"고 할 수 있다.[42] 그러므로 컴퓨팅 공학에서 진화한 디지털은, 모든 공적·사적 영역에 침투하여 문화와 상상의 세계(l'imaginaire), 더 나아가 문명을 지배하는 기제로 작용한다는 비판으로부터 자유로울 수가 없다.

디지털은 단순한 테크놀로지가 아니라 - 하버마스가 말한 바와 같이 - 하나의 이데올로기가 되는 것이며,[43] 그 결과 인간의 삶과 상상계 전체가 디지털의 촘촘한 그물망에 포섭되는 것을 의미한다.

이러한 역사적, 문명사적, 과학기술의 비판적 맥락과 배경에서 디지털 인문학의 철학과 비전, 지향점을 분명하게 정의하고자 한 '디지털 인문학 선언문'이 프랑스에서도 발표되었다는 점은 하나의 유의미한 사건이라고 볼 수 있다.

3) 파리 '디지털 인문학 선언문(Manifeste des Digital Humanities)'을 통해 본 디지털 인문학의 비전과 동향[44]

2010년 3월 18~19일 프랑스 파리에서 모인 '댓캠프(THATCamp)'에서 디지털 인문학에 관한 선언문이 발표되었고,[45] 선언문의 내용은

---

42) Milad Doueihi. "*La Grande Conversion numérique*". *Seuil*. 2008. p. 26.

43) Jürgen Habermas. *La technique et la science comme idéologie*. Paris: Denoël. 1973.

44) L'affiche du manifeste des Digital Humanities, Manifeste des Digital humanities | THATCamp Paris. 논자가 프랑스어 원문을 번역함. 이에 앞서 미국에서는 2008년 12월 15일 'A Digital Humanities Manifesto', 그리고 2009년 5월 29일 'The Digital Humanities Manifesto 2.0'이 발표된 바 있다. manifesto.humanities.ucla.edu/2008/12/15/

45) 파리 인문학 선언문은 '댓캠프(THATCamp)' 모임을 계기로 발표된 것으로서 프랑스만의 독자적인 이니셔티브라고 보기는 어렵다. 그러나 이 글의 목적은 프랑스 디지털 인문학의 동향을 살펴보는 것이므로 '댓캠프' 파리 선언문이 프랑스 인문학과 관련하여 많은 시사점을 주고 있다고 판단하여 이를

마랭 다코(Marin Dacos)[46]가 작성한 것으로 되어 있다.[47] 파리에서 발표된 '디지털 인문학 선언문'(Manifeste des Digital humanities)은 디지털 인문학의 현주소와 방향성과 전망을 가늠할 수 있는 중요한 문건으로서, 이것이 지니는 의의와 목적, 미래 전망을 살펴보는 것은 장차 이뤄질 한국 디지털 인문학 연구에 하나의 레퍼런스로 작용할 것으로 판단된다. 따라서 논자는 파리 디지털 인문학 선언문이 지니는 맥락과 의의를 다음과 같이 정리하여 소개하고자 한다.

① 현대 문명과 디지털 인문학 전회

이들은 오늘날 진행되고 있는 지식 환경의 변화를 '디지털 인문학

정리 소개하고자 한다. 'THATCamp'의 전체 명칭은 'The Humanities and Technology Camp'로서 대학교수, 도서관 문헌정보관련 사서, 박물관 스탭 등으로 구성되며 이들의 공식적인 모임 명칭은 컨퍼런스 대신에 'unconference'라는 명칭을 사용하고 있다. 'THATCamp'의 이념은 2008년 조지 메이슨 대학 역시 뉴미디어 센터에서 정립된 것으로 알려졌다. 현재 '지역 댓캠프 regional THATCamps' 모임은 미국 외에 라틴 아메리카, 유럽, 캐나다, 호주, 아시아 등에서 개최되고 있다. 출처: THATCamp, Wikipedia

46) Directeur du Centre pour l'édition électronique ouverte (OpenEdition). CNRS EHESS AMU UAPV.

47) 디지털 인문학 선언문 취지는 다음과 같다. "디지털 인문학의 행위자이자 옵저버인 우리들은 2010년 5월 18-19일 '댓캠프(THATCamp)' 개최를 계기로 파리에 모였습니다. 이틀 동안 우리는 디지털 인문학에 관해 토론하고 의견을 교환하면서 장차 디지털 인문학의 모습에 대해 상상하고 그리고 새롭게 만들어 보고자 하였습니다. 이틀 동안 진행된 모임은 첫 걸음마 단계에 불과하지만, 우리는 연구자 공동체 그리고 디지털 인문학을 새롭게 창조하려는 분들, 지식의 보존과 가치화, 편집에 참여하려는 모든 분들에게 다음과 같이 디지털 인문학 선언문을 제안하고자 합니다." 출처:L'affiche du manifeste des Digital Humanities.
다음 사이트에서는 선언문이 2011년 3월 26일 마랭 다코에 의해 작성된 것으로 표기되어 있으나(Manifeste des Digital humanities | THATCamp Paris *tcp.hypotheses.org/318*) 밀래드 두에이이는 2010년 5월 21일 선언문이 작성되었다고 하였다. Milad Doueihi. "*Pour l'humanisme numérique*". *Seuil*. 2011. p.22. 주 1).

에로의 전회(轉回)'로 규정하고 있으며, 디지털 인문학 전회는 지식의 생산, 지식 전파의 조건을 근본적으로 변화시키는 계기로 작용한다는 것이다.

② 전통의 계승

디지털 선언문에 따르면, 디지털 인문학이란 과거 인문 전통과의 결별이 아니라 "기존의 모든 인문과학, 사회과학, 예술, 그리고 전통적인 문예학(les Letteres)을 포괄"한다는 것이다. 디지털 인문학은 "새로운 디지털의 도구들을 운용"하면서도 "전통적인 문예학(Lettres), 인문과학의 고유한 패러다임, 지식들과 접목"을 시도하고 있으며,[48] 이것이 지향하는 바는 궁극적으로 문화교양의 풍부화로서 "21세기 전반적인 문화교양 속으로 디지털 문화가 통합될 것"을 예견하고 있다.[49]

③ 횡단적 학제성과 지식 융합

디지털 인문학의 특징은 디지털 기술을 바탕으로 가능해진 '발견적 전망'(heuristic perspectives)과 기제, 방법론을 통해 횡단적 학제성(transdisciplinarity)을 도모하는 일이다.[50] 선언문은 다양한 커뮤니티

---

48) "Pour nous, les digital humanities concernent l'ensemble des Sciences humaines et sociales, des Arts et des Lettres. Les digital humanities ne font pas table rase du passé.Elles s'appuient, au contraire, sur l'ensemble des paradigmes, savoir-faire et connaissances propres à ces disciplines, tout en mobilisant les outils et les perspectives singulières du champ du numérique." "Manifeste des Digital humanities | THATCamp Paris.

49) "Nous appelons à l'intégration de la culture numérique dans la définition de la culture générale du XXIe siècle." Manifeste des Digital humanities | THATCamp Paris.

50) "Les digital humanities désignent une transdiscipline, porteuse des méthodes, des dispositifs et des perspectives heuristiques liés au numérique

들이 자발적으로 만들어지고 있는 현상에서 초횡단적 학제성, 지식 융합 등 디지털 인문학 기반 형성의 가능성을 발견하고 있다. 선언문은 이에 대해 다음과 같이 구체적으로 기술하고 있다. "다양하고 횡단적인 성격을 지닌 실천, 대상, 도구에 따라 결성된 여러 커뮤니티들이 존재한다. 예컨대 원천 텍스트의 인코딩, 지리적 정보시스템, 렉시코메트리, 문화 과학기술 유산 지도, 웹 지도, 데이터 집적, 3D, 구술 아카이브, 디지털·하이퍼미디어 기반 예술과 문학 등이다."[51]

④ 디지털 아방가르드와 실험정신

디지털 인문학은 새로운 것에 대한 시도이고 실험정신의 발현이다. 기존의 인문학이 개인적인 작업에 바탕을 두고 있다면 디지털 인문학은 여러 사람들이 함께 하는 협업의 형태를 띠고 있으며 협업은 창조적 실험 형태로 진행되고 있다. "반세기 전부터 인문 사회과학의 디지털 영역에 있어서 엄청나게 많은 실험들이 이루어졌다. 최근에는 디지털 인문학 연구 센터들이 생겨났고, 이들은 지금 현재 디지털 인문학 접근의 고유한 표준 원형(prototypes) 또는 적용 장소이다."[52]

---

dans le domaine des Sciences humaines et sociales." Manifeste des Digital humanities | THATCamp Paris.

51) "(...) existent de multiples communautés particulières issues de l'intérêt pour des pratiques, des outils ou des objets transversaux divers (encodage de sources textuelles, systèmes d'information géographique, lexicométrie, numérisation du patrimoine culturel, scientifique et technique, cartographie du web, fouille de données, 3D, archives orales, arts et littératures numériques et hypermédiatiques, etc." Manifeste des Digital humanities | THATCamp Paris.

52) "(...) se sont multipliées les expérimentations dans le domaine du numérique en Sciences humaines et sociales depuis un demi-siècle. Qu'ont émergé, plus récemment, des centres de digital humanities, qui sont tous, à l'heure actuelle, des prototypes ou des lieux d'application spécifique d'une approche des digital humanities," Manifeste des Digital humanities

⑤ 국경을 초월한 환대적 연대의 커뮤니티 구성

디지털 인문학은 기존 인문학과 달리 개방적이고 환대적이며 연대적인 성격을 지닌다. "우리 디지털 인문학의 행위자들은 스스로 연대적, 개방적, 환대적 실천 그리고 자유 근접성을 지닌 실천의 커뮤니티를 구성하고자 한다."[53] 디지털 인문학의 기본 정신은 국경과 민족을 넘어가는 탈경계이고, 언어와 문화의 다양성을 추구하는 범세계적 커뮤니티 운동이 디지털 인문학의 문명사적 지향점인 것이다. "우리들은 국경없는 커뮤니티이고, 다언어 다학제적(mutidisciplinarity) 커뮤니티이다." [54]

⑥ 지식의 보편화와 참여적 커뮤니티

디지털 인문학의 지향점은 '아카데미아'라는 학문적 제도의 틀을 넘어서 모든 사람들이 참여하는 집단지성(collective intelligence)을 추구하는 것으로서 "지식의 진보, 연구 수준과 질의 강화, 그리고 지식과 집단 유산을 풍요롭게 하는 것"으로 정의될 수 있다.[55]

지식과 집단의 유산을 풍요롭게 하기 위해서 좋은 실천이 필요하고 좋은 실천이란, "토론을 통해 합의를 이루고, 그리고 계속 합의를 이루어 나가는 분과적, 분과 횡단적 요구에 부합하는 것"이다.[56]

| THATCamp Paris.

53) "Nous, acteurs des digital humanities, nous nous constituons en communauté de pratique solidaire, ouverte, accueillante et libre d'accès." Manifeste des Digital humanities | THATCamp Paris.

54) "Nous sommes une communauté sans frontières. Nous sommes une communauté multilingue et multidisciplinaire." Manifeste des Digital humanities | THATCamp Paris.

55) "Nous avons pour objectifs le progrès de la connaissance, le renforcement de la qualité de la recherche dans nos disciplines, et l'enrichissement du savoir et du patrimoine collectif, au-delà de la seule sphère académique." Manifeste des Digital humanities | THATCamp Paris

56) "Nous souhaitons participer à la définition et à la diffusion de bonnes

⑦ 집단지성의 장

디지털 인문학은 집단지성을 통해 모든 사람의 잠재적 역능(virtuality)을 한데 모으고 집단의 역능을 통해 창조적 협업의 직업 기회를 확대하고 커뮤니티의 공동선을 지향점으로 삼는다. 이것은 다음과 같이 명시되어 있다. "우리는 공통의 어휘, 행위자들의 작업에 기대면서 집단 능력의 구축을 위해 전력을 다할 것이다. 이러한 집단 능력은 공동선으로 나아가는 사명감을 갖고 있다. 집단 능력은 과학적 기회를 마련하고 모든 분야에 적용될 수 있는 직업의 기회를 제공한다."[57]

정리한다면 '파리 디지털 인문학 선언문'은 1) 계몽주의 백과전서파가 주장한 지식을 통한 보편정신의 계승, 2) 네트워크상에서 창조적 협업을 통한 모든 지식의 융합(convergence), 3) 지식을 함께 나누고 향유하려는 윤리의식과 심미적 감수성, 4) 개인의 창조적 역능 발휘를 통한 자발적 커뮤니티의 구성, 5) 국경과 민족을 넘어서는 탈경계, 환대와 우정의 공동체 구성 노력 등을 담고 있다고 볼 수 있다.

---

pratiques, correspondant à des besoins disciplinaires et transdisciplinaires identifiés, qui soient évolutives et issues d'un débat puis d'un consensus au sein des communautés concernées. L'ouverture fondamentale des digital humanities assure néanmoins une approche pragmatique des protocoles et des visions, qui maintient le droit à la coexistence de méthodes différentes et concurrentes, au profit de l'enrichissement de la réflexion et des pratiques." Manifeste des Digital humanities | THATCamp Paris.

57) "Nous nous engageons dans l'édification d'une compétence collective s'appuyant sur un vocabulaire commun, compétence collective qui procède du travail de l'ensemble des acteurs. Cette compétence collective a vocation à devenir un bien commun. Elle constitue une opportunité scientifique, mais aussi une opportunité d'insertion professionnelle, dans tous les secteurs." Manifeste des Digital humanities | THATCamp Paris.

4) 디지털 인문학, 새로운 문명사적 지평

전 지구적인 사건으로서의 디지털 휴머니티는 문명사에 새롭게 떠오르는 인문적 지평이다. 오늘날 지식, 경제, 교육, 산업, 의료, 국가 등 전방위적으로 진행되고 있는 '디지털적 전회'(Digital Turn)는 종래의 통계 데이터를 다루는 '컴퓨팅' 기술의 차원을 뛰어 넘어 새로운 인문 사회과학의 에피스테메와 담론 창출을 예고하고 있다. 글로벌화의 맥락에서 전개되는 디지털적 전회는 근본적이고 전면적인 변화로서 수직적이고 위계적인 지식의 체계를 무너뜨리고 리좀(Rhizom)과 같이 수평적(horizontal)으로 끊임없이 연결되는 지식 생태계, 즉 디지털 휴머니티를 구성하려는 패러다임의 전환이다.

디지털 인문학은 생생하게 살아있는 인류의 거대한 기억의 저장고이자 모든 창조적 가능성과 발현의 총화로 정의될 수 있으며, 새롭게 확보한 영토(territory)를 인간 거주가 가능한 공간으로 재구성하려는 기획과 실천 방식이라고 볼 수 있다.

디지털 인문학의 핵심은 근본적으로 창조적 협업과 초학제적 집단지성에서 발견될 수 있다.[58] 초학제적 성격의 디지털 인문학은 자유로운 비판정신과 상상력을 통한 집단지성, 지식 융합 등으로 테크놀로지와 인간 지식을 하나로 '융합' 하려는 노력이다. 디지털 인문학은 다양성, 관용, 비판 정신, 사회적 신뢰, 창조적 협업을 통해 인류가 온축한 모든 지식과 지혜를 디지털 기술로 융합(convergence)하려는 지적·실천적 탐험이다. 달리 말해 그것은 창의적 운용 능력과 다양성을

58) 디지털 인문학에서 있어서 창조적 협업과 초학제성의 중요성은 2014년도 7월 초에 로잔 공과대학에서 열린 DH2014에서도 그대로 확인되고 있다. *Digital Humanbities 2014 Book of Abstracts* Conference Abstracts EPFL -UNIL Lausanne Switzerland. 8-12 July 2014. p.59-61.

용인하는 윤리적 태도와 감수성과 같은 인문적 가치가 디지털 테크놀로지와 결합할 때 - 테이야르 드 샤르댕이 말하는 - 큰 의식에로의 상승과 '오메가 포인트'에 다다를 가능성을 모색하는 것이다.

결론적으로 말해, 프랑스 인문 전통이 디지털에 늘 유보적인 비판적인 태도를 보여온 것이 사실이라는 점을 고려할 때, 오늘날 인문학 연구자들의 디지털에 대한 큰 관심과 진지함, 즉 '디지털에 대해 진지하게, 그리고 디지털과 함께 생각하고' 있는 점은 주목받아야 마땅하다.[59] 20세기 현대 인문학 담론의 주요 생산국인 프랑스의 디지털이 거의 시대의 절대적인 요청(l'impératif)이라는 점을 깨닫기 시작한 것이다. 따라서 보편정신, 개인적 창조적 역능과 탈경계의 협업을 근간으로 하는 프랑스 '디지털 인문학'이 펼쳐 보일 풍경과 미래의 전망을 살펴보는 것은, 한국에서의 디지털 인문학 연구와 관련하여 흥미롭고 유의미한 작업이 될 것임은 분명하다.

---

59) Milad Douihi, Pour l'humanisme numérique, Seuil, 2011, p.24

3. 해외 디지털 인문학 동향*

김바로

1) 디지털 인문학에 대한 세계 학계의 관심

디지털 인문학은 인문학과 정보기술(ICT, Information and Communication Technologies)이 합쳐진 융합 학문이다. 전통적인 인문학의 연구 과정에 정보기술의 입력·저장·분석·시각화의 과정을 도입하여 탄생된 인문학의 새로운 방법론이며, 학문 분과이다[1]. 디지털 인문학은 영어로는 'Digital Humanities'(디지털 휴머니티즈), 중국에서는 '数字人文'(슈쯔런원), 타이완에서는 '數位人文'(슈웨이런원), 일본에서는 'デジタル・ヒューマニティーズ'(데지타루 휴머니티즈)로 부르고 있다.

디지털 인문학은 전세계적인 '인문학의 위기'를 타개할 인문학의 미래로 주목받고 있다. 기존 인문학의 연구 방법으로 접근 가능한 주제와 대상이 점차 고갈되어, 연구자들은 각자의 영역을 더욱 깊게 파고 들어가는 전문화에 집중하게 되었다. 그러나 동종 학문 내에서조차 상호간의 연구를 이해하기 힘들 정도로 고도의 전문화가 이루어지면서 인문학 분과간의 교류가 쉽지 않을 뿐만 아니라, 인문학의 연구

* 김바로, 「해외 디지털 인문학 동향」, 『인문콘텐츠』 33, 인문콘텐츠학회, 2014.

1) 보다 자세한 디지털 인문학의 정의는 김현의 「디지털 인문학 - 인문학과 문화콘텐츠의 상생 구도에 관한 구상」(『인문콘텐츠』, 29, 인문콘텐츠학회, 2013.6, 9~26쪽 또는 http://digerati.aks.ac.kr/paper/paper2013-2/2013-06-디지털 인문학.htm 및 김바로, 「디지털 인문학이란 무엇인가?」, 『바로바로의 중얼중얼』, http://www.ddokbaro.com/3793 을 참고.

성과가 사회에 환원되기도 어려워졌다. 이러한 상황 속에서 새롭게 부상한 디지털 인문학은 인간의 산술 능력을 뛰어넘는 컴퓨터를 활용하여 인문학 자료를 수집·저장·분석하고, 이를 통해 각 분과 학문의 고립 현상을 타파하여 통섭적이고 융합적인 연구를 가능하게 할 뿐만이 아니라, 인문학의 성과를 사회에 환원하는 방법론으로서 각광받고 있다.

한국에서는 문화콘텐츠가 위기에 빠진 인문학의 대안으로 제시되었다. 문화콘텐츠는 "문화유산, 생활양식, 창의적 아이디어, 가치관 등 문화적 요소들이 창의력과 상상력을 원천으로 체화되어 경제적 가치를 창출하는 문화상품"[2)]이라는 사전적 정의에서처럼 인문학의 산업화에 집중하였다. 다시 말해서 문화콘텐츠는 인문학 자체의 방법론에 집중하는 디지털 인문학과는 다르게 인문학의 경제적 활용 모델에 대한 연구에서 성과를 나타내고 있다.

다만 2010년 당시 교육과학기술부와 학술연구재단 및 한국학중앙연구원은 대한민국의 인문사회 분야의 전망과 목표를 제시하고 이에 따른 종합 발전계획을 수립하는 것을 목적으로 '2030 인문사회 학술진흥 장기 비전'을 발표하였다. 장기 비전의 6대 과제 중 하나가 '디지털 연구 기반 구축을 위한 디지털 휴머니티즈'이며[3)], 이는 인문학의 경제적 활용 모델보다 정보기술을 통한 인문학 자체의 연구 방법론 발전을 추구하고 있다.

이에 본 글에서는 한국에서의 디지털 인문학 발전을 위한 토대 작업으로써 미국, 타이완, 일본, 중국의 디지털 인문학 정책과 연구 현

---

2) 한국행정연구원, 『아시아문화개발원 설립 운영에 관한 연구』, 2007, 161쪽.
3) 인문사회 학술진흥 장기 비전 추진위원회, 『2030 인문사회 학술진흥 장기 비전』, 2010, 217~249쪽

황에 대해서 살펴보도록 하겠다.[4)]

2) 미국 디지털 인문학 동향

(1) 배경

미국에서는 이탈리아의 예수회 신부 로베르토 부사(Roberto Busa, 1913~2011)가 토마스 아퀴나스(Thomas Aquinas)의 저작을 중심으로 관련 작가들의 중세 라틴어 텍스트 1,100만 단어의 전문 색인을 전자적인 방법으로 편찬한 것을 디지털 인문학의 시작으로 보고 있다[5)]. 그 이후 인문학 전산화(Humanities Computing)라는 이름으로 텍스트 및 언어자원의 색인과 통계 처리의 방법론을 중심으로 발전하였고, 컴퓨터에서 지식체계를 구성할 수 있는 SGML(Standard Generalized Markup Language) 기반의 인문지식 전자 텍스트 기술 언어인 TEI(Text Encoding Initiative)[6)]가 개발되었다.

2004년 기존의 인문학 전산화(Humanities Computing)가 컴퓨터 기술에 집중함에 따라 디지털화만을 추구하는 것으로 보이는 현상을 탈피하고자, 디지털 인문학(Digital Humanities)이라는 용어를 사용하

---

4) 한국에서의 디지털 인문학 진흥의 필요성, 그것의 발전 방향과 실천 과제에 대해서는 『인문콘텐츠』를 통해서 발표된 김현의 「디지털 인문학 - 인문학과 문화콘텐츠의 상생 구도에 관한 구상」에서 자세히 논술된 바 있다. 이 글은 김현이 제기한 문제의식에 입각하여 우리나라 디지털 인문학의 발전 모델과 육성 시책을 보다 구체적으로 정립하는 데 도움이 될 수 있는 외국의 동향 정보를 수집하고 분석하는 데 목적을 두었다.

5) Susan Hockey. "The History of Humanities Computing." *A Companion to Digital Humanities*. Oxford: Blackwell. 2004. p.3-19 또는 http://www.digitalhumanities.org/companion/view?docId=blackwell/9781405103213/9781405103213.xml&chunk.id=ss1-2-1&toc.depth=1&toc.id=ss1-2-1&brand=default

6) http://www.tei-c.org/

여 전통적인 인문학과의 융합을 강조하였다[7]. 구체적으로 정보기술 환경의 급속한 진화와 더불어 그 활용 범위를 데이터베이스와 멀티미디어, 그리고 대규모 원시 데이터에서부터 전자적인 방법으로 의미 있는 사실을 찾아내는 데이터 마이닝(Data Mining), 그 결과를 디지털 그래픽으로 보여주는 시각화(visualization) 등으로 연구 범위를 확장하였다. 특히 2006년 미국 인문학재단(NEH, National Endowment for the Humanities)에서 디지털 인문학에 연구비를 지원하는 디지털 인문학 계획(Digital Humanities Initiative)을 발표하고, 2008년에는 강력한 학계의 관심 속에서 디지털 인문학 지원단(Office of Digital Humanities)으로 확장되면서 '디지털 인문학'이라는 용어가 사실상 확정되었다[8].

(2) 지원 정책 및 연구 동향

미국 인문학재단(NEH, National Endowment for the Humanities)은 디지털 인문학이 실험적 연구라는 점에 주목하였다. 디지털 인문학 초기 조성 지원(Digital Humanities Start-Up Grants)을 통하여 기획 단계에 소규모 지원을 지급하고, 디지털 인문학 연구 환경이 효과적으로 완비되었다고 판단되었을 때, 디지털 인문학 실행 지원(Digital Humanities Implementation Grants)을 지급하고 있다. 디지털 인문학

---

7) Susan Schreibman, Ray Siemens, and John Unsworth. "The Digital Humanities and Humanities Computing: An Introduction." *A Companion to Digital Humanities*. Oxford: Blackwell. 2004. xxiii-xxvii 또는 http://nora.lis.uiuc.edu:3030/companion/view?docId=blackwell/9781405103213/9781405103213.xml&chunk.id=ss1-1-3&toc.depth=1&toc.id=ss1-1-3&brand=9781405103213_brand

8) Kirschenbaum, Matthew G. "What is Digital Humanities and What's it Doing in English Departments?" *ADE Bulletin* 150. 2010. p.1-7 또는 http://mkirschenbaum.files.wordpress.com/2011/01/kirschenbaum_ade150.pdf

지원금은 디지털 인문학 분야에 새로운 접근 방법을 도입하는 연구 또는 최고의 실천 사례를 기록하고 정리하는 연구, 도서관과 박물관의 디지털 자산을 포함한 디지털 자료들의 보존, 분석과 접근을 용이하게 하는 새로운 디지털 도구 원형의 기획과 개발, 디지털 문화의 역사, 비판과 철학, 그리고 이들의 사회적 영향에 중점을 둔 연구, 인문학의 특정 분야 및 다른 분야와의 학제간 연구에서 신생기술 사용의 철학적 함의와 영향을 조사하는 학문, 전통적 미디어와 새로운 미디어 모두를 활용하는 대중 프로그램과 교육을 위한 기술의 혁신적 사용, 인문학의 보급을 용이하게 하는 출판의 새로운 디지털 방식에 투자되고 있다.[9]

그러나 프로젝트가 주로 자료의 디지털화에만 집중하는 경우(디지털화 방법론 제시가 주목적인 경우는 제외)[10]나 설문조사나 현장조사 등과 같은 전통적인 경험에 의거한 과학적 사회조사의 경우 등에 대해서는 지원을 하지 않고 있다.[11] 그 뿐만이 아니라 디지털 인문학 전

9) NEH, http://www.neh.gov/

10) 미국의 디지털 인문학 지원 정책은 인문학 자료와 연구 성과를 디지털화하는 것보다 정보기술을 활용하여 새로운 시각과 방법으로 인문학을 분석하고 시각화하는 연구에 집중하고 있다. 이는 디지털화 과정을 수행하지 않는다는 의미가 아니다. 반대로 디지털화는 디지털 인문학뿐만이 아니라 기존의 인문학에서도 의무적으로 수행해야 될 기본적인 연구 활동의 결과라는 의미이다.

11) 그 외에도 학술지를 만들거나 변환하는 경우(다만 새로운 방식의 학술적 출판을 위한 계획 고찰은 가능), 반복되거나 공인된 학회나 개인적인 만남, 컴퓨터 장비나 소프트웨어 구입비가 지원금의 20%을 초과하는 경우, 창조예술이나 공연예술의 경우, 경험에 의거한 과학적 사회조사, 학위를 위하여 행하는 일, 교과서를 준비하거나 출판하는 일, 프로젝트가 일부 정치적, 종교적, 사상적 내용으로 편향된 경우, 프로젝트가 일부 사회적 행동에 편향된 경우에도 지원을 하지 않고 있다.(DIGITAL HUMANITIES START-UP GRANTS, OFFICE OF DIGITAL HUMANITIES of NEH, http://www.neh.gov/files/grants/digital-humanities-start-sept-12-2013.pdf)

문가 양성 프로그램 지원(Institute for Advanced Topics in the Digital Humanities)은 인문학 연구자들에게 디지털 인문학에 대한 집중 훈련을 제공하는 프로그램을 지원하여 디지털 기술을 사용하는 인문학자들을 증가시키고 인문학 관련 고급 기술 도구와 방법론에 대한 지식을 널리 보급하고자 설계되었다. 총체적인 '인문학 위기' 속의 미국 내 각 대학들은 지원금을 통해 디지털 인문학 지원센터를 설립하고, 디지털 인문학 방법론을 도입한 연구에 집중하였다.

미국의 디지털 인문학 학회는 기존의 유럽 디지털 인문학 기구(ALLC, Association for Literary and Linguistic Computing), 미국의 컴퓨터와 인문학 기구(ACH, Association for Computers and the Humanities), 캐나다 디지털 인문학 모임(SDH/SEMI, Society for Digital Humanities/Société pour l'étude des médias interactifs) 등과 연합하여 디지털 인문학 연합 기구(ADHO, Alliance of Digital Humanities Organizations)[12]를 만들었다. 디지털 인문학 연합 기구에서는 정기적으로 디지털 인문학 회의(Digital Humanities Conference)를 개최하고 있으며, 옥스퍼드 대학 출판사(Oxford University Press)의 문학과 언어학 컴퓨팅(Literary and Linguistic Computing)[13], 캐나다 디지털 인문학 모임의 디지털학(Digital Studies / Le champ numérique)[14], ADHO의 디지털 인문학 계간지(Digital Humanities Quarterly)[15]가 온라인으로 공개된 형식의 상호심사 학술지를 발간하고 있다.

12) http://adho.org/
13) http://llc.oxfordjournals.org/
14) http://www.digitalstudies.org/
15) http://isites.harvard.edu/icb/icb.do?keyword=k16229&pageid=icb.page76535

(3) 주요 성과

① 중국 역대 인물 데이터베이스(CBDB, China Biographical Database Project, 中國歷代人物傳記資料庫)[16]

중국 역대 인물들의 정보를 검색하고 활용할 수 있도록 하버드 옌칭 연구소가 시스템을 지원하고, 중국 북경대학교에서 데이터베이스 내용을 입력한 데이터베이스이다. 본 데이터베이스는 중국 역대 인물들의 모든 데이터베이스를 제공하는 데 목적을 두고, 인물의 생몰년뿐만이 아니라 지역, 관직, 저작 및 인물 관계를 제공하고 있다. 특히 인물 관계 정보에 혈연은 물론이고, 사회적인 관계도 최대한 입력을 함으로써 사회 네트워크 분석을 통한 당대 역사 재구성에 큰 도움을 주고 있다.

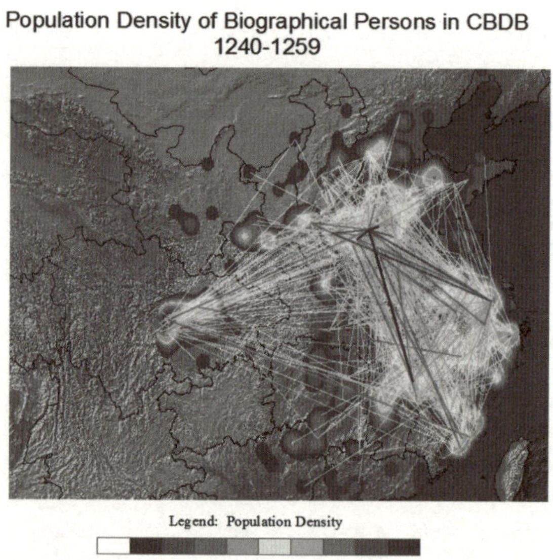

[그림 1] CBDB 활용 예시[17]

16) http://isites.harvard.edu/icb/icb.do?keyword=k16229

17) Social Networks, http://isites.harvard.edu/icb/icb.do?keyword=k16229

② 오픈 학술지 시스템(Open Journal Systems, OJS)[18)]

2001년에 공공 지식 프로젝트(Public Knowledge Project, PKP)의 일환으로 인문학 중심으로 만들어진 웹 기반의 공개형 학술잡지 관리 시스템이다. PHP을 기반으로 만들어진 오픈 학술지 시스템은 16개 언어를 지원하며, 웹상에서 원고를 수합하고, 편집하여 공유하는 일련의 시스템을 갖추고 있다. 또한 다양한 플러그인을 통해서 토론과 일정 관리를 할 수 있다. 이에 미국의 디지털 인문학 학회는 본 시스템을 채용하여 웹을 통해서 학술지를 발간하고 있다.

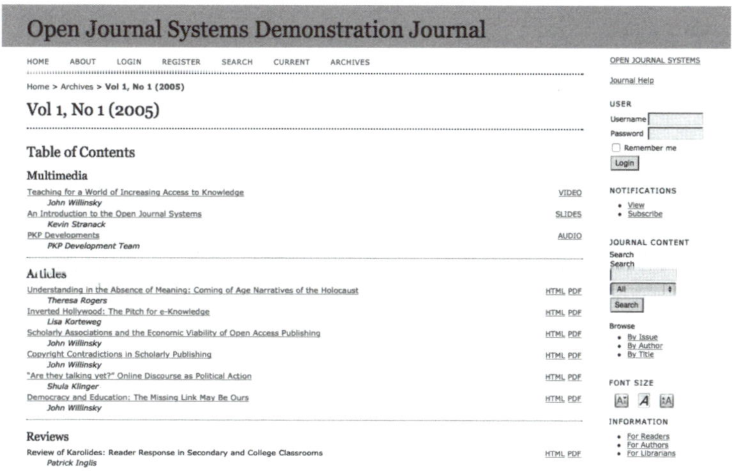

[그림 2] 오픈 학술지 시스템 예시[19)]

&pageid=icb.page499251

18) https://pkp.sfu.ca/ojs/

19) http://en.wikipedia.org/wiki/File:OJS-screenshot.png

3) 타이완 디지털 인문학 동향

(1) 배경

타이완은 70~80년대에 이미 보유중인 고전적(古典籍)에 대한 기초적인 문헌 연구를 마무리하고, 컴퓨터를 활용한 새로운 방법론을 도입하였다. 1976년 주빵푸(朱邦复)가 한자 입력 시스템 창힐(仓颉)을 제작함에 따라서 컴퓨터를 통한 한자 처리의 길이 열리게 되었다. 1984년 타이완 중앙연구원 역사언어연구소의 사료 관리 시스템 프로젝트를 시작으로 컴퓨터를 이용한 고전 처리에 대한 관심이 높아졌다. 이에 대상을 점차 확대하여 1987년에는 천위푸(陳鬱夫)에 의해서 홍루몽과 수호전에 대한 전문 검색 시스템이 구축되기도 하였다. 1990년 타이완의 학술잡지 국문천지(國文天地)는 중국 고적 전산화(中國古籍電腦化) 특집 시리즈를 발간하면서 고전적에 대한 컴퓨터 기술의 활용에 대해 관심을 재확인하였다. 그 이후 시조나 불경 등의 다양한 고전적에 대한 디지털화 방법과 실제 데이터베이스 구축을 지속적으로 전개해 나가고 있다.

(2) 지원 정책 및 연구 동향

타이완의 디지털 인문학은 1998년 5월의 '디지털 박물관 전문 계획'(數位博物館專案計畫)으로 시작되어서 지속적으로 국가의 강력한 지원을 받고 있다. '디지털 박물관 전문 계획'은 타이완 특색의 디지털 박물관을 구축한다는 목표로 교육 기능을 함양한다는 실험적인 속성을 가지고 있었다. 또한 2000년 7월 행정원은 '국가 주요 문헌 디지털화 계획'(國家典藏數位化計畫)을 수립하고, 2001년 1월 1일부터 국립고궁박물원, 국가도서관, 국립 역사박물관, 국사관 타이완 문헌관, 국립 자연과학박물관, 국립 타이완 대학교 및 중앙연구원 등 7개 기관의 참여 아래 '국가 주요 문헌 디지털화 전문안건 계획'(國家典藏數位化專案計畫)을 시행한다.

2002년 5월 천수이벤(陈水扁) 총통의 강력한 지원 아래 타이완 행정원은 '도전 2008: 국가발전 중점계획[2002-2007]'(挑戰2008: 國家發展重點計畫[2002-2007])을 의결하였다. 그리고 '도전 2008: 국가발전 중점계획'에 따라서 기존의 '디지털 박물관 전문안건 계획'과 '국가 주요 문헌 디지털화 계획'을 통합한 '디지털 주요 문헌 국가형 과학계획(數位典藏國家型科技計畫)'을 집행하게 되었다. '디지털 주요 문헌 국가형 과학계획'은 타이완의 과학기술 발전의 최고책임기관인 행정원 국가과학위원회에서 주관을 하여 교육부, 경제부, 문화부의 차장급 및 중앙연구원, 국립 자연과학박물관, 국립 고궁박물원, 국립 타이완 대학, 국립 역사박물관, 국사관, 국사관 타이완 문헌관, 국가도서관 및 타이완성 자문위원회 등 9개 관련 기관장들이 이사회(指导小组)를 구성하고 있다.

'디지털 주요 문헌 국가형 과학계획'의 주제 범위는 동물, 식물, 지질, 인류학, 기록물, 측량학, 금석탁편, 선본고적, 고고학, 기물, 서화, 신문, 영상음악, 고전적 및 건축물 등 다양한 방면으로 구성되어 있다. 또한 기술적으로는 디지털 주요 문헌 관리 시스템 참고 플랫폼, 작명 시스템과 분석식 검색, 디지털 물체와 기록물 형식, 멀티미디어와 디지털화 참고 프로세스, 디지털 주요 문헌 서비스 시스템 및 다국어 서비스에 대한 표준안을 제시하였다. 이로써 타이완 디지털 인문학 발전을 위한 토대가 마련되었고, 디지털 인문학에 대한 관심이 대폭적으로 상승하게 되었다.

1기 '디지털 주요 문헌 국가형 과학계획'의 성공과 국제적으로 유네스코의 세계기록유산 프로젝트(UNESCO Memory of the World)

나 미국 기억 프로젝트(American Memory)[20] 및 유럽의 유로피아나(Europeana) 계획[21]의 자극을 받아서 디지털 주요 문헌 국가형 과학계획은 2기로 연장되었다. 2007년부터 시작된 2기 '디지털 주요 문헌 국가형 과학계획'은 '타이완 디지털 주요문헌 확대 계획'(拓展臺灣數位典藏計畫)[22], '디지털 주요 문헌 인문사회경제산업 발전 촉진 계획'(推動數位典藏人文社會經濟產業發展分項計畫) 및 '디지털 주요 문헌 세계화 및 국제협력 네트워크 촉진 계획'(數位典藏海外推展暨國際合作網路推動分項計畫)을 통하여 1기의 성과를 종합하여 기존 주요 문헌에 대한 대대적인 디지털화 작업을 진행하는 한편, 디지털화 된 자료에 대한 응용 방안에 대해서 연구 및 국제적인 협력을 강화하여 세계 각국의 기관들과의 교류 확대를 모색하였다. 또한 '디지털 주요 문헌 기술 연구개발 계획'(數位典藏技術研發分項計畫)과 '디지털 주요 문헌 인터넷 핵심 플랫폼 계획'(數位典藏網路核心平台分項計畫)을 통하여 디지털 인문학의 실제적인 운영 기술에 대한 연구를 진행하였다.

한편, 2003년부터 행정원 국회를 통해서 국가 경쟁력을 향상시키기 위한 디지털 도구를 이용한 교육이라는 목표 아래 '디지털 학습 국가형 과학계획'(數位學習國家型科技計畫)을 실행하였다. '디지털 학습 국가형 과학계획'의 목적은 유무선 네트워크를 통하여 디지털 교재를 활용한 디지털 교육을 확대하여 지식경제 시대에 국가 경쟁력을 향상시키고 국민에 대한 평생교육을 실현시키는 데 있다. 이를 위하여 '전국민 디지털 학습', '디지털 격차 해소', '행동학습 교재 개발', '디지털 학습 인터넷 과학기지', '디지털 학습 기술 연구 발전 전망', '디지털 학습 기초연구', '정책과제 및 인재 육성'의 하위 과제를 행정원과

---

20) http://memory.loc.gov/
21) www.europeana.eu
22) http://www.unescomow.org.nz/

경제부, 국방부, 교육부, 국립 고궁박물관, 타이난 현(台南縣) 정부 등의 주요 정부 기관들의 주도 아래 진행하게 된다.

2008년 타이완 총통이 민주당의 천수이볜(陈水扁)에서 국민당의 마잉주(马英九)로 정권 교체가 된다. 그러나 이전 정권의 핵심 사업 중 하나이던 타이완의 디지털 인문학에 대한 정책은 기존의 '디지털 주요 문헌 국가형 과학계획'과 '디지털 학습 국가형 과학계획'이 '디지털 주요 문헌과 디지털 학습 국가형 과학계획'(數位典藏與數位學習國家型科技計畫)으로 통합되어 더욱 강력한 국가적 지원을 받게 된다. 정책 자체는 기존의 정책과 큰 차이는 없으나, 기존에 행정원에서 직할로 계획을 관리하던 것을 중앙연구원이 주관하게 되어 연구적인 성격을 강화하고, 더욱 심도 깊고 다양한 하위 프로젝트를 설계함으로써 디지털 인문학의 심화를 목표로 하고 있다[23].

(3) 주요 성과

① 타이완 역사 디지털 도서관(台灣歷史數位圖書館, THDL)[24]

국립 타이완 대학교에서는 1621년부터 1911년 사이의 250종류의 자료 소스를 바탕으로 언어학의 분석 도구나 네트워크 분석 방법론 등 다양한 디지털 인문학 분석 방법론을 제공하여 타이완의 근현대 사회 연구에 큰 도움을 주고 있다. 예를 들면 언어학의 접사 분석 모델을 이용하여 '주의'(主義)의 전방접사의 시대별 빈도를 추출해주고 있다. 이는 개념사 영역의 역사 연구자들이 특정 단어의 전방접사 빈도를 통하여 당시의 시대상과 용어의 변천에 대해서 규명하는 데 도움을 주고 있다. 또한 네트워크 방법론을 통하여 토지 매매에서의

---

23) 타이완의 디지털 인문학 계획은 위키 플랫폼을 통하여 세부 정보가 제공되고 있다. 구체적인 내용은 http://wiki.teldap.tw/ 을 참조.

24) http://thdl.ntu.edu.tw/

인물간 네트워크 혹은 지리정보시스템(GIS, Geographic Information System)을 통하여 토지 매매에 대한 지리학적 분석을 지원하는 디지털 도구를 제공하고 있다.

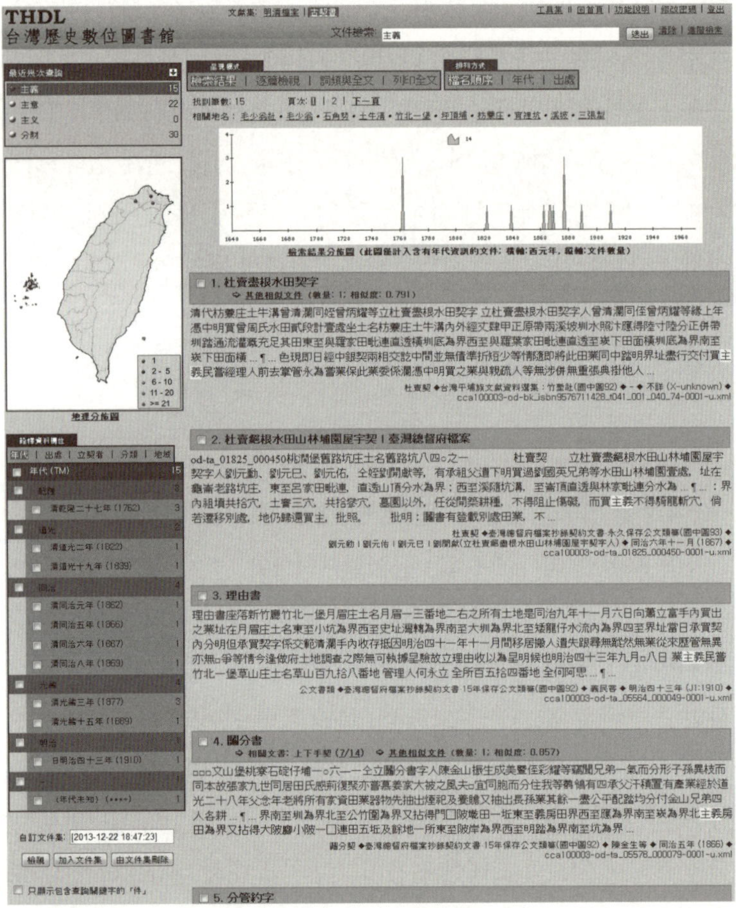

[그림 3] 타이완 역사 디지털 도서관 - '主義' 검색 결과

② 불교 규범자료 데이터베이스(佛學規範資料庫, Buddhist Authority Database Project)[25]

법고 불교학원(法鼓佛教學院)에서 불교 자료를 중심으로 시간과 공간 및 인물의 기초 데이터베이스를 제공하고 있다. 시간자료 데이터베이스는 진시황(BC 221년 11월 16일)부터 청말(AD 1912년 1월 18일) 사이의 서력과 한중일의 국명, 왕력 및 간지력을 제공하고 있다. 공간자료 데이터베이스는 중국 역대 행정지명을 참고하여 22개의 유형으로 총 46,368개의 지명 데이터를 제공하고 있다. 인명자료 데이터베이스는 불경 관련 인명을 42개의 유형으로 분류하여 총 156,841명의 인명 데이터를 제공하고 있다. 불교 규범자료 데이터베이스는 미국-유럽의 동양학 기초 데이터베이스로 활용되고 있다.[26]

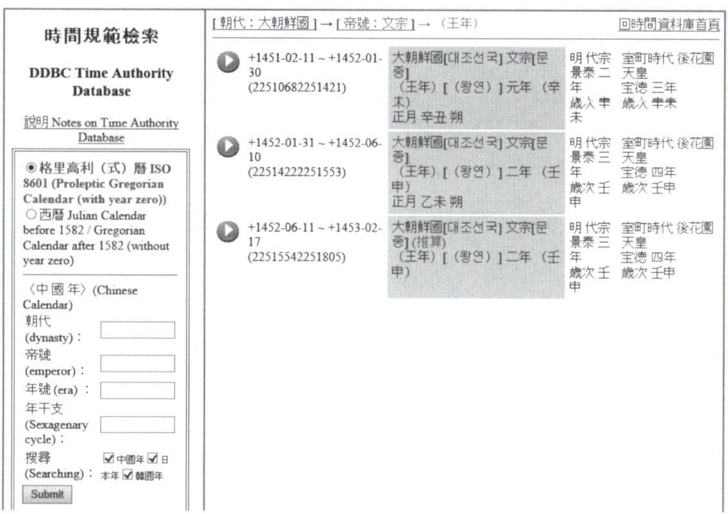

[그림 4] 불교 규범자료 데이터베이스 시간 규범 검색 예시

25) http://authority.ddbc.edu.tw/
26) http://authority.ddbc.edu.tw/time/

4) 일본 디지털 인문학 동향

(1) 배경

일본은 서양의 방법론을 흡수하는 데 최선을 다하고 있다. 서양에서 언어학 영역의 말뭉치(코퍼스) 방법론을 수입하여 일본어에 대한 말뭉치(코퍼스) 분석을 시도하였다. 점차 말뭉치에서 벗어나서 학계에서 정보기술을 도입하는 신흥학문으로서 인문정보학(人文情報学)이나 정보역사학(情報歴史学) 전공이 만들어지고, 주요 문헌에 대한 개별적인 디지털화, 분석 및 시각화 프로젝트가 진행되고 있었지만 큰 영향을 발휘하지 못하였다.

(2) 지원 정책 및 연구 동향

'대학 구조개혁의 방향'을 기초로 추진되고 있는 2002년 '문무과학성의 21세기 COE 프로그램'(21世紀COEプログラム, The 21st Century Center Of Excellence Program)[27)]에서 디지털 인문학 거점으로 선정된 리츠메이칸 대학(立命館大学, Ritsumeikan University)은 디지털 인문학 센터 수립을 통하여 연구를 지원하고, 디지털 인문학적 방법론 교육을 통해서 차세대 디지털 인문학 연구 인력을 양성하기 시작하면서 일본 학계의 디지털 인문학에 대한 관심이 대두되기 시작하였다.

리츠메이칸 대학은 일본문화 디지털 인문학 거점(日本文化デジタル・ヒューマニティーズ拠)[28)]을 통하여 일본문화 데이터베이스 구축, 디지털 아카이브 기술 연구, 지리정보시스템 융합 연구 등의 일련의 디지털 인문학 연구를 진행하고 있으며, 소방방재청이나 지역정부와

27) http://www.jsps.go.jp/j-21coe/
28) http://www.arc.ritsumei.ac.jp/lib/GCOE/

연계하여 조망 경관 규제 검색(眺望景観規制検索WebGIS)[29]이나 역사 도시 교토의 안심안전 3D맵(歴史都市京都の安心安全3Dマップ)[30] 등의 실용기술 연구에도 투자하고 있다. 한편, 학부 과정부터 디지털 인문학 방법론에 대한 교육을 통하여 차세대 인재 양성에 힘쓰고 있다.

리츠메이칸 대학의 디지털 인문학 성과를 기점으로 디지털 인문학에 대한 관심이 높아진 일본에서 2011년 9월 일본 디지털 인문학 학회(日本デジタル・ヒューマニティーズ学会, Japanese Association for Digital Humanities, JADH[31])가 설립된다. 일본 디지털 인문학 학계는 적극적으로 해외의 디지털 인문학 이론을 도입하고, 성과들을 모방하고 있다. 또한 해외 디지털 인문학 기관 및 개인과 연계를 강화하여 2012년 7월에는 디지털 인문학 연합기구(ADHO, Alliance of Digital Humanities Organizations)에 유럽(ALLC), 미국(ACH), 캐나다(CSDH), 호주(aaDH)에 이어서 비영어권으로는 처음으로 가입하게 되었다. 2013년부터는 인문정보학 월보(人文情報学月報, Digital Humanities Monthly)[32]를 온라인 형식으로 매달 발표하고 있다.

도쿄 대학교도 2012년 4월 디지털 인문학 융합교육 프로그램(デジタル・ヒューマニティーズ横断プログラム)[33]을 마련하고 대학원 학생들이 자유롭게 참가하여 이수함으로써 대학원생들의 디지털 인문학 소양을 함양시키고 있다. 교육 과정에는 디지털 인문학 개론부터 시작하여 아카이브 구축, 데이터 마이닝, 멀티미디어, 저작권법 등 디지털 인문학에 대한 다방면의 심도 있는 교육 과정을 제공하여 대학원생들의 다양한 디지털 인문학에 대한 관심을 만족시켜주려 하고 있다.

---

29) http://www.geo.lt.ritsumei.ac.jp/webgis/keikan/
30) http://www3.rits-dmuch.jp/anshinanzen/
31) http://www.jadh.org/
32) http://www.dhii.jp/DHM/
33) http://dh.iii.u-tokyo.ac.jp

(3) 주요 성과

① 버츄얼 교토(バーチャル京都)[34]

문무과학성의 21세기 COE 프로그램의 디지털 인문학 거점으로 선정된 리츠메이칸 대학교에서 일본 교토를 대상으로 지리정보시스템(GIS, Geographic Information System) 기술을 응용하여 2D, 3D 등으로 가시화하는 방법에 대한 결과이다. 고지도를 현대의 지도에 오버레이하는 방법을 연구한 '교토 명세도 오버레이 맵'(京都市明細図オーバーレイマップ)[35]이나 교토의 과거와 현재 문화유산을 2D나 3D로 구현하는 방법에 대해서 연구를 진행했다. 또한 '역사도시 교토의 안심안전 3D맵'(歴史都市京都の安心安全3Dマップ)은 교토시 소방국와 협력하여 과거의 범죄나 화재, 홍수와 같은 재난 정보를 바탕으로 제작된, 실용적인 디지털 인문학 방법론의 응용이라고 할 수 있다.

[그림 5] 교토 명세도 오버레이 맵

34) http://www.geo.lt.ritsumei.ac.jp
35) http://www.geo.lt.ritsumei.ac.jp/meisaizu/googlemaps.html

② 잡지 '사상'의 구조화(「思想」の構造化)[36]

도쿄 대학 지식의 구조화 센터(東京大学知の構造化センタ)에서 일본을 대표하는 사상 철학 저널인 이와나미 서점의 「사상(思想)」을 대상으로 디지털 인문학의 방법론을 동원하여 연구한 프로젝트이다. 디지털 방법론의 1단계로 종이문서로 되어 있는 '사상'을 OCR 기술을 이용하여 디지털화하였다. 그 이후 디지털화 된 '사상' 텍스트에 대하여 자체 제작한 온톨로지 시스템 MIMA 서치(MIMAサーチ)를 활용하여 말뭉치(코퍼스) 분석을 하여 그 결과를 시각화하였다.

5) 중국 디지털 인문학 동향

(1) 배경

중국의 디지털 인문학은 민간을 중심으로 발달해 왔다. 민간에서는 두 가지 큰 줄기에서 성과를 보이고 있다. 우선 중국에서는 디지털 인문학의 기초적인 단계인 디지털화에 대한 연구가 집중적으로 진행되고 있다. 특히 고전적에 대한 디지털화를 '고적 디지털화'(古籍数字化)의 이름으로 "고적의 이용과 보호를 목적으로 출발하여 컴퓨터 기술을 통하여 언어문자와 도형부호를 컴퓨터가 인지할 수 있는 데이터 부호로 전환하여, 고적의 검색, 고적 서적목록 DB화 및 고적 전문 DB화를 실현하여 고적 문헌정보 데이터를 나타내기 위한 시스템 구축 작업[37]"으로 정의하고 연구를 하고 있다.

그 다음으로 활발한 것이 해외기관과의 협력을 통한 디지털 인문학 연구 시도이다. 특히 하버드 옌칭 연구소와의 협력을 통한 복단대학교의 중국역사 GIS(China Historical GIS, CHGIS, 中国历史地理信息

36) http://www.cks.u-tokyo.ac.jp/p1.html
37) 毛建军, 『古籍数字化理论与实践』, 北京: 航空工业出版社, 2009.

系统[38])와 북경대학교의 중국 역대 인물 데이터베이스(CBDB, China Biographical Database Project, 中國歷代人物傳記資料庫)[39] 등은 세계적인 디지털 인문학 모델로서 주목받고 있다. 그러나 두 프로젝트 모두 디지털 인문학적인 기획과 자금 및 기술이 하버드 옌칭 연구소에서 나왔으며, 복단대학교와 북경대학교는 데이터를 입력하는 단순 작업만을 담당했다. 다시 말해서 중국역사 GIS나 CBDB 모두 중국의 디지털 인문학 성과라기보다는 미국의 디지털 인문학 성과라고 보는 편이 합당하다.

(2) 지원 정책 및 연구 동향

중국 디지털 인문학의 다른 큰 줄기는 도서관학(문헌정보학)에서 추구하는 디지털화 작업이다. 상해도서관은 고적선본 전문 CD화 프로젝트를 실시하여, 1996년 말 중국 고적선본 열람·검색시스템(中国古籍善本查阅系统)을 통하여 모든 전문 영상과 일부분의 전문 검색을 지원하였다. 요녕성도서관은 IBM의 TDI 디지털 카메라를 이용하여 고적에 대한 DB화를 진행하였다. 1998년에 국가도서관에서는 중국 디지털 도서관 프로젝트(中国数字图书馆工程)를 시작하여 지방지 DB, 석비탁본 DB, 갑골문헌 DB, 각종 문헌 서적목록 DB, 영락대전 DB 등 6개 프로젝트를 진행하였다. 그 외에도 20여 개의 고적 전문 DB화 프로젝트가 진행되었는데, 그 중에 비교적 대표적이라고 할 수 있는 것은 상무인서관(商务印书馆)의 백납본 24사 디지털 CD(百衲本《二十四史》电子版光盘)와 중국 지방지 송대 인물자료 관리 시스템(中国地方志宋代人物资料管理系统), 속자치통감 장편 전문검색 시스템(续资治通鉴长编全文检索系统), 전당시 전자검색 시스템(全唐诗电子检索系统)

38) http://www.fas.harvard.edu/~chgis/

39) http://isites.harvard.edu/icb/icb.do?keyword=k35201

및 2종류의 고금도서집성(古今图书集成) 등을 들 수 있다.

특히 상징적인 성과로는 『문연각 사고전서 디지털 버전』(文渊阁四库全书电子版)이 있다. 이 전자책은 1998년 말 상해인민출판사(上海人民出版社)와 홍콩적지문화출판사(香港迪志文化出版社)에서 간행하였고, 부단한 업그레이드를 거쳐서 2007년 3.0 버전까지 발표된 상태이다. 문연각 사고전서 디지털 버전은 unicode와 OCR 기술 및 전문적인 교감 소프트웨어를 사용하여 다양한 OS에서 구동 가능한 제작 기술, 전문검색 기술을 선보였다. 이를 확장한 것이 『중국 기본 고적고』(中国基本古籍库)이다.

중국 정부도 1998년부터 디지털 도서관 프로젝트(电子图书馆工程)를 통하여 주요 문헌의 디지털화 작업을 전개하고 있다. 2002년부터 중국 과학 데이터연구소(中国科学信息研究所), 중국 과학원 문헌정보센터(中国科学院文献情报中心) 및 중국 국가도서관(中国国家图书馆)은 국가 차원에서 국가 데이터 도서관 표준규범(国家诸子图书馆标准规范)을 제정하려 시도하였고, 2004년에 '디지털도서관 표준규범-전문 데이터 대상에 대한 메타데이터 묘사규범'(数字图书馆标准规范-专门数字对象描述元数据规范)을 통하여 국가 표준안을 발표하였다. 또한 2000년대 중반부터는 사고전서와 기본 고적고에 대한 인문학자들의 지대한 관심과 타이완의 디지털 인문학의 발전에 영향을 받아서 디지털 인문학에 대한 관심이 급속도로 상승하였다. 그러자 도서관학과 문헌정보학계를 중심으로 디지털 시대의 대응 방안으로 기존 보유 자료들에 대한 명확한 현황 파악 및 목록 데이터베이스 구축이 필요하다는 요구가 강력하게 대두되었다. 이에 2007년부터 문화부 산하 중국 국가도서관 주관으로 전국 고적 일제조사(全国古籍普查)[40]를 진행

40) http://pcab.nlc.gov.cn/initialIndex.action

하고 있다.

(3) 주요 성과

① 문연각 사고전서 디지털 버전(文渊阁四库全书电子版)

1998년 말, 상해인민출판사(上海人民出版社)와 홍콩적지문화출판사(香港迪志文化出版社)가 발표한 『문연각 사고전서 디지털 버전』(文渊阁四库全书电子版)은 유니코드(unicode)와 OCR 기술 및 전문적인 교감·교열 소프트웨어를 사용하여 다양한 OS에서 구동 가능한 제작 기술, 전문검색 기술을 선보였다. 방대한 사고전서의 원문 이미지와 텍스트를 살펴볼 수 있었기에 학계의 디지털 인문학에 대한 생각을 제고하는 기회가 되었다.

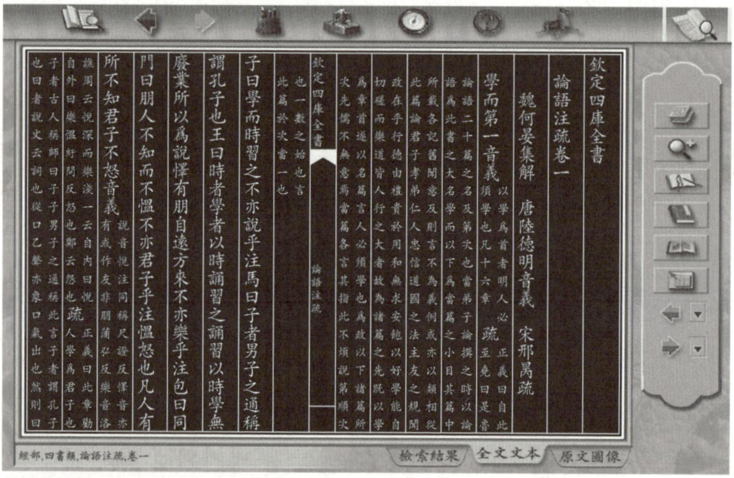

[그림 7] 문연각 사고전서 디지털 버전

② 중국 기본 고적고(中国基本古籍库)

문연각 사고전서 디지털 버전의 내용을 확장한 시스템으로, 중국 정부에 의한 대규모 고적 DB화 프로젝트의 결과물이다. 이 프로젝트에는 북경대학교를 중심으로 전국의 각 대학교들이 참여하였다. 선진시대부터 중화민국시대까지(BC 11세기~20세기 초)의 역대 서적 1만여종, 16만여 권을 전산화시켰다. 총합 17억 자, 판본 1만 2천여 개, 영인 1천여만 항목에 이르며 용량만 320G를 넘었다. 이는 문연각 사고전서(文渊阁四库全书)의 3배에 해당한다. 현재까지는 단순히 텍스트만을 제공할 뿐이며, XML이나 RDF 등을 이용한 데이터 구조화 노력은 아직 더해지지 않았다.

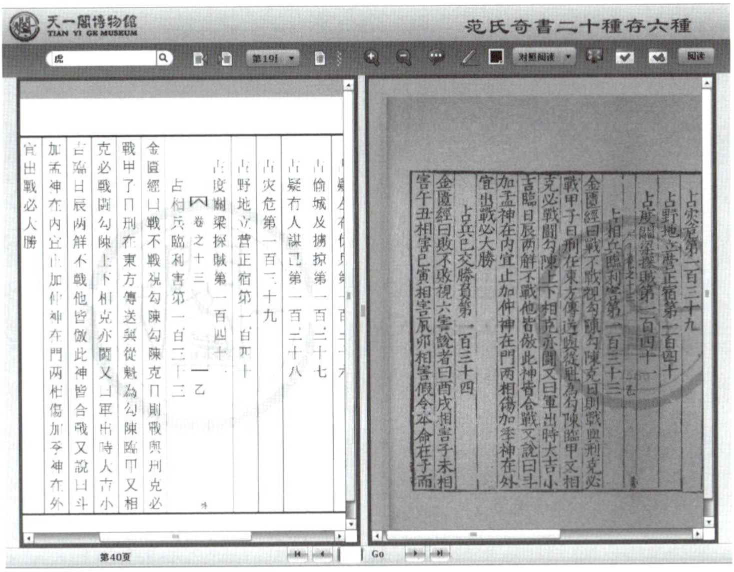

[그림 8] 중국 기본 고적고

6) 맺음말

미국은 학계에서 발전시켜 온 디지털 인문학에 정부의 적극적인 지원이 더해져, 사료의 수집과 분석 및 교육 등의 인문학 전 영역에 걸쳐 새로운 변화가 이루어지고 있다. 정부에서는 개별 연구자들이 수행하기 힘든 인문학 토대 데이터베이스를 구축하는 한편, 디지털 인문학의 분석과 시각화 영역에서는 연구 지원금을 통해서 개별 연구자들의 창의력을 끌어내고 있다. 특히 디지털 인문학 도입을 위한 교육과 전파를 위해 각 연구기관에 디지털 인문학 지원센터 설립을 유도하고 있다.

타이완은 정부의 강력한 디지털 인문학 지원 정책을 통해서 디지털 인문학을 발전시키며 아시아의 디지털 인문학 선두주자로 입지를 다지고 있다. 교육부, 경제부, 문화부의 차장급 및 중앙연구원, 국립자연과학박물관, 국립 고궁박물원, 국립 타이완 대학, 국립 역사박물관, 국사관, 국사관 타이완 문헌관, 국가도서관 및 타이완성 자문위원회와 같은 주요 인문학 관련 기관들의 주도로 이루어진 디지털 인문학 지원정책은 전통적인 인문학 방법론의 한계에 직면했던 타이완 인문학계의 새로운 동력으로 작용하고 있다.

일본은 아직 정부 차원의 적극적인 디지털 인문학 지원정책이 없으며, 디지털 인문학 연구도 초보적인 수준에 머물고 있다. 그러나 학계 차원에서는 미국과 유럽의 디지털 인문학 방법론을 학습하고, 디지털 인문학 성과들을 모방하면서 제 나름의 방식으로 디지털 인문학을 받아들이고 있다.

중국은 도서관학과 정보학을 중심으로 디지털화에만 치중하는 디지털 인문학의 초기 발전 단계를 밟고 있다. 그러나 중국이 보유하고 있는 막대한 문헌자료들에 대한 디지털화 작업이 일정 정도 완료가 된다면 강력한 디지털 인문학 토대를 가지게 될 것으로 보인다.

마지막으로 한국형 디지털 인문학 토대 구축을 위한 해외 선진사례 분석의 발판을 마련하기 위하여 간략하게나마 부록을 통하여 해외 주요 디지털 인문학 문헌과 프로젝트를 소개하였다. 추후 선진사례 연구의 일환으로 상세한 세계 각국의 디지털 인문학 정책과 연구

동향에 대한 분석이 필요할 것으로 보인다. 또한 성공적인 디지털 인문학 프로젝트에 대한 사례 연구와 함께 해외 디지털 인문학 서적에 대한 서평을 통하여 한국형 디지털 인문학 모델을 위한 토대 작업을 수행해야 할 것으로 보인다.

4. 미국의 디지털 인문학 육성 사업*

김 현, 김바로

1) 디지털 인문학 발전을 위한 벤치마킹

디지털 인문학이란 정보기술(Information Technology)의 도움을 받아 새로운 방식으로 수행하는 인문학 연구와 교육, 그리고 이와 관계된 창조적인 저작 활동을 일컫는 말이다. 이것은 전통적인 인문학의 주제를 계승하면서 연구 방법 면에서 디지털 기술을 활용하는 연구, 그리고 예전에는 가능하지 않았지만 컴퓨터를 사용함으로써 시도할 수 있게 된 새로운 성격의 인문학 연구를 포함한다.[1] 최근 우리나라에서는 전통적인 인문학 분야뿐 아니라, 인문지식의 문화산업적 응용을 추구하는 인문콘텐츠학 분야에서도 이 새로운 연구 방법에 대한 관심이 증대되고 있다.[2] 디지털 인문학은 과연 인문학의 새로운 대안인가? 그 시도는 순수 인문학에만 관계된 것인가?, 아니면 인문학의 실용적 응용과도 유관한 것인가? 디지털 인문학을 둘러싼 담론속에는 충분히 답변되지 않은 많은 물음이 있지만, 한 가지 분명

---

* 김현, 김바로, 「미국 인문학재단(NEH)의 디지털 인문학 육성 사업」, 『인문콘텐츠』 34, 인문콘텐츠학회, 2014.

1) 김현, 「디지털 인문학 - 인문학과 문화콘텐츠의 상생 구도에 관한 구상」(『인문콘텐츠』 29, 인문콘텐츠학회, 2013, 9~26쪽 또는 http://digerati.aks.ac.kr/paper/paper2013-2/2013-06-디지털 인문학.htm)

2) 전통적인 인문학 분야의 학회인 역사학회에서 2014년 학술대회의 주제를 '역사학과 ICT의 융합'(2014. 8. 22.)으로 하였으며, 인문학의 문화산업적 응용을 추구하는 인문콘텐츠학회에서는 2014년 7월부터 '디지털 인문학 포럼'을 연속적으로 개최하고 있다. (2014. 7. 3. / 2014. 8. 22.)

한 사실은 미국과 유럽연합, 그리고 가까운 일본과 대만에 이르기까지 여러 나라의 수많은 대학에서 '인문학자'가 중심적인 역할을 수행하는 '디지털 인문학' 연구 활동이 급속히 확산되고 있다는 점이다.

한국의 경우, 비록 디지털 인문학이라는 표현을 사용하지는 않았지만, 그와 유사한 시도들은 일찍부터 있어 왔다. 인문콘텐츠학회, 디지털콘텐츠학회, CT학회 등을 중심으로, 인문학 자료의 정보화, 인문학을 소재로 한 디지털 기술의 적용 사례들이 시도되었다. 그런데 한국에서는 이러한 모든 시도들이 기본적으로 문화콘텐츠 혹은 디지털 문화콘텐츠라는 범주로 사용되었다. 문제는 이러한 시도들이 지나치게 성급하게 산업적 활용을 염두에 두었다는 점에서, 실제로는 인문학과 디지털 기술이 유리되는 결과를 가져왔다. 현재 이에 대한 반성의 시각에서 인문학자들이 디지털 기술을 직접 이용할 수 있는 방안을 모색하기에 이르렀다.[3] 이 경우 가장 참고할 수 있는 것이 미국의 사례일 것이다. 미국의 경우, 수십 곳의 대학에 '디지털 인문학 센터' 또는 이와 유사한 이름을 내건 연구팀을 결성하게 하고, 그곳의 소속원들이 전과는 다른 방법으로 인문학적 관심사를 다루게 한 추동력의 하나가 바로 미국 인문학재단(NEH, National Endowment for the Humanities) 디지털 인문학 지원단(ODH, Office of Digital Humanities)[4]의 연구 지원 활동이다.

본 연구는 미국 인문학재단이 디지털 인문학 진흥을 위하여 수행

---

3) 홍정욱, 김기덕, 「2014 세계 디지털 인문학 학술대회 및 한국의 디지털 인문학 현황」, 『인문콘텐츠』 34, 인문콘텐츠학회, 2014.

4) 미국 인문학재단(NEH, National Endowment for the Humanities)은 2006년 디지털 인문학에 연구비를 지원하는 디지털 인문학 계획(Digital Humanities Initiative)을 공표, 착수하고, 2008년에는 이 사업을 수행하는 정규 조직을 디지털 인문학 지원단(ODH, Office of Digital Humanities)이라는 이름으로 발족하였다.

하고 있는 지원 프로그램 및 디지털 인문학 연구 프로젝트의 실제 내용을 파악하여 분석함으로써, 미국 디지털 인문학의 실상에 대한 이해를 높이고, 나아가 향후 우리나라의 디지털 인문학 육성 시책 개발에 참고가 될 수 있을 것이다.

2) NEH의 디지털 인문학 프로젝트 개황

(1) NEH의 디지털 인문학 프로젝트 유형

미국 인문학재단(NEH, National Endowment for the Humanities)의 디지털 인문학 지원단(ODH, Office of Digital Humanities)에서 지원하는 디지털 인문학 프로젝트의 유형은 5가지이다. 그 첫 번째인 '디지털 인문학 초기 조성 지원'(Digital Humanities Start-Up Grants)은 디지털 인문학의 경험이 없는 순수 인문학자들이 디지털 기술을 활용하여 새로운 연구를 시도할 수 있도록 하는 지원금이다. 본격적으로 디지털 인문학 연구의 수행이 가능해지면, '디지털 인문학 실행 지원'(Digital Humanities Implementation Grants)을 통해서 실제적인 프로젝트를 수행하도록 하고 있다. 또한 '디지털 인문학 전문가 양성 프로그램'(Institute for Advanced Topics in the Digital Humanities)을 통해서 전통 인문학자들을 대상으로 디지털 인문학 방법론을 교육하고 전파할 수 있도록 지원하고 있다. '인문학 빅데이터 분석 과제'(Digging Into Data Challenge)는 다양한 분야에서 축적된 빅데이터를 인문학적으로 활용하는 방안을 모색하고 있으며, 독일의 연구진흥협회(DFG)와 공동으로 미·독 양국의 협력 연구팀을 선발·지원하는 미국-독일 디지털 인문학 협력 프로그램(NEH/DFG Bilateral Digital Humanities Program)은 디지털 인문학 분야에서의 국제 협력 모델을 제시하고 있다.

① 디지털 인문학 초기 조성 지원(Digital Humanities Start-Up Grants)[5)]

디지털 인문학 초기 조성 지원(Digital Humanities Start-Up Grants)은 적은 지원금을 통해서 디지털 인문학 프로젝트의 기획 단계를 지원한다. 이를 통해서 '높은 위험-높은 보상'의 개념을 적용하여 일정한 위험을 감수하고 혁신과 우수성을 추구하고 있다.

디지털 인문학 초기 조성 지원은 1년에서 1년 반 사이의 지원 기간을 가지며, 프로젝트의 성격에 따라 레벨I과 레벨II로 구분된다. 레벨I은 프로젝트 주제 탐색을 핵심으로 $5,000에서 $30,000 사이의 지원금이 지급되고 있다. 이에, 레벨I의 결과물은 프로젝트의 문제 제기, 연구 질문, 연구 의제 탐구, 적절한 방법이나 기술 요소 및 프로젝트 결과의 공유 방법 등의 개략적인 프로젝트 수행 목적 및 방법을 포함하고 있어야 한다. 레벨II는 프로젝트 기반 조성을 핵심으로 $30,001에서 $60,000 사이의 지원금이 지급되고 있다. 이에, 레벨II의 결과물은 시제품, 작업 시스템, 시범 프로젝트 등의 가시적인 프로젝트 수행 목적 및 방법을 포함하고 있어야 한다.

② 디지털 인문학 실행 지원(Digital Humanities Implementation Grants)[6)]

디지털 인문학 실행 지원(Digital Humanities Implementation Grants)

---

5) Digital Humanities Start-Up Grants, http://www.neh.gov/grants/odh/digital-humanities-start-grants; Digital Humanities Start-Up Grants Guidelines, http://www.neh.gov/files/grants/digital-humanities-start-sept-11-2014.pdf

6) Digital Humanities Implementation Grants, http://www.neh.gov/grants/odh/digital-humanities-implementation-grants; Digital Humanities Implementation Grants Guidelines, http://www.neh.gov/files/grants/digital-humanities-implementation-feb-2014.pdf

은 디지털 인문학 초기 조성 지원(Digital Humanities Start-Up Grants) 또는 그에 상응하는 프로젝트 환경 조성이 이루어진 디지털 인문학 프로젝트의 실제적인 수행 단계를 지원하기 위하여 2012년에 신설되었다.

디지털 인문학 실행 지원은 기초 연구 토대, 시제품 제작, 기초적 실험 및 잠재적인 영향을 강조한 디지털 인문학 초기 조성 지원과 달리 중요한 결과물 제출할 수 있거나, 인문학 연구에 큰 영향력을 행사할 수 있는 프로젝트에 1년에서 3년 사이의 기간 동안 $30,001에서 $60,000 사이의 지원금이 지급되고 있다.

③ 디지털 인문학 전문가 양성 프로그램(Institute for Advanced Topics in the Digital Humanities)[7]

디지털 인문학 전문가 양성 프로그램 (Institute for Advanced Topics in the Digital Humanities)은 인문학 연구자들에게 디지털 인문학에 대한 집중 훈련을 제공하는 프로그램을 지원하여 디지털 기술을 사용하는 인문학자들을 증가시키고 인문학 관련 디지털 기술 도구와 방법론에 대한 지식을 널리 보급하고자 설계되었다. 그렇기에 교육 주제를 디지털 인문학으로 인정되는 범위로 한정시키는 것 이외에 교육 대상과 장소 및 방법론에 특별한 제약을 부여하지 않고 있다. 디지털 인문학 전문가 양성 프로그램(Institute for Advanced Topics in the Digital Humanities)은 1년에서 3년 사이의 기간 동안 $50,000에서 $250,000 사이의 지원금이 지급되고 있다.

---

7) Institutes for Advanced Topics in the Digital Humanities , http://www.neh.gov/grants/odh/institutes-advanced-topics-in-the-digital-humanities; Institutes for Advanced Topics in the Digital Humanities Guidelines, http://www.neh.gov/files/grants/advanced-topics-digital-humanities-march-11-2014.pdf

④ 인문학 빅데이터 분석 과제(Digging Into Data Challenge)[8)]

인문학 빅데이터 분석 과제(Digging Into Data Challenge)는 미국, 영국, 캐나다, 네덜란드의 학술기관들[9)]이 빅데이터 시대를 맞이하여 인문학과 사회과학의 연구 방법론에 대한 고찰이 필요하다는 공감대 아래 공동으로 지원하는 과제이다. 그렇기에 인문학 빅데이터 분석 과제의 목표는 인문학과 사회과학 분야의 빅데이터 분석에 관한 혁신적인 연구 기술의 개발 및 구축을 촉진하며, 빅데이터 분석의 기획-분석-해석을 통하여 인문학과 사회과학뿐만이 아니라 컴퓨터과학, 정보과학, 수학 및 통계과학 등과의 학제간 협력을 확산하고자 한다.

그 뿐만이 아니라 최소 2개국 이상의 상이한 국가에 소속된 기관 간의 협력을 필수적으로 규정하여 국제협력을 촉진하고, 인문학 빅데이터 소유자들과의 협력을 통하여 데이터 접근과 공유를 보장하고자 하였다. 인문학 빅데이터 분석 과제(Digging Into Data Challenge)

---

8) Digging Into Data, http://www.diggingintodata.org/; Digging into Data Challenge Round Three Request for Proposals, http://www.diggingintodata.org/LinkClick.aspx?fileticket=1bi59v1T99Q%3d&tabid=149

9) 각국 학술재단들은 다음과 같다. 미국 인문학재단(NEH, National Endowment for the Humanities), 미국 국립과학재단(NSF, National Science Foundation), 미국 박물관&도서관 협회(IMLS, the US Institute of Museum and Library Services), 영국 합동정보시스템위원회(Jisc, the UK Joint Information Systems Committee), 영국 경제사회연구위원회(ESRC, The UK Economic and Social Research Council), 영국 예술&인문학연구위원회(AHRC, the UK Arts and Humanities Research Council), 네덜란드 과학적인 연구기구(NWO)와 네덜란드 E과학센터(NLeSC, the Netherlands eScience Center)의 협동, 캐나다 사회과학 및 인문학 연구협의회(SSHRC, the Social Sciences and Humanities Research Council of Canada)와 자연과학 및 공학 연구협의회(NSERC, the Natural Sciences and Engineering Research Council of Canada) 및 캐나다 혁신을 위한 재단(CFI, the Canada Foundation for Innovation)의 협동

는 2년 동안 캐나다가 CAN $25,000 ~ $750,000; 영국이 GBP £15,000 ~ £125,000; 미국이 US $25,000 ~ $125,000; 네덜란드가 EUR €25,000 ~ EUR €100,000을 자국 소속의 프로젝트 팀에 지원하고 있다.[10)]

⑤ 미국-독일 디지털 인문학 협력 프로그램(NEH/DFG Bilateral Digital Humanities Program)[11)]

미국-독일 디지털 인문학 협력 프로그램(NEH/DFG Bilateral Digital Humanities Program)은 미국 인문학재단(NEH, National Endowment for the Humanities)과 독일 연구기금(DFG, Deutsche Forschungsgemeinschaft e.V.)이 협력하여 인문학 연구를 위한 디지털 인프라를 개발하고 구현하는 프로젝트를 지원하고 있다. 미국-독일 디지털 인문학 협력 프로그램(NEH/DFG Bilateral Digital Humanities Program)은 최대 3년간 $100,000에서 $350,000사이의 지원금이 지급되고 있다.

(2) NEH가 지원하는 디지털 인문학 주제 분야

NEH는 위와 같은 지원 프로그램을 시행함에 있어 디지털 인문학의 정체성을 확립하고 전통 인문학 연구 방법론과의 차별을 추구하

---

10) 지원금의 세부 사항은 지원 기관에 따라 상이하다. 보다 세부적인 사항은 "Digging into Data Challenge Round Three Request for Proposals(http://www.diggingintodata.org/LinkClick.aspx?fileticket=zzSnVs698%-2FA%3D&tabid=149)"을 참고.

11) NEH/DFG Bilateral Digital Humanities Program, http://www.neh.gov/grants/odh/nehdfg-bilateral-digital-humanities-program; NEH/DFG Bilateral Digital Humanities Program Guidelines, http://www.neh.gov/files/grants/neh-dfg-bdhp-sept-25-2014.pdf

기 위하여 다음의 주제를 권장하고 있다.[12)]

- 디지털 인문학 분야에 새로운 접근 방법을 도입하는 연구 또는 최고의 실천 사례를 기록하고 정리하는 연구
- 도서관과 박물관의 디지털 자산을 포함한 디지털 자료들의 보존, 분석과 접근을 용이하게 하는 새로운 디지털 도구 원형의 기획과 개발
- 디지털 문화의 역사, 비판과 철학, 그리고 이들의 사회적 영향에 중점을 둔 연구
- 인문학의 특정 분야 및 다른 분야와의 학제간 연구에서 신생기술 사용의 철학적 함의와 영향을 조사하는 학문
- 전통적 미디어와 새로운 미디어 모두를 활용하는 대중 프로그램과 교육을 위한 기술의 혁신적 사용
- 인문학의 보급을 용이하게 하는 출판의 새로운 디지털 방식

그러나 프로젝트가 주로 자료의 디지털화에만 집중하는 경우(디지털화 방법론 제시가 주목적인 경우는 제외)[13)]나 설문조사나 현장조사 등과 같은 전통적인 경험에 의거한 조사 연구의 경우 등에 대해서는 지원을 하지 않고 있다[14)].

---

12) NEH, http://www.neh.gov/

13) 미국의 디지털 인문학 지원 정책은 인문학 자료와 연구 성과를 디지털화하는 것보다 정보기술을 활용하여 새로운 시각과 방법으로 인문학을 분석하고 시각화하는 연구에 집중하고 있다. 이는 디지털화 과정을 수행하지 않는다는 의미가 아니다. 반대로 디지털화는 디지털 인문학뿐만이 아니라 기존의 인문학에서도 의무적으로 수행해야 될 기본적인 연구 활동의 결과라는 의미이다.

14) 그 외에도 학술지를 만들거나 변환하는 경우(다만 새로운 방식의 학술적 출판을 위한 계획 고찰은 가능), 반복되거나 공인된 학회나 개인적인 만남, 컴

(3) NEH 디지털 인문학 프로젝트 지원 추세[15)]

NEH의 디지털 인문학 프로젝트는 2007년부터 2012년까지의 디지털 인문학 도입기와 2012부터의 디지털 인문학 발전기로 구분하여 살필 수 있다. 디지털 인문학 도입기에는 디지털 인문학 초기 조성 지원(Digital Humanities Start-Up Grants)과 디지털 인문학 전문가 양성 프로그램(Institute for Advanced Topics in the Digital Humanities)을 중심으로 디지털 인문학 방법론을 교육하고, 실험적으로 운용하는 데 초점을 맞추었다. 디지털 인문학 발전기에는 디지털 인문학 실행 지원(Digital Humanities Implementation Grants)을 설립하며, 디지털 인문학 도입기에서 유의미한 성과를 보인 프로젝트를 중심으로 보다 성숙된 디지털 인문학 장기 지원제도를 확보하였다.

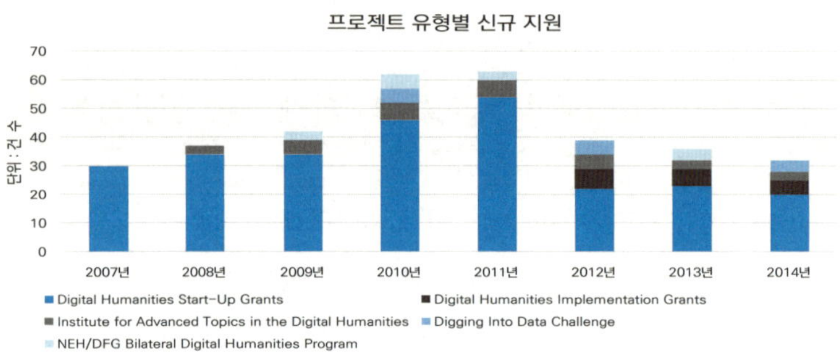

[그림 1] 디지털 인문학 프로젝트 유형별 신규 지원금 추세

퓨터 장비나 소프트웨어 구입비가 지원금의 20%을 초과하는 경우, 창조 예술이나 공연 예술의 경우, 경험에 의거한 과학적 사회조사, 학위를 위하여 행하는 일, 교과서를 준비하거나 출판하는 일, 프로젝트가 일부 정치적, 종교적, 사상적 내용으로 편향된 경우, 프로젝트가 일부 사회적 행동에 편향된 경우에도 지원을 하지 않고 있다.

15) NEH 프로젝트 검색 기능(https://securegrants.neh.gov/PublicQuery/main.aspx)을 통하여 추출된 NEH 디지털 인문학 프로젝트 데이터를 바탕으로 지원 추세를 정리하였다. NEH 제공 서비스의 결함으로 인하여 일부 데이터가 누락되었지만, 전체적인 경향성 분석에는 영향을 미치지 않는다.

또한 2010년부터 격년으로 인문학 빅데이터 분석 과제(Digging Into Data Challenge)를 공모하여 인문학 빅데이터 활용 방법론에 대한 탐구를 진행하는 한편, 2009년부터 부정기적으로 미국-독일 디지털 인문학 협력 프로그램(NEH/DFG Bilateral Digital Humanities Program)을 운영하며 국제 디지털 인문학 협력 프로그램의 모델을 제시하고 있다.

3) NEH 디지털 인문학 프로젝트 사례 분석

아직은 실험적이며 가능성의 모색 단계인 디지털 인문학의 세계에서 NEH의 지원을 받아 수행하는 교육 및 연구 프로젝트는 디지털 인문학의 관심 분야 및 향후 발전 방향을 시사하는 사례로 간주될 수 있다. 이 장에서는 NEH 지원금 수혜 프로젝트 가운데 다양한 연구 방법을 보이는 대표적인 연구 사례와 디지털 인문학자 양성 교육의 방법과 목표를 알게 하는 교육 프로그램 개발 및 운영 사례 몇 가지를 살펴보고자 한다.[16]

(1) 디지털 인문학 연구 프로젝트

① WorldMap[17]

WorldMap은 하버드 대학교(Harvard University)가 만든 인문학 데이터와 지도를 연결할 수 있도록 도와주는 오픈형 지리정보시스템(GIS, Geographic Information System) 플랫폼이며, 2013년 3억 3천만 원($320,888)의 지원금을 받으며 디지털 인문학 프로젝트 실행 지원

16) 2012년부터 2014년 사이에 NEH 디지털 인문학 실행 지원금(Digital Humanities Implementation Grants) 수혜 과제와 디지털 인문학 전문가 양성 프로그램 (Institute for Advanced Topics in the Digital Humanities)의 전체 목록을 이 글의 [부록]에 게재.

17) WorldMap 홈페이지: http://worldmap.harvard.edu/

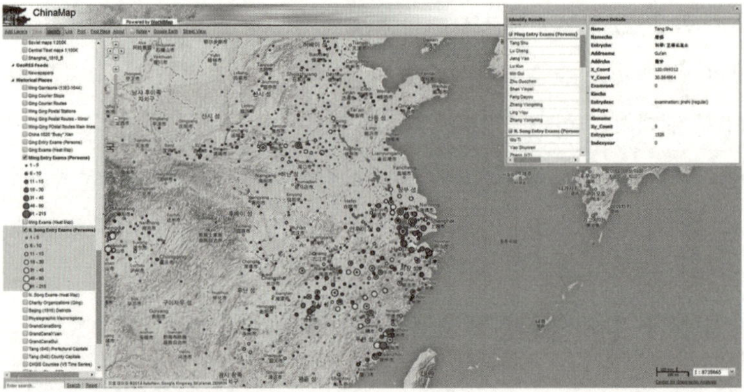

[그림 2] WorldMap 사용 예시

(Digital Humanities Implementation Grants)으로 선정되었다.

WorldMap은 디지털 기술을 활용하여 인문학 공간정보를 시각화하고, 이를 통하여 교육을 진행하기 위한 온라인 기반 지리정보시스템 플랫폼이다. 사용자는 자신이 보유하고 있는 지리정보를 포함한 자료를 WorldMap 시스템에 업로드한 뒤, 지리정보시스템을 통한 분석과 시각화를 온라인에서 수행할 수 있다. 또한 다른 사람이 올린 데이터를 재활용하여 자신만의 온라인 지도를 구축할 수 있다.

② WordSeer[18]

WordSeer은 UC 버클리(University of California, Berkeley)가 만든 문학 연구를 위한 텍스트 분석 및 시각화 툴이며, 2012년 3억 3천만 원($320,888)의 지원금을 받으며 디지털 인문학 프로젝트 실행 지원(Digital Humanities Implementation Grants)으로 선정되었다.

WordSeer은 온라인에서 단어 빈도 추출, 단어 네트워크 분석, 문법 분석, 문형 비교 등 문학 연구를 위한 디지털 인문학적 방법론을 통한

18) WordSeer 홈페이지: http://wordseer.berkeley.edu/

결과물을 온라인에서 제공하는 것을 목표로 하고 있다. 현재 UC 버클리의 '북미 노예의 인터뷰와 글'(Slave Narratives) 데이터와 캘거리 대학(University of Calgary)의 '셰익스피어 전집' 데이터를 활용한 분석 사례 연구를 지원하고 있다.

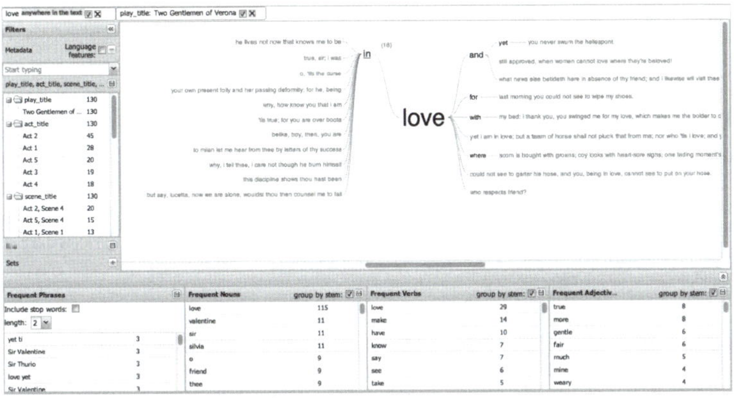

[그림 3] WordSeer 사용 예시[19)]

③ Networks in History[20)]

Networks in History는 스탠포드 대학교(Stanford University)가 만든 시계열 변화 속의 네트워크 분석을 위한 역사 데이터 분석 프로젝트이며, 2013년 3억 원($297,137)의 지원금을 받으며 디지털 인문학 프로젝트 실행 지원(Digital Humanities Implementation Grants)으로 선정되었다.

Networks in History는 17세기부터 18세기까지의 유럽과 미국에

---

19) WordSeer 사용 예시: WordSeer 3.0 Guide, https://docs.google.com/document/d/171QKZDgBC624VYCnCSx2kbOWRKZQPUnne43Rb-gndlU/pub

20) Networks in History 홈페이지: http://palladio.designhumanities.org/

서 편지를 통한 지식인 커뮤니티인 편지 공화국(Republic of Letters)을 분석하고 시각화했던 경험[21)]을 바탕으로 온라인 다차원 복합 데이터 처리 서비스 Palladio를 개발하고 있다. Palladio는 온라인에서 데이터(csv, tab, tsv)을 처리하여 시계열(timespan)과 지리정보시스템(GIS, Geographic Information System)를 적용한 네트워크 분석 및 시각화를 구현한다.

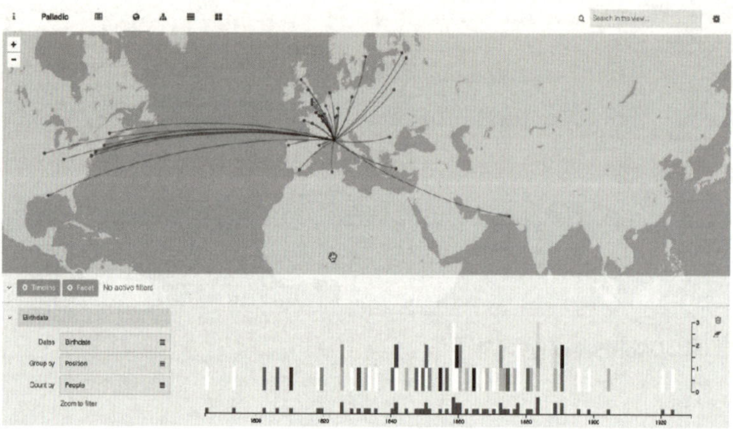

[그림 4] Palladio 사용 예시[22)]

④ Trading Consequences[23)]

Trading Consequences는 영국과 캐나다의 연구기관[24)]이 협력하

21) Mapping the Republic of Letters, http://republicofletters.stanford.edu/

22) Palladio 사용 예시: http://hdlab.stanford.edu/lab-notebook/palladio/2014/06/20/full-video-tutorial/

23) Trading Consequences 홈페이지: http://tradingconsequences.blogs.edina.ac.uk/; Trading Consequences 최종 결과보고서: http://tradingconsequences.blogs.edina.ac.uk/files/2014/03/DiggingintoDataWhitePaper-final.pdf

24) 본 프로젝트의 참가자는 다음과 같다. 프로젝트 파트너: 캐나다의 요크 대학교(York University), 영국의 에든버러 대학교(University of Edinburgh), 영국의 세인트 앤드류스 대학교(University of St Andrews), 캐나다의 사

여 19세기 국제무역 문서들을 수집하여 데이터를 구축하고, 구축된 데이터를 텍스트 분석(Text Mining)하여 유의미한 정보를 수집한 이후에 지리정보시스템(GIS, Geographic Information System) 등을 활용하여 시각화한 빅데이터 분석 프로젝트로써 2011년 인문학 빅데이터 분석 과제(Digging Into Data Challenge)로 선정되었다.

Trading Consequences는 데이터 파트너들이 보유하고 있는 19세기 국제무역 데이터를 통합하기 위하여 요크 대학교에서 주관하여 역사적 분석을 통해 19세기 국제무역 데이터에 적합한 온톨로지를 개발하였다. 이를 바탕으로 에든버러 대학교가 주관하여 텍스트 마이닝을 통해 유의미한 데이터를 추출하여 재구축하였다. 마지막으로 재구축된 데이터를 바탕으로 세인트 앤드류스 대학교에서 다양한 방식으로 시각화를 시도하였다.

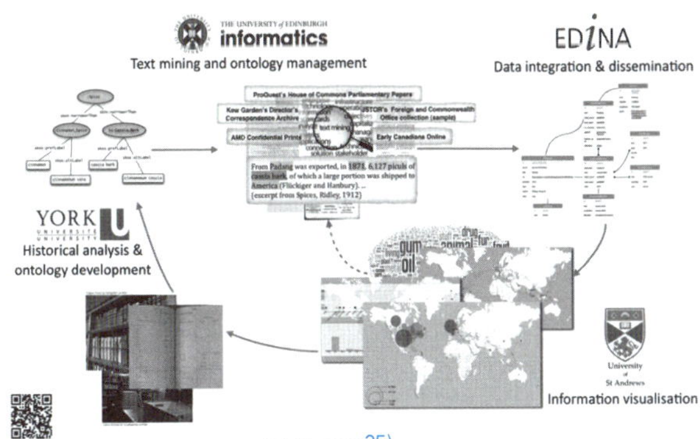

[그림 5] Trading Consequences 분석 방법[25)]

츠캐추안 주립대학교(University of Saskatchewan); 프로젝트 데이터 파트너: 아담 매튜(Adam Matthew, http://www.amdigital.co.uk/), Canadiana.org(http://www.canadiana.ca/), Gale Cengage Learning(http://www.cengageasia.com/), JSTOR(http://www.jstor.org/), Royal Botanic Gardens Kew(http://www.kew.org/), ProQuest(http://www.proquest.com/)

25) Trading Consequences - update Oct 2013.sm.pptx, http://www.diggingin-

(2) 디지털 인문학 교육 프로그램

① Doing Digital History[26)]

Doing Digital History는 조지 메이슨 대학교(George Mason University)가 중견 미국 역사학자 25명을 대상으로 방학 기간을 이용하여 2주간 디지털 인문학의 기본 방법론의 전반적인 영역에 대해서 소개하고 실습을 진행하는 교육 과정이며, 2013년 2억 2천만 원($215,718)의 지원금을 받으며 디지털 인문학 전문가 양성 프로그램(Institute for Advanced Topics in the Digital Humanities)에 선정되었다.

Doing Digital History의 교육 과정은 디지털 인문학의 데이터 구축, 데이터 분석, 데이터 시각화의 기본 개념과 기초 기술을 통해서 인문학자들 스스로가 디지털 인문학의 관심 영역으로 확장 가능한 토대를 만들어주는 데 초점이 맞추어져 있다.

[표 1] Doing Digital History 교육 과정

1주	월	디지털 인문학과 디지털 역사 개론 및 관련 웹 서비스 체험 - 도메인 등록; 웹 서비스 구축; 블로그 설치
	화	디지털 자원 활용 방법론 및 체험 - Zotero(서지정보 관리 툴); Tin Eye(유사 이미지 검색 툴)
	수	디지털 역사 프로젝트 기획 개론 및 체험 - Sever; HTML(웹 표준언어); Omeka(콘텐츠 관리 시스템)
	목	멀티미디어 자료 활용 개론 및 체험 - YouTube(동영상 공유 사이트); Scalar(다중 패러다임 프로그래밍 언어)
	금	데이터 구축과 시각화 개론 및 체험 - Excel(스프레드시트 프로그램); Viewshare(데이터 시각화 플랫폼)

---

todata.org/LinkClick.aspx?fileticket=A%2fZenTgUm08%3d&tabid=199

26) Doing Digital History 홈페이지: http://history2014.doingdh.org/

2주	월	지리정보시스템(GIS) 방법론 및 체험 - Google Map(온라인 지도 서비스); StoryMapsJS(웹 기반 지리정보 시각화 툴)
	화	데이터 마이닝 방법론 및 실습
	수	데이터 공유 방법론 및 체험
	목	디지털 교육학 개론 및 교안 작성 실습
	금	디지털 역사의 방향과 미래

② XQuery Summer Institute[27)]

XQuery Summer Institute는 반델빌트 대학교(Vanderbilt University)가 디지털 인문학 데이터를 다루는 인문학도 및 인문학자 12명을 대상으로 방학 기간을 이용하여 2주간 XQuery을 통한 고급 디지털 인문학 데이터 처리 방법론을 소개하고 실습을 진행하는 교육 과정이며, 2013년 8천만 원($72,760)의 지원금을 받으며 디지털 인문학 전문가 양성 프로그램(Institute for Advanced Topics in the Digital Humanities)에 선정되었다.

[표 2] XQuery Summer Institute 교육 과정

1주	월	XML(DTD, XML Schema) 개론 및 관련 프로그램 설치
	화	XML 활용 방법론 및 TEI 개론
	수	Xpath의 개념 및 문법(1)
	목	Xpath의 개념 및 문법(2)
	금	스탠포드 XML 데이터를 대상으로 한 실습

27) XQuery Summer Institute 홈페이지: http://xqueryinstitute.org/

2주	월	디지털 인문학 프로젝트 구상
	화	eXist의 개념과 문법
	수	XML 연계 응용 방법론(API)
	목	XML 시각화 방법론(Web 서비스)
	금	XML 데이터를 기반으로 한 클라우드 서비스

XQuery Summer Institute의 교육 과정은 인문학 데이터를 분석하고 시각화하는 방법을 통해서 이미 스스로의 인문학 데이터를 축적한 연구자들이 분석과 시각화의 영역으로 발전할 수 있는 토대를 만들어주는 데 초점이 맞추어져 있다.

③ 3D Modeling of Cultural Heritage Sites[28)]

3D Modeling of Cultural Heritage Sites는 아칸서스 주립대학교(Arkansas State University)가 인문학도 및 인문학자를 대상으로 방학 기간을 이용하여 1주간 문화유산의 3D 시각화 방법론과 실습을 진행하고, 자신의 관심 영역에 적용할 수 있는 시간을 배정한 뒤에 University of California에서 학회를 통하여 성과를 발표하는 교육 과정이며, 2013년 2억 2천만 원($218,139)의 지원금을 받으며 디지털 인문학 전문가 양성 프로그램(Institute for Advanced Topics in the Digital Humanities)에 선정되었다.

3D Modeling of Cultural Heritage Sites의 교육 과정은 오전에 실제 문화유산 3D 모델링 시각화 사례를 소개하고 오후에는 해당 구축 사례에 대한 실습을 수행함으로써, 관련 연구자들이 자신의 자료를 3D 모델링 기술을 통하여 데이터를 구축하고 시각화 할 수 있는

28) Advanced Challenges in Theory and Practice in 3D Modeling of Cultural Heritage Sites 홈페이지: http://neh.cdi.astate.edu/

토대를 만들어주는 데 초점이 맞추어져 있다.

[그림 6] 3D Modeling of Cultural Heritage Sites 교육 내용[29)]

4) 맺음말

현재까지 NEH의 지원을 받아 수행되는 디지털 인문학 프로젝트는 전통적인 인문학에서 다루어 오던 연구 주제를 디지털 시대에 디지털 기술의 도움을 받아 수행함으로써 새로운 성과를 도출하려는 시도가 주류를 이룬다. 중요한 시사점은 이러한 프로젝트 기획과 수행의 전 과정이 인문학 연구자들의 주도로 이루어지며, 디지털 기술의 이해와 운용 또한 인문학자들 스스로 담당해야 할 과제로 인식되고 있다는 점이다. 또한 개인 연구보다는 공동 연구를 지향하며, 디지털 기술을 바탕으로 연구 소통을 강조하여 연구 과정에서의 학제간 공동연구 방법이나 연구 결과의 완전 공개를 강력하게 요구하고

29) 3D Modeling of Cultural Heritage Sites 교육 내용: http://neh.cdi.astate.edu/wp-content/uploads/slideshow-gallery/vsimuserguidegraphic2.jpg

있는 것도 NEH 디지털 인문학 육성 프로그램에서 의미 있게 짚어보아야 할 사항들이다.

미국의 디지털 인문학은 인문학자가 주도하여 인문학 데이터를 바탕으로 인문학의 발전을 위해 추구하는 연구이다. 전통 인문학 연구의 기반을 가지고 있는 인문학자가 프로젝트 책임자가 되어 미래의 인문학을 위해서 인문학과 디지털 기술의 융합을 추구하고 있다. 프로젝트의 진행 과정에서 디지털 인문학의 특성으로 인하여 컴퓨터 과학이나 정보과학 영역 등과의 학제간 협력이 자연스럽게 이루어질 뿐 아니라, 디지털로 소통하는 환경에서 역사, 지리, 언어, 문학 등 인문학 분야의 다양한 분과 학문간의 교섭도 확대된다. NEH는 디지털 기술을 바탕으로 한 연구 소통을 강조하며 연구 과정에서의 학제간 공동연구를 이루어낸 경험과 노하우, 그 연구를 통해서 산출해낸 모든 결과물의 완전한 공개를 촉구함으로써 디지털 인문학적 연구 방법의 확산과 발전을 촉진하고 있다. 연구팀은 그들의 최종 연구성과물을 논문, 보고서, 출판 등의 종이 매체 상의 저작물로 간행하는 것을 요구받지 않는다. 대신 연구의 전 과정에서 산출된 모든 단계의 데이터를 연구성과물로 정의하고, 그 모든 데이터를 디지털 매체 상에서 세계와 공유하도록 하고 있다.

NEH의 디지털 인문학 프로젝트는 이 새로운 학문 분야의 동향과 가능성에 주목하고 있는 우리나라의 인문학, 인문콘텐츠학 연구자들, 그리고 한국의 디지털 인문학 육성 방안을 모색하고 있는 연구 지원기관 관계자들에게 적지 않은 시사점을 던져주고 있다. 그 가운데 연구자와 연구 지원기관 모두가 우선적으로 주목해야 할 부분은 첫째, '디지털 인문학'의 주체는 전통적인 인문학에 기반을 두고 있는 '인문학자'라는 점, 둘째, 정보기술의 경험과 식견이 부족한 이들이 '디지털 인문학자'로서의 역량을 갖추기 위해서는 이를 위한 교육·

훈련의 과정이 필요하며, 디지털 인문학의 초기 육성 단계에서는 이러한 교육 프로그램의 개발과 운영이 중요한 과제로 인정받고 지원되어야 한다는 점이다. 미국의 디지털 인문학이 그 확산이나 지원의 규모면에서 그리고 그 시도의 다양성면에서 우리나라보다 앞서 나아간 면이 많은 것은 사실이지만, 그렇다고 모든 면에서 선진적이라고 단언할 필요는 없을 듯하다. 전통적인 인문학이 문화산업의 발전에 기여할 수 있는 가능성과 그 방법을 찾는 노력을 NEH 디지털 인문학의 사례에서 찾기는 어렵다. 이것은 인문학과 정보기술과의 융합을 '문화콘텐츠'라는 이름으로 추구해 우리나라가 한걸음 앞서 있는 분야라고 볼 수도 있을 것이다. 하지만, 우리의 문화콘텐츠가 산업적 성과를 얻는 데 급급하여, 디지털 기술을 활용한 인문학 지식의 천착에는 다소 미진하였다고 평가할 수 있을 것이다. 미국을 비롯한 해외 디지털 인문학의 현황과 전망에 대한 충분한 이해와 분석을 통해, 우리나라의 인문학도 디지털 기술을 통한 다양한 확장을 시도할 수 있기를 기대한다.

2장 디지털 인문학의 한국적 전개

1. 한국 디지털 인문학의 성장 배경*

김 현

디지털 인문학은 정보기술(ICT: Information and Communication Technologies)의 도움을 받아 새로운 방식으로 수행하는 인문학 연구와 교육, 그리고 이와 관계된 창조적인 저작 활동을 말한다.[1] 연구 방법의 혁신뿐 아니라, 연구 성과의 사회적 소통을 촉진하여 인문학의 가치를 높이는 데 기여할 수 있다는 점에서 디지털 인문학은 세계 각국의 인문학계에서 인문학의 새로운 지평을 열 것으로 기대를 모으고 있다.[2]

해외의 상황(미국, 유럽 연합, 일본, 호주, 대만 등)에 비교하면 아직까지는 미진하다고 하겠지만, 한국의 인문학계에서도 '디지털 인문학'이 학계의 새로운 화두로 떠오르고 있다. 지금 이 시점에서 한국의 디지털 인문학은 무엇을 향해, 어떠한 노력을 기울여야 할 것인지 고민해 보아야 할 필요가 있다.

* 김현, 「한국의 디지털 인문학」, 국제고려학회, 비엔나 대학, 오스트리아, 2015.

1) 김현, 「디지털 인문학: 인문학과 문화콘텐츠의 상생 구도에 관한 구상」, 『인문콘텐츠』 29, 인문콘텐츠학회, 2013.

2) 김바로, 「해외 디지털 인문학 동향」, 『인문콘텐츠』 33, 인문콘텐츠학회, 2014.

한국의 디지털 인문학을 논할 때 우리가 놓치지 말아야 할 중요한 사실은, '디지털 인문학'(Digital Humanities)이라는 용어를 사용하지 않았고, 또 성격 면에서도 어느 정도 차이가 있지만 오늘날 이야기되는 디지털 인문학과 결코 무관하지 않은, 디지털 기반의 연구·교육·활용 환경을 구축하려는 노력이 짧지 않은 기간 동안 꾸준히 추구되어 왔다는 것이다.

이 글은 한국의 디지털 인문학이 어떠한 환경적 특성을 안고 태동하게 되었는지, 그 영향으로 그것은 오늘날 어떠한 방향성을 안고 전개되고 있는지 돌아보고, 그러한 특수성에 수반하는 잠재력과 가능성, 그리고 극복해야 할 문제점을 짚어 봄으로써 한국 디지털 인문학의 전도를 가늠해 보고자 하는 것이다.

1) 한국 디지털 인문학의 개척자

디지털 인문학은 '철학', '역사', '문학'과 같이 하나의 분과 학문으로 분류될 수 있는 분야가 아니다. 인문학의 모든 영역에서 시도할 수 있는 새로운 연구 방법이자 '연구하는 자세'이다. 그 새로운 연구 방식의 구체적인 성격과 지향하는 방향은 연구자에 따라, 좀 더 넓게 보면 그 연구자들이 활동하는 사회의 관심사와 트렌드에 따라 다양한 모습을 보일 수밖에 없다. 오늘날 한국에서 '디지털 인문학'이라는 이름으로 이루어지는 학술 활동의 성격과 방향을 진단하기에 앞서, 한국에서 현재의 '디지털 인문학'이 있기까지 어떠한 선행 단계가 있었는지 살펴보겠다.

(1) 에드워드 와그너와 문과(文科) 프로젝트

미국 하버드 대학의 동아시아언어문명학과 교수를 역임한 에드워드드 와그너(Edward Wagner)는[3] 서방 세계에서 한국 역사 연구를 선도하였던 역사학자로 잘 알려져 있다. 동시에 그는 한국학 분야 최초의 디지털 인문학 연구자로 인정받을 수 있는 사람이기도 하다.

- 와그너의 문과방목(文科榜目) 프로젝트(Munkwa Project)

'문과(文科)'는 조선시대에 문반 관료를 선발하던 시험이다. 와그너 교수는 1967년에 하버드 대학교 옌칭 연구소의 지원을 받아 그의 한국인 동료 송준호 교수와 함께 문과 합격자 명부인 '문과방목(文科榜目)' 데이터를 디지털 데이터베이스로 편찬하는 프로젝트(Munkwa Project)에 착수하였다. 와그너와 송준호는 이 프로젝트를 통해 14,600명의 문과 합격자와 그의 가까운 친인척(부, 조, 증조, 외조, 장인)에 관한 데이터(본관성씨, 관직, 거주지 등)를 컴퓨터에 입력하고 이를 종합적으로 분석하였다.[4] 이 연구의 최종 결과물은 2001년 『Wagner &宋 CD-ROM 補註 朝鮮文科榜目』(서울: 동방미디어)으로 간행되었다.

여러 가지 기술적인 어려움에도 불구하고 이와 같은 방식의 연구를 수행하고 있는 이유에 대해 와그너 교수는 다음과 같이 말하였다.

---

3) 에드워드 와그너(Edward Wagner, 1924~2001): 광복 직후(1946~1948) 한국에 주둔한 미군 군속으로 근무하면서 한국 사회를 체험하였고, 1949년 미국으로 돌아가 하버드 대학에서 수학하면서 한국의 조선시대사를 자신의 전공 영역으로 삼았다. 그의 여러 가지 연구 업적 중에서도 이기백의 『한국사신론』을 영문으로 번역한 A New History of Korea(1984)는 영어권 한국학 연구자들과 학생들에게 한국 역사의 기본적인 참고서로 읽히고 있다. ("Faculty of Arts and Sciences - Memorial Minute." Harvard Gazette. March 22, 2007.)

4) Kim, Sun Joo "Edward W. Wagner and His Legacy: Toward New Horizons in the Research of Korean History." *The Wagner Fiftieth Appointment Anniversary Special Lecture.* Korea Institute, Harvard University. 2008.

[그림 1] 에드워드 와그너(1924~2001)

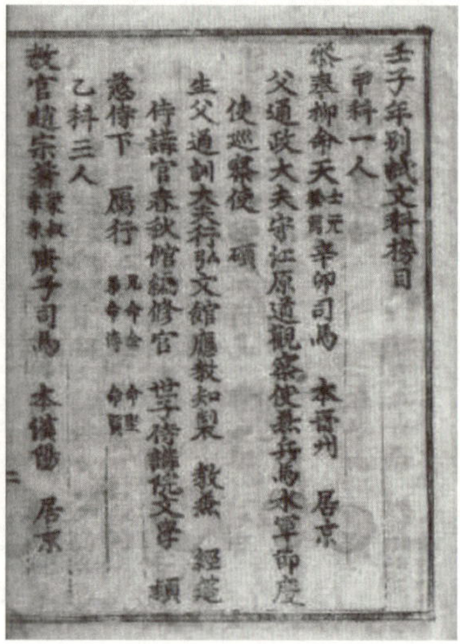

壬子年別試文科榜目
甲科一人
參奉柳命天 辛卯司馬 本晉州 居京
父通政大夫守江原道觀察使兼兵馬水軍節度
使巡察使 碩
生父通訓大夫行弘文館應教知製教兼經筵
侍講官春秋館編修官 世子侍講院文學 頫
慈侍下 厲行
乙科三人
教官趙宗著 庚子司馬 本漢陽 居京

[그림 2] 임자년 별시 문과방목(1672년, 목판 인쇄물) 하버드 옌칭 도서관 소장

역사 연구를 위해 컴퓨터를 사용하는 데에는 근본적인 이유가 있습니다. 컴퓨터는 이미 인류의 삶의 일부가 되었고 앞으로 더욱 그러할 것이기 때문입니다. 컴퓨터를 이용한 연구에 종사하는 것은 우리로 하여금 우리의 미래에 더욱 다가갈 수 있게 하는 것입니다.[5)]

---

5) "There is a fundamental reason for making use of the computer in historical research. The computer already has come to play a part in the lives of most of mankind and it will do so increasingly in the years ahead. Engaging in computer-assisted research, therefore, brings us closer to our future." (Wagner, Edward. "Problems in the Computerization of Materials in the Korean Studies Field: A report on the Munkwa Project". 한국학 자료의 전산화 연구. 한국정신문화연구원. 1982.)

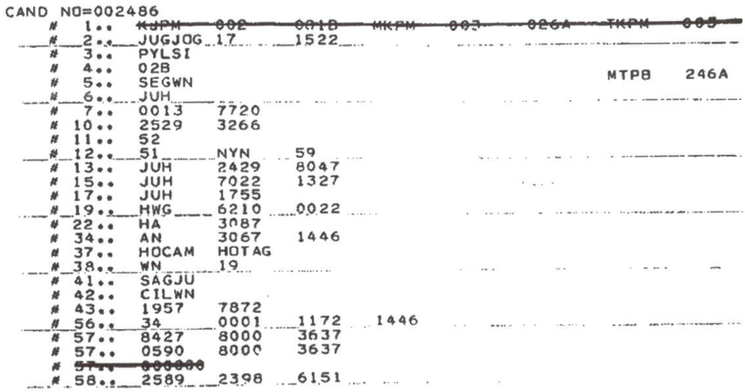

```
CAND NO=002486
  #   1..  KJPM    002    001B    MKPM    003    026A    TKPM    005
  #   2..  JUGJOG  17     1522
  #   3..  PYLSI
  #   4..  02B
  #   5..  SEGWN                                                  MTPB    246A
  #   6..  JUH
  #   7..  0013    7720
  #  10..  2529    3266
  #  11..  52
  #  12..  51      NYN    59
  #  13..  JUH     2429   8047
  #  15..  JUH     7022   1327
  #  17..  JUH     1755
  #  19..  HWG     6210   0022
  #  22..  HA      3087
  #  34..  AN      3067   1446
  #  37..  HOCAM   HOTAG
  #  38..  WN      19
  #  41..  SAGJU
  #  42..  CILWN
  #  43..  1957    7872
  #  56..  34      0001   1172    1446
  #  57..  8427    8000   3637
  #  57..  0590    8000   3637
  #  57..  000000
  #  58..  2589    2398   6151
```

[그림 3] 와그너-송 문과 프로젝트 원시 데이터

(한자 대용으로 중국의 전신 부호계 사용)

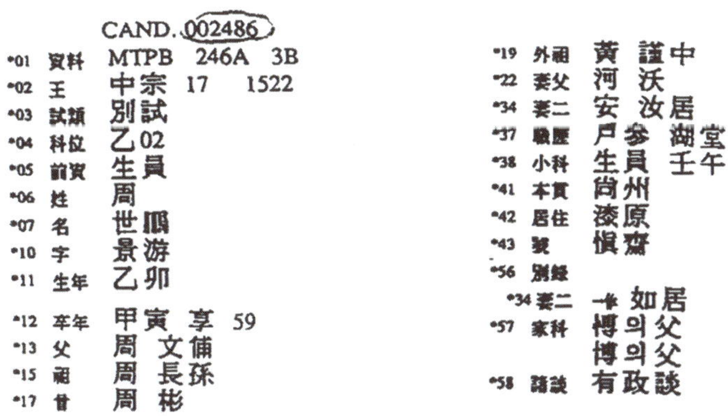

```
CAND. 002486
*01 資料  MTPB 246A 3B          *19 外祖  黃 謹中
*02 王    中宗 17 1522          *22 妻父  河 沃
*03 試類  別試                  *34 妻二  安 汝居
*04 科位  乙02                  *37 職歷  戶參 湖堂
*05 前資  生員                  *38 小科  生員 壬午
*06 姓    周                    *41 本貫  尙州
*07 名    世鵬                  *42 居住  漆原
*10 字    景游                  *43 號    愼齋
*11 生年  乙卯                  *56 別錄
                                 *34 妻二 一 如居
*12 卒年  甲寅 享 59            *57 家科  博의父
*13 父    周 文俌                         博의父
*15 祖    周 長孫               *58 諸談  有政談
*17 曾    周 彬
```

[그림 4] 와그너-송 문과 프로젝트 데이터

(한자 변환 후의 출력 데이터)

(2) 이웅근과 조선왕조실록 CD-ROM

[그림 5] 이웅근(李雄根) 회장과 조선왕조실록 CD-ROM

한국의 인문학자들로 하여금 와그너가 말한 '컴퓨터의 도움을 받는 연구'(Computer-assisted Research)에 다가가게 한 사건은 『조선왕조실록(朝鮮王朝實錄)』의 전문을 데이터베이스에 수록한 『조선왕조실록 CD-ROM』 편찬이었다. 1992년에 착수하여 1995년 10월에 첫 판을 간행한 이 디지털 저작물 편찬의 주역은 서울대학교 경제학과 교수 출신의 기업인 이웅근이[6] 이끄는 벤처기업 서울시스템이었다.

① 국역 조선왕조실록 CD-ROM 간행

『국역 조선왕조실록 CD-ROM』의 간행은 당시의 한국 역사학계는 물론 언론·출판 분야에서도 디지털 저작물 시대의 도래를 알리는 큰 사건으로 인식되었다. 다음은 당시의 중앙 일간지에 전면 기사로 다루어진 『국역 조선왕조실록 CD-ROM』 간행에 대한 보도 내용이다.[7]

---

6) 이웅근(李雄根, 1930~2008): 서울 출생. 서울대 대학원 경제학 박사. 서울대 행정대학원 교수, 국무총리 비서관, 한국 공기업학회 회장, 국제종합기계 회장, 서울시스템 사장, 조선왕조실록 CD-ROM 간행위원회 위원, 동방미디어 회장 역임. 「화관문화훈장」, 「은관문화훈장」 수훈.

7) 태조~철종 연간의 왕조실록을 한국어로 번역한 텍스트는 1995년 10월 CD-ROM에 담긴 Full Text 정보 검색 시스템으로 세상에 나왔고, 이 번역에서 제외되었던 고종·순종 연간의 실록은 1998년 4월에 별도의 CD-ROM 제품으로 간행되었다. 조선왕조실록의 한문 원문은 거기에 표점(標點)을 기입하고,

「국역 조선왕조실록」 CD롬 나왔다[9)]

320쪽짜리 413권 방대한 분량 수록 / 정치 경제 외에 일반 민중 생활사까지 망라
사학자 컴퓨터 전문가 등 400여 명 제작 참여
연대 목차 등 다양한 색인 / 편리한 검색 최대 장점

조선왕조 5백년의 장구한 역사가 CD롬 3장에 담겨졌다.

조선왕조실록은 태조 이성계로부터 철종에 이르기까지 25대 4백72년의 역사를 기록한 왕조의 공식 역사서. 조선왕조의 정치 경제는 물론 인물 자연 학술, 나아가 일반 민중의 생활사에 이르기까지 풍부한 내용을 담고 있어 세계에서도 유례를 찾아볼 수 없는 역사 기록물이다. 또 양에 있어서도 한문 원본은 총 1천8백93권 8백88책에 달하며, 신4·6배판 크기의 국역본도 총 4백13권(권당 3백20~3백40페이지)에 이른다. 그러나 그동안 일반인들은 실록의 한문 원본은 물론 지난 93년 말 학자 3천여 명이 동원돼 번역을 끝낸 국역본에도 접근하기가 쉽지 않았다. 한 사람이 하루에 1백 페이지씩 읽는다 해도 4년 3개월이 걸리는 방대한 분량인데다 설령 다 읽었다 하더라도 전체 내용을 일목요연하게 파악하기 어려웠던 것. .....

CD롬 국역 조선왕조실록은 다양한 색인에 의해 이용자가 편리하게 내용을 검색할 수 있다는 것이 가장 큰 장점이다. 우선 조선왕조실록이 편년체 서술 형식인 점을 감안, 연대 목차에 의한 색인 기능을 갖고 있다. 윈도에서 간단한 마우스 조작으로 찾고자 하는 특정 일자의 기사를 쉽게 찾아낼 수 있다. 또한 강력한 단어 검색기능을 갖고 있어 인명 지명 관직명 제도명 등 임의의 단어에 의한 검색이 가능하다. (정용관 기자)

한글 번역문과 대응시키는 정보를 부가하여 2002년 말에 CD-ROM과 온라인 버전으로 간행되었다. 그리고 다시 그로부터 3년 지난 2005년, 국사편찬위원회가 정부 지원금(Lotto 복권 판매 수익금)으로 디지털 조선왕조실록의 온라인 전송 라이센스(20년 기한)를 주식회사 솔트웍스(서울시스템의 변경된 회사명)로부터 구매함으로써 인터넷을 통한 대국민 무료 서비스가 이루어지게 되었다. (김현, 『인문정보학의 모색』, 성남: 북코리아, 2012. 145쪽.

15 동아일보 책과 함께

「국역 조선왕조실록」 CD롬 나왔다

320쪽짜리 413권 방대한 분량 수록

정치 경제외에 일반민중 생활사까지 망라

조선왕조 5백년의 장구한 역사가 CD롬 3장에 담겨졌다.

문화체육부는 세종대왕기념사업회와 민족문화추진회 서울시스템 동아일보와 함께 「국역 조선왕조실록」을 CD롬으로 개발, 26일오후 국립민속박물관에서 간행발표회를 가졌다.

조선왕조실록은 태조 이성계로부터 철종에 이르기까지 25대 4백72년의 역사를 기록한 왕조의 공식 역사서.

조선왕조의 정치 경제는 물론 인물 자연 학술, 나아가 일반 민중의 생활사에 이르기까지 풍부한 내용을 담고 있어 세계에서도 유례를 찾아볼 수 없는 역사 기록물이다.

또 양에 있어서도 한문 원본은 총 1천8백93권 8백88책에 달하며 신4·6배판 크기의 국역본도 총 4백13권(권당 3백20~3백40페이지)에 이른다.

그러나 그동안 일반인들은 실록의 한문원본은 물론 지난 93년말 학자 3천여명이 동원돼 번역을 끝낸 국역본에도 접근하기가 쉽지 않았다.

한사람이 하루에 1백페이지씩 읽는다 해도 4년3개월이 걸리는 방대한 분량인데다 설령 다 읽었다 하더라도 전체 내용을 일목요연하게 파악하기 어려웠던 것.

이와 관련, 자료의 활용도를 극대화하기 위해 지난해초 金[illegible]鉉문화체육부차관을 위원장으로 하는 조선왕조실록 CD롬 간행위원회가 결성되고 개발이 본격 추진되었다.

사학자-컴퓨터전문가등 400여명 제작 참여 연대 목차등 다양한 색인 편리한 검색 최대 장점

직접 개발을 맡은 서울시스템에 따르면 데이터베이스 구축에 한국사 및 한문전공자 20여명이 참여했으며 프로그램 개발에 컴퓨터 전문가 50여명, 내용입력에 전산전문 입력요원 3백여명이 동원됐다.

이번에 나온 「CD롬 국역 조선왕조실록」은 모두 4장으로 구성돼 있다.

태조~성종, 연산군~현종, 숙종~철종 등의 정사(正史)를 각각 1장의 CD롬에 수록했으며 나머지 1장에는 운영프로그램 및 1만7천3백67자의 국학연구용 확장폰트(한자서체) 등을 담았다.

CD롬 국역 조선왕조실록은 다양한 색인에 의해 이용자가 편리하게 내용을 검색할 수 있다는 것이 가장 큰 장점이다.

우선 조선왕조실록이 편년체 서술형식인 점을 감안, 연대목차에 의한 색인기능을 갖고 있다.

윈도에서 간단한 마우스 조작으로 찾고자 하는 특정일자의 기사를 쉽게 찾아낼 수 있다.

또 국사편찬위원회가 수십년간 작업해온 조선왕조실록의 항목분류 자료를 데이터베이스화, 이용자들은 전문지식이 없어도 분류항목에 의한 검색을 할 수 있다.

예를 들면 날씨나 천체의 현상을 알려고 할 때 분류색인으로 문화→과학→천기의 항목을 선택하면 조선왕조 5백년간의 날씨와 천체현상이 날짜순서에 따라 순차적으로 떠오르게 된다. 같은 방식으로 문화→과학→지학의 항목을 선택하면 지진이 일어났던 곳이나 해양의 적조현상이 있었던 일들이 날짜순서에 따라 일목요연하게 떠오른다.

분류항목은 정치 경제 사회 문화등 4개분야에 걸쳐 기본항목 40개(정치의 경우 왕실 사법 군사등), 세부항목 1백61개(사법의 경우 법제 재판 탄핵등)로 되어 있는데 이번에 나온 CD롬 판에는 제1집(태조~성종) 기사 9만5천여건에 대한 분류항목만을 반영했다. 또한 강력한 단어검색기능을 갖고 있어 인명 지명 관직명 제도명 등 임의의 단어에 의한 검색이 가능하다.

이외에 실록원문의 모든 도표와 그림을 본문에 수록해 해당기사에서 각 그림과 도표를 불러올 수 있다.

일단 검색한 기사내용은 본문페이지 순서대로 또는 원하는 페이지만을 선택해 인쇄하거나 파일로 복사할 수 있으며 검색결과내에서의 자유로운 이동도 가능하다.

한편 국역 조선왕조실록의 CD롬 간행은 한국학연구의 활성화에 크게 기여할 것이라는 평가다.

무엇보다 한국사연구의 과학화에 기여하고 정치사 경제사 사회사 풍속사 문화사 등 각 분야별 분류사연구를 활성화시킬 것이며 천문 인구 구휼 전쟁등에 관한 각종 역사통계들은 새로운 분야의 학문을 구축하는 디딤돌이 될 것이라는 설명이다.

또 주요인물의 전기나 사생활, 탕녀들의 방탕한 음행 등에 대한 기사들은 역사의 진실이 담긴 논픽션 실록소설의 등장도 가능케 할 것이라는 얘기다.

한편 문화체육부는 이번 간행에 이어 오는 98년까지 조선왕조실록의 한문원본도 CD롬으로 개발할 계획이며 기타 고전 국학자료들을 데이터베이스화하는 사업도 계속 추진할 계획이다. 가격은 부가세별도 5백만원. 문의 02-5100-720, 721-7695 〈鄭用寬〉

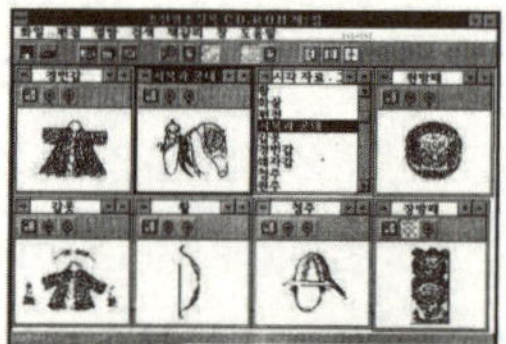

국역 조선왕조실록 CD롬의 검색과정. 활 갑옷 원방패등에 대한 시각자료가 화면에 나타나 있다(위). 국역 조선왕조실록의 CD롬 표지(아래).

□CD롬 개발 실무지휘 서울시스템 金炫이사

"일반인 손쉽게 접근 전통문화개발 기여 보람"

『방대하면서도 풍부한 역사정보를 담고 있는 조선왕조실록은 더이상 창고에 묻혀있는 보물이 아닙니다. CD롬을 통해 전문학자들은 물론 일반인도 손쉽게 역사의 지혜를 배울수 있을 것입니다』

국역 조선왕조실록의 CD롬 개발을 실무지휘한 서울시스템 金炫이사는 『무엇보다 첨단정보기술을 전통문화개발에 활용했다는 점에서 보람이 있었다』면서 『국학연구는 물론 역사학 정치학 경제학 문화사등 학제간 연구에도 획기적 기여를 하게 될 것』이라고 의미를 부여했다.

金이사는 『이전의 사무용 정보처리기술과는 전혀 다른 체제로 모든 점이 미개척지였고 원 자료에 대한 한치의 오차도 허용하지 않는 엄밀성이 요구돼 부담스러웠지만 역사의 이정표를 만든다는 생각으로 작업에 임했다』고 개발과정을 밝혔다.

그는 『이번 CD롬 개발이 일회성 이벤트로 끝난다면 허무한 일』이라며 『다른 고전자료에 대한 발굴과 전산화작업이 계속되어야 할 것』이라고 희망했다.

그는 『조선왕조실록은 특히 일반인들이 관심을 가질만한 재미있는 내용들을 많이 담고 있다』면서 일반인들의 많은 관심과 적극적인 활용을 부탁했다.

서울시스템은 그동안 「한국의 그림」등 10여개의 국학관련 CD롬을 내놓았으며 「한문 조선왕조실록 CD롬」도 맡아 간행할 예정이다.

베스트셀러

(10월19~25일)

종 합

①천년의 사랑(상)(양귀자·살림)
②신이 선택한 여자(심진송·백송)
③성역은 없다(함승희·문예당)
④매디슨 카운티의 다리(로버트 제임스 월러·시공사)
⑤신사고이론 20(이면우·삶과꿈)
⑥너는 눈부시지만 나는 눈물겹다(이정하·푸른숲)
⑦가즈오의 나라 1(김진명·프리미엄북스)
⑧나는 언제나 한국인(에리카 김·대원미디어)
⑨밤새 훌쩍 크는 아이들(김영희·시공사)
⑩운명(마광수·사회평론)

취미 실용

①꼬리에 꼬리를 무는 한자(한호림·디자인하우스)
②음식궁합(유태종·둥지)
③명심보감(추적·성균관)
④MBC 라디오 동의보감(신재용·주부생활)
⑤삼위일체 장수법 1(안현필·한국문원)
⑥참으로 소중한 삶의 지혜 101가지(박수복·삶과꿈)
⑦아침의 차 한잔이 인생을 결정한다(아놀드 베네트·매일경제신문사)
⑧성공을 성취하려면 습관을 정복하라(아나 야스오·삼성서적)
⑨여성 20대 나를 바꾼다(이시형·집현전)
⑩찌개와 반찬(편집부·학원사)

※종합 : 서울 교보문고 종로서적 영풍문고 을지서적, 부산 영광도서, 광주 일신문고 집계
취미 실용 : 서울 영풍문고 집계

[그림 6] 「국역 조선왕조실록」 CD롬 간행 보도 기사(『동아일보』 1995. 10. 27. 15면)

② 조선왕조실록 CD-ROM 편찬의 의의

이웅근이 이끈 서울시스템의 조선왕조실록 CD-ROM 간행은 한국에서 인문 분야 학술 자원의 디지털화 선도 모델로 평가받는다. 아래의 인용은 이 디지털 저작물 간행의 학술적 문화적 의의에 대한 논의이다.

> 조선왕조실록 시디롬은 대한민국 인문학 정보화의 효시이자 가장 커다란 파급 효과를 가져다 준 획기적인 사업이었다. 현재의 디지털 인문학은 이 국역 조선왕조실록 시디롬의 제작에서부터 비롯되었다고 해도 과언이 아니다.[8)]

> 조선왕조실록의 디지털화는 조선시대 역사에 대한 지식을 소수의 전공자뿐 아니라, 가깝게는 인접 학문의 종사자에서부터 더 넓게는 작가, 언론인, 일반인까지 우리의 역사에 대한 지식 수요자들에게 폭넓게 제공하는 데 기여하였다. 「디지털 조선왕조실록」의 최대 수혜자는 교양 서적 저술가와 TV 방송 프로그램 제작자, 연극 극작가 등이었다. '학술'과 '창작' 사이에 놓였던 '지식 소통의 장벽'이 해소된 것이다. 이것을 통해 문화콘텐츠 산업 종사자들이 학자들을 통한 '인적 매개' 없이 창작의 소재에 바로 접근할 수 있게 되었고, 풍부한 소재를 자유롭고 다양하게 응용할 수 있게 되었다.[9)]

---

8) 최희수, 「디지털 인문학의 현황과 과제」, 『소통과 인문학』 13, 한성대학교 인문과학연구원, 2011

9) 김현 'The Korean Wave, Culture Content, and Cultural Informatics.' 『인문콘텐츠』 10. 인문콘텐츠학회. 2007

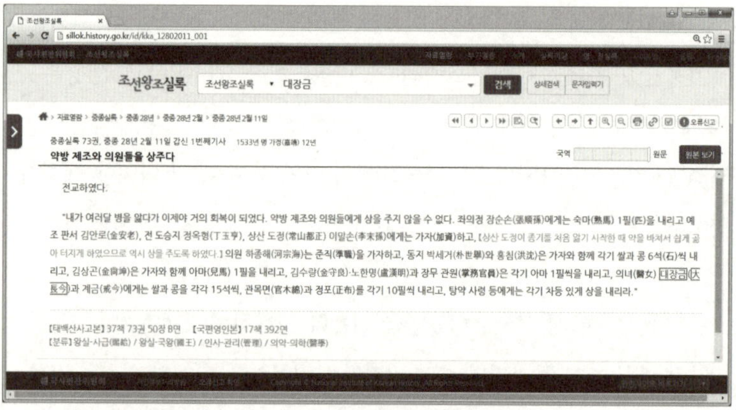

[그림 7] 『조선왕조실록』 중종실록에 실린 의녀 대장금 기사[10)]

[그림 8] TV 드라마 「대장금」(MBC, 2003. 9. ~ 2004. 3.)의 장면

---

10) 「e-조선왕조실록」, sillok.history.go.kr, 국사편찬위원회

(3) 남궁석과 정부 주도의 디지털 콘텐츠 확충 사업

[그림 9] 남궁석(南宮晳, 1938~2009)

1990년대 말부터 한국 정부는 막대한 공적 자금을 국사편찬위원회, 고전번역원, 한국학중앙연구원, 서울대학교 규장각 등의 학술 연구기관에 지원하였고, 이를 통해 『승정원일기』 등의 역사 기록, 조선시대 문인들의 문집, 왕실과 문중에서 소장한 고문서 등 방대한 규모의 문헌 자료가 디지털 데이터로 전환되었다. 이는 한국의 인문학자들로 하여금 디지털 정보시스템의 활용을 필수적인 연구 방법으로 인식하게 하는 계기가 되었다. 이와 같은 정부 주도의 디지털 콘텐츠 확충 사업은 정보통신 분야의 전문 경영인이었던 남궁석(南宮晳, 1938~2009)이[11] 정보통신부 장관으로 재직할 때(1998~2000) 처음으로 시작된 일이다.

① 정부 주도의 디지털 콘텐츠 확충 사업

1997년에 한국사회가 겪은 국가적 금융 위기(일명 'IMF 사태')는 정부 주도의 대규모 디지털 콘텐츠 확충 사업을 일으킨 배경이 되었다.

11) 남궁석(南宮晳, 1938~2009): 고려대 졸업. 삼성전자 기획조정실장, 현대전자 부사장, 한국통신 하이텔 사장, 삼성전자 정보통신 총괄 사장, 삼성 SDS 대표이사, 1998~2000년 제5대 정보통신부 장관, 2000년 제16대 국회의원 역임. 1991년 한국통신 하이텔 사장으로 재직시 한국 최초의 PC통신인 '하이텔'(Hitel)을, 1996년에는 삼성 '유니텔'(Unitel)을 개통하였고, 정보통신부 장관 재임시 '공공정보화근로사업' 및 '지식정보자원관리사업'을 추진함으로써 한국의 '디지털 정보화 시대'를 견인하였다.

이 시기에 한국의 외환 보유고가 급격히 떨어져 한국 정부는 국제통화기금(IMF: International Monetary Fund)으로부터 거액의 현금을 차입하였다. 금리가 급등하고 기업들이 도산하자 한국 정부는 실업자들에게 일자리를 마련해 주기 위해 여러 가지 정부 주도 사업을 추진하였는데, 정보통신부는 그 일환으로 '공공정보화 근로사업'(IT New Deal Project, 1998~1999)이라고 불리는 정보 콘텐츠 개발 사업을 시행하였다.

이 사업을 통해 한국의 공공기관들은 대규모 정보 콘텐츠 개발 계획을 세우고 고학력 실업자들을 임시직으로 채용하여 데이터 입력 업무를 수행하였다. 1998년부터 2년간 2천9백70억 원을 투입한 이 사업은 7만 명에게 일자리를 제공하고 186개의 대규모 정보 데이터베이스를 구축하였다.

정보통신부는 공공정보화 근로사업의 성과가 긍정적인 반응을 얻었다고 판단하고 2000년부터 이 사업을 '지식정보자원관리사업'(Knowledge and Information Resources Management Project)이라는 이름의 후속 사업으로 개편하여 2002년까지 1천50억 원의 정보 콘텐츠 개발 자금을 추가로 투입하였고, 이와 함께, 문화관광부, 교육인적자원부, 과학기술부 등 다른 정부 부처에서도 정보 콘텐츠 개발 사업을 경쟁적으로 추진함으로써 한국의 디지털 학술문화정보 콘텐츠의 규모는 짧은 기간 동안에 비약적으로 증대될 수 있었다[12].

② 지식정보자원관리사업

대한민국 정부 산하의 공공기관들이 생산 또는 보유하고 있는 자료의 디지털화 사업으로, 공공기관 보유 기록물의 상당량이 이 사업

12) 김현, 「한국의 전자도서관과 전자책 출판」, 『하바드 옌칭 한국관 자료 연구』, 파주: 경인문화사, 2004.

을 통해 디지털화되었으며, 인터넷상에서 교육, 학술, 문화 분야의 유통 자료량을 증대시키는 데 크게 기여하였다.

[표 1] 지식정보자원관리사업 투입 예산(2000~2008)[13)]

연도	2000	2001	2002	2003	2004	2005	2006	2007	2008
사업비 (억원)	342	328	275	470	470	664	430	270	165

[표 2] 지식정보자원관리사업에 참여한 기관의 수[14)]

분야	과학기술	교육학술	문 화	역사	정보통신	기타	합 계
기관 수	271	483	123	17	41	316	1,251

[표 3] 지시정보자원 데이터베이스 구축 자료량(2008. 12.)[15)]

분 야	주요내용	DB 구축료량(건)
과학 기술	- 국가 연구개발 보고서 - 국내 과학기술 인용색인(KSCI) - 신약개발·인체영상 등 첨단과학 DB - 산업기술 전문정보 등 - 해양수산 관련 연구현황 및 최신 기술정보 - 해양수산 학술 연구자료 등	81,511,153
교육 학술	- 학술지 목록 및 원문자료 - 국내 학위논문 및 해외 취득 학위논문 - 정치·경제·사회 통계자료 - 국방 학술 정보	10,170,161
문 화	- 국보, 보물 등 문화재정보 - 전국 박물관정보 - 공연 기록물, 공연 대본, 악보 등 공연예술정보 - 미술작품 및 작가정보 등	5,682,945

13) 한국정보문화진흥원, 「지식자원관리사업소개」, 2006.5; 『전자신문』 2008.5.16.

14) 「국가지식포털」, www.knowledge.go.kr, 한국정보화진흥원

15) 「국가지식포털」, www.knowledge.go.kr, 한국정보화진흥원

분 야	주요내용	DB 구축료량(건)
역 사	- 승정원일기, 일성록, 한국사료총서 등 고도서 - 고전국역총서 및 한국문집총간 - 궁중문화 역사자료, 항일운동 관련 자료 등	29,529,904
기타	- 정보통신 관련 산업통계 및 정책동향 - 건설교통기술 관련 연구보고서, 기술정보 - 산업경제 동향, 정부정책 등 연구보고서 - 종합 법령정보, 법령해석, 행정심판 정보 등	6,780,487
총 계		133,674,650

3) 문화콘텐츠학: 한국적 디지털 인문학의 모태

정부 주도의 디지털 콘텐츠 확충 사업에 의해 한국의 인문학계는 방대한 규모의 디지털 학술 데이터를 보유하게 되었지만, 이것이 곧 '디지털 인문학'적 연구 방법을 학계 전반으로 확산시키는 성과로 이어지지는 않았다. 대신 한국의 대학 교육 종사자들 사이에서 '문화콘텐츠학'이라고 하는 새로운 형태의 응용인문학에 대한 관심이 태동하였으며, 이것이 디지털 시대 인문학의 생존 전략이 될 수 있을 것으로 기대하였다.

(1) 문화콘텐츠학의 대두

① 디지털 문화콘텐츠

콘텐츠는 디지털 미디어 상에서 소통되는 내용물을 지칭하는 말이며, '문화콘텐츠'(Culture Content)란 시스템 또는 미디어에 문화적 내용물을 담음으로써 만들어진 문화상품을 의미한다. 한국 사회에서 문화콘텐츠에 대한 관심이 고조된 것은 종래 오프라인(off-line) 또는 아날로그 기반의 온에어(on-air) 미디어에 의존했던 일반인들의 문화

생활이 디지털 미디어 상에서 이루어지고, 이를 통해 새로운 부가가치를 창출할 것으로 기대되었기 때문이다.

2000년대 초부터 한국 정부는 문화콘텐츠 산업을 디지털 시대의 국가 성장 동력으로 인식하고 이 분야 산업의 육성에 대해 관심을 갖기 시작하였다. 당시의 정부 부처 중에서 문화관광부가 이 분야의 시책을 선도함으로써 문화 영역에서의 디지털 콘텐츠에 대한 논의가 활발하게 전개되었다.[16)]

> 문화산업의 디지털화 가속 및 미디어 융합 등에 따라 콘텐츠 시장이 급팽창하면서 시장의 유연성에 대응한 정책 지원시스템 재편 필요…… 현재 디지털 콘텐츠 중 출판, 영화, 애니메이션, 게임, 음반 등 문화콘텐츠가 70% 이상을 차지. 문화콘텐츠의 디지털화 과정에서 IT(Information Technology)는 CT(Culture Technology: 문화콘텐츠를 디지털화하는 기술)로 변용(transform)되고, CT는 디지털 문화콘텐츠의 주요 발전 요인으로 등장.
> (문화관광부, 「콘텐츠 코리아 비전 21 - 문화콘텐츠 산업 발전 추진계획 -」, 2001. 6.)
>
> 문화관광부가 중심이 되어 콘텐츠 산업에 국운을 걸고 관련 시책을 추진 (김대중 대통령, 문화관광부 연두보고시 대통령 지시, 2001. 2. 14.)

16) 2000년대 초 한국의 문화콘텐츠 산업 태동 배경에 관해서는 다음 논문 참조: 김현, 「문화콘텐츠, 정보기술 플랫폼, 그곳에서의 인문지식」, 『철학연구』 90, 철학연구회, 2010.

> 한정된 인적 자원과 재원을 감안할 때 우리 민족의 문화적 창의력 등 지적 기반이 우수한 것이 경쟁의 핵심이므로, 문화관광부 장관은 전략적으로 특히 중요한 CT와 콘텐츠 산업 발전에 전력을 다해 이 분야의 경쟁력을 높일 것 (김대중 대통령, 교육인적자원 분야 장관 간담회시 대통령 담화, 2001. 6. 22.)

② 한류(韓流, Korean Wave)

동아시아 한자 문화권 사회(대만, 중국, 일본)에서 명명된 한류(韓流)의 원래 의미는 '한국에서 전파된 대중문화의 유파'를 뜻하는 것이었다. 2000년 이후 동아시아 및 동남아시아 지역 젊은이들 사이에서 한국의 대중문화에 대한 관심이 고조되면서, 한류(韓流)라는 말은 '한국문화의 해외 진출' 또는 '한국문화에 대한 열기'를 의미하는 말로 확대 해석되었다. 디지털 미디어의 영향력 증대에 대한 인식과 함께 해외에서 일기 시작한 한류(韓流, Korean Wave)는 '문화'의 산업적 활용을 촉진하는, 이른바 '문화콘텐츠 산업'의 육성·지원 시책에 더 큰 추동력을 부여하였다.

> 각 민족의 문화원형적 소재가 현대 문화콘텐츠 사업으로 다각도로 활용되는 상황에서 문화원형 콘텐츠 사업은 언젠가 우리에게 어마어마한 새로운 산업을 일으켜줄 수 있는 보물 같은 재산이 될 것이다. (김명곤 문화관광부 장관, '민족문화가 콘텐츠 산업의 샘이다', 국정홍보처, 「국정 브리핑」 2006. 11. 22.)

③ 대학의 문화콘텐츠 관련 학과 설립

문화콘텐츠에 대한 사회적 관심이 고조되고 정부 주도의 문화콘텐츠 육성·지원 사업이 점차 확대되어 가자, 주변적 위치에 머물러 있던 한국의 인문학 연구자들도 문화콘텐츠 생산에 관심을 갖기 시작했다. 인문학 연구자들이 문화콘텐츠 산업에 관심을 갖게 된 또 하나의 이유는 1997년 경제위기 이후 대학의 인문계 학과 학생들이 급속히 줄어들게 된 상황이다. 대학의 인문계 학과 교수들은 '인문학의 위기'를 타개하는 방법의 하나로 문화콘텐츠를 위한 인문학의 응용 방법을 모색하기 시작했고, 여러 대학에서 인문학과 문화콘텐츠를 연결하는 전공 과정이 개설되었다.[17)]

④ 인문콘텐츠학회 창립(2002. 10. 25.)

문화콘텐츠의 소재 개발을 위해서 '인간과 문화'를 탐구하는 인문학적 연구가 활용되어야 한다는 생각이 인문학자들 사이에서 일어났고, 그러한 사고에 동조하는 대학 교수, 연구자들이 '인문학과 디지털 콘텐츠의 협력 공간 구성'을 목적으로 하는 학회를 설립하였다.

---

17) 한국의 문화콘텐츠 과련 학과 설립 주이에 관해서는 다음 논문 참조: 신광철, 「대학에서의 문화콘텐츠 인력 양성의 현재와 미래」, 『인문콘텐츠』 32, 인문콘텐츠학회, 2014.

인문콘텐츠학회 창립 발기문[20)]

……

디지털 내용물은 사실상 우리 사회 전 분야의 다양한 측면을 전부 포괄하는 것이며 그러한 내용물 창출의 주된 원천이 되는 것은 인문학적 사고와 축적물이다. 따라서 디지털 내용물과 인문학의 구체적인 결합을 새롭게 '인문콘텐츠'라고 이름 붙이고자 한다. 인문콘텐츠라는 과제는 전통적인 인문학에 대한 실험이자 새로운 기회이다. 그러나 올바른 인문콘텐츠의 창출은 빠른 속도로 변화하는 디지털 기술을 포함하여 다양한 영역과 연결된 관계망의 산물이어서, 한 개인이 독립적으로 완결지을 수 있는 것이 아니다. 이것이 인문콘텐츠라는 과제를 담당할 새로운 학회를 창립하는 이유이다. (인문콘텐츠학회 2003)

(2) 디지털 인문학과 문화콘텐츠

2010년 당시의 교육과학기술부는 '인문사회 학술진흥 장기 비전 수립 추진위원회'를 구성하고, 이 위원회로 하여금 인문사회 분야 학술진흥 사업의 중장기 마스터플랜을 마련하도록 하였다. 이 위원회 운영의 결과는 『2030 인문사회 학술진흥 장기 비전(2010)』으로 발표되었다. 이 문건에서 위원회는 중장기 6대 과제 중 하나로 '디지털 연구 기반 구축을 위한 디지털 휴머니티즈' 사업을 제안하였다.

이 사업 계획은 '디지털 휴머니티즈'라는 이름의 중점 과제 밑에 ① 디지털 인문학 연구 기반 구축, ② 디지털 가상 라이브러리 사업, ③

18) 「인문콘텐츠학회 창립 발기문」, 『인문콘텐츠』 1, 인문콘텐츠학회, 2003

디지털 아카데미 구축 사업 등 3개의 세부 과제를 두고, 디지털 인문학 진흥을 위한 연구 지원, 인프라 구축, 인력 양성 등의 사업을 향후 5년간, 연간 예산 600억 원 규모로 수행할 것을 제안하는 내용을 담고 있다. (인문사회 학술진흥 장기 비전 추진위원회 2010)

2030 인문사회 학술진흥 장기 비전 안에 '디지털 휴머니티즈' 사업이 포함된 것은 명백히 미국 인문학재단(NEH, National Endowment for the Humanities)이 2008년 디지털 인문학 지원단(ODH, Office of Digital Humanities)을 설립하고 디지털 인문학 진흥을 위한 다단계의 연구 지원 프로그램을 운영하고 있는 사실을 벤치마킹한 결과이다.[19] 하지만 주목해야 할 또 하나의 사실은 이 사업 구상이 '문화콘텐츠'라는 한국 사회의 또 다른 관심사와 밀접하게 연관되어 있다는 것이다. 이 계획서에서는 디지털 휴머니티즈 사업의 제안 배경에 대해, "문화콘텐츠 산업은 인문사회의 창의성과 상상력이 축적된 지식에 바탕"을 두기 때문에 "디지털화를 통해 인문사회 분야 학술연구 성과를 교육·문화산업에 활용"할 수 있고, 이를 통해 "새로운 문화적, 경제적 효과를 유발"할 수 있기 때문이라고 밝히고 있다.[20]

---

19) NEH의 디지털 인문학 지원 프로그램에 대해서는 다음 논문 참조: 김현, 김바로, 「미국 인문학재단(NEH)의 디지털 인문학 육성 사업」, 『인문콘텐츠』 34, 인문콘텐츠학회, 2014

20) '2030 인문사회 학술진흥 장기 비전'이 제안한 '디지털 휴머니티즈' 사업 계획은 실행 단계로 나아가지 못하였다. 2013년 박근혜 정부의 출범과 함께 교육과학기술부가 교육부와 과학기술부 2개의 부처로 나뉘면서 융합적인 성격의 연구 지원에 혼선이 빚어진 것이 한 이유이다. 하지만 더 중요한 이유는 이때까지만 해도 '디지털 휴머니티즈'에 관련 학계의 관심이 그다지 높지 않았다는 점이다. 인문학계는 예전부터 해온 연구 방식에 집착하는 보수성 때문에, 그리고 문화콘텐츠학계는 인문학보다 문화산업에 치우친 편향성 때문에 인문지식의 기초적인 응용 환경을 조성하는 이 분야에는 무관심했다.(김현, 「디지털 인문학: 인문학과 문화콘텐츠의 상생 구도에 관한 구상」, 『인문콘텐츠』 29, 인문콘텐츠학회, 2013.)

4) 디지털 인문학의 한국적 전개

디지털 인문학 진흥에 관한 정부 정책이 방향을 잃고 표류하는 중에도 한국의 인문학 연구자들 사이에서는 '디지털 인문학'(Digital Humanities)이라는 새로운 연구 방법이 미국과 유럽에서 탐구되고 있는 사실에 대한 인식이 확산되어 갔고, 그 연장선상에서 한국의 인문학계가 보다 적극적으로 디지털 인문학에 다가가야 한다는 논의가 일어나기 시작했다.

(1) '문화콘텐츠학'의 산업적 편향성에 대한 반성

10여 년 전 한국에서 자생적으로 발생하여 발전해 온 '문화콘텐츠학'이 '디지털 인문학'의 도입을 통해 새롭게 변모해야 한다는 주장도 그러한 논의 중의 하나로 볼 수 있다. 2000년 이후 약 10여 년간 한국 인문학의 새로운 방향 모색으로 기대를 모았던 '문화콘텐츠학'이 지나친 산업 지향성으로 인문학에서 유리되어 온 것을 반성하고, 그 대안으로서 '디지털 인문학'의 본격적인 탐구를 제안한 것이다.

> 문화콘텐츠학은 2000년대에 큰 인기를 누렸지만 현재는 정체 상태에 머물고 있다. 그 이유는 문화콘텐츠학에 필요한 통합적인 연구가 이루어지지 않고 있으며, 문화콘텐츠학의 지향점이 불명확하고, 문화콘텐츠를 상업적으로만 보는 경향이 있기 때문에 문화콘텐츠학 자체도 상업적으로 흘러 버렸기 때문이다. …… 인문학의 관점에서 디지털 기술의 장점을 어떻게 도입할 지를 고민해야 하며, 인문학의 결과물을 대중과 공유하고 소통하는 것에 집중해야 한다.[21)]

---

21) 한동현, 「문화콘텐츠학의 새로운 포지셔닝: 디지털 인문학」, 『한국문예비평연구』 40, 한국현대문예비평학회, 2013

> 한국의 경우, 비록 디지털 인문학이라는 표현을 사용하지는 않았지만, 그와 유사한 시도들은 일찍부터 있어 왔다. …… 한국에서는 이러한 모든 시도들이 기본적으로 문화콘텐츠 혹은 디지털 문화콘텐츠라는 범주에서 추구되었다. 문제는 이러한 시도들이 지나치게 성급하게 산업적 활용을 염두에 두었다는 점에서, 실제로는 인문학과 디지털 기술이 유리되는 결과를 가져왔다는 점이다.[22]

(2) 인문콘텐츠학회의 '2014 디지털 인문학 포럼'

인문학 지식의 문화산업적 활용을 모색하는 학술단체인 인문콘텐츠학회는 디지털 인문학의 수용을 위한 선도적인 활동을 전개하고 있다. 이 학회는 2014년 7월과 8월에 두 차례에 걸쳐 '디지털 인문학 포럼'을 개최하였는데, 이 자리에서 한국의 범인문학계(순수인문학 + 응용인문학[인문학 기반의 문화콘텐츠학]) 연구자들을 대상으로, 디지털 인문학의 개념에 대한 논의에서부터 시작하여, 미국, 일본, 대만 등에서 이루어지고 있는 디지털 인문학 연구 활동 소개, 미국, 프랑스 인문학자들의 '디지털 인문학 선언'(Digital Humanities Manifesto)에 담긴 의미 분석, 2014년 스위스 로잔에서 개최된 '세계 디지털 인문학 대회 2014'(DH2014, Digital Humanities 2014) 발표 논문의 성격, 한국의 학교 교육에서 디지털 인문학이 기여해야 할 과제, 문화콘텐츠학과 디지털 인문학의 관련성 등의 주제에 관한 담론의 장을 열었다.

이 포럼에서 전개된 다양한 논의 가운데 가장 열띤 토론을 야기한 물음은 '디지털 인문학이 인문학의 과제인가, 문화콘텐츠학의 과제인가'라는 물음이었다. 이는 물론 '인문학'과 '문화콘텐츠학'의 관심 영역을 어디까지로 보느냐 하는 물음으로 환원될 수 있는 원론적인 문제

22) 김현, 김바로, 「미국 인문학재단(NEH)의 디지털 인문학 육성 사업」, 『인문콘텐츠』 34, 인문콘텐츠학회, 2014

제기이며 그 답안을 확정할 수 없는 것이겠지만, 한국의 인문학자들 사이에서 이러한 논쟁이 있다는 사실 자체가 디지털 인문학의 한국적 지반이 무엇이며, 해결해야 할 당면 과제가 무엇인지, 나아가 디지털 인문학을 매개로 순수인문학과 문화콘텐츠학이 보다 긴밀하게 소통할 수 있는 가능성을 시사하는 의미를 갖는다고 할 수 있다.

(3) 한국연구재단의 '인문학 대중화 사업'

인문콘텐츠학회의 '2014 디지털 인문학 포럼'에서 제기된 다양한 논의의 많은 부분이 한국연구재단이 주관하는 '인문학 대중화 사업' 기획에 반영되었다.

한국연구재단은 학술 연구단체(대학, 연구소 등)와 개인 연구자들에게 학술연구 프로젝트의 수행에 필요한 연구비를 지원하는 기구로서, 미국의 NSF, NEH 등과 유사한 기능을 수행한다. 2014년 한국연구재단은 인문학계의 학술적 연구 성과가 한국 사회의 다양한 영역에서 실제적인 활용 가치를 갖게 하는 응용 연구 또는 이를 위한 기반 조성 연구 지원 프로그램을 기획하였다.[23] 이 과정을 통해 만들어진 '인문학 대중화 사업' 프로그램 안에는 디지털 인문학의 한국적 모델을 마련하기 위한 두 가지 연구 사업이 포함되었다. 그 첫 번째는 '인문융합 큐레이터 육성 교육 프로그램 개발 및 운영 사업'이며 다른 하나는 '디지털 인문학 사업'이다. 2014년 10월에 공고된 사업 요강에서는 두 과제의 성격을 다음과 같이 설명하고 있다.

---

23) 이 기획의 실무는 인문콘텐츠학회 소속원으로 구성된 연구팀이 수행하였으며, 그 기획 내용은 「디지털시대 인문학 성과의 산업화 방안 연구」(한국연구재단, 2014)로 출간되었다.

인문융합 큐레이터 육성 교육 프로그램 개발 및 운영 사업[26)]

- 본 사업은 디지털 환경에서 인문지식을 확산하여 창조경제에 기여하기 위한 전문인력(인문융합 큐레이터)을 육성하기 위한 디지털 인문학 교육 프로그램을 개발하고 운영하는 국책 사업임
- 교육 대상 : 디지털 인문학 데이터를 다루는 인문학도 및 인문학자
- 본 사업은 다음 두 가지 사항이 반영되어야 함
  ① 디지털 인문학 전문 인력 양성의 전체 구상
  ② 교육 프로그램 개발 및 운영 방안
- 교육 프로그램 운영은 최소 총 6개 과목 이상, 총 60시간 이상, 총 10명 이상 교육되어야 함. 아울러 교육 후 피교육자를 대상으로 한 지속 교육 시스템이 구축되어 운영되어야 함
- 관련 자료, 교육 교재 등은 과제 종료시 온라인 공개 예정임
- 이 사업과 유사한 미국 디지털 인문학 교육 사례(붙임3)를 참조하여, 한국적 현실에 맞는 사업안 제시가 필요

24) 한국연구재단, 「2014년도 인문사회 분야 학술 지원사업: 인문학 국책사업 신청요강」, 2014

디지털 인문학 사업[27)]

- 본 사업은 전통적인 인문학 연구를 바탕으로 새롭게 인문학의 확장을 모색하는 것으로, 기존 타 부처 융합 연구와는 차별되게 인문학자가 중심이 되어 추진되는 선도 연구임
- 인문학 관련 디지털 콘텐츠 구축 사업은 전 세계적으로 확산되고 있으며, 총칭하여 '디지털 인문학'(Digital Humanities)이라 명명되고 있음
  ※ NEH(미국) 'Digital Humanities Project'
  ※ NEH(미국) - DFG(독일) 'Bilateral Digital Humanities Programme'
- 한국의 경우 문화콘텐츠 분야가 대두되면서 이와 유사한 디지털 콘텐츠 구축 사업이 시행된 바 있음. 그러나 지나치게 기술 위주였다는 점과 성급하게 산업화 활용을 모색했다는 점에서, 실제로는 인문학 성과가 체계적으로 반영되어 개발되지 못한 한계점이 있었음
- 2014년의 경우, 무엇보다 개발 대상 인문학 소재의 맥락화·구조화에 입각한 체계적인 디지털 콘텐츠 개발을 모색함으로써, 향후 이 사업의 올바른 방향을 제시
  * 단순히 매체 전환(아날로그→디지털)에 머무는 디지털화가 아니라, 풍요로운 인문지식의 맥락화·구조화를 고려한 체계적 개발이 이루어져야 함

---

25) 한국연구재단, 「2014년도 인문사회 분야 학술 지원사업: 디지털 인문학 사업 신청요강」, 2014

* 공공기관이나 공공재원의 지원에 의해 산출된 기존의 인문학 분야 공공 데이터, 또는 이미 수행된 한국연구재단의 다양한 디지털 콘텐츠 개발 성과를 본 사업의 의도에 맞게 재가공, 증보하여 활용 가치를 증대시킬 수 있도록 함

연구재단은 이 사업의 수행 주체로 2014년 12월 4개의 연구팀을 선정하여 1개의 디지털 인문학 인력교육 과제와 4개의 디지털 인문학 연구개발 과제에 대한 지원을 시작하였다. 이어서, 2015년 9월에는 2차년도 과제로 2개의 교육 과제와 5개의 연구개발 과제를 지원 대상으로 선정하였다.

- 연구재단 2014, 2015 디지털 인문학 교육 및 연구 프로젝트

사업명	프로젝트명	연구 책임자	기관	사업비 (천 원)
2014 인문학 국책사업	디지털 인문학 큐레이팅 교육 프로그램 모듈 개발 및 운영	박정원	경희대	80,000
2014 디지털 인문학 사업	조선시대 표류 노드 시각망	허경진	연세대	50,000
	사회적 관계망 이론을 활용한 한국 족보의 시각화 콘텐츠 개발	남윤재	경희대	50,000
	『만성대동보(萬姓大同譜)』 자료에 기반한 조선시대 「친족관계망 정보 시스템」(LNIS) 개발	하영휘	성균관대	50,000
2015 인문학 국책사업	인문융합 큐레이터 심화 모듈 개발 및 후속세대 양성 프로그램 운영	박정원	경희대	50,000
	인문융합형 디지털 사전 편찬 전문가 양성을 위한 교육 프로그램 개발	도원영	고려대	50,000

사업명	프로젝트명	연구 책임자	기관	사업비 (천 원)
2015 디지털 인문학 사업	문학지리정보를 에디팅한 <디지털 인문학 한강> 플랫폼 구축	임수경	단국대	47,300
	인문학적 통일 패러다임의 DMZ 디지털 스토리텔링: 생명 · 평화 · 치유로서의 DMZ	박영균	건국대	50,000
	한국 근대가곡을 통한 한국 근대음악문화사의 시청각적 스토리텔링	신혜승	이화여대	50,000
	인포그래픽 요소를 활용한 문학작품 세계의 시각화: 알베르 카뮈의 디지털 문학관 구축 사례	조병준	인하대	50,000

(4) 한국 디지털 인문학 협의회 발족

본 연구사업의 기획자였던 인문콘텐츠학회는 2015년 5월에 2015 디지털 인문학 포럼을 개최하여 디지털 인문학 연구 프로젝트의 진행에 관한 정보를 관련 분야 연구자들이 공유하는 자리를 마련하였다. 아울러 이 곳에서의 논의를 바탕으로 보다 발전전인 디지털 인문학 교육 및 연구 모델을 강구하는 노력을 범인문학계(문화콘텐츠학+순수인문학) 차원에서 추진하기로 하였으며, 이를 위해 한국의 디지털 인문학 관련 연구자들이 교류와 협력을 촉진하고, 나아가 이 분야 연구의 국제적 교류의 창구를 담당할 수 있는 조직을 결성하였다. '한국 디지털 인문학 협의회'(Korean Association of Ditital Humanities)라는 이름으로 발족한 이 기구는 설립 목적 및 향후 활동 방향을 다음과 같이 천명하였다.

한국 디지털 인문학 협의회 창립 발기문[26)]

한국에서 인문학 지식의 탐구 및 그것의 사회적·문화산업적 응용 연구에 종사하는 우리는 오늘날의 디지털 환경이 인문지식의 생산, 전파, 활용의 패러다임을 근본적으로 변화시키고 있다는 사실을 직시한다. 우리는 '디지털 인문학'(Digital Humanities)이 순수 인문학과 응용인문학의 모든 영역에서 일어나는 보편적 전회(轉回)이며, 또 하나의 분과 학문이 아니라 과거 수많은 갈래로 나뉘었던 세부 영역들이 서로 소통함으로써 지식의 융합을 통한 인문학의 확장을 가져오는 새로운 구도임을 인지한다. 이에 우리는 '디지털 인문학'이라는 이름으로 인문학의 혁신을 추구하는 범지구적 노력에 동참하는 데 뜻을 모으고 그에 적합한 실천 방안을 모색하고자 한다.

1. 한국 디지털 인문학 협의회는 디지털 인문학의 연구와 교육을 통하여 국내적으로는 인문 융성의 기반을 확립하는 데 기여하고, 국제적으로는 우리의 고유한 학술적 경험과 성과를 토대로 세계 디지털 인문학계에 발전적인 대안을 제시함을 목적으로 한다.
2. 한국 디지털 인문학 협의회는 디지털 인문학의 연구와 교육, 디지털적인 방법에 의한 다학문 연계 및 학술과 문화산업의 소통 등에 관심이 있는 모든 기관과 단체, 개인이 참여할 수 있다.
3. 한국 디지털 인문학 협의회는 디지털 인문학의 연구와 교육, 활용에 관한 경험과 성과를 서로에게 알리고 피드백을 얻게 함으

26) 한국 디지털 인문학 협의회, 「한국 디지털 인문학 협의회 창립 발기문」, 2003 http://www.kadh.org/press20150530.htm

로써 디지털 인문학의 발전에 기여한다.

4. 한국 디지털 인문학 협의회는 범인문학계의 연구자 및 예비 연구자를 대상으로 디지털 인문학적 연구 방법과 이에 필요한 기술적 역량을 전파하는 교육 프로그램을 개발하고 운영하는 사업을 추진한다.
5. 한국 디지털 인문학 협의회는 디지털 인문학의 선도적인 경험을 토대로 정부 부처 및 학술진흥기관의 디지털 인문학 육성 정책에 대해 자문하고 건전한 대안을 제시함으로써 한국 디지털 인문학 진흥에 기여한다.
6. 한국 디지털 인문학 협의회는 디지털 인문학 연구 단체의 국제적인 네트워크에 참여함으로써 한국의 디지털 인문학이 세계 디지털 인문학과 소통할 수 있는 창구 역할을 담당한다.

한국의 인문학계는 우리나라의 유구한 지식문화의 전통 위에서 순수인문학의 성과를 쌓아오는 한편 2000년부터 인문학의 산업적 활용을 모색하며 문화콘텐츠의 새로운 영역을 개척해 왔다. 디지털 인문학이 전통적인 순수인문학과 응용인문학으로서의 문화콘텐츠학 양자의 소통과 상생에 기여할 것을 희망하면서, 공동의 노력으로 위와 같은 임무를 수행하고자 '한국 디지털 인문학 협의회'(Korean Association for Digital Humanities)의 창립을 발기한다.

2015년 5월 30일

5) 한국적 디지털 인문학의 미래상

'디지털 인문학'은 '디지털 환경'에서 수행하는 '인문학 연구'이다. 이 새로운 인문학 연구는 그것이 더 이상 '연구를 위한 연구', '학문을 위한 학문'에 머물지 않고자 하는 노력이기도 하다. 인문학 연구를 통해 전문 학자들의 관심사인 '학술적 연구 목적'을 이루는 것 외에, 다음 세상을 이끌어갈 청소년들에게 디지털 세계에서 자신을 표현하고 세계와 소통할 수 있게 하는 디지털 문식(Digital Literacy)의 교육도, 인문학적 지식을 학자가 아닌 일반인들도 일상적인 삶에서 지적인 즐길 거리로 향유할 수 있게 하는 문화산업적 활용도 디지털 인문학의 중요한 임무이다.

외국인이지만 한국 역사 연구에 평생을 바친 와그너 교수의 문과 프로젝트, 조선왕조실록이라는 거대한 역사 기록을 학술 연구뿐 아니라 문화산업의 자원으로도 활용할 수 있게 한 조선왕조실록 CD-ROM은 세계 어느 나라의 경우와 비교해도 선구적이라고 할 수 있는 '디지털 인문학'의 시발이었고, 국가적 총력으로 만들어진 다종의 고전 문헌자료 디지털 데이터베이스는 한국의 인문학이 디지털 인문학으로 도약할 수 있게 하는 지반이 되었다. 이러한 배경 속에서 한국의 디지털 인문학은 '문화콘텐츠학의 추구'라는, 다소 길었지만 유의미한 우회의 길을 거쳐 보다 명확한 공익적 목표를 가질 수 있게 되었다. 과거의 유산과 경험 속에서 미래의 한국 인문학을 더욱 건실하게 할 수 있는 방향성을 찾아내고 그 가치를 구체적인 성과로 구현하는 것이 현대 한국의 디지털 인문학자들에게 주어진 과제일 것이다.

인터넷, 모바일, IPTV 등 오늘날의 정보기술이 만들어낸 정보통신 플랫폼은 지식이 곧 문화가 될 수 있는 여건을 만들어 주고 있다. 학술과 창작, 전문성과 대중성, 사실과 허구의 경계를 자유롭게 넘나드는 새로운 형태의 문화 향유가 가능해진 것이다. 놀이와 학습을 구분할 필요 없이 그것들이 한데 어우러진 복합적인 현상이 지식정보화 시대인 오늘날의 '문화'이다.[27)]

한국적 디지털 인문학의 미래에 대해 우리가 갖는 비전은 그것이 인문학과 문화산업의 사이에서 부가가치의 선순환을 일으키는 펌프 역할을 하리라는 것이다. 기초적인 인문학 연구의 산물을 지식 콘텐츠로 조직화하고 이를 통해 문화산업적 콘텐츠의 생산을 돕는 것, 그렇게 해서 인문지식의 사회적 수요를 제고하고 인문학 연구가 더욱 활성화 되도록 할 것을 기대하는 것이다. 2000년대 초부터 오늘날까지 10여 년의 짧지 않은 기간 동안 '문화콘텐츠'라고 하는 화두를 안고 인문지식 연구와 인문교육, 그리고 문화산업의 상생의 길을 모색해 온 한국의 응용인문학 연구자들에게는 '디지털 인문학'이 그와 같은 목표지향적 연구의 지평을 넓혀 줄 해법의 하나로 인식되고 있다.

27) 김현, 「문화콘텐츠, 정보기술 플랫폼, 그곳에서의 인문지식」, 『철학연구』 90, 철학연구회, 2010

2. 문화콘텐츠학의 새로운 포지셔닝*

한동현**

1) 인문학, 디지털 인문학, 문화콘텐츠학

1980년대 이후 우리 사회에서 꾸준하게 논의된 핵심적인 주제 중 하나가 정보화이다. 정보화 사회는 정보통신과 새로운 멀티미디어의 기술 변화를 통하여 이루어져 왔다. 정보화 사회의 흐름 속에서 컴퓨터와 인터넷, 의사 전달시스템이 전 세계적으로 확산됨에 따라 지식의 증가 및 효용 증대가 이루어지고, 지식기반 사회[1)]라는 말이 등장하게 되었다. 피터 드러커에 따르면 지식기반 사회에서 지식은 전통적인 생산 요소인 노동, 자본, 토지와 같은 수준의 자원이 되는 것이 아니라 유일한 의미 있는 자원이 된다. 이제 지식은 생산성과 경쟁력의 새로운 원천으로 떠오르고 있다. 현재 지식정보 사회화는 세계적으로 광범위하고 빠른 속도로 이행되고 있으며 우리나라도 이러한 추세의 한가운데 있다고 할 수 있다. 문제는 이러한 급속하고 광범위한 변화가 우리를 어디로 이끌고 있는가이다. 그 방향은 결국 우리가 그

---

* 한동현, 「문화콘텐츠학의 새로운 포지셔닝: 디지털 인문학」, 『한국문예비평연구』 40, 한국현대문예비평학회, 2013

** 한국외국어대학교 문화콘텐츠학 연계전공 강사

1) 지식기반 사회란 "사회를 구성하는 요소인 정부, 기업, 국민이 지식을 성공적으로 창출하여 이를 사회 구성원 전체가 공유하고 학습·활용함으로써 사회 전체의 생산성을 극대화시키고 공공 서비스를 보다 효율적으로 제공하여, 사회 전체의 경쟁력을 확보할 수 있는 사회"이다. 김치동, 「지식기반 사회에서의 초고속 정보통신망의 역할과 발전 방향」, 『정보와 통신』 19-3, 한국통신학회, 2002, 20쪽

변화를 어떻게 이해하고 활용하느냐에 따라 결정될 것이다.

그런데 우리 사회에서 정보화를 통하여 지식이 증가하고 공유될수록 '인문학의 위기'라는 말이 계속하여 등장하고 있다. 인문학의 정의와 분야에 대해서는 여러 가지 의견들이 있다. 니체는 인문학을 "인간 삶의 경험에 대한 이해와 그 의미 탐구를 통해 궁극적으로 스스로의 성숙한 삶을 형성하게 해주는 학문"이라고 하였으며, 권영민은 "인간의 삶에 대한 이해를 목표로 하는 학문",[2] 위키피디아 한글판과 영어판에서는 "분석적이고, 비판적이며, 사변적인 방법을 폭넓게 사용하여 인간의 조건에 관해 탐구하는 학문"이라고 정의하였다.[3]

인문학의 범위는 그 설정에 있어서도 국가마다 다르다. 미국의 경우를 살펴보면, 1965년에 재정된 국가인문예술지원법(National Foundation on the Arts and the Humanities Act)에서 인문학 분야에 대하여 다음과 같이 언급하였다:

> '인문학'이라는 용어는 다음의 연구와 해석을 포함하지만 제한되지는 않는다: 현대와 고대 언어, 언어학, 문학, 역사, 법학, 철학, 고고학, 비교 종교학, 윤리, 비평과 예술 이론사, 인문적 내용을 담고 있고 인문학적 방법을 사용한 사회과학, 다양한 유산, 전통 역사를 반영하고 국민의 삶의 현재 상태에 인문학을 관련짓는 데 특별한 관심을 가지고 인간 환경에 대한 인문학 연구 및 적용[4]

---

2) 권영민, 「디지털 시대 인문학의 방향」, 『국어국문학』 129, 국어국문학회, 2001, 6쪽

3) http://ko.wikipedia.org/wiki/인문학; http://en.wikipedia.org/wiki/Humanities

4) National Foundation on the Arts and the Humanities Act, 20 U.S.C. § 952 (a), 1965년, 2010년 개정.

이와 같이 인문학의 정의와 분야는 다르게 해석되지만, 결국 인문학은 인간으로서 갖추어야 할 바람직한 품성 함양을 목표로 하는 학문이며, 그 분야는 인간의 삶과 주변세계에 대하여 성찰할 수 있도록 하는 학문들이다. 따라서 인문학은 교육의 본질이며 모든 학문의 뿌리가 되는 것이다.

지식정보 사회화가 이루어지면서 '인문학의 위기'가 끊임없이 대두되는 원인은 정보화의 미래에 대한 깊은 성찰이 없이 맹목적으로 숭배하고 있기 때문일 것이다. 돌이켜 보면, 인류의 과학 지식과 공학기술은 끊임없이 발전해 왔다. 그러나 이를 잘 사용할 수 있는 도덕 및 종교의 지혜도 그만큼 성숙되었는가에 대해서는 긍정하기가 어렵다. 지식정보 사회에 대한 인문학적 성찰이 요구되는 것은 우리가 처해 있는 이러한 시대적 상황에서 비롯된다고 하겠다.

그런데 인문학도 디지털 매체의 발전에 따라 변화하지 않을 수 없는 상황에 직면해 있다. 맥루한은 1960년대에 현대 미디어 이론에서 사용하는 미디어라는 용어와 가장 근접한 개념을 제시했던 학자였다. 그는 『미디어의 이해』라는 책에서 인간의 역사에서 인간 커뮤니케이션을 가장 왜곡시켰던 미디어는 인쇄기이며, 왜곡된 커뮤니케이션으로부터 인간을 해방시킨 미디어는 텔레비전이라고 했다. 또한 그는 "미디어는 메시지다"라는 말을 통해 20세기 후반 디지털 미디어 시대를 이미 예고하고 있었다. 국내에서는 이어령 교수가 디지털 미디어로 인해 문학이 직면하고 있는 변화를 멀티미디어화, 하이퍼텍스트화 그리고 글로컬화 등 세 가지로 보았다. 이 세 가지 개념은 문학 텍스트뿐 아니라 인문학 전반의 텍스트에도 적용될 수 있는데, 한마디로 인문학 텍스트의 생산과 소비 양식이 급격하게 변화되고 있음을 말해주고 있다.

한편, 최근에는 디지털 데이터의 방대한 축적으로 '빅데이터'가 화두로 부각되고 있다. 빅데이터는 이름에서 알 수 있듯이 기존의 데이터보다 큰 데이터로 현재 사용하는 분석 도구와 관리 체계로는 이용이 어려운 데이터이다.[5)] 기존의 데이터에 비하여 크기가 크고 범위가 방대하며, 새로운 데이터가 갱신되는 시간 주기도 빠르기 때문에 활용이 어렵다. 그래서 보통 일부 데이터들만 사용되고 나머지는 버려지게 된다. 따라서 방대한 데이터를 어떻게 잘 처리하고 이용하느냐가 최근 몹시 중요해지고 있다. 예를 들어, 구글의 독감지도는 빅데이터를 활용한 대표적인 사례라 하겠다. 구글은 이용자들이 '독감 증세'나 '독감 치료'와 같은 검색어들을 사용하면 이와 관련된 IP 주소를 이용해 지도를 만들었다. 이렇게 만들어진 지도는 독감에 대한 거의 실시간에 가까운 상황을 나타낼 수 있으며 구글 트렌드를 이용하여 질병을 예측하는 데 사용되고, 정확성도 상당히 높은 것으로 알려져 있다.

이러한 상황 속에서 중요한 것은 인문학자들의 새로운 변화에 대한 수용과 적응, 변화 의지이다. 텍스트는 점점 영상으로 바뀌어 가고 있고, 디지털 기술과 표현에 익숙한 세대를 위해서 인문학 분야에서도 디지털 정보기술이 적극적으로 활용되어야 한다. 한국에서는 몇몇 인문학자들이 이러한 인식을 갖고 2000년대 초 인문학과 디지털화에 대한 관심을 가지기 시작하였다. 그 중에서 더 많은 관심을 끈 것은 문화콘텐츠학과 디지털 인문학이다. 문화콘텐츠학은 인문학적인 지식을 포함한 다양한 학문적 성과들을 활용한 콘텐츠를 개발하여 대중과의 소통을 하기 위하여 만들어진 새로운 학문 분야이다.[6)]

5) 빅데이터의 특징은 다음의 V3로 나타난다: 규모(Volume), 다양성(Variety), 속도(Velocity)

6) 한동현, 『문화콘텐츠 개발을 위한 구술자료의 자원화 방안 연구』, 한국외국어대학교 대학원 박사학위논문, 2010, 20쪽

하지만 국내에서 디지털 인문학은 자리를 잡지 못하였고, 문화콘텐츠학 역시 아직까지 규모 있는 지속적인 발전을 이루지 못한 실정이다. 가령, 2000년대 초반 문화콘텐츠학을 기반으로 하여 많은 기대를 모았던 '우리문화원형 디지털 콘텐츠화 사업'은 더 이상 진행되지 않고 유지, 보수에만 집중하고 있다.

반면에 해외에서는 '디지털 인문학'에 대한 관심이 높아지고 있고, 차례로 성과들이 나오고 있다. 특히 미국에서는 2008년 미국 인문학 재단(NEH, National Endowment for the Humanities) 산하에 디지털 인문학 지원단(ODH, Office of Digital Humanities)을 설치하고 미국 내 재단은 물론이고 외국 연구기관과도 파트너십을 맺어 연구를 시작하였다. 언론계에서는 뉴욕 타임즈에서 '인문학 2.0'(Humanities 2.0)이라는 주제로 '디지털 인문학'을 집중 조명하는 장기 시리즈를 연재하고 있다. 구글에서는 2010년 7월 미국 내 대학들을 대상으로 '디지털 인문학' 프로젝트를 선정해 100만 달러를 지원하고 있다.[7)]

우리보다 늦게 시작했음에도 불구하고 해외에서 인문학과 디지털 기술의 결합이 비교적으로 잘 이루어지는 이유는 과연 무엇일까? 이에 본 논문에서는 위의 상황을 시대적 배경으로 삼아 국내의 '디지털 인문학'과 '문화콘텐츠학'에 대한 시각과 미국의 '디지털 인문학'에 대한 시각차를 살펴보고, 한국의 '문화원형 콘텐츠화 사업'의 결과물 중 '고려사람'과 미국의 '디지털 인문학 프로젝트'의 결과물 중 '철도와 근대 미국의 형성'을 비교해 봄으로써 한국의 문화콘텐츠학, 더 나아가 인문학계가 신중히 고려해야 할 점을 제시해 보고자 한다.

---

7) "세계는 지금 '디지털 인문학' 혁명중" 조선일보 2010년 11월 23일자, A18면

2) 인문학 연구자의 환경 변화

미디어 체계를 기준으로 사회를 규정해 본다면 오늘날 우리 사회를 디지털 사회라고 할 수 있다. 디지털 사회의 특징을 인문학 연구자와 정보라는 관점에서 살펴보면 다음과 같은 두 가지를 언급할 수 있다.

첫째, 정보를 얻는 데 공간과 시간의 제약을 받지 않는다. 인터넷과 모바일 기술의 발전으로 인하여 정보를 검색하고 얻는 데 특정한 공간이나 시간의 구애를 받지 않게 되었다. 예전에는 정보를 얻기 위해 해당 자료가 있는 기관에 가야 하고, 그 기관의 업무 시간에 맞추어야만 했다. 그러나 지금은 인터넷에만 접속을 하면 자신이 원하는 대부분의 정보를 전 세계로부터 얻을 수 있게 되었다.

둘째, 정보의 질적 가치가 더욱 중요해졌다. 현대의 많은 정보들이 디지털화되어 생산되고 있고, 과거에 생산된 정보의 디지털화 작업들도 끊임없이 계속되고 있다. 한국에서도 2000년 1월 「지식정보자원관리법」을 공포하였고, 「지식정보자원관리사업」을 통해 역사 분야를 비롯하여 많은 자료들이 디지털 방식으로 서비스되고 있으며, 학술 연구의 성과들도 당연히 데이터베이스화되고 있다. 당연히 이러한 데이터베이스의 증가는 인문학 연구자들이 접할 수 있는 정보량의 증가로 이어졌다. 그런데 정보가 양적으로 증가하면서, 자연히 불필요한 정보, 잘못된 정보의 양도 늘어나게 되었고, 이에 따라 정보의 질적 가치에 대한 관심은 더욱 높아졌다. 이상에서 언급된 변화만을 고려해 보더라도, 이제 인문학은 빅데이터의 중요성을 인식하고 이를 활용할 수 있는 방안을 적극 모색하여야 한다.

빅데이터는 인문학의 방법론과 범주에 큰 기여를 할 수 있다. 우선 방법론적인 면에서 인문학의 연구에 보다 많은 사례들을 다양하게 제시할 수 있다. 빅데이터 시스템을 활용하게 된다면 많은 유사 사례들을 분석할 수 있고, 인문학 연구에 대한 다층적인 접근과 해석을 시도해 볼 수 있게 됨에 따라 연구의 객관성을 좀 더 높일 수 있을 것이다.

또한 범주의 측면에서 빅데이터는 인문학의 연구 범위를 확대시킬 수 있다. 가장 좋은 예로 빅 히스토리(Big History)를 들 수 있다. 기존의 역사학은 문자 기록이 있는 시기 이후만을 다루었는데, 빅 히스토리는 빅뱅에서 현재에 이르기까지의 광대한 범위를 연구 범위로 설정하고 있다. 이러한 범위를 다루는 것은 역사학에서만 접근할 수 없기에 과학 분야와 역사학 분야가 협업하여 학제간 연구로 실제 진행하고 있다.

이렇게 빅데이터를 처리하기 위해서는 인문학과 공학 사이의 협업이 필요하고, 인문학이 정보화 시대의 사회적 요구에 부응하기 위해서는 정보화 사회에 대한 인문학적 성찰을 바탕으로 그 새로운 가능성을 추구해야 한다. 인문학 연구에서 정보화에 대한 적극적인 수용은 연구 자료의 정보화만을 의미하는 것이 아니라 정보화 기술에 대한 폭넓은 이해를 바탕으로 새롭게 인문학 연구 방법을 정립하는 것도 포함한다. 그리고 정보화 수용의 목표는 인문학의 연구 대상이 되는 자료를 인간의 삶과 그 가치를 위해 이용하는, 인간의 정보화에 놓여야 한다. 그러기 위해서는 분과 학문들 사이의 의사소통을 증진시키며 학제간 협력과 공동 연구의 가능성을 높여야 한다. 이러한 관점에서 권영민은 인문학이 정보화 사회에 부응하기 위해 필요한 세 가지 작업을 다음과 같이 제안했다:[8)]

8) 권영민, 「디지털 시대 인문학의 방향」, 『국어국문학』 129, 국어국문학회, 2001, 12~13쪽.

① 인문학 연구의 기초가 되는 모든 자료를 조사 정리하여 인문학 데이터베이스를 구축
② 인문학 분야의 교육 현장에서 활용할 수 있는 새로운 개념의 멀티미디어 교재를 개발하여 인문학 연구의 성과들을 새로운 기술을 바탕으로 재구성하여 표현
③ 대학의 교과 과정에서 인문학 연구에 컴퓨터 기술과 전산 프로그램을 적용하는 새로운 교과목을 신설하여 디지털 시대의 환경에 맞는 인문학의 새로운 방향 모색

한편, 2004년 4월 2일에 국가로부터 한국의 인문사회 정책 수립을 위임받은 인문사회연구회 학자들은 '과학기술과 인문학의 만남'을 주제로 인문 정책포럼을 개최했다.[9)] 여기 참여한 학자들은 "학제간 연구는 인문학이 보다 높은 현실 접합성을 가지면서 사회과학, 자연과학과 함께 더 높은 수준의 발전을 이루는 데 도움을 준다"고 밝히면서 학제간 통합 연구를 주장하였다. 여기에서의 문제는 '현실 접합성'을 가진 학문으로서 인문학의 역할이다. 자본주의 사회는 삶에 있어서 기본적으로 물질적 풍요를 지향하고, 일에 있어서는 경제성과 효율성, 생산성도 추구한다. 이러한 사회 환경 속에서 사람들의 정신 속에 인문학적 가치를 심고자 고민하였고, 그러한 고민의 결과로 국내에서는 '문화콘텐츠학'이 대두되었지만 현재 위기를 맞고 있다.

3) 국내 문화콘텐츠학의 위기

문화콘텐츠학은 2000년대에 들어서 첫 디지털 문화콘텐츠학과가

9) "과학자 권력 갖는 만큼 사회적 책임도 필요", The Science Times, 2004.4.5.

개설된 이래, 불과 3~4년 만에 전국적으로 문화콘텐츠학과가 신설 혹은 개편·개설되었다. 2006년도에는 306개 대학교에서 932개의 문화콘텐츠 관련 학과를 운영하였으며[10], 82개의 고등학교에서 105개의 학과를 운영할 정도로 문화콘텐츠학이 인기를 누렸다.[11]

그런데 아직은 문화콘텐츠학에 대한 접근 방식이 다양하며 문화콘텐츠의 개념이 정립되지 않고 있다. 이기상과 유동환은 문화콘텐츠학을 통합학문으로 바라보는데, 이기상은 문화콘텐츠학을 인문학, 미학, 기술공학, 사회학이 각각 조화로운 균형을 유지하는 영역으로, 유동환은 디지털 환경에서 문화기술을 중심에 둔 각 학문의 융합으로 설명하고 있다. 박상천은 문화콘텐츠의 생산과 소비에 이르는 산업적 과정에 초점을 맞추어 문화콘텐츠 개발의 핵심 요소로 개인의 창의성, 문화예술적 요소, 기술적 요소가 함께 필요하다는 점을 강조한다. 그리고 기획의 과정에서는 인문학과 문화예술이, 제작의 과정에서는 공학과 기술 그리고 디자인이, 판매의 과정에서는 홍보, 마케팅 등이 필요하다고 하였다. 류은영은 인문학과 과학, 미디어의 영역에서 이루어지는 인간 상호간의 소통(인터랙션)에 주목하여 문화콘텐츠학의 범위에 있어서 인문학의 영역을 스토리텔링의 관점에서 세분화하였다.[12] 이와 같은 관점들은 문화콘텐츠가 통합학문 영역이라는 것에는 모두 동의하지만, 단지 콘텐츠의 생산 차원에서만 고려된 것들이며, 구체적인 범위와 인문학이 담고 있는 사상이나 철학적 문제 등은 다루고 있지 않고 있는 것으로 보인다.

한편, 인문학과 정보학의 통합과 관련해 김현은 인문정보학의 개념

---

10) 한국문화콘텐츠진흥원, 『문화콘텐츠 교육기관 현황조사, 2006』, 2007, 40쪽
11) 한국문화콘텐츠진흥원, 『문화콘텐츠 교육기관 현황조사, 2006』, 2007, 96쪽
12) 박범준, 「문화콘텐츠의 출현과 구조, 그리고 구현」, 『글로벌 문화콘텐츠』 3, 한국글로벌문화콘텐츠학회, 2009, 279-281쪽

을 제시하였다. 그는 문화콘텐츠가 목표 지향적인 개념이라면, 인문콘텐츠는 소재 지향적인 개념으로 정립해야 한다고 하였다.[13] 김현이 주창한 인문정보학은 인문학적 지식이 문화콘텐츠 산업에 효과적으로 기여할 수 있게 하기 위한 학문으로 볼 수 있다. 이는 그동안 문화콘텐츠를 바라보는 시각이었던 '교양+엔터테인먼트'에서 '엔터테인먼트' 측면이 많이 주목되었기 때문에 나온 것이다. 그러나 김현이 주장한 인문정보학과 문화콘텐츠학은 사실 별개의 학문이 아니고, 인문정보학이 문화콘텐츠학을 보완하는 역할로 봐야 한다고 생각한다.

국내에서 문화콘텐츠학과 디지털 콘텐츠에 대한 관심이 확산되었던 이유에는 정부의 역할도 있다. 정부는 21세기 산업을 주도할 핵심 동력 가운데 하나로 '문화기술'을 지목하면서 대대적인 지원에 나섰다. 정부는 문화콘텐츠를 전담하는 기관인 한국문화콘텐츠진흥원(KOCCA)[14]을 설립하여 이 분야에 대한 체계적·집중적인 지원을 해오고 있다. 한국문화콘텐츠진흥원에서 수행한 대표적인 사업으로 '우리문화원형 디지털 콘텐츠화' 사업을 들 수 있다. 이 사업의 주요 추진 과제들로는 창작 인프라 지속 강화, 기획·창작 연계 지원, 창작 소재 수요 확산, 혁신 체계 마련 등이 있었다.[15] 과제들을 통해 개발된 문화원형 디지털 콘텐츠들은 문화콘텐츠닷컴을 통해 다운로드 받을 수 있도록 하였고, 오프라인 활용은 사업자간 계약을 통해 이루어졌다. 2006년 4월부터는 포털 사이트인 '다음'(www.daum.net)의 '백

---

13) 김현, 「인문콘텐츠를 위한 정보학 연구 추진 방향」, 『인문콘텐츠』 1, 인문콘텐츠학회, 2003, 32쪽

14) 한국콘텐츠진흥원은 2009년 5월에 문화산업의 진흥 발전을 효율적으로 지원하기 위하여 문화산업진흥기본법 31조에 의거하여 한국방송영상산업진흥원, 한국문화콘텐츠진흥원, 한국게임산업진흥원, 문화콘텐츠센터, 한국소프트웨어진흥원 디지털콘텐츠사업단을 하나로 통합해 설립된 기관이다.

15) 옥성수, 『문화원형 디지털 콘텐츠화 사업의 경제적 가치 분석』, 한국문화관광연구원, 2007, 23-27쪽

과사전'에 「문화원형」 코너를 신설하여 서비스하였고, 일반인들에게 문화원형의 중요성에 대한 인식을 확산시켰다.[16)]

그러나 지금의 시점에서 본다면 문화콘텐츠학은 지속적인 발전을 하지 못하고 있으며, 문화콘텐츠학과를 폐지하는 대학들도 생겨나고 있다. 이와 같이 문화콘텐츠학이 10년 만에 쇠퇴하고 있는 까닭은 무엇일까? 그 이유는 크게 다음과 같은 세 가지로 볼 수 있다.

첫째, 문화콘텐츠학에 필요한 통합적인 연구가 이루어지고 있지 않다. 문화콘텐츠라는 용어는 다양한 대상, 장르, 매체를 포괄하고 있다. 따라서 이 모든 분야에 대한 통합적인 연구가 이루어져야 한다. 그러나 아직까지 분과 학문을 중심으로 한 연구들이 주를 이루고 있고, 융복합적인 연구는 별로 이루어지지 않고 있다. 통합적인 연구가 이루어지고 있지 않은 이유는 문화콘텐츠학과들이 충분한 논의 없이 만들어졌다는 것을 의미한다. 문화콘텐츠 연구를 위해서 다양한 관련 학과들이 학제간 연구 수행에 대한 충분한 논의 없이 다소 급하게 학과 설립이 추진된 측면이 있다.

둘째, 문화콘텐츠학의 지향점이 불명확하다. 문화콘텐츠학과의 커리큘럼을 보면 인문학을 바탕으로 예술, 디지털 기술, 마케팅 등 다양한 교육이 이루어지고 있으며, 이러한 교육을 하는 목적은 문화산업 고급 인력을 만들기 위해서이다. 그러나 학과를 전공한 학생들은 다방면의 폭넓은 지식을 얻을 수는 있지만, 깊이 있는 지식을 얻기는 어려워 보인다. 문화콘텐츠는 융합의 산물이기에 동시에 지식의 깊이도 요구된다. 일반적으로 성공한 문화콘텐츠는 각 분야의 전문성이 잘 융합된 결과물이다. 그에 반해 문화콘텐츠학에서는 어떠한 전문성을 가진 인재를 배출할 것인지에 대한 인재상이 명확하지 않다. 결국 문

16) 옥성수, 『문화원형 디지털 콘텐츠화 사업의 경제적 가치 분석』, 한국문화관광연구원, 2007, 15쪽

화콘텐츠학을 전공한 학생들은 특정한 전문지식을 갖추지 못한 채, 다만 문화산업 전반에 대한 얇은 지식만을 얻고 졸업하게 된다. 문화콘텐츠학이 등장한 배경으로 인문학 분야의 졸업생이 취업하기가 어렵기 때문에 인문학을 기피한다는 점을 꼽을 수 있는데, 문화콘텐츠학의 전문성 부족으로 사회가 해당 분야의 인력을 받아들이기가 어려워 보인다.

셋째, 문화콘텐츠를 상업적으로만 보는 경향이 있기 때문에 문화콘텐츠학 자체도 상업적인 방향으로 흘러 버렸다. 문화콘텐츠는 하나의 자료를 다양한 방식으로 활용한다는 원 소스 멀티 유즈(One Source Multi Use) 전략을 통해 부가가치를 생산할 수 있다는 측면에서 높이 평가되고 있다. 따라서 문화콘텐츠학과 내에서도 각 분과 학문의 결과물들을 어떻게 상업화시킬 것인가에 대한 연구와 강의가 비교적 많이 이루어지고 있다. 또한 한편으로 대학 당국도 신생 학과의 가치를 알리고 유지하기 위해서, 또 다른 한편으로 학생들의 실습 차원에서도 정부의 프로젝트를 수행하는 것을 중요하게 여겼다. 그래서인지 초창기에는 '문화원형 디지털 콘텐츠화' 사업을 수행하면서 문화콘텐츠학에 대한 비교적 많은 논의가 벌어지고 어느 정도의 발전도 달성했지만, 정부 사업의 중지로 그러한 논의도 점차 줄어들고 이제는 문화콘텐츠학의 정체라는 위기를 맞이하게 되었다.

결국 문화콘텐츠학이 학문으로서 자생력을 갖추기 위해서는 문화콘텐츠학의 지향점을 정하고 주된 연구 방향이 상업화로 흐르지 않는 범위 내에서 통합적인 연구가 이루어져야 한다고 생각한다. 이에 한국보다 늦게 시작하였지만 최근 주목을 끌고 있는 미국의 디지털 인문학을 살펴보면서 한국의 인문학과 문화콘텐츠학이 지향해야 할 점을 찾아보고자 한다.

4) 디지털 인문학의 현황과 비교 분석

(1) 현황

'디지털 인문학'은 전산학과 인문학 분야가 교차하는 지점에서 연구, 교육, 창조를 하는 분야이다. 미국에서 디지털 인문학은 처음에는 인문학 전산(Humanities Computing)이라고 불렸다. 오늘날 디지털 인문학은 온라인 수집품을 목적에 따라 가치 있게 구성하고 배포하는 것에서부터 광범위한 문화 데이터들을 조사하는 것에 이르기까지 다양한 주제를 포괄하고 있다. 디지털 인문학은 현재 디지털화 되었거나 디지털로 생산된 자료들을 포함하며 전통적인 인문학 분야의 방법론을 전산학에서 제공되는 도구와 디지털 퍼블리싱과 결합하고 있다. 즉, 디지털 인문학을 추구하는 학자들은 새로운 문제를 제기하고 새로운 접근 방법을 개척하면서 현존하는 연구 문제에 대한 답을 찾거나 현존하는 이론적 패러다임에 도전하기 위해 전산학의 방법들을 사용하고 있다.

디지털 인문학의 목적은 크게 다음과 같은 두 가지로 볼 수 있다. 첫째, 텍스트 분석 기술의 사용, 지리정보시스템(GIS, Geographic Information System), 공통 지식에 기반한 협업, 전통적인 인문예술 분야의 쌍방향 게임과 멀티미디어 등과 같이 전산기술과 인문학자들의 활동을 조직적으로 통합하는 것이다. 둘째, 텍스트와 종이를 넘는 연구 분야를 새롭게 만드는 것이다. 이것은 멀티미디어, 메타데이터 그리고 동적인 환경을 통합하는 것을 포함한다. 이에 대한 예로는 미국의 버지니아 대학교에서 수행했던 '더 밸리 오브 섀도'(The Valley of Shadow) 프로젝트와 서던 캘리포니아 대학교에서 수행한 '더 벡터스 서널 오브 컬쳐 앤드 테크놀로지 인 어 다이나믹 버내큘러'(The Vectors Journal of Culture and Technology in a Dynamic Vernacular)가

있다.[17)]

현재 디지털 인문학을 하는 연구자들이 늘고 있으며 이들은 광범위한 문화 데이터들을 분석하기 위하여 전산학적 방법을 사용하고 있다. 이러한 프로젝트들의 예는 2008년의 디지털 인문학 지원단(ODH, Office of the Digital Humanities)의 후원을 받는 '인문학 고등 성과 전산화 대회'(The Humanities High Performance Computing Competition)와 미국 인문학재단에서 2009년과 2011년에 조직한 인문학 빅데이터 분석 과제(Digging Into Data Challenge)가 있다.

이러한 프로젝트들을 조직하는 미국 인문학재단(NEH, National Endowment for the Humanities)은 미국 정부의 독립 연방기관으로서 1965년의 국가인문예술지원법에 의하여 설립되었다. 이 기관은 인문학에 대한 연구, 교육, 보존, 공공 프로그램 등을 지원하고 있다. 또한 박물관, 문서보관소, 도서관, 대학, 공영 방송국과 개별 학자들에게도 고품질의 인문학 프로젝트에 필요한 비용을 제공한다. 이 기관은 더 나아가 미국 내의 개인 네트워크, 비영리 계열사, 56개의 인문학 이사회를 지원하고 있다. 이러한 지원금은 학교와 대학교에서 인문학 교육을 강화시키고 연구와 독자적인 학업을 촉진하며, 평생 교육의 기회를 제공하고 문화적·교육적 자료에 접근할 수 있도록 하고 있다.

디지털 인문학 지원단은 미국 인문학재단 내에 있으며, 인문학 연구와 교육, 보존, 접속, 공공 프로그래밍을 향상시키기 위하여 디지털 기술을 사용하는 프로젝트들을 지원하고 있다. 이러한 목적으로 디지털 인문학 지원단은 국가간 협력과 연구를 촉진하기 위하여 국내외 학회들과 기타 기금 기구들과 함께 일을 하고 있다. 또한 디지털 인문학 지원단은 연구비 지원 프로그램들을 후원하면서 디지털 학

---

17) http://en.wikipedia.org/wiki/Digital_humanities

문에 최상으로 이바지하기 위한 방법을 더 많이 배우기 위하여 학자, 도서관, 과학자 및 다른 기부자들과 함께 컨퍼런스와 워크숍에 참여하여 협력적으로 업무를 진행하고 있다.

디지털 인문학 지원단에서 지원한 '인문학 빅데이터 분석 과제'(Digging Into Data Challenge)는 2009년에 시작하여, 약 90개의 연구팀이 경쟁하였고 이 중 8개의 프로젝트가 선정되었다. 제 2차 대회는 2011년에 시작되었다. 인문학 빅데이터 분석 과제(Digging Into Data Challenge)의 이념은 빅데이터를 인문학과 사회학의 연구 자료로 변환시킬 방법을 도입하는 것이다.

2012년 6월에는 1차 인문학 빅데이터 분석 과제에 대한 보고서가 출간되었다. 이 보고서는 방대한 데이터에 대한 전산적 분석을 포함하는 인문학 빅데이터 분석 과제에 참여하였던 학자들과, 폭넓은 인터뷰와 사이트 방문에 참여하였던 '도서관 및 정보자원 위원회'(Council on Library and information Resources)직원들에 의하여 작성되었다. 이 보고서는 수행되었던 8가지 프로젝트에 대한 소개와 더불어 학계에서 앞으로 연구를 진행하면서 모델로서의 프로젝트의 중요성에 대하여 논의하고 있다. 1차 시기에 진행되었던 프로젝트들과 내용들을 보면 다음과 같다.

① 올드 베일리 재판 기록에 조테로 및 타포르 툴 활용하기: 범죄 의도 관련 데이터 마이닝(Using Zotero and Tapor on the Old Bailey Proceedings: Data Mining with Criminal Intent)
- 2003년에 구축되어 약 197,000건의 재판 기록이 수록되어 있는 사이트인 '올드 베일리 온라인'(Old Bailey Online)에 올라와 있는 데이터를 분석

② 계몽주의로의 탐험: 편지 공화국의 매핑(Digging into the

Enlightenment: Mapping the Republic of Letters)

- 17~19세기 지성인들의 지리적 활동 범위, 다양한 취향, 상호작용에 대한 역사적 의문을 탐험하는 방식으로 지성인 네트워크를 시각화

③ 언어 표현의 역동성 구축(Toward Dynamic Variorum Edition)

- 고대 언어(특히 그리스어)를 위한 시각적 알고리즘 형성

④ 음성 기록의 관리(Mining a Year of Speech)

- 오랫동안 흩어져서 관리되지 않은 광대한 규모의 영어 음성 기록들을 조사

⑤ 웹상에서 언어 데이터 탐구(Harvesting Speech Datasets from the Web)

- 웹상에서 언어 이론들을 탐구하는 방식을 제시

⑥ 대규모 음악 정보의 구조적 분석(Structural Analysis of Large Amounts of Music Information)

- 음악의 구조 분석에 대해 수행되고 있는 연구들을 위한 토대 개발

⑦ 저작과 관련 질문에 답을 줄 수 있는 이미지 데이터 관리(Digging into Image Data to Answer Authorship Related Question)

- 15세기 필사본에 담긴 이미지, 17~19세기 초의 북미 지도, 19~20세기 미국 퀼트 제품에 대한 이미지 등을 수록

⑧ 철도와 근대 미국의 형성(Railroads and Making Modern America)

- 역사적 방법론을 위한 이론적 프레임워크에 기반한 미국 철도 연구

이 프로젝트의 결과물들은 상업화를 위한 것이 아니라 순수 인문학 연구를 위한 목적을 갖고 있다. 또한 대중들이 잘 이해할 수 있도록 자료의 시각화에 집중하고 있다. 버지니아 대학교의 '로마의 재탄생'이라는 사이트에 들어가면 클릭 한 번으로 고대 로마의 도시 개발

[그림 1] 로마의 재탄생 프로젝트: 고대 로마의 디지털 복원

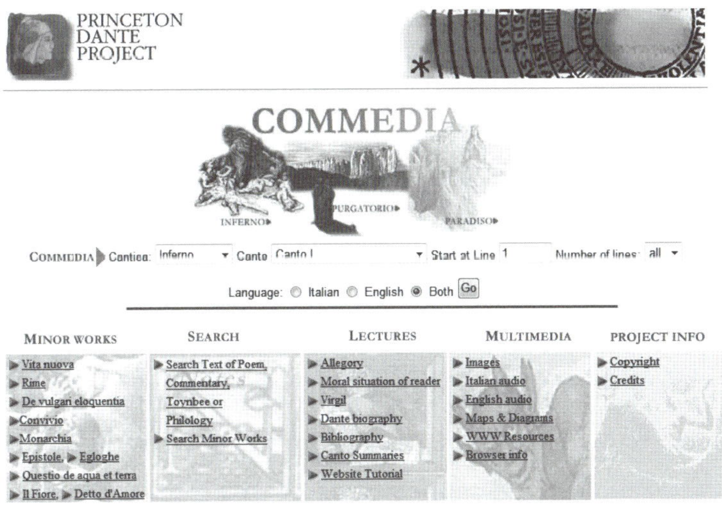

[그림 2] 단테 프로젝트 홈페이지

상이 3D 영상으로 펼쳐진다. 가상으로 콜로세움 주변을 산책할 수 있으며, 관련 정보를 검색할 수도 있다. 또한 네브래스카 대학교가 만든 '철도와 근대 미국의 형성' 사이트는 1850~1900년 철도·전보·증기선의 발날이 미국을 어떻게 바꾸어 놓았는지를 생생하게 보여준다. 프린스턴 대학교의 '단테 프로젝트'는 서양 고전문학 애호가들의 사

이버 순례지로 꼽힐 정도이다. 이 사이트에서는 1320년대까지 거슬러 올라가 역대 단테 논평가들의 강의, 음성 파일, 사진을 이용할 수 있다. 더욱이 이러한 자료들은 오픈 소스를 기반으로 개발하였기 때문에 대중에게 공개가 용이하고 개발 비용 절감의 효과가 있었다.

이처럼 미국에서는 디지털 인문학을 학문적인 측면에서 접근하였다. '인문학 빅데이터 분석 과제'(Digging Into Data Challenge) 프로그램과 '우리문화원형 디지털 콘텐츠화' 사업은 모두 인문학과 기술의 융합을 추구하지만 전자는 인문학의 진흥에 더 비중을 두었고, '우리문화원형 디지털 콘텐츠화' 사업은 문화산업을 지원하기 위한 프로젝트였다. 미국에서는 디지털 기술과 관련된 부분을 인문학에 도입하기 위해 새로운 학과를 신설하기보다는 인문학의 새로운 방법론으로서 활용 및 접근하는 방식을 선택한 것으로 보인다. 따라서 개별 분과 학문들은 각자의 전문성을 살릴 수 있었고, 각 분과 학문의 연구 결과물은 단순 상품화의 목적으로만 활용될 수 있는 것이 아니라 지식의 공유와 새로운 연구방법론을 도출하는 차원으로까지 활용될 수 있다. 이러한 측면이 한국에서 문화콘텐츠를 바라보는 시각에서 차이를 보이고 있다.

(2) 비교 분석

여기서는 구체적으로 우리문화원형 디지털 콘텐츠화 사업의 결과물인 '고려사람'과 미국의 디지털 인문학 프로젝트의 결과물인 '철도와 근대 미국의 형성'을 비교해 보고 앞으로 우리가 참고할 시사점을 도출해 보고자 한다.

문화콘텐츠학과의 논의 대상이자 문화콘텐츠학의 생성에 영향을 주었던 문화원형 디지털 콘텐츠화 사업 중 '고려사람'은 고려인의 러시아 140년 이주 개척사를 다룬 프로젝트였다. 이 프로젝트는 극동,

중앙아시아, 남부러시아로 이어지는 고려인의 140년 이주 개척사를 4개의 시기, 34개 테마로 구분하여 시놉시스를 개발하는 데 주목적이 있었다. 또한 이주 개척사 흐름과 더불어 독특하게 발전된 고려인의 의식주 생활문화를 2D, 3D, 사진으로 개발하였고, 초기 한인촌이자 항일운동의 근거지였던 신한촌과 중앙아시아 한인 집단농장의 하나였던 김병화 농장을 3D로 복원하기도 하였다.

이 프로젝트의 특이점은 원형 스토리 은행, 인물 은행, 아이템 은행 등을 만들어 원래의 역사적 사실을 알리고, 고려인과 타민족의 생활문화를 2D와 3D로 구현하여 사이버 박물관에 전시를 함으로써 고려인 이주 개척자들에 대한 이해를 도와 문화산업 종사자들의 영감을 자극하는 데에 있었다. 또한 콘텐츠 몰을 만들어 개발된 콘텐츠가 판매될 수 있도록 하였다.

[그림 3]에서 볼 수 있듯이 문화산업 종사자와 일반인들의 고려인에 관한 이해를 돕기 위하여 텍스트를 플래시 멀티미디어 지도, 사진, 동영상 등과 함께 볼 수 있도록 하였으며, 이주 개척사를 시기별, 지역별로 분류하여 원하는 자료를 찾기 쉽도록 하였다.

[그림 3] '고려사람'의 사이트 예시

이 프로젝트의 결과물 중에서 이주 개척사와 원형 스토리, 이와 연관되어 개발된 멀티미디어들은 학문적 연구 대상으로도 가치가 있다고 판단된다. 그러나 이 프로젝트 자체가 산업계와의 연관성을 고려하여 진행되었기 때문에 주된 사용자 대상이 스토리 작가로 편중되어 설정되었다. 그리고 해당 콘텐츠는 판매를 위해 콘텐츠 몰에 배치되었는데, 결제를 하지 않고 볼 수 있는 결과물들은 많지 않았다. 따라서 오픈 소스로 구성하여 일반 대중들도 볼 수 있도록 한 미국의 디지털 인문학 프로젝트의 결과물들에 비하여 오히려 활용성과 인지도가 떨어지게 되었다.

또한 문화원형 프로젝트는 처음부터 연구기관과 기업 간의 컨소시엄을 구성해 진행되었고, 학술적 연구보다는 그 결과물의 상업적 활용 및 판매가 목적이었기 때문에 개발 비용도 정부에서 전부를 지원하는 방식이 아니었다. 지원한 단체에서 개발비의 일부를 부담하는 매칭 펀드 방식으로 인해 정부는 국민의 세금으로 사업을 진행하면서도 저작권을 사업자와 나눠 갖게 되었다. 저작권의 분리는 결국 저작물의 공공적 활용에 있어 제한 요소로 작용할 수가 있다.

이러한 방식의 사업은 인문학 자체를 진흥시키는 방향이 아니라, 오히려 산업계와 연계에 매이는 결과를 낳게 된다. 즉, 앞에서 언급한 '인문학의 위기'를 극복할 수 있는 대안이 아니라 인문학을 더욱 신자유주의 시장에 밀어 넣은 계기가 되어버린 것이다.

다시 검토해 보면, 문화원형 디지털 콘텐츠화 사업의 결과물들은 미국의 디지털 인문학 프로젝트의 결과물들 못지않게 학문적 관점에서 뛰어난 것이 많다. 오히려 다른 나라들보다 먼저 이러한 부분에 주의를 기울기고 사업을 선행한 것에 대해 충분히 자부심을 가질 만하다. 그러기에 문화원형 디지털 콘텐츠화 사업은 지속되어야 할 이유가 충분히 있다 하겠다. 하지만 프로젝트의 목적이 산업적 활용이라는 측면에 치중하다 보니 자유로운 연구를 통한 합리적인 결과물이 도출되기보다 스토리텔링과 같은 한정적인 결과물들이 주로 나오게 되었다. 이러한 점은 앞으로 정부와 학계가 인문학의 미래를 위하여 수정해야 할 사항이라 하겠다.

한편, 미국의 네브래스카 대학교에서 수행한 '철도와 근대 미국의 형성' 프로젝트의 목적은 철도가 사회에 미치는 영향력에 대한 자료를 제시해 주고, 19세기의 근대 사상과 제도 등이 미국을 어떻게 변화시켰는지를 보여주기 위한 것이다.

미국 역사에서 철도는 최초이자 가장 복잡한 국가 시스템이었다. 프로젝트 팀은 이러한 철도 시스템의 발전에 대한 다양한 기사, 논의, 만화, 시, 음악, 풍경 변화 등과 같은 다양한 기록들을 수집하고 검토하였다. 기존에도 학자들이 미국 철도의 중요성에 대하여 많은 관심을 가졌었지만, 이 프로젝트를 통해서는 전혀 예상치 못한 결과물들이 산출되었다. 여기서는 철도 시스템이 근대 미국의 형성과 어떻게 결합되었는지에 초점을 두면서, 그에 따른 사회적 변화를 조사하고 표현하는 데 디지털 매체를 활용하였다.

이 연구 결과 미국 남부에서는 철도가 발전한 곳에 노예제도가 발달하게 되었고, 다른 지역에서는 자유노동자들이 성장하였으며, 철도 운임에 대한 정치적 논의들이 있었음이 밝혀졌다. 그리고 이러한 결과물들은 시각화되어 공개되었다. 또한 현재 이 프로젝트와 관련해 공개된 연구 주제들은 '노예 제도와 남부 철도', '철도 사업과 노동자', '남북전쟁과 전략', '1877년의 철도 파업', '정치와 부패', '토지의 규모, 이주, 이민', '인종차별의 기원', '윌리엄 제닝스 브라이언의 1896년 대통령 선거운동', '여행과 이동성', '철도의 묘사' 등 매우 다양한 분야를 포괄하고 있다. 또한 지리정보시스템과 역사적 이미지들을 연계하여 시기별 철도의 팽창이나 철도역별 승객 수의 변화 등을 시각적

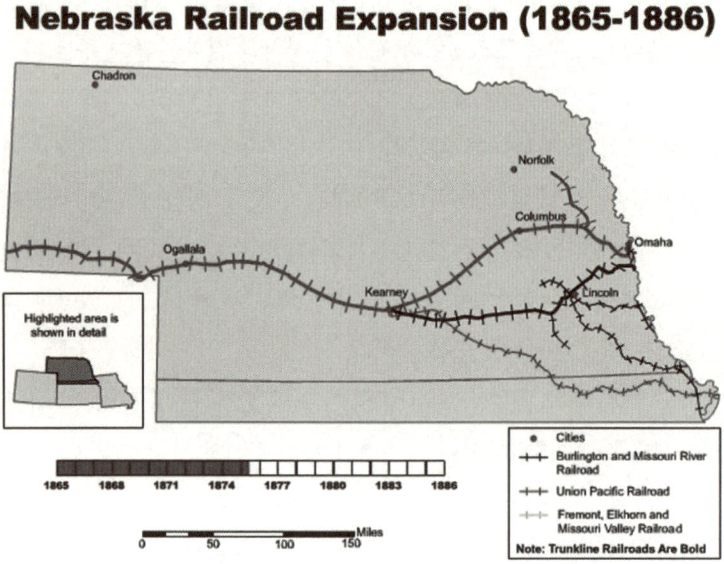

[그림 4] 네브래스카 철도의 시기별 팽창

으로 볼 수 있도록 하였다.

이 프로젝트에서 주의 깊게 보아야 할 점은 데이터의 공개이다. 사이트 내의 데이터와 도구들을 서로 공유할 수 있도록 해서 다른 인문학자들도 활용할 수 있도록 하였다. 또한 오픈 소스 및 구글 지도를 이용하여, [그림 4]와 같은 플래시 기반의 콘텐츠도 구글 지도에서 볼 수 있도록 하였다. 그리고 인문학 분야의 역사학과 대학원 학생들이 수행한 프로젝트의 결과물들도 공유시켰고, 수업 자료들도 함께 제시되었다. 이러한 측면이 산업적 활용에 치중한 국내의 문화원형 디지털 콘텐츠화 사업의 목적과는 확연히 다르다 하겠다.

마지막으로 이 프로젝트에 대한 국가의 지원은 끝이 났지만 대학교 내에서는 이 프로젝트가 여전히 진행중인데, 국내에서 문화원형 디지털 콘텐츠화 사업의 진행이 국가 지원이 끝나는 시점에서 동시에 멈췄던 우리의 현실과 비교해 볼 때 상당히 다른 점을 보여준다고 하겠다.

(3) 시사점

위에서 비교해 본 바와 같이, 미국의 디지털 인문학은 한국의 문화콘텐츠 학계와 정부에 많은 시사점을 주고 있다. 문화원형 디지털 콘텐츠화 사업과 디지털 인문학 프로젝트는 모두 결과적으로 빅데이터를 지향하는데, 그럼에도 불구하고 위와 같은 차이점이 나타나는 이유는 무엇일까?

첫째, 문화원형 디지털 콘텐츠화 사업의 결과물 중에 인문학적인 가치를 담고 있는 것들도 많이 있다. 그렇지만 현재 이 사업이 이렇게 정체되고 중지되었다는 점은 문화콘텐츠에 대한 정부 정책의 관점이 오로지 산업적 수익에만 치중되어 있음을 반증한다 하겠다.

정부 차원의 문화 사업은 당장의 이익이 발생해야 하는 사업이 아니라 '공공성'이라는 관점에서 장기적으로 지속되어야 한다. 미국의 디지털 인문학은 인문학의 위기를 디지털 기술과의 접목을 통해 학문의 진흥과 더불어 대중과 소통하는 방식으로 전진했다. 이에 반해 한국의 문화콘텐츠학은 디지털 기술을 활용한 산업적 기여를 보다 우선순위에 둠으로써 인문학의 위기를 극복하려 했으나 정체에 이르고 있는 것으로 판단된다. 공공성을 가진 문화는 많은 사람들이 자유롭게 누리면서 더욱 발전할 수 있지만, 문화 상품 그 자체는 구매능력을 갖고 있는 소수만이 누릴 수 있기에 대중적인 공유의 가능성도 낮다. 따라서 정부 차원에서 수행되는 문화 사업은 문화산업 자체를 발전시키려는 노력보다는 문화산업이 발전할 수 있는 공공적인 토대를 지속적으로 마련하는 방향으로 진행되어야 하겠다.

둘째, 학문으로서의 문화콘텐츠학의 영역을 재정립해야 할 필요가 있다. 지금 통용되는 문화콘텐츠의 개념에는 '문화자원'과 '문화상품'

등의 요소들이 혼용되고 있다. 우선 부가가치가 높고 원 소스 멀티 유즈가 가능하다고 말할 때에는 문화콘텐츠를 '문화 자원'으로 보는 관점이라 할 수 있다. 이미 만들어진 상품 자체가 다양하게 쓰이는 것이 아니라 그 안에 담긴 내용물, 즉 자원들이 다방면으로 활용되기 때문이다. 반면에 영화, 드라마, 캐릭터, 뮤지컬, 대중음악, 게임 등을 문화콘텐츠라고 말할 때에는 문화콘텐츠를 '문화 상품'으로 보는 견해이다. 이미 만들어진 캐릭터, 영상물, 애니메이션과 같은 상품 자체는 더 이상 활용이 될 수 없는 최종 단계의 결과물이다.

인문학 기반의 문화콘텐츠학에서 지향해야 할 방향은 인문학의 연구 성과를 '문화 자원'으로 전환하고, 대중적으로 공유할 수 있도록 자원과 서비스를 제공하는 것이다. 이를 통해 문화콘텐츠학은 보다 많은 사람들에게 인문학의 가치와 영감을 전하고, 스스로 창의를 발휘하여 적극적인 문화 참여를 이끌어 낼 수 있도록 기여해야 한다. 연구 성과를 활용해 단순히 수익을 창출할 수 있는 문화 상품을 개발하는 것이 문화콘텐츠학의 목적만은 아닐 것이다.

5) 맺음말

본 논문에서는 디지털 시대에 국내의 문화콘텐츠학의 현황과 미국의 디지털 인문학을 살펴보고, 문화원형 디지털 콘텐츠화 사업의 결과물과 미국의 디지털 인문학 프로젝트의 결과물들을 비교해 봄으로써 문화콘텐츠학이 나아가야 할 방향을 제시해 보고자 하였다.

국내 학계에서는 융합의 관점에서 각 분과 학문에 디지털 기술을 접목시키려는 노력을 하고 있으며, 국가에서도 문화콘텐츠의 중요성을 강조하고 있다. 그러나 문화콘텐츠학은 처음 학과가 생겨난 지 10년이 되었지만 아직까지 큰 발전을 이루지 못하고 있다. 문화콘텐츠학은 콘텐츠를 통한 상업화와 수익 모델 창출에 중점을 두었기 때문에 인문학의 연구방법론과 성과를 풍성하게 만들지 못 했고, 다소 대중들의 관심을 끌 수 있는, 겉으로 보이는 데이터와 서비스에만 더 치중을 하게 되었다.

모든 학문의 중심이 되는 인문학이 위기를 맡게 된 것은 바로 학문분야에까지 시장주의적인 가치관이 확대되었기 때문이라고 본다. 디지털 세대의 관심은 현실적인 욕망과 필요에 사로잡혀 있다. 자연히 이 세대는 인문학에서 강조하는 인간의 삶의 질에 대해 무관심의 반응을 보인다. 그렇다고 과학기술의 발전에 따른 물질적인 성과를 강조하게 되면 인문학은 상대적인 정체성과 후진성에 빠지게 된다. 따라서 이제 인문학은 디지털 기술과 융합되어 풍성한 발전을 이루어 나갈 필요가 있다.

미국의 디지털 인문학은 인문학 분야에서 빅데이터와 같은 디지털 기술의 접목을 통해 그 연구 성과를 더욱 풍성하게 하려는 의도에서 시작되었다. 게다가 그 결과물들을 대중들이 마음껏 쓸 수 있도록 함으로써 대중과 인문학 결과물에 대한 소통도 자연스럽게 발생하도록 유도하였다. 디지털 기술을 사용하여 인문학 분야를 풍성하게 하기 위한 노력은 유럽에서도 진행되고 있다. 최근 유럽연합은 다리아(DARIAH) 프로젝트를 통해 유럽의 인문예술 분야와 디지털 기술의 결합을 모색하고 있다.

이제 국내의 문화콘텐츠학도 위와 같은 방식으로의 발전을 고려해야 할 시점에 도달했다고 생각한다. 문화콘텐츠학의 기여는 단순 상업적 결과만으로 성공여부가 결정될 수 없고, 인문학의 연구 성과를 기반으로 인문학의 본질인 인간에 대한 종합적 이해, 연구 성과의 대중적 공유 및 소통으로 인문학의 의미와 중요성을 전달로 판단되어야 할 것이다.

3. 인문학과 문화콘텐츠의 상생 전략*

김 현

1) 인문콘텐츠=인문학+디지털 콘텐츠

인문콘텐츠학회는 창립 후 10년 동안 인문학의 입장에서 문화산업에 다가서는 길을 개척해 왔다. 통권 29호에 이른 학회지 『인문콘텐츠』는 문화콘텐츠에 관한 깊이 있는 담론을 지속적으로 이끌어 옴으로써 '인문콘텐츠학' 또는 '문화콘텐츠학'이라는 이름을 부끄럽지 않게 하였으며, 학회 회원들이 소속 대학에서 운영하는 '문화콘텐츠학과'도 이제는 상당 부분 안정적인 궤도에 들어서서 우리나라 문화산업의 내용적 수준을 제고할 인재들을 육성하고 있다.

그러나 모든 학술 활동이 그렇듯이 우리가 이루어낸 것보다는 이루지 못한 것, 앞으로 이루어 나아가야 할 것이 더 많은 것도 엄연한 사실이다. 10년 전 우리가 하고자 했던 일, 하지만 오늘까지도 여전히 미흡한 수준으로 남아 있는 일은 무엇인가? 10년 전에 했던 우리의 각오를 돌아보자.

> "디지털 내용물은 사실상 우리 사회 전 분야의 다양한 측면을 전부 포괄하는 것이며 그러한 내용물 창출의 주된 원천이 되는 것은 인문학적 사고와 축적물이다 따라서 디지털 내용물과 인문학의 구체적인 결

---

* 김현, 「디지털 인문학 -인문학과 문화콘텐츠의 상생 구도에 관한 구상-」, 『인문콘텐츠』 29, 인문콘텐츠학회, 2013.

합을 새롭게 '인문콘텐츠'라고 이름붙이고자 한다. 인문콘텐츠라는 과제는 전통적인 인문학에 대한 실험이자 새로운 기회이다. 그러나 올바른 인문콘텐츠의 창출은 빠른 속도로 변화하는 디지털 기술을 포함하여 다양한 영역과 연결된 관계망의 산물이어서, 한 개인이 독립적으로 완결지을 수 있는 것이 아니다. 이것이 인문콘텐츠라는 과제를 담당할 새로운 학회를 창립하는 이유이다."(인문콘텐츠학회 창립 발기문 중에서)[1)]

이 글을 통해 다시 확인할 수 있듯이, 인문콘텐츠학회는 두 개의 분명한 화두를 안고 출범하였다. '디지털 콘텐츠'와 '인문학'이다. 우리 학회의 관심과 활동 속에 이 두 가지 주제는 여전히 "살아 있는가?"

인문콘텐츠학회 회원의 상당수는 전통적인 인문학을 학문 배경으로 삼고 있으면서, 지금은 대학의 문화콘텐츠 관련 학과를 중심으로 교육·연구 활동을 하는 사람들이다. 그런데 대부분의 문화콘텐츠학과의 경우, 비록 그 배경을 인문학에 두고 있는 곳이라 하더라도, 현재의 관심사는 인문학 연구보다는 영화, 드라마, 광고, 공연 기획 등 이른바 등 문화산업 쪽에서 요구하는 실용 능력의 배양에 쏠려 있는 듯이 보인다. 우리나라 문화산업의 성장세를 감안할 때, 이 분야에서 활동할 전문인력을 양성할 책임을 대학에서 담당하는 것은 충분히 의미있고 필요한 일이라는 데 동의한다. 그리고 현재의 문화콘텐츠학과가 그 역할을 담당하는 것도 바람직한 일이다.

하지만 우리가 '인문콘텐츠'라는 말을 만들어냈을 때 의도한 뜻은 "디지털 문화콘텐츠 안에 인문학의 가치를 충분히 담아낼 수 있게 하겠다"는 것이었다. 그렇게 하기 위해서는 문화산업계의 동향과 수요

---

1) 인문콘텐츠학회, 「창립 발기문」, 『인문콘텐츠』 1, 인문콘텐츠학회, 2003, 297쪽.

를 파악하는 것도 필요하지만, 인문지식을 이해하고 그것을 효과적으로 응용할 수 있는 방법을 찾는 것도 여전히 중요하다.

10년 전 인문콘텐츠 학회의 설립에 참여했을 때부터 지금까지, 인문콘텐츠라는 이름으로 우리가 할 일은 인문지식과 문화산업을 이어주는 가교 역할이라는 것이 나의 변함없는 생각이다. 문화산업계와 인문학계, 이 두 세계는 모두 크고, 깊고, 고집스러운 자기 영역이 있기 때문에 섣부른 융합이나 소통의 논리만으로 그 사이에 끼어들기는 어렵다. 진지하게 그 세계에 다가가서, 그곳의 중심에서 논의되는 수준으로 그들의 주제를 탐구하고, 거기에서 얻은 신뢰 위에서 다른 쪽의 세계를 이해시키는 노력을 기울여야 한다. 인문콘텐츠학의 이러한 중재적 활동을 통해, 문화산업계는 더욱 용이하게 인문학 지식을 활용할 수 있게 되고, 인문학 연구자들은 문화산업계가 활용할 수 있는 원천 지식의 생산에 더 많이 기여하게 되리라는 것, 이것이 인문콘텐츠학에 종사하는 우리의 기대이다.

하지만 이러한 중재적 활동을 함에 있어 "우리의 노력으로만 모든 것이 이루어진다는 판단을 해서는 안된다."[2] 디지털 문화콘텐츠의 자원이 되는 인문지식은 순수인문학을 포함하는 인문학의 모든 영역에서 각 방면 전문 연구자들의 치열한 노력을 통해 생산되어야 한다. 그래야만 문화산업계의 다양하고 심도있는 수요에 부응할 수 있다. 이것은 문화콘텐츠학과 수업을 통해 개설적 수준의 인문학 관련 강좌 몇 개를 수강한 학생들이 감당할 수 있는 과업이 아니다.

나는 이러한 이유에서 인문콘텐츠학과 전통적인 인문학의 지속적인 협업의 필요성을 제기하고자 한다. 인문콘텐츠학은 전통적 인문학에 대해 인문지식의 응용적 수요와 그 수요에 부응할 수 있는 방법

---

2) 김기덕, 「문화콘텐츠의 등장과 인문학의 역할」, 『인문콘텐츠』 28, 인문콘텐츠학회, 2013.

을 알림으로써 문화산업적 활용이 가능한 인문지식의 생산을 촉진하고, 전통적 인문학은 그것을 통해 문화산업계가 필요로 하는 원천지식을 더욱 풍성하게 생산해 내는 구도가 만들어져야 한다는 것이다.

2) 디지털 인문학

인문학과 인문콘텐츠학 사이의 협업은 어떻게 추구될 수 있을까? 인문콘텐츠학계와 전통적인 인문학계가 공동으로 관심으로 가져야 할 과제로서 '디지털 인문학'(Digital Humanities)의 가능성에 주목해 볼 것을 제안한다.[3)]

디지털 인문학이란 정보기술(Information Technology)의 도움을 받아 새로운 방식으로 수행하는 인문학 연구와 교육, 그리고 이와 관계된 창조적인 저작 활동을 일컫는 말이다. 이것은 전통적인 인문학의 주제를 계승하면서 연구 방법 면에서 디지털 기술을 활용하는 연구, 그리고 예전에는 가능하지 않았지만 컴퓨터를 사용함으로써 시도할 수 있게 된 새로운 성격의 인문학 연구를 포함한다. 단순히 인문학의 연구 대상이 되는 자료를 디지털화 하거나, 연구 결과물을 디지털 형태로 간행하는 것보다는 정보기술의 환경에서 보다 창조적인 인문학 활동을 전개하는 것, 그리고 그것을 디지털 매체를 통해 소통시킴으로써 보다 혁신적으로 인문지식의 재생산을 촉진하는 노력이다.

미국과 유럽 등 서구 사회에서는 이탈리아의 예수회 신부 로베르토 부사(Roberto Busa, 1913~2011)가 토마스 아퀴나스(Thomas

---

3) 문화콘텐츠 관계자들은 '디지털'을 '산업적 응용'을 위한 기술로 이해하는 경향이 있는 듯하다. 하지만 내가 이 글에서 말하는 '디지털'은 '문화산업'보다 '인문학' 쪽으로 협업 구도를 만드는 수단이다.

Aquinas)의 저작을 위시한 중세 라틴어 텍스트의 전문 색인을 전자적인 방법으로 편찬한 것을 디지털 인문학의 효시로 보고 있다.[4] 이를 계기로 인문학 연구의 새로운 방법에 눈을 뜨게 된 미국과 유럽의 인문학자들은 컴퓨터의 활용을 여러 방면으로 모색하기 시작했다. 초기에는 인문학 전산화(Humanities Computing), 또는 전산 인문학(Computational Humanities)이라는 이름으로, 텍스트 및 언어 자원의 색인·통계 처리를 위주로 하였으나, 정보기술 환경의 급속한 진화와 더불어 그 활용 범위를 데이터베이스와 멀티미디어, 그리고 대규모 원시 데이터에서부터 전자적인 방법으로 의미있는 사실을 찾아내는 데이터 마이닝(Data Mining), 그 결과를 그래픽으로 보여주는 시각화(visualization)로 넓혀 갔다.

유럽과 미국의 여러 대학에서 창의적인 인문학 연구자들에 의해 자발적으로 시작된 디지털 인문학은 정부 및 민간단체의 재정적인 지원에 힘입어 보다 광범위하게, 적극적으로 추진되기 시작했다. 미국의 경우, 미국 인문학재단(NEH, National Endowment for the Humanities)이 2008년에 설립한 디지털 인문학 지원단(ODH, Office of the Digital Humanities)의 연구비 지원을 비롯하여, 맥아더 재단(MacArthur Foundation)의 HASTAC Digital Media and Learning Grants, 구글(Google)의 Digital Humanities Research Awards, 앤드류 멜론 재단(Andrew Mellon Foundation)의 디지털화 프로젝트 지원

---

4) 로베르토 부사(Roberto Busa, 1913-2011)는 1949년부터 미국 IBM사의 도움을 받아 1천1백만 단어에 이르는 토마스 아퀴나스(Thomas Aquinas)의 저작과 관련 자료를 컴퓨터의 힘을 빌어 정리하기 시작하였다. 그 결과물은 1974년에 인쇄물 형태로 모습을 드러냈고, 1992년에는 하이퍼텍스트 기능을 포함한 디지털 텍스트가 CD-ROM 판으로 간행되었다. (Hockey, Susan. "The History of Humanities Computing". *A Companion to Humanities Computing*. Oxford: Blackwell, 2004.)

사업 등이 미국의 대학사회에서 디지털 인문학 연구가 급진적으로 확산되는 계기를 마련하였다.[5] 영국의 경우, 학술연구 지원기구인 예술인문연구회(AHRC, Arts and Humanities Research Council)와 경제사회연구회(ESRC, Economic and Social Research Council)의 지원에 힘입어, 옥스퍼드, 케임브리지, 런던, 셰필드 대학 등이 유럽 디지털 인문학의 선도적인 모델이 되는 연구 결과물을 산출하고 있다.

디지털 인문학 연구는 미국, 영국뿐 아니라 캐나다, 아일랜드, 프랑스, 독일, 이탈리아 등에서도 활발하게 전개되고 있으며, 일본과 대만에서도 그 가능성을 적극적으로 모색하는 연구가 이루어지고 있다.[6] 세계 디지털 인문학 연구단체들이 결성한 국제적 네트워크인 센터넷(CenterNet)의 「세계 디지털 인문학 센터 디렉토리」[7]에 등재된 디지털 인문학 관련 연구센터, 학회, 전문기구 수는 무려 190여 곳에 달한다.[8]

---

5) Waltzer, Luke. "Digital Humanities and the "Ugly Stepchildren" of American Higher Education". *Debates in the Digital Humanities*. MN: University of Minnesota Press. 2012. p.336-337.

6) 리츠메이칸 대학(立命館大学)의 일본문화 디지털 휴머니티즈 센터(日本文化デジタル·ヒューマニティーズ拠点)에서 간행한 『일본문화 디지털 휴머니티즈 총서(シリーズ日本文化デジタル·ヒューマニティーズ)』, 타이완 대학(臺灣大學)의 디지털 휴머니티즈 센터(數位人文中心)에서 간행한 『디지털 휴머니티즈 총서(數位人文研究叢書)』 등

7) The International Directory of Digital Humanities Centers: http://digitalhumanities.org/centernet/centers

8) 190여 개 기관 가운데 CenterNet의 결성을 주도한 18개 주요 기관은 아래와 같다.
Canadian Institute for Research in Computing and the Arts (University of Alberta, Canada)
Center for Digital Research in the Humanities (Nebraska, USA)
Center for Digital Scholarship (Brown, USA)
Center for E-Research (King's College London, UK)
Centre for Open Electronic Publishing [Cléo] (France)

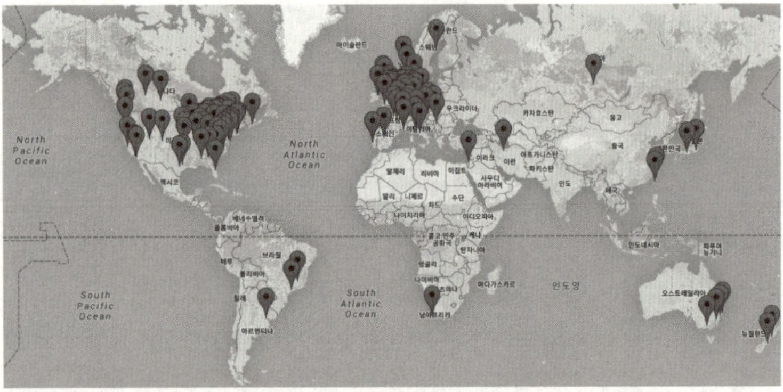

[그림 1] 「세계 디지털 인문학 센터 디렉토리」 등재 기관 소재지

3) 디지털 인문학과 인문콘텐츠학

디지털 인문학이 문학, 사학, 철학 등 전통적인 인문학의 영역에서 탐구되어야 할 과제인지, 아니면 인문지식의 문화콘텐츠적 응용을

Digital Humanities Center for Japanese Arts and Cultures (Ritsumeikan University, Japan)
Digital Humanities Hub (Australian National University)
Digital Humanities at Oxford (UK)
Electronic Textual Cultures Lab (University of Victoria, Canada)
Göttingen Centre for Digital Humanities (Germany)
HAVLab (McGill, Canada)
Maryland Institute for Technology in the Humanities (Maryland, USA)
Matrix (Michigan State, USA)
Print Culture eResearch Hub (Victoria University of Wellington, NZ)
Research Center for Digital Humanities (National Taiwan University, Taiwan)
Roy Rosenzweig Center for History and New Media (George Mason, USA)
Scholars' Lab (Virginia, USA)
University College London Centre for Digital Humanities (UK)

추구하는 인문콘텐츠학의 과제인지를 묻는다면, 이에 대한 나의 일차적인 답변은 '인문학의 과제'라는 것이다. 디지털 인문학은 모든 인문학이 새롭게 갈아입어야 할 옷과 같은 것이다. 디지털이라고 하는 새로운 환경에 적응하지 못한 인문학은 더 이상 현대의 학문이라고 할 수 없다. 적어도 우리의 다음 세대의 인문학자들은 모두 디지털 인문학자일 것이다.

그렇다면 인문콘텐츠학이 디지털 인문학에 관심을 가져야 하는 이유는 무엇인가? 우리가 그것을 외면하면, '인문지식의 문화콘텐츠적 응용' 또한 전통적인 인문학의 몫으로 돌아가고 우리에게는 남는 것이 없게 될 것이기 때문이다.

지난 2010년, 당시의 교육과학기술부와 이 부처의 산하 기관으로서 학술연구 지원사업을 담당하는 한국연구재단, 한국학중앙연구원은 "우리나라 인문사회 분야의 비전과 목표를 제시하고 이에 따른 종합 발전계획을 수립하는 것을 목적으로" '인문사회 학술진흥 장기 비전 수립 추진위원회'를 운영하고, 여기에서의 논의를 바탕으로 '2030 인문사회 학술진흥 장기 비전'을 발표하였다. 우리나라 인문사회 분야 학술진흥 사업의 마스터플랜 및 로드맵이라고 할 수 있는 이 기획안이 제시한 6대 과제의 하나가 '디지털 연구 기반 구축을 위한 디지털 휴머니티즈'이다.[9]

이 계획서에서는 디지털 휴머니티즈 사업의 제안 배경에 대해, "문

9) 이 사업 계획은 '디지털 휴머니티즈'라는 이름의 중점 과제 밑에 ① 디지털 인문학 연구 기반 구축, ② 디지털 가상 라이브러리 사업, ③ 디지털 아카데미 구축 사업 등 3개의 세부 과제를 두고, 디지털 인문학 진흥을 위한 연구 지원, 인프라 구축, 인력 양성 등의 사업을 향후 5년간, 연간 예산 600억 원 규모로 수행할 것을 제안하고 있다.
(인문사회 학술진흥 장기 비전 추진위원회, 『2030 인문사회 학술진흥 장기 비전』, 2010, 217-249쪽)

화콘텐츠산업은 인문사회의 창의성과 상상력이 축적된 지식에 바탕"을 두기 때문에 "디지털화를 통해 인문사회 분야 학술연구 성과를 교육·문화산업에 활용"할 수 있고, 이를 통해 "새로운 문화적, 경제적 효과를 유발"할 수 있기 때문이라고 밝히고 있다. 디지털 인문학(Digital Humanities)의 중요한 목적 가운데 하나가 '문화콘텐츠 산업에의 기여'라고 한다면, 같은 목표를 가진 인문콘텐츠학이 이에 대해 무관심할 수 없는 것은 당연한 일이다.

그렇다면 디지털 인문학이라는 영역에서 인문콘텐츠학이 담당해야 할 역할은 무엇일까? 순수 인문학 분야의 연구자들을 도와 보다 응용가치가 높은 디지털 콘텐츠를 만들어 내는 일일 것이다. 여기서 말하는 응용가치는 물론 문화산업적인 활용을 기준으로 하는 것이다. 이를 위해서는 문화산업계의 동향과 수요를 정확하게 파악하는 것이 필요하다. 이 역할은 인문콘텐츠 연구자들의 몫이다. 고전문헌 속의 데이터와 씨름해야 하는 인문학 연구자들이 문화산업계의 세세한 동향까지 살피기는 어려울 것이기 때문이다.

인문콘텐츠 연구자들이 문화산업계의 지식 수요를 정확하게 파악하고 있다고 해도 그것이 디지털 인문학 연구에 반영될 수 있기 위해서는 이들도 그 연구개발 활동에 직접적으로 개입해야 한다. 인문학 연구자와 인문콘텐츠학 연구자들의 공동 프로젝트 수행에서 후자가 담당해야 할 또 하나의 역할은 인문학의 원천 지식을 디지털 콘텐츠로 재조직하는 방법을 찾아내고 그에 필요한 기술을 운용하는 일이다.

디지털 인문학은 디지털 기술을 도구로 활용하는 것이기 때문에 이 분야의 연구자들에게는 학술 활동의 목적에 적합한 도구를 찾아내고 적정한 방법으로 그것을 운용하는 능력이 요구된다. 사실상 인문학이 디지털 인문학으로 옮겨 갈 수 있느냐 없느냐는 이 도구 운용 능력이 있고 없음에 좌우된다고도 할 수 있다. 그 도구는 상업적인 소프트웨어 패키지일 수도 있고, 개방적인 API[10]나 공개된 프로그램 소스를 활용하여 만든 새로운 응용 프로그램일 수도 있다. 어느 쪽이든 도구 자체에 대한 이해도 필요하지만, 그것의 실제적인 운영 능력은 운용자가 연구의 목적과 데이터의 성격을 얼마만큼 깊이 있게 이해하고 있느냐에 따라 결정된다. 바꿔 말해, 정보기술을 이해할 뿐 아니라 그 기술을 적용할 인문지식에 대해 잘 알거나, 적어도 그 분야의 전문가인 순수 인문학자들과 자유롭게 의사소통을 할 수 있는 사람이 필요한 것이다. 인문콘텐츠학의 발전적인 커리큘럼 속에는 이와 같은 학제적인 연구개발 인력을 육성하는 프로그램도 포함되어야 할 것이다.

4) 인문정보학

문화콘텐츠 관계자들과 이야기하다 보면 '디지털 기술'을 문화산업 분야에서 사용하는 디지털 영상이나 3D 전시관 구현 기술 쪽으로만 이해하는 경향이 있는 듯하다. 디지털 인문학에서도 시각화(visualization) 분야에서는 이러한 것을 관심 있게 다룬다. 하지만 이보다 우선시하는 것은 인문지식을 정보화하는 방법이다. 이것은 인문지식을 그것의 학제적, 산업적 응용이 가능하도록 부품화 하고, 그 부품 사이에 새로운 문맥(context)을 부여하는 기술이라고 할 수 있다.

나는 인문지식의 정보화 기술에 대한 연구를 인문정보학(Cultural

10) API: Application Programming Interface. 이용자가 응용 프로그램을 만들 수 있도록 특정 기능을 수행하는 루틴을 제공하면서 그것을 호출하고 조합하는 방법을 정한 규약

Informatics)이라고 이름짓고,[11] 그 방법론을 미래의 디지털 인문학 연구자들에게 전수하는 교육 프로그램을 운영하고 있다.[12]

이 프로그램의 석사과정 학생들은 입학과 함께 앞으로 무엇을 배우고, 어떠한 능력을 배양할 것인지에 대해 명확한 목표를 제시받는다. 첫째, 인문지식을 다루는 텍스트를 컴퓨터 가독형 데이터로 전환하는 전자 텍스트 편찬 방법, 둘째, 방대한 규모의 디지털 데이터를 체계적으로 관리하고, 유관한 지식 자원이 연계 운영될 수 있도록 하는 지식정보 데이터베이스 설계 및 구현 방법, 셋째, 문자 텍스트의 형태로만 유통되던 인문지식을 시각적인 형태로 전환하여 그 활용성을 높이는 방법을 배우는 것이다.

첫 번째 과업인 전자 텍스트 편찬 기술의 배양을 위해 학생들은 가장 먼저 XML(eXtensible Makrup Language)을 공부한다. 이 때 이들이 배우는 것은 단순히 기존의 텍스트에 약속된 태그를 첨가하는 방법이 아니라, 대상 문헌의 성격과 체제를 파악하고, 그 속에서 핵심적인 의미 요소를 파악하는 안목이다. 처음에는 자기의 이력서나 여행 계획서, 소장 도서 목록을 XML 문서로 만들어보는 일에서 시작하

---

11) "인문정보학이라고 하는 것은 정보 기술을 인문 분야의 연구·교육 활동에 접목시켜 인문 지식의 사회적 공유체계를 구축하고, 아울러 그 체계 안에서 훈련을 받은 인문학 전공자가 정보 전문가로서 정보화 사회에 진출할 수 있는 여건을 조성하자는 제안이다." (김현, 「인문정보학에 관한 구상」, 『民族文化研究』 35, 고려대학교 민족문화연구원, 2001.)
"인문학적 지식을 연구자 및 그 연구 성과의 수요자가 공유할 수 있는 디지털 지식 정보 자원으로 전환하고, 그 자원을 자유롭게 활용하여 2차적인 지식을 생산할 수 있는 가상의 연구 공간을 만듦으로써 인문학의 연구생산성을 향상시키고 그 성과의 사회적 확산을 용이하게 하는 것. 이를 위한 인문학 맞춤형 정보기술 연구를 인문정보학이라고 한다." (김현, 『인문정보학의 모색』, 성남: 북코리아, 2012, 363쪽.)

12) 한국학중앙연구원 한국학대학원 문화예술학부의 인문정보학 전공 과정. 석사과정은 2009년, 박사과정은 2011년부터 운영되고 있다.

여, 인물, 사적, 사건 등 다양한 소재를 다루는 백과사전 기사, 그리고 조선시대 국왕의 교지나 분재기, 토지 매매 문서와 같은 고문서까지, 대상 자료의 특성을 파악하여 그것에 부합하는 기계가독형 전자 문서를 제작하는 훈련을 받는다.

나는 XML 수업 시간에 학생들과 한 가지 실험을 한다. 먼저 학생들에게 다른 사람이 쓴 원고를 주고 그 내용을 그대로 담은 XML 문서를 만들도록 한다. 그 다음에는 학생들 스스로 같은 내용의 글을 쓰되, 이번에는 처음부터 XML 문서로 제작하도록 한다. 학생들은 이 실험을 통해 아무리 대가의 글이라고 하더라도 디지털 데이터로서의 활용이라는 관점에서는 많은 문제점이 있다는 사실을 발견하게 된다. 그리고 XML은 이미 만들어진 지식을 가공하는 수단이 아니라, 활용면에서 더욱 가치있는 지식을 만드는 방법이라는 사실을 인식하게 된다.

두 번째 코스인 데이터베이스 설계 및 구현 과정은 XML 문서로 제작한 인문학 데이터를 체계적으로 관리하고, 다양한 목적으로 활용할 수 있게 하는 데 목표를 둔다. 학생들은 데이터베이스 관리시스템(Database Management System, DBMS)의 운영을 통해 데이터베이스에 적재된 XML 문서로부터 중요한 의미 요소를 추출하고, 그것을 분석, 종합하는 방법과 함께 그 요소들의 관계, 즉 의미의 연결 고리를 추적하여 감춰졌던 사실을 발견하는 데이터 마이닝의 기초적인 방법을 배우게 된다.

세 번째 과제인 인문지식의 시각화 기술 교육은 인문지식을 전달하는 텍스트가 시각적인 미디어를 통해 표현될 수 있도록 하는 것이다. 데이터베이스 속에 축적된 자료의 분석에서 얻어낸 통계적인 결과를 그래프로 표시하는 방법, 콘텐츠 속의 시리적인 정보를 선자시도 상에서 다양한 형태로 시각화 하는 방법, 사진, 동영상, 파노라마 영상, 3D 모델 등의 모노미디어를 제작하고 거기에 문맥(context)을 담아 시각적인 스토리텔링(storytelling)이 이루어지게 하는 하이퍼미디어 기술을 교육한다.

학생들은 정보처리 기술을 배우면서 동시에 자신이 관심을 두어 온 인문학 분야의 자료에 그것을 적용하는 방법을 탐구한다. 그리고 이를 자신의 석사 학위 논문으로 발전시킨다.

석사과정이 인문지식의 정보화 기술을 이해하고 그것을 도구로 활용하는 능력을 배양하는 데 주력한다면, 박사과정은 그 바탕 위에서 보다 창의적으로 인문지식 데이터를 생산하고 문화콘텐츠의 제작에 응용하는 방법을 제시함으로써 디지털 인문학의 비전을 보이는 것을 목표로 한다. 월드와이드웹(World Wide Web)을 이미 만들어진 지식의 유통 수단으로 쓰기보다는 의미의 연결 고리를 찾아 더욱 종합적이고 응용가치가 높은 지식의 생산 수단으로 쓰일 수 있게 하는 '인문정보 시맨틱 웹'(Humanities Semantic Web), 그리고 가상현실(Virtual Reality)이 인문지식 텍스트를 담아내는 미디어가 되게 하는 '시각적 인문학'(Visual Humanities)은 박사과정 학생들이 디지털 인문학의 발전적인 성과를 낳기 위해 관심을 모으고 있는 주제들이다.

5) 문화콘텐츠와 인문지식

문화콘텐츠에 대한 정의가 무엇이냐를 떠나, 그 이름을 가지고 떠올리는 대상이 무엇이냐고 묻는다면, 그 답변은 아마도 수십 가지 이상으로 다양하게 나올 것이다. 방송 관계자는 드라마와 같은 방송 프로그램을, 음원 사업자는 대중음악, 모바일 서비스 프로바이더는 스마트폰 상에서 동작하는 게임 프로그램을 우선 연상할 것이다. 우리가 생각하는 '문화콘텐츠'는 무엇인가?

이 질문에 대해 여러 해 전부터 일관되게 유지해 온 나의 답변은 "인문지식이 곧 문화콘텐츠"라는 것이다.[13] 부연하자면, 인문지식은 문화콘텐츠의 '소재'일 뿐 아니라, 그 자체로 문화콘텐츠일 수 있다는 것이다. 스마트폰이 만들어내고 있는 새로운 형태의 문화적 소비 현장을 들여다보자.

모바일 기기의 이용자들은 디지털 환경에서 영화나 드라마와 같은 영상물을 보면서 그 내용과 관련된 다양한 정보들을 끊임없이 탐색하고, 새로운 지식을 얻고 새로운 즐길 거리를 발견한다. 유적지를 탐방하면서 역사를 배우고 전통문화를 체험하는 활동의 양상도 예전과는 다르다. 방문자의 손에는 스마트폰이 들려 있고, 그것을 안내판의 한 구석이나 안내지도에 표시되어 있는 QR 코드 이미지에 비출 때마다 방문지에 관한 풍부한 정보가 쏟아진다.

인터넷, 모바일, IPTV 등 오늘날의 정보기술이 만들어낸 정보통신 플랫폼은 지식이 곧 문화가 될 수 있는 여건을 만들어 주고 있다. 학술과 창작, 전문성과 대중성, 사실과 허구의 경계를 자유롭게 넘나드는 새로운 형태의 문화 향유가 가능해진 것이다. 놀이와 학습을 구분할 필요 없이 그것들이 한데 어우러진 복합적인 현상이 지식 정보화 시대인 오늘날의 '문화'이다.

인문학을 배경으로 하는 문화콘텐츠학과의 교육 커리큘럼에서는 이른바 '스토리텔링'(storytelling)이라고 하는 것이 비중 있게 다루어지는 듯하다. 나 역시 스토리텔링의 인문콘텐츠의 중요한 부분이라는 점에 동의한다. 하지만 이 스토리텔링을 영화나 드라마, 게임과 같은 엔터테인먼트적 장르의 이야기 소재로만 보는 듯한 사고에는 찬성하지 않는다. '노비의 도망'을 다루는 드라마를 보던 시청자가 호기심에

---

13) 김현, 「문화콘텐츠, 정보기술 플랫폼, 그곳에서의 인문지식」, 『철학연구』 90, 철학연구회, 2010.

이끌려 '노비'라고 하는 키워드로 인터넷상의 정보를 검색하고, 조선시대에 실제로 존재했던 노비 신분의 사람들과 도망 노비의 추쇄(推刷)에 관한 지식을 얻게 되었다고 가정해 보자. 이 드라마의 줄거리도 역사적 소재를 활용한 스토리텔링이지만, '노비'라는 키워드를 출발점으로 하여 노비의 생활, 노비의 도망, 노비의 신분 세탁, 노비 추쇄의 실상 등 역사적 사실에 관한 지식을 단계적인 마우스 클릭으로 얻어낼 수 있도록 조직화하는 것 역시 스토리텔링의 한 가지라고 할 수 있다.

즐길 거리로 만들어지는 '허구적 스토리텔링'과 지식을 조직화하는 '사실적 스토리텔링'은 서로가 서로에 대해 뿌리와 열매가 되는 상보적 순환관계에 있다. 사실적 스토리텔링의 폭과 깊이가 더해질수록 그것을 응용한 허구적 스토리텔링의 수준이 높아질 것이고, 허구적 스토리텔링의 흥미와 인기는 다시 사실적 스토리텔링에 대한 수요를 촉발시키게 될 것이기 때문이다.

우리가 디지털 인문학에 대해 갖는 비전은 그것이 인문학과 문화산업의 사이에서 부가가치의 선순환을 일으키는 펌프 역할을 하리라는 것이다. 기초적인 인문학 연구의 산물을 지식 콘텐츠로 조직화하고 이를 통해 문화산업적 콘텐츠의 생산을 돕는 것, 그렇게 해서 인문지식의 사회적 수요를 제고하고 인문학 연구가 더욱 활성화 되도록 할 것을 기대하는 것이다.

6) 디지털 인문학 수용을 위한 과제

인문콘텐츠학이 디지털 인문학을 수용하기 위해 해야 할 일은 무엇인가? 이제 본격적으로 배출되기 시작한 문화콘텐츠학 전공자들의 일부가 인문 정보기술의 운용 능력을 갖춘 지식 코디네이터로 성장할 수 있도록 해야 한다. 전부가 아니라 일부라고 하는 이유는 이곳에서도 분업과 협업이 필요하기 때문이다. 문화콘텐츠학 전공자 중에는 인문학보다는 문화산업의 현장 쪽에 더 가깝게 다가가려는 사람이 있을 것이다. 그들은 그 방향에서 요구하는 기획-제작-마케팅의 능력을 배양하는 것에 집중해야 한다. 한편 인문학 지식으로부터 문화상품의 자원을 끌어내는 일에 관심을 둔 사람들은 인문지식에 대한 기본적인 소양뿐 아니라 그곳에서 생산되는 지식을 디지털 콘텐츠로 조직화하는 정보처리 능력을 갖출 필요가 있다. 이들이 바로 순수 인문학 연구자와 문화산업 종사자 사이에서 인문지식의 소통과 응용을 가능케 하는 지식 코디네이터들이다. 인문지식 코디네이터의 위상을 그림으로 그려본다면 그들의 한 쪽 옆에는 순수 인문학 분야의 연구자들이 있고 다른 쪽에는 문화산업 종사자들이 있는 그림이 될 것이다. 문화산업계의 동향을 살펴 그곳에서의 인문지식 수요를 파악하는 한편, 인문학 연구자들을 도와 응용가치가 있는 지식 콘텐츠를 만들어 내는 것이 지식 코디네이터의 역할이다.

대학의 문화콘텐츠학과에서 인문지식 코디네이터를 육성하기 위한 정보기술 교육은 어떻게 시행되어야 할까? 이 분야의 지식과 경험을 갖춘 교수 인력과 적정한 교육 설비의 확보, 그리고 검증된 교수법과 교과 과정의 도입 등 교육 인프라를 갖추는 일이 선행되어야 한다. 하지만, 모든 대학에서 단시간에 이같은 여건을 충족시키는 것은 현실적으로 어려운 일이다. 나는 인문콘텐츠학회가 중심이 되어 단계적으로 이 문제의 해법을 찾아가는 것이 유효한 방법이라고 생각한다.

그 첫 번째 실천 방안은 학회 차원에서 각 대학의 문화콘텐츠학 및 인문학 전공 학생들을 대상으로 하는 디지털 인문학 교육 프로그램을 운영하는 것이다. 디지털 인문학의 전문 인력이 절대적으로 부족한 우리나라 현실에서 대학마다 독립적으로 이 분야의 정규 교과 과정을 운영하기는 힘들다. 하지만 학회 차원에서 누구나 참여할 수 있는 개방적인 교육 기회를 마련하고, 각 대학이 이를 일종의 과외 수업처럼 활용한다면, 소수의 교수 인력만 가지고도 다수에게 그 지식을 전달하는 효과를 거둘 수 있을 것이다.

학회 차원에서 회원들의 중지를 모아 추진할 필요가 있는 두 번째 실천 과제는 교육부와 한국연구재단에 우리나라의 디지털 인문학 육성을 위한 연구 지원 시스템을 조속히 시행하도록 촉구하고, 구체적인 실천 방안에 관해 조언하는 일이다. 앞에서 소개하였듯이 교육부(당시의 교육과학기술부)는 2010년에 이미 우리나라의 인문사회과학 진흥을 위해 '디지털 휴머니티즈'의 육성이 필요하다는 제안을 수렴한 바 있다. 그런데 이에 관한 사업 계획이 아직까지 실천에 옮겨지지 못한 데에는 몇 가지 이유가 있다. 그 사이 교육과학기술부가 2개의 부처로 나뉘면서 융합적인 성격의 연구 지원에 혼선이 빚어진 것도 한 이유일 것이다. 하지만 더 중요한 이유는 '디지털 휴머니티즈'의 육성 필요성에 대한 관련 학계의 목소리가 정부 부처와 전담기관의 실무자들이 생각한 만큼 크지 않았다는 점이다. 인문학계는 예전부터 해온 연구 방식에 집착하는 보수성 때문에, 그리고 문화콘텐츠학계는 문화산업을 이해하고 그 쪽으로 다가가는 것이 더 급한 과제여서 인문지식의 기초적인 응용 환경을 조성하는 이 분야에는 무관심했던 듯하다.

순수 인문학의 입장에서 보면 디지털 인문학은 인문지식의 사회적 확산을 돕는 길이고, 인문콘텐츠학의 입장에서 보면 그것은 문화산업에 응용할 방대한 인문학 지식을 가장 효과적으로 획득하는 방법을 마련하는 일이다. 미국과 유럽, 심지어는 가까운 일본과 대만의 상황을 보더라도 디지털 인문학의 육성은 범인문학계(인문학+인문콘텐츠학)의 자연스러운 발전 궤도 위에 놓인 과제이다. 시행 시기에 있어 다소의 빠르고 늦음은 있겠지만 언젠가는 들어서야 할 이 길에 인문콘텐츠학 연구자들이 선도적인 발걸음을 내딛고, 그 길의 올바른 방향 정립에 기여할 수 있기를 희망한다.

4. 한국 디지털 인문학 교육의 현황과 과제*

김바로

미국, 유럽의 인문학계는 '디지털 인문학'이라는 이름의 새로운 인문학 연구방법론에 주목하고 있다. 디지털 인문학이란 정보기술(ICT, Information and Communication Technologies)의 도움을 받아 새로운 방식으로 수행하는 인문학 연구와 교육, 그리고 이와 관계된 창조적인 저작 활동을 일컫는 말이다. 단순히 인문학의 연구 대상이 되는 자료를 디지털화 하거나, 연구 결과물을 디지털 형태로 간행하는 것보다는 정보기술의 환경에서 보다 창조적인 인문학 활동을 전개하는 것, 그리고 그것을 디지털 매체를 통해 소통시킴으로써 보다 혁신적으로 인문 지식의 재생산을 촉진하는 노력이다.[1)]

'디지털 인문학'에서 채용하는 교육·연구 방법이 '인문융합'을 위해서도 유효하며, 인문학이 중심이 되는 ICT-인문융합의 필수 조건이라는 판단 하에, 한국의 인문학 교육·연구자들이 '디지털 인문학'적 교육·연구 방법을 이해하고 실천할 수 있는 방안을 모색하고자 한다. 1차적 목표는 디지털 기술에 관한 이론 교육에 머물지 않고 인문학자가 직접 컴퓨팅 하드웨어와 네트워크, 소프트웨어 상에서 역사, 지리, 문학, 예술 등 자신의 전문 분야 지식을 집적, 가공할 수 있는 훈련 기회를 제공함으로써, 이 교육과정을 이수한 인문학 연구자가 향후 새

---

* 김바로, 「韓國數位人文教育現狀與課題」, 全球視野下的漢學新藍海國際研討會, 臺灣, 2015

1) 김현, 「디지털 인문학 - 인문학과 문화콘텐츠의 상생 구도에 관한 구상」 (『인문콘텐츠』 29, 인문콘텐츠학회, 2013, 9-26쪽

로운 디지털 인문학 연구 및 교육의 주체가 되는 것이다. 2차적 목표는 인문학 교육·연구자들에 대한 교육을 통하여 디지털 기술과 인문학을 응용한 인문융합 교육을 진행할 인력을 배출하여, 초중등 교육과정에서부터 코딩교육(SW교육)을 받은[2] 차세대 인문지식 연구자들에게 디지털 환경에서 인문지식을 다루는 방법을 제공하는 것이다.

본 글에서는 한국에서의 디지털 인문학 교육 발전을 위한 토대 작업으로 한국, 미국, 타이완, 일본의 디지털 인문학 교육 현황에 대해서 살펴보고, 고등 교육과정에서 적용 가능한 디지털 인문학 입문 교육의 교안 및 평가 체계를 제안하고자 한다.

1) 디지털 인문학 교육의 현황

(1) 디지털 인문학 교육의 목표와 요건

디지털 인문학 교육은 인문학 전공자를 주요 대상으로, 디지털 방법론을 통하여 인문학 지식 자원을 데이터로 체계화 하고 이것을 분석, 해석하고 그 결과를 객관화 하는 과정에 대하여 교육하는 것을 의미한다.

'설계' 교육에서는 아날로그 형태의 인문학 자료를 디지털 데이터로 전환하거나, 디지털 형태의 인문학 자료를 재가공하기 위한 기본적인 디지털 문법을 습득하는 것을 목표로 한다. '데이터' 교육에서는 인문학 데이터를 XML 혹은 RDB 등의 디지털 표준 기술로 설계하고 구축하는 방법을 습득하는 것을 목표로 한다. '분석' 교육에서는 네트워

2) 교육부, 미래부, 「SW중심사회를 위한 인재양성 추진계획」, http://www.moe.go.kr/web/100026/ko/board/view.do?bbsId=294&pageSize=10&currentPage=0&encodeYn=Y&boardSeq=60077&mode=view

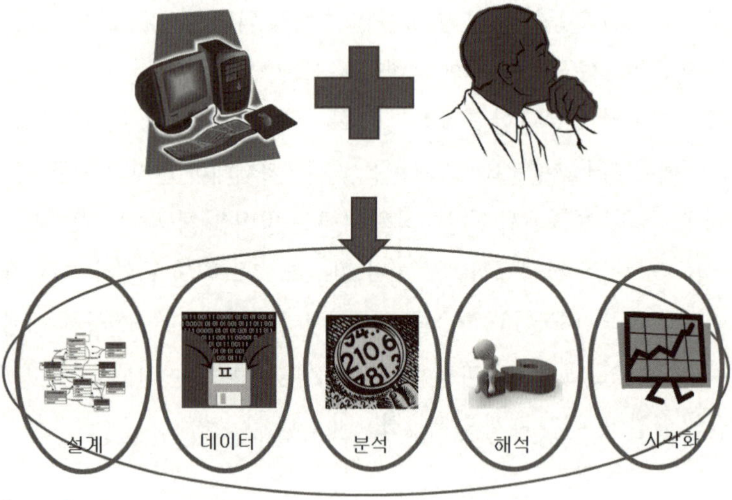

[그림 1] 디지털 인문학 기본 개념도

크 분석이나 지리정보시스템(GIS, Geographic Information System) 등의 디지털 분석 방법론을 통하여, 인문학 데이터를 디지털에서 분석하는 방법을 습득하는 것을 목표로 한다. '해석' 교육에서는 '분석'을 통하여 도출된 데이터를 인문학 방법론을 통하여 해석하는 방법을 습득하는 것을 목표로 한다. '시각화' 교육에서는 인문학 데이터나 분석·해석 과정을 거쳐 도출된 결과를 디지털 지도나 멀티미디어 등의 디지털 기술을 통하여 시각적인 형태로 전환하는 방법을 습득하는 것을 목표로 한다.

주의해야 될 점은 디지털 인문학 교육은 기본적으로 디지털 기술에 대한 사전 지식이 없는 인문학 연구자를 대상으로 하는 교육이므로, 정보기술(ICT, Information & Communication Technology) 교육은 가장 초보적인 단계부터 시작하되, 피교육자들의 전문 영역인 인문지식이 그 안에서 충분히 활용되도록 함으로써 디지털 인문학의 효용성을 충분히 인식하고 인문학자가 주체가 되는 인문융합의 가능성을 체감할 수 있게 설계되어야 한다.

※ 디지털 인문학 교육의 최소 요건[3)]

디지털 인문학은 태생적으로 디지털 기술과 인문학에 대한 융합교육을 지향한다. 다시 말해서 인문학 지식을 교육하는 동시에 디지털 기술을 이용한 지식 처리 방법에 대해서 교육을 진행하여야 한다. 이를 위해서는 다음과 같은 최소 요구 조건이 필요하다.

- 디지털 인문학 방법론을 숙지한 교수 인력
- 인문학자와 원활한 의사소통을 할 수 있는 인문학 방법론 교육 내용
- 정보공학자와 원활한 의사소통을 할 수 있는 디지털 기술 교육 내용
- 융합을 위한 협업 능력을 배양할 수 있는 교육 방법
- 인문학 지식을 디지털 방법론을 통하여 새롭게 접근할 수 있도록 유도하는 교육 방법
- 현장에서 활용 가능한 실무 능력을 배양할 수 있는 교육 방법
- 교육과정에 대해서 즉시적으로 피드백을 할 수 있는 교육 방법
- 디지털 인문학 교육 특성에 부합하는 교육 평가 방법
- 디지털 인문학 교육 방법을 지원할 수 있는 디지털 장비

반대로 디지털 인문학 교육이 기존의 인문학이나 정보공학에 가지는 차별성을 희석하는 다음과 같은 사항들은 지양되어야 한다.

- 인문학 혹은 정보공학의 방법론만을 아는 교수 인력에 의한 강의
- 인문학 혹은 정보공학의 방법론만을 가르치는 교육 내용
- 피교육자의 참여를 배제하고 지식만을 전달하는 교육 방법

---

3) Samuel Huron, Shaping (Digital) Scholars: Design Principles for Digital Pedagogy, https://digitalscholarship.files.wordpress.com/2014/08/spirodigitalpedagogyutsc2014.pdf

(2) 해외 디지털 인문학 교육 현황

① 미국

미국 인문학재단(NEH, National Endowment for the Humanities)의 디지털 인문학 지원단(ODH, Office of Digital Humanities)에서 지원하는 디지털 인문학 전문가 양성 프로그램(Institute for Advanced Topics in the Digital Humanities)[4]은 인문학 연구자들에게 디지털 인문학에 대한 집중 훈련을 제공하는 프로그램을 지원하여 디지털 기술을 사용하는 인문학자들을 증가시키고 인문학 관련 디지털 기술 도구와 방법론에 대한 지식을 널리 보급하고자 설계되었다. 그렇기에 교육 주제를 디지털 인문학으로 인정되는 범위로 한정시키는 것 이외의 교육 대상과 장소 및 방법론에 특별한 제약을 부여하지 않고 있다. 디지털 인문학 전문가 양성 프로그램(Institute for Advanced Topics in the Digital Humanities)은 1년에서 3년 사이의 기간 동안 연간 $50,000에서 $250,000 사이의 지원금이 지급되고 있다[5].

② 타이완

디지털 도구와 문사연구(數位工具與文史研究)[6]는 타이완 과학기술

---

4) 디지털 인문학 전문가 양성 프로그램(Institute for Advanced Topics in the Digital Humanities)의 상세 내용은 "미국 인문학재단(NEH, National Endowment for the Humanities) 홈페이지, http://www.neh.gov/" 혹은 "한국 디지털 인문학 허브, 미국 NEH의 디지털 인문학 교육 프로젝트 간략목록, http://digitalhumanities.kr/67"에서 확인할 수 있다.

5) 김현, 김바로, 「미국 인문학재단(NEH)의 디지털 인문학 육성 사업」, 『인문콘텐츠』 34, 인문콘텐츠학회, 2014, 33-34쪽.

6) "祝平次的教學網站 - 數位工具與文史研究, https://sites.google.com/a/ptc.cl.nthu.edu.tw/courses/ke-cheng-zong-biao/dhtools"에서 교과 설계와 수업 내용을 공유하고 있으며, "Youtube - 科技部數位人文籌畫小組, https://www.youtube.com/channel/UChyyjTUusnyryNDVUuOB6zQ"을 통해서 강의 동영상을 제공하고 있다.

부의 디지털 인문학 추진계획(「數位人文」推動計畫(2014~2016)) 중 디지털 인문학 연구 인재 육성 계획(數位人文研究人才培育計畫)의 일환으로 실행중인 프로젝트이다. 타이완의 국가 단위 디지털 아카이브 프로젝트 수행의 가장 큰 단점으로 지적된 후속 인재 양성의 문제 해결을 위한 실험적인 계획이다. 현재 타이완 신주칭화대학교(新竹清華大學) 중문과(中文系)의 쭈핑츠(祝平次)가 중국문학을 전공하는 대학원생을 대상으로 1년의 수업을 진행중이다. 기본적인 디지털 인문학과 디지털에 대한 개념을 전달하고, 실제 존재하는 관련 프로젝트나 프로그램을 통한 중문학적 분석을 진행하는 것으로 설계되어 있다.

③ 일본

도쿄 대학교는 '디지털 인문학-대학원 횡단형 교육 프로그램'(デジタル·ヒューマニティーズ 東京大学大学院横断型教育プログラム)을 통하여 대학원생을 대상으로 디지털 인문학을 교육하고 있다. 도쿄 대학교는 '인문정보학 개론'과 '디지털 인문학 입문'을 이수하여야 하며, '인문정보학의 제반 양상'을 통하여 디지털 인문학의 실제 프로젝트를 리뷰하고, 데이터 구축을 위한 XML 교육을 실시하고 있다[7]. 도쿄 대학교는 디지털 인문학의 기본적인 개념과 현황을 소개하고, 기본적인 데이터 구축을 위한 XML을 교육하고 있다.

리츠메이칸 대학교는 프로젝트형 대학원인 첨단종합학술연구과(先端総合学術研究科)의 디지털 인문학 거점을 통해서 대학원생을 대상으로 디지털 인문학 프로젝트와 교육을 동시에 수행하고 있다. 2년 동안 프로젝트 예비 연습에 참가하며 박사 예비논문을 완성하고, 실제 프로젝트에 정식 공동 연구자로 투입되어 프로젝트와 박사논

7) 東京大学大学院横断型教育プログラム デジタル·ヒューマニティーズ, http://dh.iii.u-tokyo.ac.jp/

문을 동시에 진행하게 된다[8].

(3) 한국 디지털 인문학 교육 현황

① 이화여자대학교[9]

2005년 이화여자대학교는 대학생을 대상으로 하는 디지털 인문학 과목을 개설하였다. 디지털 인문학 과목은 I, II, III으로 나뉘어 총 8과목이다. I, II는 대체로 인문계 학생들에게 적합하게 구성한 정보화 기술 교육에 중점을 두는 과정이고, III은 '웹을 이용한 문화의 이해'라는 과정으로 I, II에서 배운 디지털기술을 문화 연구에 적용해 보는 수업이다.[10] 이화여자대학교의 디지털 인문학 과목은 한국에서는 최초로 학부 과정 교육에서 인문학과 정보기술을 결합하려고 시도하였다는 점에서 그 의의를 찾을 수 있다.

② 한국과학기술원

2005년 한국과학기술원(KAIST)은 문화체육관광부의 지원을 받아 문화기술대학원을 설립하고 인문학과 정보기술의 융합 연구인력 양성을 추진하였다. 문화기술대학원은 전공 필수과목으로 '문화기술론'을 이수하여야 하며, Digital Art & Entertainment, Ambient Communication, Interactive Media & Space의 전공 심화과정을 이수할 수 있다.[11] 문화기술대학원은 한국에서 최초로 공과대학교인 카이스트에 설립된 대학원 과정의 인문-공학 융합교육 시스템이라는

---

8) 立命館大学大学院 先端総合学術研究科, http://www.r-gscefs.jp/

9) 관련 자료: '한국 디지털 인문학 허브', 이화여자대학교 - 디지털 인문학(since 2005), http://digitalhumanities.kr/59

10) 박찬길, 『디지털 인문학 과목 개발 연구』, 한국연구재단(NRF) 연구 성과물, 2005.

11) KAIST 문화기술대학원, http://ct.kaist.ac.kr

점에서 그 의의를 찾을 수 있다. 단, 이곳의 인문 분야의 교육 콘텐츠는 엔터테인먼트나 응용예술 분야 위주라고 보이며, 전문적인 인문학 지식과의 융합까지 교육 목표로 삼는 것은 아니다.

③ 연세대학교[12)]

2006년 연세대학교 인문학 특성화 사업단은 대학생을 대상으로 디지털 인문학 연계전공을 개설하였다. 디지털 인문학 연계전공 학생은 전공 필수과목으로 '디지털 인문학의 이해'을 이수하여야 하며, '디지털 콘텐츠 기획론', '디지털 콘텐츠 설계와 제작 기초', '인문학과 디지털 이미지'를 전공 선택 과목으로 수강하게 함으로써 디지털 인문학의 데이터 구축, 분석, 시각화의 전 과정에 대한 통합적인 교육을 시도하였다[13)]. 디지털 인문학 연계전공은 디지털 인문학 데이터의 구축, 분석, 시각화의 전 과정을 통합적으로 교육하고자 한 최초의 사례라는 점에서 그 의의를 찾을 수 있다. 그러나 3년 동안만 한시적으로 운영되었으며, 일부 교과목 설계가 인문학 전공자들이 접근하기에 적합하지 않았다.

④ 한국학중앙연구원

한국학중앙연구원은(구 정신문화연구원) 2005년 인문정보학연구실을 설립하여 한국학을 주제 영역으로 하는 디지털 인문학 연구를 본격적으로 가동하였고, 이를 기반으로 한 인력 양성 프로그램을 개발하여, 2009년에는 동 연구원 내 한국학대학원에 인문정보학 전공과정을 개설하였다. (2009년 석사, 2011년 박사과정 개설) 인문정보학 전공

---

12) 관련 자료는 "한국 디지털 인문학 허브, 연세대학교 - 디지털 인문학 연계전공(2006~2009), http://digitalhumanities.kr/61"에서 살펴볼 수 있다.

13) 연세대학교, http://www.yonsei.ac.kr/

자는 전공 필수과목으로 전자문서와 하이퍼텍스트(XML), 인문정보 데이터베이스를 이수하여야 하며, 온톨로지를 활용한 사전 편찬 연구와 지리정보시스템을 활용한 전자 문화지도 편찬 강좌 등을 개설하여 인문지식 데이베이스 구축을 중심으로 데이터 분석과 시각화의 전 과정에 대한 통합적인 교육을 시도하고 있다[14]. 대학원 학생들은 한국학중앙연구원에서 수행하고 있는 한국민족문화대백과사전, 한국향토문화전자대전, 장서각디지털 아카이브, 고문서자료관 등 방대한 규모의 디지털 백과사전 편찬 및 디지털 아카이브 구축 사업을 R&D 현장으로 활용함으로써 (연구참여 학점제도 운영) 인문융합 실무 능력 배양을 도모하고 있다.

⑤ 서울대학교

2009년 서울대 컴퓨터공학과는 연합전공 정보문화학과 연합하여 대학원생을 대상으로 하는 디지털 정보융합 전공과정을 융합과학기술대학원 내에 설립하였다. 디지털 정보융합학과는 전공 필수과목으로 정보추구 행동론과 컴퓨터 프로그래밍 개론(JAVA)을 이수하여야 하며, HCI와 디지털 음악 부분에 집중하고 있다.[15] 디지털 정보융합학과는 컴퓨터공학을 중심으로 인문학을 도입하여 인간과 컴퓨터의 상호작용을 중심으로 연구하고 있다는 점에서 그 의의를 찾을 수 있다.

---

14) 김현, 「한국학과 정보기술의 학제적 교육 프로그램 개발에 관한 연구」, 『민족문화연구』 43, 고려대학교 민족문화연구원, 2005, 243-290쪽 및 한국학중앙연구원 한국학대학원, http://www.aks.ac.kr/univ/

15) 서울대학교 융합과학기술대학원, http://gscst.snu.ac.kr/

⑥ 한국외국어대학교[16)]

2015년 한국외국어대학교는 대학 특성화사업으로 사학과, 철학과, 언어인지학과를 중심으로 하는 인문학적 소양을 토대로 디지털 방법론을 통하여 글로벌 문화자원을 기획 및 개발하는 창의적 실무인력 양성을 목표로 하는 융합 인문학부를 지향하는 지식콘텐츠학부를 설립하였다. 지식콘텐츠학부는 '디지털 인문학 입문'과 '프로그래밍 언어'(python) 및 '지식처리와 통계' 과목을 기본으로 디지털 방법론과 인문학 방법론을 동시에 실무에 활용할 수 있는 융합인재를 양성하였다. 지식콘텐츠학부는 사학과, 철학과, 언어인지학과의 교수인력이 협력하여 만들어진 융합학과로 새로운 인문학 인재 양성을 시도하고 있다는 점에서 그 의의를 찾을 수 있다.

한편, 한국외국어대학교 대학원 글로벌문화콘텐츠학과는 기존에 운영하던 인문정보학 I, II 과목에 이어 2015년 9월 학기부터 디지털 인문학 I, II 과목을 신설하여 운영하고 있다. 2016년 3월부터 BK플러스 특화전문인재양성분야로 '에스닉-코리아타운 도시재생' 전문인력양성사업단을 운영하게 되었는데, 뉴욕, 심양, 오사카 등 세계의 주요 코리아타운에 관한 지식맵(위키제작과 전자문화지도 편찬) 구축을 시도하고 있다.

⑦ 아주대학교[17)]

2015년 아주대학교는 대학 특성화 사업으로 문화콘텐츠학과와 국어국문학과가 연계하여 "디지털 시대의 창의융합형 인문학 교육"을

16) 관련 자료는 "한국 디지털 인문학 허브, 한국외국어대학교 - 지식콘텐츠학부(since2015), http://digitalhumanities.kr/64"에서 살펴 볼 수 있다.

17) 관련 자료는 "한국 디지털 인문학 허브, 아주대학교 - 디지털 인문학 트랙 교과 과정, http://digitalhumanities.kr/68"에서 살펴 볼 수 있다.

비전으로 하는 '디지털 휴머니티' 트랙을 만들었다. 디지털 휴머니티 트랙은 '디지털 휴머니티의 이해'와 '디지털 방법론'을 통하여 디지털 인문학 분석 방법론에 대한 전반적인 지식을 습득한 이후, 전공 심화 과정과 실용 융합과정을 거쳐, 학생들 스스로 창작 활동을 진행하도록하고 있다. 인문학 전공 학생들이 디지털 방법론이 중심이 되는 트랙을 동시 수강하도록 유도함으로써, 인문학 전공 영역의 지식과 디지털 방법론을 자연스럽게 융합할 수 있게 하는 것을 목표로 하고 있다.

(4) 교육자 양성 교육의 필요성

한국에서 시도된 인문학과 정보기술 융합 교육 과목들은 대체로 인문학이나 정보공학의 한 편으로 편중되는 경향성을 보이고 있다. 인문학 배경의 디지털 인문학 강의에서는 정보기술에 대한 이해가 초보적인 수준에 머무르고 있고, 반대로 정보기술 배경의 디지털 인문학 강의에서는 인문학에 대한 이해 없이 정보기술만을 가지고 기초적인 데이터를 처리하는 수준의 교육이 이루어지고 있다.

이러한 문제점은 원인은, 현재의 학문 영역을 기준으로 보자면 디지털 인문학은 불가피하게 '인문학'과 '정보공학'의 학제적인 영역에 있게 되는데, 그러한 학제적 교육·연구 역량을 가진 교수 인력이 절대적으로 부족하다는 것이다. 이 문제는 어쩔 수 없이 현직 교수 인력에 대한 재교육으로 풀어야 한다. 현직 인문학 교수가 디지털 인문학을 가르치기 위해서는 그 자신이 먼저 정보기술 교육을 받아야 한다. 마찬가지로 현직 정보공학 교수도 디지털 인문학 교육의 시행을 위해서는 인문학의 전문 지식을 어느 정도 깊이 있게 이해하고 있어야 한다. 미래의 디지털 인문학 연구 인력 양성을 위한 디지털 인문학 교육의 과제로 '학생들에 대한 교육' 못지않게 '교육·연구자에 대한 교육'이

심각하게 고려되어야 한다.

2) 디지털 인문학 입문 교육 방안

(1) 인문학 교육·연구자 대상 교육 프로그램 설계[18)]

① 교육 목표

교수 인력 혹은 예비 교수 인력들이 학부생들을 대상으로 디지털 인문학 방법론에 의한 인문융합 교육을 시행하거나, 대학원생들과 함께 인문융합 성격의 디지털 콘텐츠 연구개발 프로젝트를 수행할 수 있는 역량을 배양하는 것을 목적으로 한다.

예를 들어 역사학 교수의 경우, 이론 지식의 강의에 머물지 않고, 수업에서 다루는 역사적 사건의 관련 지점(地點)을 전자지도상에 표시하면서 사건의 추이를 동적으로 조망하는 수업을 함으로써 학생들이 역사 지식을 소재로 한 디지털 스토리텔링 능력을 기를 수 있게 할 수 있다. 또 문학 교수의 경우, 캐릭터, 이벤트, 지리적 배경, 다양한 감정 표현의 어휘 등을 데이터베이스에 축적하고 의미적 연관 관계를 추적하여 시각적 그래프로 표현하는 방법 등을 보임으로써 디지털 재매개(remediation)의 새로운 가능성을 모색할 수 있다.

---

18) 인문학 교육·연구자를 대상으로 하는 프로그램은 김현 교수(한국학중앙연구원 인문정보학 교수, 한국 디지털 인문학 협의회 회장)가 한국 디지털 인문학 협의회의 '디지털 인문학 교육 워크숍' 시행을 위해 설계한 교육과정을 준용하였다.

② 교육 프로그램 설계

§ 1주차: 디지털 인문학 입문 교육(5일×9시간=45시간)

[표 1] 1주차 교육과정

일차	교과 주제	교시	교육 내용
제1일	디지털 세계에 만드는 나의 연구 공간	1-3	디지털 인문학이란?
		4-6	나의 디지털 연구실: 서버, 네트워크 이용 환경 조성 방법
		7-9	디지털 세계와의 대면: Digital Writing - 나의 홈페이지 제작/게시
제2일	디지털 세계에서 통용되는 지식 소통의 언어: XML	1-3	XML(eXtensible Markup Language)의 이해
		4-6	XML을 활용한 인문지식 전자문서의 제작 방법
		7-9	인문지식 전자문서 제작 온라인상에서의 활용 실습
제3일	인문지식의 집적과 분석을 위한 기술: 데이터베이스	1-3	데이터베이스의 이해
		4-6	인문지식 데이터베이스 편찬 방법
		7-9	인문지식 데이터베이스 제작 실습
제4일	인문지식의 시각적 표현 방법: GIS, 인포그래픽스	1-3	'공간'의 시각적 표현: Google Earth
		4-6	'관계'의 시각적 표현: Network Visualization
		7-9	시각적 인문지식 콘텐츠 제작 실습
제5일	디지털 세계의 인문지식을 설계하는 기술: 온톨로지	1-3	온톨로지(Ontology), RDF(Resource Discription Framework)의 이해
		4-6	온톨로지 설계 도구의 운용 방법: Protege
		7-9	인문지식 온톨로지 제작 실습

§ 2주차: 디지털 인문학 콘텐츠 제작 및 학부생을 위한 교육 프로그램 개발 실습(5일×9시간=45시간)

[표 2] 2주차 교육과정

일차	교과 주제	교시	교육 내용
제6일	인문지식 콘텐츠 주제 발굴	1-3	주제 발굴 및 대상 자원 조사
		4-6	자원 목록 및 관계성 조사
		7-9	아이디어 맵 작성, 검증, 보완
제7일	인문지식 콘텐츠의 체계 및 관계망 설계 - 온톨로지 설계 기술 응용	1-3	클래스, 관계성 및 속성 정의
		4-6	개체 등록 및 관계성 부여
		7-9	온톨로지 검증 및 보완
제8일	인문지식 데이터 제작 - XML, 데이터베이스 응용	1-3	코어 요소 및 문맥 요소 조사 및 제작: 전자문서 제작
		4-6	웹 자원의 활용과 공유 (※ Object Reuse의 개념과 방법)
		7-9	인문지식 데이터베이스 구축
제9일	시각적 인문학의 모색: GIS 및 NETWORK 시각화 기술 응용	1-3	Google Earth 응용: 지리적 POI(Point of Interest) 발굴, 경위도 좌표 획득, KML(Keyhole Markup Language) 문서 작성
		4-6	네트워크 시각화: 데이터베이스 적재 데이터의 추출 및 관계망 시각화
		7-9	시각적 인문학 발표 및 토론
제10일	교안 및 평가 체계 설계 - 교육 커리큘럼 발표 및 평가	1-3	학부생을 대상으로 한 '디지털 인문학' 또는 '인문지식 콘텐츠' 교육 커리큘럼(1학기, 3학점) 설계
		4-6	
		7-9	교육 커리큘럼 발표 및 평가

③ 교육 방법

10일간의 교육 훈련 기간 중 전반기 5일 동안에는 디지털 인문학의 연구 방법론 소개, 하드웨어적 연구 환경 조성의 방법과 절차, 교육·연구에 적용할 지식관리 이론 및 이에 관한 소프트웨어 활용 기술 등 디지털 인문학 환경 및 도구를 이해하고 활용하는 능력을 배양하는 데 중점을 두며, 후반기 5일 동안에는 인문학 분야의 데이터를 활용하여 인문지식 디지털 콘텐츠를 설계, 제작하는 훈련 및 그 일련의 과정을 학부생을 대상으로 하는 교과 수업에 활용하는 방안을 교육한다.[19)]

④ 교육 성과 평가

제10일차 '교안 및 평가 체계 설계' 과정에서 수강자들은 자신이 시행할 디지털 인문학 교육 프로그램 시안을 제출·발표하게 되는데, 이때 토론과 동료 평가 및 교육자의 코멘트를 통해 자연스러운 교육 평가가 이루어지도록 한다.

19) 한국 디지털 인문학 협의회는 이 교육과정을 3일 과정으로 압축한 '2016 디지털 인문학 교육 워크숍'을 2016년 1월에 시행하여 30명의 이수자를 배출하였다. 이 워크숍에서 시행안 교육 내용은 다음과 같다.

일자	시간	강의내용
24일(일)	14:00 ~ 17:00	디지털 인문학과의 만남 - 디지털 인문학의 이해
24일(일)	20:00 ~ 23:00	디지털 공간에 마련하는 인문학 교실 - 교육용 서버 구축 및 FTP, Wiki 엔진의 설치
25일(월)	09:00 ~ 12:00	디지털 시대의 인문 지식 편찬 프레임워크 - Wiki 콘텐츠 편찬 방법
25일(월)	14:00 ~ 17:00	디지털 세계에서 소통하는 지식의 설계 - 인문지식 온톨로지의 이해, 온톨로지 설계 도구의 사용 방법
25일(월)	20:00 ~ 23:00	디지털 인문학 데이터 편찬 실습(1) - 데이터 분석 / 온톨로지 설계
26일(화)	09:00 ~ 12:00	디지털 인문학 데이터 편찬 실습(2) - Wiki 콘텐츠 편찬 / 지식 네트워크 구현
26일(화)	14:00 ~ 17:00	학부 과정의 '디지털 인문학 입문' 교육 프로그램 설계

http://www.digerati.kr/mediawiki/index.php/2016_디지털_인문학_교육_워크샵

(2) 대학생 대상 교육 프로그램 설계

① 교육 목표

대학생들이 디지털 인문학의 기본적인 이해를 바탕으로 방법론을 숙지하여, 새로운 인문학 연구를 수행할 수 있는 토대를 마련하거나, 디지털 인문학에 기반한 콘텐츠 창조 능력을 강화하는 것을 목적으로 한다.

디지털 인문학 입문 교육은 '총괄형', '분석 중시형', '데이터 중시형'으로 구분할 수 있다. '총괄형'은 대학생들이 디지털 인문학 입력-저장-분석-해석-시각화의 전 과정에 대한 기본적인 이해를 목표로 한다. '분석 중시형'은 디지털 인문학 데이터의 체계적인 분석 방법에 대한 기본적인 이해를 목표로 한다. '데이터 중시형'은 디지털 인문학 데이터의 체계적인 집적 과정에 대한 기본적인 이해를 목표로 한다.

② 교육 설계

§ 디지털 인문학 총괄형

[표 3] 디지털 총괄형 교육 설계

주차	교육 내용
1	오리엔테이션
2	디지털 인문학 개론
3	나의 디지털 연구실: 서버, 네트워크 이용 환경 조성 방법
4	XML(eXtensible Markup Language)의 이해
5	XML을 활용한 인문지식 전자문서의 제작 방법
6	위키 시스템의 이해와 실습
7	'공간'의 시각적 표현: Google Earth
8	'관계'의 시각적 표현: Network Visualization
9	인문학 대상에 대한 이해
10	인문지식 아카이브 제작 실습(1) - 데이터 정의
11	인문지식 대상에 대한 현장 답사

주차	교육 내용
12	인문지식 아카이브 제작 실습(2) - 위키 시스템 활용
13	인문지식 아카이브 제작 실습(3) - 지리정보시스템 활용
14	인문지식 아카이브 제작 실습(4) - 네트워크 활용
15	기말 발표

§ 디지털 인문학 분석 중시형

[표 4] 디지털 인문학 분석 중시형 교육 설계

주차	교육 내용
1	강의 소개 및 수업 내용과 과제 안내
2	디지털 인문학 개론
3	디지털 인문학과 활용 사례
4	디지털 인문학 방법론 및 사례 분석 - 인문지식 주제 발굴
5	디지털 인문학 방법론 및 사례 분석 - 인문지식 말뭉치 분석
6	디지털 인문학 방법론 및 사례 분석 - 인문지식 네트워크 분석
7	디지털 인문학 방법론 및 사례 분석 - 인문지식 시각화 방법
8	중간고사
9	팀 프로젝트) 인문지식 콘텐츠 주제 발굴과 발표 1
10	팀 프로젝트) 인문지식 콘텐츠 주제 발굴과 발표 2
11	팀 프로젝트) 말뭉치 분석 발표 1
12	팀 프로젝트) 말뭉치 분석 발표 2
13	팀 프로젝트) 네트워크 분석 발표 1
14	팀 프로젝트) 네트워크 분석 발표 2
15	팀 프로젝트) 최종 발표
16	기말고사 시간

§디지털 인문학 데이터 중시형

[표 5] 디지털 인문학 데이터 중시형 교육 설계

주차	교육 내용
1	강의 소개 및 수업 내용과 과제 안내
2	데이터 개론
3	XML 이론 및 실습 (1)
4	XML 이론 및 실습 (2)
5	DTD 이론 및 실습 (1)
6	DTD 이론 및 실습 (2)
7	(팀 프로젝트) 디지털 인문학 데이터 주제 탐색
8	중간고사
9	관계형 데이터베이스 개론
10	MSSQL 이론 및 실습 (1)
11	MSSQL 이론 및 실습 (2)
12	XML 데이터베이스 이론 및 실습 (1)
13	XML 데이터베이스 이론 및 실습 (2)
14	(팀 프로젝트) XML 및 관계형 데이터베이스 설계 (1)
15	(팀 프로젝트) XML 및 관계형 데이터베이스 설계 (2)
16	기말고사

③ 교육 방법

대학생을 대상으로 한 디지털 인문학 입문 교육 방법은 공통적으로 피교육자들이 직접 참여하여 일정한 성과를 도출하도록 유도한다. 또한, 팀 프로젝트 방법을 통하여, 협업 능력을 향상시키고자 하고 있다. '총괄형'은 디지털 인문학의 입력-저장-분석-해석-시각화의 전 과정의 이론을 습득하고, 위키 시스템을 통한 실습을 진행한다. '분석 중시형'은 언어 분석 방법론과 네트워크 분석 방법론의 기본적인 이론을 습득하고, 팀 프로젝트 형식으로 개별 주제에 대한 데이터 분석 실습을 진행한다. '데이터 중시형'은 XML과 RDB에 대한 기본적인 이론을 습득하고, 팀 프로젝트 형식으로 개별 주제에 대한 데이터 구축 실습을 진행한다.

④ 교육 평가

대학생들을 위한 디지털 인문학 교육에서 '교육 평가'의 문제는 '팀 프로젝트'를 중시하는 디지털 인문학 교육의 특성이 대학 당국에서 요구하는 '개인별 상대평가' 방식의 평가 체계와 상충하는 부분이 없지 않기 때문에 모범적인 방법을 찾는 것이 용이하지 않다. 이 문제에 대해서는 보다 전문적인 연구와 검토가 있어야 하겠지만, 일단 위에서 제시한 교육 모델에 따라 평가 착안점을 다소 달리한 3가지 평가틀을 아래와 같이 제시한다.

[표 6] 디지털 인문학 총괄형 평가 모델

구분	출석 (10)	중간 평가 (30)		위키 과제 (50)				과제 평가(10)	
		필기시험 (기초이론)		인문 지식		디지털 기술	협업 역량	개별 과제	
		질적 평가 (20)	양적 평가 (10)	질적 평가 (20)	양적 평가 (10)	질적 평가 (20)	팀 평가	질적 평가 (7)	양적 평가 (3)
홍길동	A 20점 B 18점 C 16점 D 14점	A 20점 B 18점 C 16점 D 14점	A 10점 B 09점 C 08점 D 07점	A 20점 B 18점 C 16점 D 14점	A 10점 B 7점 C 5점 D 3점	A 20점 B 18점 C 16점 D 14점	A ×1.00 B ×0.95 C ×0.90 D ×0.85	A 7점 B 5점 C 3점 D 1점	A 3점 B 2점 C 1점 D 0점

[표 7] 디지털 인문학 분석 중시형 평가 모델

구분	출석 (10)	중간 평가 (30)		발표 평가(30)		과제 평가(30)	
		필기시험		팀 프로젝트		팀 프로젝트	
		질적 평가 (20)	양적 평가 (10)	질적 평가 (20)	양적 평가 (10)	질적 평가 (20)	양적 평가 (10)
홍길동	A 20점 B 18점 C 16점 D 14점	A 20점 B 18점 C 16점 D 14점	A 10점 B 09점 C 08점 D 07점	A 20점 B 18점 C 16점 D 14점	A 10점 B 09점 C 08점 D 07점	A 20점 B 18점 C 16점 D 14점	A 10점 B 09점 C 08점 D 07점

[표 8] 디지털 인문학 데이터 중시형 평가 모델

구분	출석 (10)	중간 평가 (30)		발표 평가(15)		과제 평가(15)		기말 평가(30)	
		필기시험(XML)		팀 프로젝트		팀 프로젝트		필기시험(RDB)	
		질적 평가 (20)	양적 평가 (10)	질적 평가 (10)	양적 평가 (5)	질적 평가 (10)	양적 평가 (5)	질적 평가 (20)	양적 평가 (10)
홍길동	A 20점 B 18점 C 16점 D 14점	A 20점 B 18점 C 16점 D 14점	A 10점 B 09점 C 08점 D 07점	A 10점 B 8점 C 6점 D 4점	A 5점 B 3점 C 2점 D 1점	A 10점 B 8점 C 6점 D 4점	A 5점 B 3점 C 2점 D 1점	A 20점 B 18점 C 16점 D 14점	A 10점 B 09점 C 08점 D 07점

(3) 디지털 인문학 교육의 기대 효과

디지털 인문학은 인문학을 폐기하는 것이 아니다. 오히려 반대로 디지털 인문학은 인문학을 디지털 시대에 부합하도록 환골탈태시켜 새로운 생명을 불어넣는 것이다. 종이 시대 이후 대부분의 사람들이 대나무나 비단에 글을 쓰지 않은 것처럼, 디지털 시대에 돌입한 이후 대부분의 사람들은 종이에 글을 쓰지 않는다. 디지털 기술을 활용하여 인문학 데이터를 집적하고 분석하게 되면 그것은 과거의 인문학 방법에 의존할 때보다 훨씬 더 효율적일 뿐만이 아니라, 학문적인 엄밀성도 자연적으로 높아진다. 디지털 인문학 입문 교육은 학생들에게 그와 같은 인문학 연구 방법이 있음을 알리고, 스스로 그 방법을 적용할 수 있는 능력을 키워 주는 것이다.

디지털 인문학 교육은 학생들의 디지털 문식(Digital Literacy) 능력을 배양하는 것을 우선 과제로 한다. 학생들은 이 교육을 통해 디지털적인 방법으로 인문지식을 읽고, 쓰면서, 데이터를 재조직하고 객관화하는 방법을 알게 될 것이고, 그 과정에서 디지털 인문학의 기술적 방법론뿐 아니라 인문지식 콘텐츠에 대한 이해도 높일 수 있다.

디지털 인문학을 통해 인문학 데이터는 더욱 상세하고 엄밀하게 될 것이다. 또한 인문학 연구 성과는 더욱 개성적으로 친사용자 중심으로 변화할 것이다. 결국 인문학이 더욱 '사람'에 가까이 갈 수 있을 것이다.

3장 디지털 인문학 교육 현장

1. 전통문화 교육과 디지털 인문학*

김 현

1) 왜 '콘텐츠'인가?

'디지털'과 '인문학', '선비문화'와 '콘텐츠'……. 전통적인 인문학 세계의 담론에 익숙한 사람들에게는 이러한 어휘의 연접이 여전히 낯설고 부자연스럽게 느껴진다. 전혀 관계가 없을 듯한 두 세계의 단어들을 하나의 개념용어로 묶어낸 이러한 조어가 생소하게 여겨진다고 하더라도, 그것은 바로 우리의 인문학이 과거와는 다른 환경에서 새로운 활동 무대를 만들고 있음을 암시하는 말들이기에 그 함의에 주목해 볼 필요가 있다.

먼저 짚어 볼 단어는 '콘텐츠'이다. 왜 '콘텐츠'인가?

'콘텐츠'(contents, content)라는 말이 '내용물'을 뜻하는 것이기 때문에 '내용물'이 될 수 있는 것이면 무엇에나 이 말을 붙일 수 있다. '선비문화'뿐 아니라 '불교문화', '대중문화', '지역문화', '여가문화' 등등……. 중요한 것은 그 콘텐츠가 '무엇'의 내용물인가 하는 것이다.

---

* 김현, 「디지털 인문학과 선비문화 콘텐츠」, 『儒學硏究』 33, 충남대학교 유학연구소, 2015

내용물이라는 말은 그것이 어떠한 형태든 '그릇'의 역할을 하는 '무엇'에 담겨 있음을 전제로 하는 것이다. 지식과 정보, 이야기라는 종류의 콘텐츠를 남아내는 그릇은 전통적으로 책, 신문, 잡지, 방송, 영상과 같은 매체였다. 하지만 이러한 매체들이 우리 사회에서 지식정보 유통의 중심적인 역할을 할 때, 그 매체를 지목하는 '미디어'라는 말은 널리 쓰였어도 그 내용물을 일반적으로 지칭하는 말이 별도로 쓰이지는 않았다. '콘텐츠'라는 말은 '디지털 미디어'가 지식정보 유통의 새로운 환경으로 부상한 이후에, 그 속에서 새로운 부가가치를 만들어내게 된 내용물을 지칭하는 이름으로 만들어진 용어이다.[1)]

우리의 관심이 '선비문화' 그 자체만을 대상으로 하는 것이라면 우리는 굳이 그 말 뒤에 '콘텐츠'라는 말을 붙일 필요가 없다. 그리고 콘텐츠라는 말을 뒤에 붙이든 안 붙이든 '선비문화'에 관한 우리의 논의에 달라지는 점이 없다면 '콘텐츠'라는 말을 달고 가는 불편함을 감수할 필요가 없다. '선비문화 콘텐츠'는 우리의 가치 있는 문화적 유산이 오늘날의 디지털 환경 속에서 바르게 이해되고 활용되며, 새로운 가치를 창출할 수 있도록 하려는 의미를 담은 말로 이해될 수 있다.

---

1) "2000년대 초, 우리나라의 문화산업 정책 당국자와 그들의 자문에 응한 전문가들이 주목한 문화산업 분야의 새로운 추동력은 '디지털 미디어'였다. 정보기술의 비약적인 발전에 의해서 문화상품을 담아내는 새로운 플랫폼이 만들어졌고, 그것이 우리의 사회 경제에 막대한 영향력을 행사하게 되었음을 인식한 것이다. 전통적인 문화산업도 새로운 플랫폼 속으로 들어감으로써 그 영향력에 편승할 수 있다. 다양한 문화상품이 디지털 플랫폼 상에서 유통되고, 다양한 문화현상이 디지털 플랫폼 상에서 만들어진다는 점에서 문화는 콘텐츠라는 이름을 얻게 되었다. '왜 문화콘텐츠인가?' 이 질문을 너무 성급하게 '왜 문화인가?'로 환원시키지 않도록 하자. '왜 콘텐츠인가?' 이것을 먼저 생각하는 것이 순서이다. 그래야만 콘텐츠로서의 문화를 올바로 인식하고, 그것을 위한 인문학의 역할도 제대로 가능할 수 있을 것이다." (김현, 「문화콘텐츠, 정보기술 플랫폼, 그곳에서의 인문지식」, 『철학연구』 90, 철학연구회, 2010. 8.)

2) '디지털 인문학'이란?

디지털 인문학이란 정보기술(Information Technology)의 도움을 받아 새로운 방식으로 수행하는 인문학 연구와 교육, 그리고 이와 관계된 창조적인 저작 활동을 일컫는 말이다. 이것은 전통적인 인문학의 주제를 계승하면서 연구 방법 면에서 디지털 기술을 활용하는 연구, 그리고 예전에는 가능하지 않았지만 컴퓨터를 사용함으로써 시도할 수 있게 된 새로운 성격의 인문학 연구를 포함한다. 단순히 인문학의 연구 대상이 되는 자료를 디지털화 하거나, 연구 결과물을 디지털 형태로 간행하는 것보다는 정보기술의 환경에서 보다 창조적인 인문학 활동을 전개하는 것, 그리고 그것을 디지털 매체를 통해 소통시킴으로써 보다 혁신적으로 인문지식의 재생산을 촉진하는 노력이다.[2)]

어떤 저작물이 인터넷과 같은 디지털 네트워크 상에서 유통될 수 있기 위해서는 그 내용이 디지털 신호로 작성되어야 한다. 디지털 기술이 처음 보급되고, 세상의 저작물이 대부분 아날로그 상태에 머물러 있을 때 디지털 콘텐츠를 만들어 내는 방법은 책과 같은 올드미디어에 담겨 있는 저작물의 내용을 디지털 데이터로 변환하는 일이었다. 우리나라는 1990년대 말부터 공공 저작물의 디지털화(digitalization) 사업을 국가 시책으로 추진함으로써 이 분야에서 단연 세계적으로 앞선 나라가 되었다. 조선왕조실록, 승정원일기, 비변사등록 등 조선시대에 국가가 편찬한 기록물뿐 아니라 이름난 선비들이 남긴 글을 그 후손들이 모아서 편찬한 수많은 개인 문집들, 그리고 그 집안에서 가전되어 온 다양한 고문서들……. 디지털화 사업을 통해 디지털 콘텐츠로 전환된 방대한 규모의 지식정보 콘텐츠는 인

2) 김현, 「디지털 인문학: 인문학과 문화콘텐츠의 상생 구도에 관한 구상」, 『인문콘텐츠』 29, 인문콘텐츠학회, 2013.

문학 연구자들, 특히 한국의 고문헌을 1차 자료로 삼는 연구자들에게 커다란 편의를 제공하였다. 디지털과 인문학의 관계에 대한 편견 또는 오해와 함께…….

아날로그 환경에서 만들어진 저작물도 유통과 소비의 단계에서 디지털의 옷을 입으면 디지털 콘텐츠로 간주될 수 있다. 아날로그 세계가 디지털 기술을 처음 맞이하였을 때에는 이러한 현상이 우세하였다. 그러나 더 많은 자원이 디지털화되고 우리의 일상 중 더 많은 부분이 디지털 환경에 의존하게 되면서, 디지털은 완성된 저작물의 보급에만 관여하는 것이 아니라 지식의 탐구와 교육, 활용의 모든 영역에서 벗어날 수 없는 '환경'으로 자리하게 되었다. 디지털 인문학이란 인문학 연구와 교육의 전 과정에서 디지털 기술을 활용하는 '디지털 시대의 인문학'이다.

선비문화 콘텐츠를 논하는 자리에서 디지털 인문학을 언급하는 이유는, 그것을 '간행'(publishing)의 단계에서만 디지털 그릇에 담는 '콘텐츠'로 한정하는 사고를 넘어서기 위해서이다. 선비문화에 관해 전통적인 방법으로 연구하고 서술하여 만들어낸 저작물을 디지털 신호로 전환하여 디지털 환경에서 유통될 수 있도록 한 것도 선비문화 콘텐츠라고 이야기하지 않을 수 없다. 그러나 디지털 인문학의 입장에서 선비문화 콘텐츠를 이야기한다면 그것은 '디지털 환경에서 디지털적인 방법으로 연구하여 찾아낸 선비문화' 또는 '디지털 원어민인 신세대 학생들에게 선비문화를 가르치는 디지털 환경의 교육 프로그램'이라고 해도 무방할 것이다.

3) 선비문화 콘텐츠와 디지털 문식(文識)

선비문화 콘텐츠가 '선비문화'라고 지목되는 옛 유산의 모습을 그대로 디지털 미디어에 담아 보존하는 것을 목표로 한다면, 굳이 이것과 '디지털 인문학'을 연관 지을 필요가 없다. 반면, 그 문화의 유형적 자취와 내면의 가치를 디지털 시대의 연구·교육 현장에서 더 깊이 있게 탐구하고 창조적으로 재생산하는 것이 우리의 지향하는 바라면 '선비문화 콘텐츠'는 곧 디지털 한국문화학의 중요한 교육·연구 자원이자 방법으로 다루어질 필요가 있다.

디지털 인문학은 일차적으로 디지털 기술 활용에 의한 인문학 연구 방법의 혁신을 지향하지만, 그에 못지않게 중요한 과제는 바로 디지털 원어민인 우리의 차세대가 그들에게 익숙한 방법으로 인문지식을 배우고 응용할 수 있는 능력을 갖게 하고, 그 능력을 더욱 발전적으로 활용할 수 있는 환경을 마련해 주는 것이다. 전통적으로 인문학 연구와 인문 교육이 별개의 것이 아니었듯이, 디지털 인문학의 세계에서도 연구와 교육은 하나의 연장선상에 자리한다.

어렸을 때부터 디지털 환경에서 자라나 디지털 기술의 활용을 예사롭게 생각하는 젊은이들을 '디지털 원어민'(Digital Natives)라고 부른다. 이것과 상대되는 개념인 '디지털 이주민'(Digital Immigrants)은 성인이 된 이후에 디지털 기술을 접하고, 의지를 갖고 배워서 그 기술을 활용할 수 있게 된 기성세대를 지칭한다.[3] 디지털 이주민은 그가 아무리 디지털 기술에 가까이 다가갔다 하더라도 필요할 때에만 디지털 세계를 출입하고, 그때마다 적지 않은 스트레스를 받는 이방인이다. 반면 디지털 원어민은 디지털 세계가 곧 생활의 무대이고 그곳에서의 삶이 편안한 존재이다.

---

3) Marc Prensky. "Digital Natives, Digital Immigrants." *On the Horizon* 9(5). Bradford, UK: MCB University Press. 2001. (http://www.marcprensky.com/writing/Prensky%20-%20Digital %20Natives,%20Digital%20Immigrants%20-%20Part1.pdf)

디지털 원어민은 새로운 지식과 정보를 디지털적인 방법으로 수용할 뿐 아니라, 그것을 모방하고 응용하여 만들어낸 자신의 콘텐츠를 디지털 세상에서 표현하고, 그러한 행위를 통해 자신의 존재를 인정받고 싶어 한다. 모방과 창조, 표현하기와 인정받기에 대한 욕구는 가장 강력한 학습의 동기이다. 디지털적인 방법으로 수용하고 디지털적인 방법으로 표현하는 것, 다시 말해 디지털 언어로서 읽고 쓸 수 있는 능력을 '디지털 문식'(디지털 文識, Digital Literacy)이라고 한다.

디지털 원어민인 청소년들에게 '선비문화'에 대한 지식을 가르치는 일을 가정해 보자. 어떠한 방법을 써야 할까? 그들이 전통적인 서당식 교육의 장점에 눈을 뜨고 그 가르침에 감동을 받기를 기대할 수 있는가? 그들이 이해할 수 있는 언어가 디지털이라면 우리의 교육 콘텐츠가 디지털 언어로 써져야 할 것임은 당연하다. 그들이 디지털 언어로 선비문화에 대한 지식을 '읽을' 수 있게 하는 것만으로는 부족하다. 선비문화에 대해 그들이 이해하고 발견한 것을 그들 나름의 방식으로 표현할 수 있게 해야 한다. 디지털 인문학의 교육적 목표에 봉사하는 '선비문화 콘텐츠'의 외연은 디지털 원어민인 우리의 학생들이 이 문화에 대해 읽고, 이해해서, 자신의 이야기로 재구성하여, 세상을 향해 표현하는 일련의 교육과정에서 활용되고 재창조되는 모든 디지털 저작물이라고 할 수 있다.

4) 디지털 인문학 교육 사례: '한국의 서원' 위키 백과 편찬

디지털 문식 교육에 관한 '선비문화 콘텐츠'의 활용 가치를 다음의 교육 사례를 통해 가늠해 보고자 한다.

필자는 2014년 1학기 건국대학교 문화콘텐츠학과로부터 1학년 전공 수업으로 개설된 '인문정보학 입문' 강의를 의뢰받았다. 수강 신청

[그림 1] 디지털 콘텐츠 편찬 프로젝트 대상 자원: '한국의 서원'

학생은 42명, 이 가운데 22명이 1학년 신입생, 10명이 2학년 학생이었다.

학생들은 모두 웹 서핑과 e-mail을 일상적으로 사용했고, Facebook, Youtube 등을 자주 접한 경험이 있었으나, HTML 문서 제작 경험이 있는 학생은 단 2명에 불과했다. 약 4개월 16주의 강의 시간 중 처음 8주는 문화콘텐츠와 디지털 기술에 대한 이론 강의와 월드와이드웹(World Wide Web)의 구성과 운영에 대한 이해를 도모하는 강의를 진행했다.

중간고사를 시행한 후 월드와이드웹(World Wide Web) 상에서 유통되는 디지털 콘텐츠를 학생들 스스로 만들어 보는 디지털 콘텐츠 편찬 프로젝트에 착수하였다. 학생들에게 '한국의 서원'이라는 전체 주제를 알리고, 12개 서원을 대상 자원으로 제시하였다.[4]

4) 도산서원, 병산서원, 소수서원, 필암서원, 옥산서원, 남계서원, 도동서원, 돈암서원, 무성서원, 덕천서원, 자운서원, 심곡서원

(1) 프로젝트 수행 팀 조직

프로젝트 수행은 5~6명이 한 팀을 이루어 하나의 서원을 책임 맡는 것으로 하였다. 편찬 팀의 조직 방법은 다음과 같이 하였다.

- 프로젝트 수행 1주차: 대상 자원 소개
- 대상 자원에 대한 담당교수의 설명
  ·서원이란 무엇인가?
  ·한국의 전통사회에서 서원의 역할
  ·서원에 관계된 주요 개념어
  ·12개 주요 서원의 위치, 역사, 제향 인물, 건축학적인 특징
  - 이상의 내용을 간략하게 설명하고, 각각의 서원에 대해 보다 상세한 조사 보고를 수행할 자원자를 모집 → 8명의 학생이 발표를 자원 → 자원자는 향후 프로젝트 수행 팀의 팀장 역할을 맡게 될 것이고, 나머지 학생들은 팀장의 발표를 들은 후 어느 팀에 들어갈 것인지를 정하게 한다는 계획을 학생들에게 고지.

- 프로젝트 수행 2주차: 조사 내용 1차 보고
- 8명의 학생이 각각 한 곳의 서원을 선택하여[5] 그 서원에 관계된 정보를 조사 정리. 이 결과를 수업 시간에 한 학생당 10분~15분 정도의 시간으로 발표. 발표자들은 모두 월드와이드웹 상에서 획득할 수 있는 정보로 발표 내용을 구성.
- 발표자는 서원 자체에 대한 해설뿐 아니라, 그곳에서 수행되는 문화행사, 영화 또는 드라마 촬영지로 활용된 이력, 주변의 관광지 등을 함께 소개함으로써 다른 학생들이 흥미를 가지고 자기 팀에 들어올 것

---

5) 도산서원, 병산서원, 소수서원, 필암서원, 남계서원, 돈암서원, 자운서원, 심곡서원 등 8개 서원 선택

을 유도.

- 담당교수는 학생들이 다음 주까지 자율적으로 팀 구성을 완료할 것을 지시.

- 프로젝트 수행 3주차: 프로젝트 수행 팀 구성 마무리

- 담당교수는 팀 구성 결과를 보고 받은 후, 미가입 학생의 추가 배치, 인원수의 불균형 조정 등을 거쳐 팀 구성을 마무리.
- 각 팀에게 주제로 선택한 서원과 관계된 다양한 '지식 요소'를 100개 이상 발굴하는 과제를 부여.
- 과제의 결과물이 어떻게 활용될 것인지에 대한 안내: '한국의 서원' 프로젝트 결과물을 위키로 제작한다는 것과 위키의 특성이 무엇인지에 대해서 간략하게 소개

프로젝트 팀 구성을 이와 같이 3주에 걸쳐 다단계로 시행한 이유는 학생들의 자발적인 참여를 최대한 이끌어 내기 위함이었다. 사실상 팀 구성 이후의 모든 과업이 자율적인 팀워크에 의존하게 되는 것이니만큼 학생들로 하여금 자신의 선택에 의해 이 일을 한다는 의식을 갖도록 하는 것이 중요했다.

(2) 콘텐츠 제작 교육

수행 조직이 구성된 3주차부터 학생들로 하여금 본격적인 콘텐츠 편찬에 돌입하게 했다. 대상 자원에 대한 학습은 주중에 학생들의 조별 활동으로 진행하게 하는 한편, 수업 시간에는 디지털 콘텐츠 편찬을 위한 디지털 기술 교육에 중점을 두었다.

인문계 학생들이 인문지식 탐구의 방법으로 활용할 수 있는 디지

털 콘텐츠 편찬 기술 중 필자가 우선시하는 것은 첫째, 온톨로지[6) 설계 기술, 둘째 전자 텍스트 편찬 기술, 셋째, 전자지도를 활용한 지리 정보의 시각화 기술 등이다. 교육 시간의 제약으로 인해 이번 학기에는 전자지도 활용 교육을 제외하고 온톨로지 설계 기술과 전자 텍스트 편찬 기술을 이해하고 활용할 수 있도록 하는 것을 목표로 하였다.

① 서원 온톨로지 설계 교육

온톨로지 설계 교육은 디지털 콘텐츠로 제작할 대상 자원을 체계적으로 정리하고 균형적으로 조직화하는 능력을 배양하기 위한 것이다. 온톨로지 설계 교육에서 무엇보다 중요한 것은 온톨로지로 표현할 대상 세계에 대한 심층적인 이해가 선행되어야 한다는 것이다. '서원'이라고 하는, 요즈음의 대학교 1, 2학년 학생들에게는 상당히 생소한 이 대상 콘텐츠의 복잡도를 어느 정도 깊이 있게 들여다보게 하고, 그것을 디지털 환경에 적합한 형태로 재구성하는 방안을 찾아보기로 하였다.

---

6) 온톨로지란 정보화의 대상이 되는 세계를 전자적으로 표현할 수 있도록 구성한 데이터 기술 체계이다. 원래 '온톨로지'(ontology)라는 말은 철학에서 '존재론'이라고 번역되는 용어로서 '존재에 대한 이해를 추구하는 학문'의 의미를 갖는 말이었다. 그러한 용어가 정보과학 분야에서 중요한 개념으로 등장하게 된 것은 인간이 세계를 이해하는 틀과 컴퓨터가 정보화 대상(콘텐츠)을 이해하는 틀 사이에 유사성이 있다고 보았기 때문이다. 그 틀은 바로 대상을 구성하는 요소들에 대응하는 개념들과 그 개념들 간의 연관관계이다. (김현, 「한국 고전적 전산화의 발전 방향 - 고전 문집 지식 정보 시스템 개발 전략 -」, 『민족문화』 28, 민족문화추진회, 2005.)

- 프로젝트 수행 4주차: ontology 설계 교육

- 학생들에게 지식의 정보화 방법으로서의 온톨로지(ontology)에 대해 설명하고, 서원 관련 지식에 관한 6개 범주를 제시:
  ① 서원 내 또는 인근에서 국가 지정 또는 시도 지정 문화재로 등록된 문화유산: Heritage
  ② 서원에서 제향하는 인물 또는 서원의 역사와 관련이 있는 인물: Actor
  ③ 서원 주변의 자연유산, 의미 있는 장소·시설 등 공간적인 것: Place
  ④ 서원과 관련된 역사적 사건, 현재 시행되는 축제, 행사 등 시간적인 것: Event
  ⑤ 서원의 역사 또는 유관한 지식을 전하는 문헌, 기록물: Record
  ⑥ 성리학, 유교적 제례, 서원 건축 등을 이해하는 필요한 개념, 용어: Concept
- 아울러 학생들에게 '내가 그곳을 찾아간다면, 무엇을 보고, 알고, 즐기려 할 것인가?'라는 관점에서 대상 자원을 조사하도록 주문.

[조별 활동] 학생들은 해당 '서원'과 그 주변의 '문화'에 관련이 있는 다양한 지식정보를 검색하고 학습하여, 팀별로 100~200개 사이의 지식정보 요소를 도출하고, 각 요소 사이의 관련성 또는 그에 대한 생각의 파생 관계를 그림(아이디어 맵)으로 표현. 이 과정에서 학생들의 자율적인 협의로 기존의 8개 팀이 7개 팀으로 조정됨.[7)]

7) 남계서원 팀이 도산서원 팀에 합류

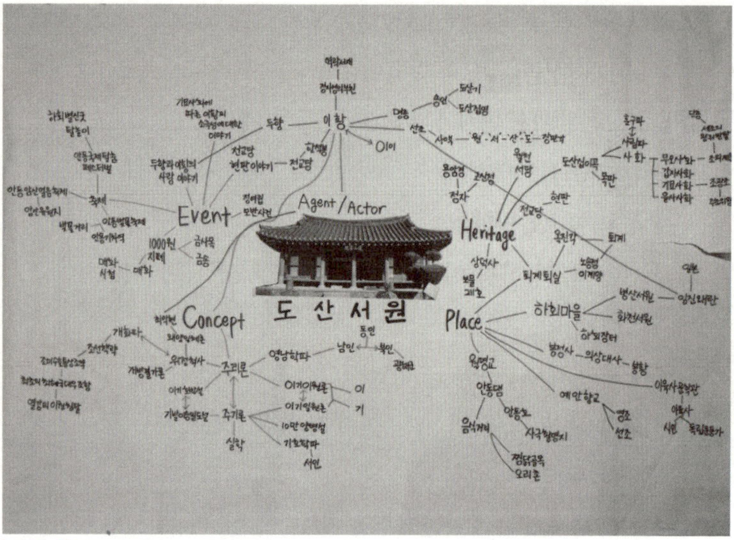

[그림 2] 도산서원 아이디어 맵

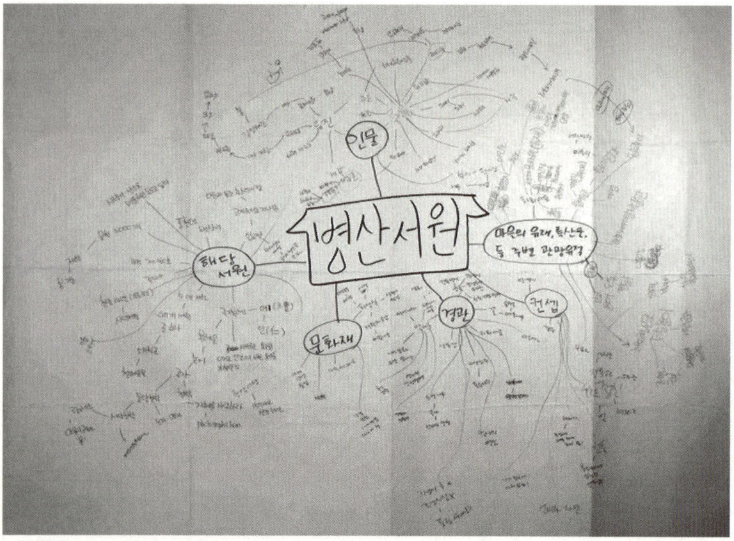

[그림 3] 병산서원 아이디어 맵

[그림 4] 필암서원 아이디어 맵

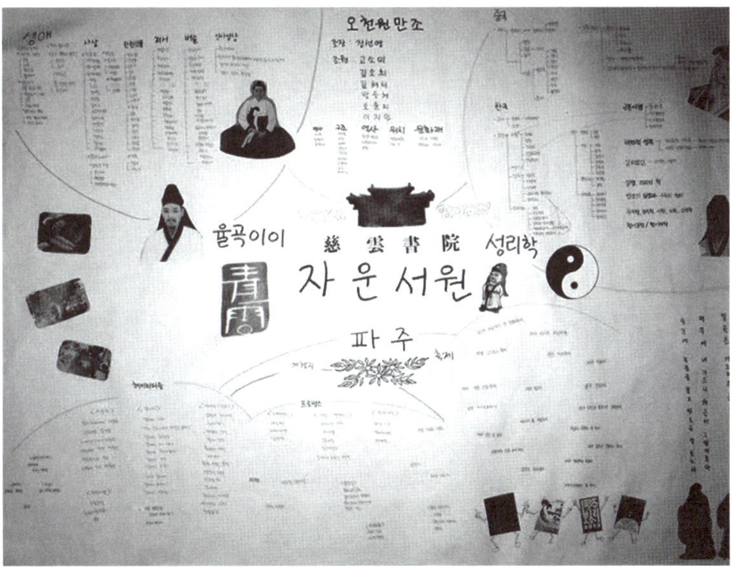

[그림 5] 자운서원 아이디어 맵

- 프로젝트 수행 5주차: Protégé™[8] 사용법 교육
- 7개 팀이 각자 조사한 지식 요소 리스트와 아이디어 맵을 가지고 현재까지의 조사 내용과 이를 통해 학습한 서원 관련 지식에 대해 발표.
- 담당교수는 조사 내용에 대한 피드백을 주고, 보완 작업을 용이하게 할 수 있는 온톨로지 설계 소프트웨어의 사용법을 설명: 온톨로지 설계 도구 Protégé™ 소프트웨어의 다운로드, 설치 및 구동 방법을 알려 주고, 이 소프트웨어를 통해 Class(범주), Individual(개체), Relation(관계)을 정의하고, 그 구조를 그래프로 표현하는 방법을 교육.[9]

[조별 활동] 학생들은 온톨로지 설계를 통해 대상 자원을 보다 체계적으로 기술할 수 있다는 것, 온톨로지 설계 도구를 사용함으로써 설계 내용을 용이하게 변경하고 보완해 갈 수 있음을 이해하고, 이를 활용하여 지식 요소의 추가 발굴 및 지식 요소 개체 사이의 관련성을 정리하는 작업을 진행.

일부 학생들은 조사 대상인 서원과 그 주변의 문화를 보다 잘 이해하기 위해 지방의 서원 소재지까지 답사(안동 병산서원).

---

8) Protégé: 온톨로지 설계 및 온톨로지 데이터 편집 기능을 지원하는 자유 이용 오픈 소스 프로그램. 스탠포드 대학과 맨체스터 대학이 개발 연구를 이끌고 있다. (http://protege.stanford.edu/)

9) 온톨로지 설계 소프트웨어의 사용법에 대한 교육 시간이 충분하지 않았기 때문에 모든 학생들이 Protégé™을 사용하도록 요구하지는 않았고, 조별로 한 학생이 이 프로그램의 사용법을 숙지하여 팀원들이 조사한 자료를 종합하고, 팀원들은 그 결과를 보고 보완 의견을 내도록 권장하였다.

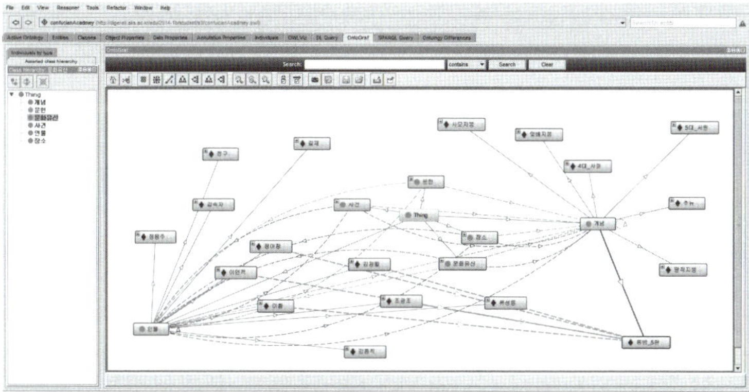

[그림 6] Protégé™을 활용한 서원 온톨로지 설계

② 위키 콘텐츠 편찬 교육

온톨로지 설계 기법을 활용하여 서원에 관계된 지식 요소를 발굴하고 체계화는 작업을 수행하게 하는 한편, 학생들이 조사하고 학습한 서원 관련 지식들을 전자 텍스트로 편찬하여 인터넷상에서 모든 사람이 제공할 수 있게 하는 지식 공유의 기술을 교육하였다. 전자 텍스트 발전의 역사와 지향점, 미래 비전 등에 대한 이론과 HTML, XML에 대한 입문적인 교육은 중간고사 이전에 시행하였고, 팀 프로젝트 수행 과정에서는 위키 소프트웨어(Wiki Software)를[10] 사용하여 다수의 팀원들이 공동으로 하나의 콘텐츠를 편찬하는 방법을 중점적으로 교육하였다.

---

10) 'Wiki 소프트웨어' 또는 'Wiki 엔진'은 누구나 저자가 될 수 있는 백과사전 'Wikipedia'를 통해 세계적으로 알려진 공유 문서 편찬 소프트웨어이다. 가장 널리 쓰이는 'MediaWiki'를 비롯하여 여러 가지 'Wiki 소프트웨어'가 보급되고 있다. Wiki 소프트웨어는 학생들 스스로 자신이 탐구한 인문지식을 체계적인 디지털 콘텐츠로 표현할 수 있게 하는 교육 도구로 활용할 수 있다. (https://www.mediawiki.org/wiki/MediaWiki)

- 프로젝트 수행 6주차: Wiki 문법 교육 및 개인 페이지 제작

[위키 소프트웨어 교육]

- 담당교수가 재직하고 있는 한국학중앙연구원의 인문정보학 전공과정 실습 서버에 설치된 위키 소프트웨어(위키 엔진: MediaWiki) 접근법 안내.
- 학생들로 하여금 자신을 소개하는 위키 페이지를 이곳에 만들게 함으로써 기본적인 위키 문법 교육.
- 학생들은 이를 통해 새로운 위키 페이지 생성, 본문 안에서 계층적 표제 등 스타일 부여, 하이퍼링크 만들기, 각주와 참고문헌 표시, 이미지 표시 등을 할 수 있게 됨.

[한국의 서원 위키 페이지 제작]

- '한국의 서원'이라는 제목의 홈페이지와 편찬자 명단 페이지(조별 조원 명단)를 만들고 모든 학생이 자신의 위키 페이지를 만들어 이곳에 링크.
- 각 조별로 'OO서원' 페이지를 만들고 이곳에 학생들이 조사한 지식 요소의 목록을 담을 것을 지시.

[조별 활동] 학생들은 방과 후 조별 모임 및 위키 상에서의 온라인 협업을 통해 그동안 조사한 각 서원 관련 지식 요소의 유형별 목록(6개 범주별 목록)을 위키 페이지로 제작하고, 일부 항목에 대해서는 개체별 콘텐츠도 제작. 위키 사용법을 교육한 이후, 상당수의 학생들이 스스로 위키 페이지 편찬 능력을 향상시켰으며, 교육 내용을 넘어서는 수준의 결과물을 만들어 내기도 하였음.

- 프로젝트 수행 7주차: 한국의 서원 위키 콘텐츠 편찬

[지식 요소 개체에 대한 위키 콘텐츠 편찬 교육]

- 서원 온톨로지 설계를 통해 편성된 하나하나의 개체에 대응하는 위키 페이지를 제작하는 방법을 지도. 각각의 개체에 대해 독립적인 성격의 기사를 작성하기보다는 하이퍼링크를 통해 다른 개체와 연관을 맺도록 하는 노력을 기울일 것을 강조.

[위키 페이지 제작에 관한 고급 기술 설명]

- 하이퍼링크, 이미지 업로드, 틀(frame) 사용 등과 관련하여 학생들이 경험한 문제점과 해결 방법 질의응답.

[조별 활동] 학생들은 팀 내에서 다시 역할을 분담하여 목록화된 지식 요소 하나하나에 대응하는 위키 페이지를 만드는 작업을 수행. 텍스트 속에 있는 키워드(지식 요소)가 해당 페이지로 연결되도록 하는 작업을 수행하면서 새로운 키워드를 발굴하여 등록하기도 하고, 다른 조에서 이미 제작한 페이지에 링크를 거는 편찬 방식을 경험.

- 프로젝트 수행 8주차: 조별 편찬 결과 발표 및 최종 평가 기준 공지. 종강

- 학생들이 편찬한 한국의 서원 위키 백과 프리젠테이션.
- 팀별로 제작한 콘텐츠 소개와 함께 향후 보완 계획 발표.
- 담당교수는 팀 프로젝트 결과물 평가 기준을 알려 주고 각 팀별로 (기말 과제 제출 기한까지) 보완해야 할 사항을 지시
- 아울러, 개인별 평가를 위한 정보를 추가할 것을 지시: 편찬된 콘텐츠에 대해 자신의 기여 사항을 표시하고, 자기 개인 페이지에 연결
- 종강

[조별 활동 및 개인 과제 수행] 학생들은 종강 후 2주 정도 주어진 기말과제 수행 기간 동안 각각의 서원에 대한 위키 콘텐츠를 보다 충실하게 보완하였으며, 개별 평가에서 좋은 점수를 받을 수 있도록 자신의 기여도를 알리는 부가 정보를 위키 페이지에 기술. 아울러 이 프로젝트를 통해 무엇을 배웠으며, 앞으로 이를 무엇에 활용할 것인지에 대한 에세이를 작성하여 과제물로 제출.

- 프로젝트 수행 평가: 평가 기준 및 평가 방법

- '한국의 서원' 온톨로지 설계 및 위키 백과 편찬 프로젝트는 팀 프로젝트로 수행하였으나, 평가는 이 대학의 성적 처리 규정에 의해 개인별 상대평가 방식으로 수행.
- 학생들에게 성적 평가가 어떠한 방식으로 이루어질 것인지를 미리 알리고, 이를 고려한 과제물 제출을 요구.

[평가 항목]

a. 조별 과제 결과물의 우수성

- 온톨로지 설계 및 항목 추출의 충실도
- 조별 콘텐츠 전체의 내용

b. 개인별 기여도 및 개인 저작(편찬, 편집)의 우수성

- 프로젝트 수행에 대한 기여도
- 개인이 제작한 위키 페이지의 충실도(하이퍼링크를 통한 스토리텔링에 가점)
- 콘텐츠 제작을 통해 배양한 인문정보학 지식 및 '한국의 서원'에 대한 지식

[개별 평가를 위한 과제]

a. 개인 위키 페이지에 다음 사항을 기록

- 편찬 및 공동 편찬 기사 목록과 자신의 역할
- 공동 편찬: 2인 이상이 협력하여 하나의 기사를 편찬한 경우. 자료 조사, 현장 조사, 사진 촬영, 인터뷰, 분담 집필 등
- 편집 기사 목록과 자신의 역할
- 다른 사람이 작성한 기사의 텍스트 수정, 추가, 이미지 추가 등
- 다른 사람이 작성한 기사에 '본문 속 하이퍼링크' 또는 '관련 항목 하이퍼링크' 추가

b. 기말 리포트: 아래와 같은 내용을 담은 기말 보고서 (A4 5매 이내)

- 이번 학기 팀 프로젝트 수행을 위해 자신이 한 노력을 자유롭게 기술
- 콘텐츠 기획에서 완성까지의 과정을 순차적으로 소개하면서 그 안에서 자신이 한 역할을 기술. ex) 콘텐츠 기획 및 항목 추출에 기여한 부분, 자료 조사, 현장 조사에 기여한 부분 등
- 자신이 편찬, 편집한 기사 목록과 역할 (Wiki 개인 페이지의 내용과 중복되어도 무방)
- 기사 편찬, 편집 과정에서 '하이퍼링크'를 통해 어떠한 '스토리텔링'이 이루어지도록 했는가? ☞ 기획 의도와 결과
- 팀 활동에 대한 평가
- 이번 학기 '인문정보학 입문' 수업을 통해 자신은 무엇을 얻었으며, 향후 이것을 어떻게 활용하거나 발전시키려 하는가?

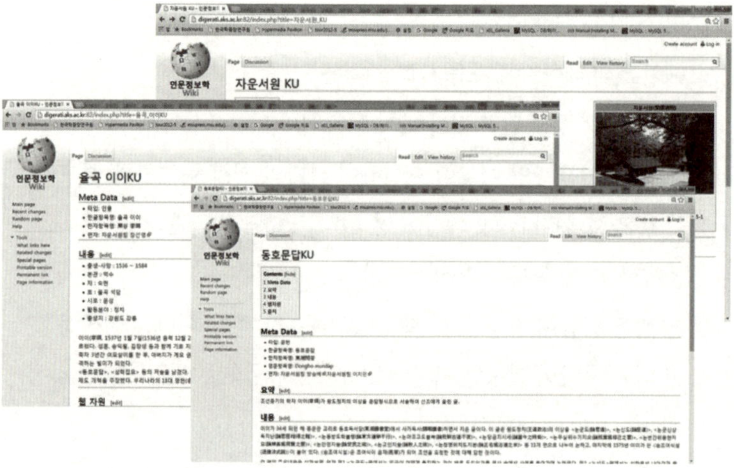

[그림 7] 학생들이 제작한 「한국의 서원」 Wiki 페이지[11)]

(3) 콘텐츠 편찬 교육의 성과

일반적인 대학 학부 수업에 비하면 학생들의 부담이 매우 컸던 수업이었지만, 대부분의 학생들이 수업의 전 과정에 성실하게 참여했고, 그만큼 성취도도 높았다고 판단된다. 학생들은 기말과제의 일환으로 자신의 프로젝트 수행 내용을 기여도를 기술한 보고서를 제출하였다. 이 보고서를 통해 학생들은 이와 같은 수업 방식을 어떻게 받아들이고 어떻게 결과물을 만들어 냈는지 살필 수 있었다.

※ 자운서원조 조원(문화콘텐츠학과 1학년)의 보고(발췌)

1. 우리끼리 서원 백과를 만든다고 했을 때는 막막했다. 할 일이 많아 보였고, 어려울 것 같았다. 서원에 대해 알고 있는 것이라곤 중·고등학교 때 국사시간에 배운 것이 다였고, 잘 기억도 나지 않았기 때문에

11) http://digerati.aks.ac.kr:82/index.php?title=자운서원_KU

서원에 대한 사전 지식이 부족하다고 생각했다. 위키도 들어보기만 했지 내가 직접 이용해 본 적은 한 번도 없었다. 한 번이라도 들어봤었던 도산서원과는 다르게 들어보지도 못했던 자운서원을 맡았고, 조원 모두 자운서원에 대해 아는 것 하나 없었기 때문에 잘할 수 있을까 걱정도 많이 했다. 하지만, 나온 결과는 처음 내 생각과는 많이 달랐다.

2. 조별 과제를 시작하면서 조원들은 자운서원에 관한 키워드를 조사하였고 그것을 크게 네 가지 그룹으로 나누어 정리하였다. 우리가 나눈 큰 그룹은 '이이', '성리학', '자운서원(그 자체)', '여행지', '맛집 및 숙박시설', '축제'였다. 단계별로 분류한 키워드 목록을 전지에 적어서 조별 과제물로 제출했다. 조원들이 모두 자신이 정리했던 키워드를 같이 적었는데도 불구하고 완성하는 데 시간이 엄청나게 오래 걸렸다. 또한 전지로 만들어서 교수님께 제출하기 전까지 보관하는 것도 골칫거리였다. 종이로 되어있어 찢어지거나 물에 젖기 쉬웠고 크기도 커 자리를 많이 차지해서 보관하기도 힘들었다.

3. 교수님의 피드백을 받고 키워드의 그룹을 인물, 개념, 장소, 사건, 문화유산, 문헌 등 6개 범주로 조정하고, 마인드맵으로 정리했던 키워드들을 이 틀에 맞추어 다시 정리하였다.

4. 키워드에 내용을 채워 넣어서 자운서원 위키피디아를 만드는 일을 시작하였다. 조장이 위키의 자운서원 페이지에 우리가 조사한 키워드를 범주별로 나열해 놓았고, 우리는 그 하나의 범주를 한 사람 또는 두 사람이 맡아서 내용을 채워 넣기로 하였다. 내가 맡은 '개념' 파트는 키워드 양도 양이지만 내용이 어려울 것 같아 다른 학생과 함

께 맡았다. 내가 자료 조사를 하여 먼저 내용을 쭉 채워 넣고, 동료는 그 내용 중에 또 키워드만 찾아 링크를 만드는 역할을 하였다. 중간에 막히거나 기술적으로 모르는 부분이 있을 때는 서로 SNS를 통해 연락하면서 서로 알려주기도 하고, 틀을 통일하여 맞췄다. 이 과정이 일일이 손으로 하나하나 해야 하는 작업이라 힘들었다. 하지만 조원 모두 다 같이 주말을 몽땅 바쳐 자료를 입력하고 나니 훌륭한 키워드 모음집이 되었다. 다들 완성했다고 했을 때 너무 뿌듯했다. 네이버에 나오는 백과사전처럼 우리가 일일이 손으로 만든 서원 백과사전이라 애착이 갔고 다른 조원이 만든 페이지도 하나하나 들어가 보니 한 사람 한 사람의 노고가 보였다. 세어보니 189개나 되는 키워드가 자운서원 페이지를 이루고 있었다. 확실히 온라인의 장점은 간편하고 보관하기 쉬운데다가 무한히 쓸 수 있다는 점에서 드러난다.

5. 수업 시간에 우리 조의 작업에 대해 조장이 발표하였다. 위키 페이지에 키워드를 나열하기보다는 이야기를 전하는 텍스트를 만들고 그 속에 키워드가 포함되도록 하라는 교수님의 말씀을 들은 뒤, 자운서원 페이지를 전면적으로 수정하기로 했다. 파트별로 키워드를 나눠서 쭉 나열하는 것이 아니라, 설명을 적는데, 우리가 조사했던 키워드가 그 안에 포함되도록 하는 것이었다. 그래서 각각 키워드별로 링크를 만들고, 또 그 링크된 텍스트 안에서 다른 키워드를 찾아 새로운 링크를 만드는 방식으로 진행하였다. 즉, 1차로 사전 내용을 만들 때에는 넓고 얕게 조사했었다면 2차 때는 좁고 깊게 진행하는 것이다.

6. 나는 '경기도기념물'과 '숙종'이라는 키워드에서 출발해 보았다. 내용도 채워 넣고 하나하나 읽어가면서 고유명사가 나올 때에는 새로운

링크를 만들고 내용을 채웠다. 내용 중의 키워드를 찾아서 링크를 만들고 다시 내용을 채우고를 반복하다 보니 깊이가 엄청나게 깊어졌다. 심지어는 조선시대부터 시작해서 어느새 춘추전국시대까지 조사하고 있었다. 키워드 하나하나 metadata도 정리해야 해서 생각보다 진행 속도가 빠르지 않고 오래 걸렸다. 하지만 시간을 들여 고생해서 만든 페이지가 점점 빨간색에서 파란색으로 채워져 나가는 모습을 보니 속이 후련해지는 느낌도 들었다. 이 작업을 하면서 사실 신기했던 것은 키워드에 대한 설명을 하나하나 채워나가다 보니 다른 조가 조사한 키워드로도 링크를 걸 수 있고 내가 쓰려는 키워드에 대한 설명문을 다른 조가 먼저 써 놓았을 때도 있었다는 것이다. 한창 서원 키워드에 대한 페이지를 만드느라 지쳐 있을 때에는 다른 조원이 미리 만들어 놓았음에 감사하기도 했다. 그리고 가끔은 다른 조원의 페이지에 오류가 보여서 내가 수정하기도 했다.

위키 소프트웨어의 가장 큰 장점은 특징은 하이퍼텍스트 링크의 용이성이라고 할 수 있다. 텍스트 안에 쓰인 김장생, 박세채 같은 키워드의 앞뒤로 '[[ ]]' 기호만 넣어 주면, 그것은 그 키워드를 표제로 하는 기사로의 하이퍼링크 노드가 만들어진다. 학생들은 이 기능을 최대한 이용하여, 한 기사의 본문 안에 설명이 필요한 용어가 있으면 그 단어의 앞뒤에 기호를 넣어 하이퍼링크 노드로 만들어 둔다. 해당 키워드를 설명하는 페이지가 이미 만들어져 있으면 이 노드는 처음부터 파란색으로 표시되는데, 없을 경우 붉은색으로 표시된다. 학생들의 과업 완성도는 붉은색 노드가 얼마나 많이 파란색 노드로 바뀌었느냐로 측정될 수 있었다.

학생들의 의욕과 열성에 비해 주어진 시간이 짧았기 때문에 '한국의 서원' 위키 백과 편찬 프로젝트는 적지 않은 '붉은색 키워드'를 남긴 채 종료되었다. 하지만 대부분의 학생들이 이 프로젝트를 통해 디지털 세계의 소비자에서 생산자로 성장할 수 있게 되었다는 점에 크게 만족하였고 적지 않은 성취감을 느꼈다고 보인다.

학생들의 성취감은 표면적으로 디지털 콘텐츠 생산 능력을 얻게 된 것으로 보이지만, 그 능력은 특정 소프트웨어를 다룰 줄 알게 되어 얻어진 것이라기보다 그것을 도구로 삼아 지식과 정보를 담은 데이터에 다가가서 그것과 씨름하여 자신의 틀 안에서 재구성해 내는 경험에서 얻어진 것이라고 할 수 있다. 학생들은 이 프로젝트를 통해 서원이 무엇인지, 그곳에 어떠한 건물이 있고 선비들은 거기에서 무엇을 했는지, 한국의 대표적인 유학자가 누구이고, 그들은 어떠한 업적을 남겼는지에 대해 알게 되었다. 무엇보다도 중요한 사실은 의미 있는 디지털 콘텐츠를 만들기 위해서는 무엇보다도 대상에 대한 깊이 있는 조사와 분석, 이해가 필수적임을 깨닫게 되었다는 것이다.[12)]

---

12) 이 수업을 통해 긍정적인 성과뿐 아니라 개선이 필요한 문제점도 여러 가지 노정되었다. 경험한 문제점 및 개선 방안은 다음과 같다.

① 해당 대학의 교육과정에 이 교과의 선행, 후행 과정이 없으므로 이 한 과목 안에서 디지털 인문학의 기초 지식에서 일정 수준의 프로젝트 수행 능력까지 한꺼번에 가르쳐야 했고, 이로 인해 학생들의 수학 부담이 컸다. ☞ 최소 2개의 연관 수업 과정을 편성: 입문과정(인문정보학의 기술적 프레임워크 + 미니 프로젝트)과 응용과정(심화된 인문학적 주제의 프로젝트)

② '한국의 서원'이라고 하는, 인문지식의 측면에서도 쉽지 않은 주제를 다루었음에도 불구하고, 이 주제에 관해 학습 지침을 주고 조사 결과를 평가해 줄 시간이 절대적으로 부족했다. ☞ 이러한 수업이 본격적인 디지털 인문학 수업으로 발전하기 위해서는 인문정보학적 프레임워크 뿐 아니라 콘텐츠의 내용을 검토하고 지도하는 역할을 담당할 TA가 필요.

③ 수업에 대한 만족도 및 교육 성과에 영향을 주는 중요한 요소는 학생들의 협업 능력(조장의 리더십, 팀원들의 공동체 의식, 개성을 고려한 역할 분담 전략 등)이다. 디지털 환경에서 협업 능력을 제고하는 교육 및 학생들의 협업 상황을 모니터링하는 수업 진행이 필요. ☞ 팀 프로젝트는 디지털 인문학 교육의 필수적인 방법임을 전제하고, 이것을 충실히 고려한 수업론 개발 필요.

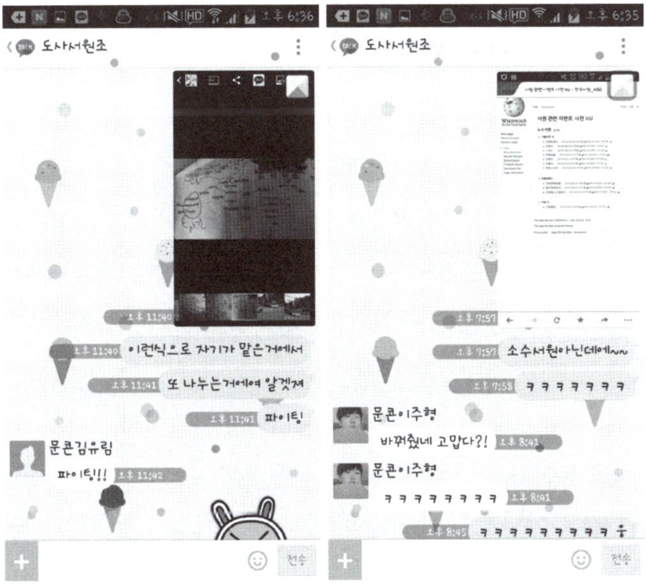

[그림 8] 학생들의 SNS를 활용한 팀 활동

필자는 이 강좌 이외에도 한국의 역사 또는 유교문화를 소재로 하는 디지털 인문학 수업을 매 학기 1과목 이상씩 개설하고 있다. 교과의 목표, 수강생의 전공에 따라 교육 효과도 다양하게 나타나지만, 공통된 성과는 디지털 인문학 교육이 디지털 기술에 대한 이해 못지않게 인문지식에 대한 이해를 촉진한다는 것이다.

5) 선비문화 콘텐츠: 디지털 시대의 인문교육 방법

'선비문화 콘텐츠'의 함의에 대한 이해는 사람에 따라 다르겠지만, 대체로 '선비문화를 잘 알고 있는 전문가의 지식'을 비전문가들도 이해하기 쉬운 형태로 가공하여 일반인들에게 제공하는 것 정도로 이해하는 사람이 많을 것으로 생각한다. 실제로 한국 사회에서 콘텐츠라고 하는 말은 디지털 미디어를 통한 확산, 활용 증대, 그로 인한 부가가치 창출이라는 문맥 속에서 쓰이는 경우가 많았다. 필자 역시 짧지 않은 기간 동안 그러한 범주에 속할 수 있는 '선비문화 콘텐츠'의 생산에 종사해 왔다고 할 수 있다. 하지만 이 글을 통해 필자가 전달하고 싶었던 메시지는 '선비문화 콘텐츠'의 의미와 용도를 다른 각도에서 생각해 볼 필요도 있다는 것이다. 대학의 인문교육 현장에서 바라볼 때, 디지털 콘텐츠는 만들어진 결과물보다 만들어 가는 과정이 더 의미 있고 중요하다.

디지털 콘텐츠를 제작하는 사람은 디지털 환경에서 이용자들이 그 콘텐츠를 용이하게 접하고 유용하게 활용할 수 있기를 기대한다. 종이책과 같은 아날로그 매체에 비해 디지털 매체는 접근성과 활용성이 높다고 하기에 그러한 기대는 정당한 것으로 여겨지기도 한다. 하지만 그 콘텐츠가 '선비문화'처럼 예스러운 것이라면 결과는 기대와 다를 수 있다.

'책'이라고 하는 올드미디어에는 그것에 어울리는 콘텐츠가 있었고, 그것을 즐기는 독자가 있었다. 똑같은 콘텐츠를 디지털이라는 새 미디어에 옮겨 담았을 때, 좋은 결과만 기대할 수 있는 것은 아니다. 그 콘텐츠의 애호가이지만 새 미디어에 익숙지 않은 고객을 잃을 수 있다. 새 미디어에 익숙한 부류, 이른바 디지털 원어민들은 유감스럽게도 그 콘텐츠의 가치를 알지 못한다.

책에 쓰였던 내용을 디지털로 콘텐츠로 제작하면 보급과 이용이 확산될 것이라는 기대가 언제나 사실로 확인되는 것은 아니다. 인터넷에 게시하고 무상으로 열람할 수 있게 하면 누구나 쉽게 그 콘텐츠에 접근할 수 있다. 그러나 인터넷상에서 자유롭게 열람할 수 있는 콘텐츠는 너무도 많기 때문에 웬만큼 강력한 동기를 제공하지 않고는 네티즌의 클릭을 얻어내기가 쉽지 않다.

한 학기 동안 42명의 학생들이 만들어낸, 항목 수가 1,000개를 넘고 하이퍼링크의 개수가 수천 개에 달하는 '한국의 서원' 위키 사전도 마찬가지이다. 잘 만들고 못 만들고를 떠나서 이런 종류의 콘텐츠는 저절로 독자를 생산하지 않는다. 하지만 관점을 바꿔서 생각해 보자. 이 콘텐츠를 만들기 위해 학생들은 얼마나 많은 기사를 탐색하고, 읽고, 복사하고, 붙여 넣었을까? 한국의 서원 위키 백과의 의미는 남들에게 정보를 제공할 수 있게 되었다는 것보다 스스로 그 콘텐츠를 제작하는 동안 한국의 서원에 대해 조사하고 배워서 많은 것을 알게 되었다는 데에 더 큰 의미가 있다.

디지털 인문학의 '교육' 영역에서 바라보는 '디지털 콘텐츠'는 확정된 지식을 보급하기 위해서 만드는 것이 아니라, 미지의 지식 세계를 탐구하는 방법으로 만들어 가는 것이다. 선비문화 콘텐츠는 아직 그 문화의 문외한인 우리 사회의 신세대들이 그 문화의 구석구석을 들여다보고, 호감의 실마리를 발견하고, 결국은 이해하고 좋아하게 할 수 있는 효과적인 교육 방법론이다. 기성세대가 만든 완제품을 그들에게 들이밀면서 읽으라고 요구하는 방법으로는 그 효과를 거둘 수 없다. 스스로 새로운 콘텐츠의 생산자가 되는 성취감을 느낄 수 있도록, 학생들 스스로 자기들의 관심과 취향을 반영한 '선비문화 콘텐츠'를 만들게 하는 것이 낳은 방법이다. 학계와 공공기관에서 제작하는 지식 콘텐츠도 그 자체로 완결된 저작물이기를 바라기보다 디지털 인문학 교육 현장에서 새로운 콘텐츠 생산을 위한 부품으로 활용되는 것을 지향할 필요가 있다고 생각한다.

2. 영미문학 교육과 디지털 인문학*

서경숙**

Our writing tools are also working on our thoughts. -Nietzsche

Medial changes lead to epistemic changes. -Friedrich Kittler

1) '인문학 교수법'으로서의 디지털 인문학

기계 문명이 인간의 삶의 양태는 물론 인식 자체를 변화시킨다는 주장은 미디어 관련 연구의 오랜 화두이다. 독일의 문학평론가이자 미디어 이론가인 프레드리히 키틀러(Friedrich Kittler)는 「축음기, 영화, 타자기」(*Gramophone, Film, Typewriter*)에서, 니체가 앞이 보이지 않자 펜 대신 타자기를 사용하고 난 후 사고방식 및 문체의 변화를 보인다고 주장하였다.

> [I]ntegrating the typewriter into the writing process facilitated several changes to the act of writing itself, profoundly impacting Nietzsche's thought and style.

이와 같은 맥락에서 디지털 원어민(Digital Natives)이라 불리는 요즘 20대 미만인 학생들의 지식 습득 및 인지 과정은 과거 20세기의 그

---

* 서경숙, 「디지털 인문학 교수법의 이론 및 실제」, 『인문콘텐츠』 38, 인문콘텐츠학회, 2015

** 충남대학교 인문콘텐츠 연계전공 강사

것과 다를 수밖에 없다. 그들은 태어나면서부터 컴퓨터, 비디오 게임, 디지털 음악기기, 핸드폰, 디지털 카메라 등에 둘러싸여 살아왔다. 통계에 따르면 미국 대학생의 독서 시간은 총 5천 시간 미만인 반면 비디오 게임 시간은 1만 시간 이상, TV를 보는 시간은 총 2만 시간 이상인 것으로 나타났다. 주지의 사실이지만, 컴퓨터 게임, 이메일, 인터넷, 핸드폰, 문자 메시지 등은 그들 삶의 중요한 부분이 된 지 오래다. 즉, 요즘의 대학생들은 기성세대와는 매우 다른 삶의 방식과 사고를 지닌 새로운 유형의 인간인 것이다.

이런 디지털 시대를 사는 학생들에게 컴퓨터의 작동 원리와 프로그램의 기본 원리를 가르치는 것은 어쩌면 당연한 일일지 모른다. 지난해 7월 미래창조과학부와 교육부는 'SW 중심사회 실현전략 보고회'를 열고 'SW교육 활성화 방안'을 발표했다. SW를 초중고 교육과정에 포함시켜 정보 소양 능력을 갖춘 인력을 조기에 발굴 및 육성한다는 취지로, 2018년부터 초중고생 모두에게 프로그래밍을 가르치겠다는 것이다. 이제 대학은 디지털 문명이 일상화된 학생들의 지적 호기심을 자극하고 그들의 문화적 감수성에 와 닿는 창의력 발현의 기회를 제공하는 교수법을 연구해야 한다. 이에 현재 진행되고 있는 커리큘럼 구성은 물론 교수법의 변화에 대해 진지하게 생각할 때이다.

국내외를 막론하고 그 동안 디지털 인문학 분야에서는 교수법보다는 디지털 기술 및 환경을 활용한 학술 연구 및 이론 정립에 많은 노력을 기울인 것이 사실이다.[1] 이런 이유 때문에 디지털 기술 문명에 대한 비판적 사고와 철학적 이해 및 효과적 활용이 절실히 필요한 학부생들에게 디지털 기술을 활용한 인문학 수업은 아직도 소개되지 못하고 있다. 더불어 그 동안 디지털 교수법은 학습에 필요한 기기나

---

1) 홍정욱, 김기덕, '2014 세계 디지털인문학' 학술대회 및 한국의 디지털인문학, 『인문콘텐츠』 34, 인문콘텐츠학회, 2014, 53~75쪽.

프로그램을 개발하거나 기기의 조작 방법이나 기술을 익히는 것이라는 인식 때문에 인문학자들의 외면을 받아왔다. 하지만 이제는 바뀌어야 한다. 대학 교육에 디지털 기술의 접목은 이제 선택사항이 아니라 필수사항이며 그것의 활용에 대해 진지하게 생각할 때인 것이다. 중요한 문제는 디지털 기술을 이용하여 학생들이 어떻게 정보를 수집, 분석하며 자신의 사고를 넓히고 의견을 피력하고 표현할 수 있는가이다. 단순한 기술 교육이 아닌 인문학이 가지고 있는 풍부한 자산을 바탕으로 궁극적으로 인문학의 본질을 강화시킬 수 있는 방법을 찾아야 한다. 현재의 일방적인 강의 위주의 주입식 교수법은 이런 목표를 달성할 수 없다. 파워포인트나 프레지를 사용해서 강의한다고 해서 디지털 인문학 교육이 행해지는 것이 아니며 단순히 HTML 등의 기술을 가르치는 것이 진정한 의미의 디지털 인문학 교수법이 아니라는 얘기다. 그런 의미에서 웬디 천(Wendy Hui Kyong Chun)의 『디지털 인문학의 어두운 면』(The Dark Side of the Digital Humanities)의 한 구절은 시사하는 바가 크다. (Center for 21st Century Studies)

> Speaking partly as a former engineer, this promise strikes me as bull: knowing GIS or basic statistics or basic scripting (or even server side scripting) is not going to make English majors competitive with engineers or CS geeks trained here or increasingly abroad.

웬디 천의 말처럼 인문학도들을 위한 단순한 기술 교육은 시장 경쟁력도 학문적 성취도 강화시킬 수 없다. 그렇기 때문에 인문학의 내용을 효과적으로 전달하는 도구로서 기술 교육이 이루어져야 하며 그런 의미에서 디지털 인문학 교수법은 하나의 좋은 예시가 될 것이다. 본 논문은 필자의 전공이 영문학인 점과 디지털 인문학 교수법의 특징이 창작 행위와의 결합에 있다는 점을 고려하여 먼저 1990년대 미국과 유럽에서 시작된 디지털 문학을 소개하고 이를 활용한 디지털 인문학 교수법과 학부 학생 중심의 연구 프로젝트, 더불어 실제 수업에 사용할 수 있는 디지털 도구들을 소개할 것이다.

2) 디지털 문학(E-Literature)이란 무엇인가?

사실 디지털 인문학(DH)이나 인문학 전산화(Humanities Computing)라는 단어가 탄생하기 오래 전부터 TV를 포함한 전자기기를 활용한 창작 행위는 존재해 왔고 그런 의미에서 디지털 문학과 예술을 논의함에 있어 그 역사적 흐름을 되짚어 보는 것은 의미 있는 일이라 하겠다. 우선 영미문학의 하부 장르로 볼 수 있는 디지털 문학에 대해 살펴보기로 하자. ELO(Electronic Literature Organization)[2]에 따르면 디지털 문학은 컴퓨터를 포함한 전자기기를 활용한 문학적 행위로 다양한 창작 행위를 포함한다. 그 중 대표적인 장르는 하이퍼텍스트(hypertext) 소설이다. 하이퍼텍스트 소설은 전통적인 소설의 선형적 읽기를 통한 닫힌 종결에 도전하고 독자의 능동적 참여를 통해 다양한 해석을 생성한다. 사실 이런 하이퍼텍스트의 기본 개념을 실천한 작가는 19세기 말의 프랑스 상징주의 작가, 스테판 말라르메(Stephane Mallarme)라고 볼 수 있다. 그는 1897년 작품 「주사위 던지기」(A Throw of the Dice)에서 스토리의 흐름을 따라 페이지 순서대로 읽어야 했던 전통적 읽기에서 벗어나 하이퍼텍스트의 링크를 따라 읽듯이 각 페이지의 텍스트 내용을 분산 배치시켰다. 그는 "한 번의 주사위 던지기는 결코 우연을 폐기하지 못한다."(A throw of the

2) ELO는 디지털 환경에서의 다양한 문학 행위 즉, 읽고 쓰고 가르치고 이해하는 행위들을 발전시키기 위해 1999년에 설립되었다.

dice never will abolish chance)와 "모든 사고는 주사위 던지기를 발현한다."(All thought expresses a throw of the dice)의 두 문장을 전 페이지에 걸쳐 불규칙적으로 배치시킴으로써 독자가 페이지를 찾아가며 읽어야 하고 그런 과정에서 의미를 생성하도록 하였다.

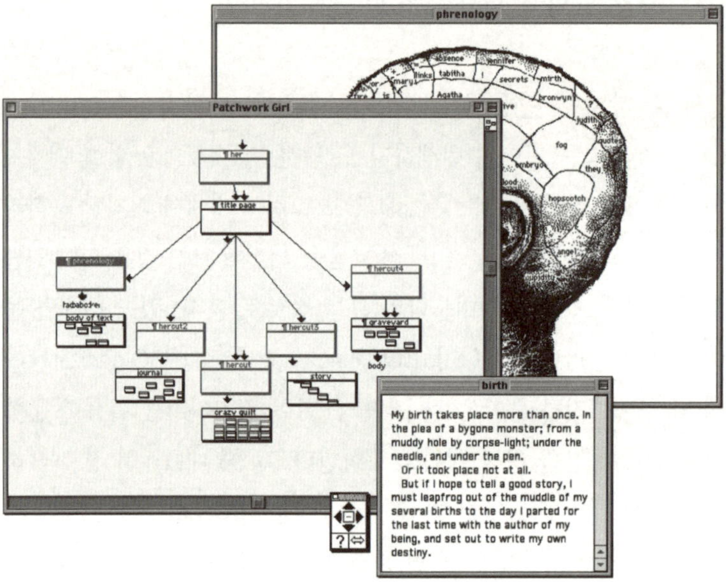

[그림 1] Patchwork Girl[3)]

이와 같은 실험문학은 20세기 중반에 와서 기계문명의 발달과 함께 인터액티브나 동적 요소가 첨가되면서 더욱 확장된다. 그 중 가장 대표적인 하이퍼텍스트 소설은 미국의 셸리 잭슨(Shelley Jackson)의 *Patchwork Girl*(1995년)이다. 이 작품은 메리 셸리(Mary Shelley)의 1823년 작품인 프랭캔쉬타인(Frankenstein)과 프랑크 바움(L. Frank

3) http://www.eastgate.com/catalog/PatchworkGirl.html

Baum)의 1913년 작품인 오즈의 패치워크 소녀(*The Patchwork Girl of Oz*)라는 작품을 패러디 한 것으로, 이스트게이트 사의 스토리스페이스라는 프로그램으로 쓰였다. 최근에는 국립 싱가포르 대학교에서 하이퍼텍스트 소설을 쓸 수 있는 도구인 HypeDyn을 개발하여 독자들이 직접 자신들의 이야기를 하이퍼링크로 연결하여 다양한 이야기의 진행 방향과 결론을 만들어 낼 수 있도록 하였다. 이 프로그램은 HTML 등과 같은 복잡한 프로그래밍 과정 없이 간단한 튜토리얼을 통해 하이퍼텍스트 소설을 쓸 수 있기 때문에 다양한 분야에서 활용이 가능하다.

다음은 디지털 시 분야이다. 서구 아방가르드 시와 그 철학을 같이 하고 있는 디지털 시는 현재 가장 널리 쓰이고 있는 디지털 문학 분야이다. 그 영향력 면에서도 여타 예술 분야와 결합되면서 디지털 게임을 포함한 다양한 분야로 진출하고 있다.

디지털 시의 태생적 근거는 서구의 실험시 전통에서 찾을 수 있다. 디지털 시는, 시란 천재 시인이 뮤즈의 영감으로 쓴다는 19세기 낭만주의적 고정관념에서 벗어나 몽타주, cut-ups를 통해 문학 및 예술 작품을 만들어 낼 수 있다는 모더니즘 전통을 따르면서 고급예술과 대중예술에 대한 경계를 허물고 매체의 실험을 통해 내용을 전달하는 매체 중심 예술로 발전하였다.

디지털 시는 프로그래밍, 멀티미디어, 애니메이션, 상호작용과 인터넷상의 의사소통과 연관된 창의적이고 실험적이며 유희적이고 비판적인 언어예술로 이미지, 텍스트, 음악 등을 동적으로 연결하거나 상호작용할 수 있게 만들어서 언어의 의미 및 의미 생성 가능성을 탐구하는 시적 행위라고 할 수 있다.

디지털 시의 종류와 특징은 다음과 같다.

첫째, 컴퓨터 시(Computer Poetry)는 이미 정해진 일정한 단어의 세트를 순서대로 나열하는 조합 방식(combinatoric)과 주어진 단어들을 재결합하는 순열 방식(permutational) 또는 단어들을 구문 형판(Syntactic Template)에 끼워 넣는 방식 등이 있다. 아래는 미국의 비트 작가, 윌리엄 바로우(Williams S. Burroughs)와 브라이언 기신(Brion Gysin)이 쓴 시이다.

IN THE BEGINNING WAS THE WORD
IN THE BEGINNING WAS WORD THE
IN THE BEGINNING WORD THE WAS
IN THE BEGINNING WORD WAS THE
IN THE THE BEGINNING WAS WORD
IN THE THE BEGINNING WORD WAS
IN THE THE WAS BEGINNING WORD
IN THE THE WAS WORD BEGINNING
IN THE THE WORD BEGINNING WAS

위 시는 성경의 요한복음 첫 문장인 "태초에 말씀이 있었다."라는 영어 문장의 단어들을 순열 방식으로 재배치하여 20세기 초반까지 서구 유럽의 정신세계를 굳건히 지배했던 언어중심주의(logocentrism)와 중심과 주변의 이분법적 철학에 의문을 던진다. 기신은 에세이 'Cut-ups Self-Explained'에서 "말은 자신의 생명력을 가지고 있으며 독자가 그것들을 살아나게 한다. …… 순열로 이루어진 시는 단어들이 스스로 결합해 새로운 문장이 되게 한다."(Words have a vitality of their own and you or anybody can make them gush into action. …… The permutated poems set the words spinning off on their own)고 주장하고 언어의 절대성 및 문학의 순수성을 반대하고 있다.

둘째는 움직이는 시(Kinetic Poetry, 또는 Motion Poetry)이다. 컴퓨터 생성 애니메이션이나 디지털 비주얼 시라고도 불린다. 내용과 형식의 결합을 도모하는 움직이는 시는 1960년대 중반 이후 그래픽이나 애니메이션 요소가 가미되면서 다양한 종류의 비디오 아트와 시들의 탄생을 도왔다. 움직이는 시의 전신격인 비주얼 시는 구체시의 일종으로 17세기 형이상학파 시인인 조지 허버트나 낭만주의 시인 윌리엄 블레이크 등도 시도한 바 있다. 움직이는 시를 컴퓨터로 가장 잘 구현한 대표적인 작가로는 캐나다의 시인이자 컴퓨터 프로그래머인 짐 앤드류스(Jim Andrews)를 들 수 있다. DHTML를 사용하여 쓴 『시애틀의 부유』(Seattle Drift, 1997)는 화자의 명령에 의해 화면 속에서 움직이다 사라지는 단어들을 통해 언어의 유동성과 비결정성을 잘 보여주고 있다.

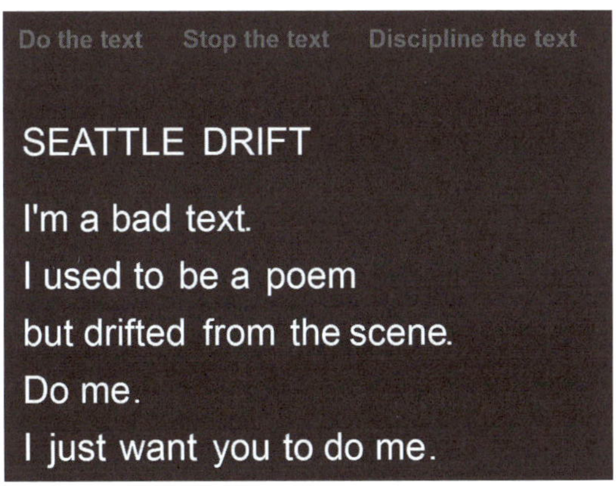

[그림 2] Seattle Drift[4)]

4) http://www.vispo.com/animisms/SeattleDriftEnglish.html

이 분야에서 대표적인 한국 시인은 장영혜 씨로 '장영혜 중공업'이라는 사이트에서 대담하게 움직이는 활자들과 단어들의 상호작용을 통해 현대 한국사회의 문제점 등을 잘 보여주고 있다.

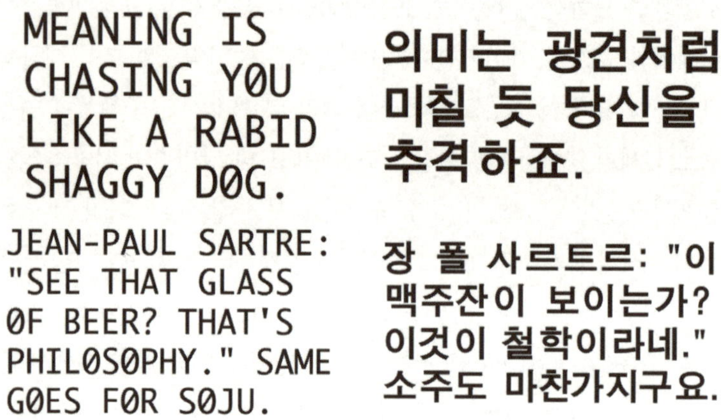

[그림 3] 장영혜 중공업[5)]

셋째, 디지털 시 형식으로는 하이퍼텍스트 시가 있는데 이는 위에서 설명한 하이퍼텍스트 소설과 사용하는 프로그램이나 방식이 비슷하다고 할 수 있다.

넷째는 코드 시(Code Poetry)이다. 코드 시가 다른 디지털 시와 가장 크게 다른 점은 자바, C언어, 파이선 등의 컴퓨터 프로그래밍 언어로 쓰인다는 점이다. 그렇기 때문에 아직까지 인문학도들의 주목을 크게 끌지는 못하고 있다. 하지만 미국의 스탠포드나 하버드 대학과 같은 일부 유명 대학들에서 코드 시 슬램(Code Poetry Slam) 등과

5) http://www.yhchang.com/

같은 행사를 개최하여 문학과 디지털의 결합을 추구하고 있으며 컴퓨터 프로그래밍의 중요성이 점점 더 대두되고 있는 상황에서 디지털 인문학 분야에서 주목해야 할 장르라고 생각한다. 아래는 코드 시의 한 예이다.

UNHANDLED LOVE

```
class love {};
void main()
{
    throw love();
}
```

Daniel Bezerra

// C++

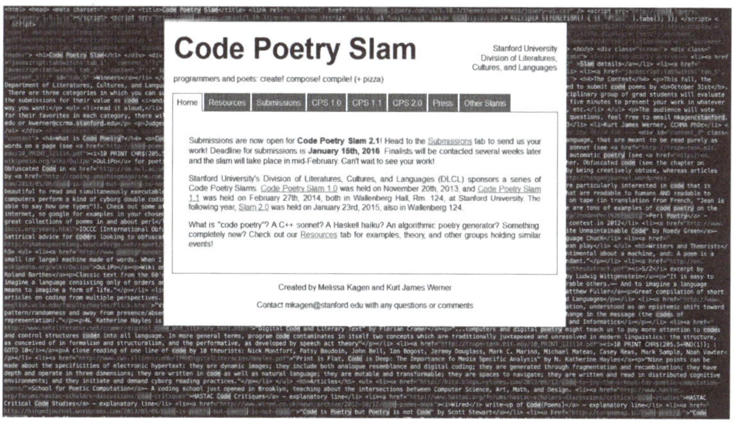

[그림 4] Code Poetry Slam[6)]

6) http://stanford.edu/~mkagen/codepoetryslam/

3) 디지털 인문학 교수법의 특징 및 장점

디지털 인문학 교수법의 특징은 학생들이 직접 프로젝트를 실행하고 그를 통해 결과물을 만들어 내는 것이다. 즉, 문학, 예술, 기술 분야의 경계를 허물고 창작물의 생산을 통해 자기표현을 할 수 있도록 한다. 본문에서 주장하는 디지털 기술을 통한 인문학 교수법은 크게는 표현 중심 학습(Production-based Learning)의 일부로 창조적 표현을 강조하는 21세기 사회에 필요한 교수법으로 간주되고 있다. 야스민 카파이(Yasmin B. Kafai)와 카일 페플러(Kylie A. Peppler)는 「청소년, 기술 그리고 DIY: 창의적 미디어 제작을 위한 참여 능력 개발하기」(Youth, Technology and DIY: Developing Participatory Competencies in Creative Media Production)에서 아직도 문자 미디어를 기반으로 하는 비평적 분석을 멀티미디어로 표현되는 창작물 제작보다 우선시 하는 교육 풍토를 비판하고 디지털 창작물 제작 교육이 21세기 융합문화(Convergence Culture) 시대, '창의적 문화'(Cultures of Creativity)를 생산하고 보다 새로운 방식으로 자신을 표현할 수 있도록 한다고 주장하였다. 디지털 미디어를 포함한 멀티미디어의 사용은 다음과 같은 장점을 제공한다.

첫째, 시각 이미지를 분석하는 능력뿐만 아니라 모든 부분의 언어기술(reading, writing, listening, speaking)을 발달시킨다.

둘째, 뉴미디어 시대를 사는 학생들에게 디지털 미디어를 이용한 교육은 말로 주로 행해졌던 전통적인 방법에 비해 매력적이다.

셋째, 멀티미디어를 사용한 교육은 Interactive Activities를 가능하게 하고 학생들이 다양한 매체와 인터넷 정보를 이용해 저자, 텍스트와 문맥을 공부할 수 있는 기회를 제공한다.

넷째, 그것은 Collaborative Work을 가능하게 하고 Collaborative Learning을 위한 강력한 촉매제가 된다.

다섯째, 텍스트를 이해하고 평가하고 분석할 수 있는 다양한 전략을 적용할 수 있다.

여섯째, 학생과 교수자가 정보를 공유할 수 있으며 이것은 Multi-disciplinary Thinking과 Cross-curricular Approach를 가능하게 한다.

일곱째, 자기 스타일에 맞는 학습 방법을 찾음으로써 더욱 많은 동기 부여와 수업 참여를 할 수 있다.

여덟째, 전통적 언어뿐만 아니라 시각적 언어 등의 새로운 형식으로 자신들의 생각과 느낌을 표현할 수 있다.

아홉째, 정보를 통제하는 힘을 가짐으로써 독립적 사고와 자기 주도적 학습을 할 수 있다.

4) 디지털 인문학의 교수법의 실제

다음은 위에서 설명한 디지털 문학의 창작 행위를 변형 내지 응용하여 수업시간에 직접 접목한 사례들을 모은 것이다.

① 디지털 스토리텔링 및 영상시

디지털 스토리텔링이나 영상시는 문학 수업 시간에 활용하면 매우 효과적이다. 단편소설이나 수필 등을 읽고 PPT 애니메이션 기능 등을 이용해 디지털 스토리텔링을 시도해 볼 수 있다. 시 부분을 가르칠 때는 시를 읽고 자신의 느낌과 해석을 음악과 동영상을 결합해 뮤직비디오 스타일의 짧은 영상시나 움직이는 시를 만들어 보게 할 수 있다.

② 음성 몽타주 만들기

음성 몽타주 만들기는 시의 본래 특성인 구술성(orality)을 교육할 때 도움이 된다. 또는 mp3Directcut 등의 음악 편집 프로그램을 이용해 현재 유튜브(Youtube)나 비메오(Vimoe) 등에 올라와 있는 시인의 음성을 혼합(mixing)하여 음성 몽타주로 만듦으로써 새롭게 시를 해석해 볼 수 있다. 학생들의 목소리를 첨가함으로써 시인과의 친밀감을 구축할 수 있는 효과가 있다. 기타 과목에서는 발표 능력과 자신감을 키워주는 데 도움이 된다.

③ 하이퍼텍스트 프로그램을 통한 소설 및 시 쓰기

국립 싱가포르 대학교에서 개발한 HypeDyn이나 PPT의 하이퍼링크 기능을 활용해 기존의 소설을 하이퍼텍스트로 만들거나 학생들이 직접 하이퍼텍스트 소설을 써보도록 할 수 있다.

④ 웹 사이트, Wiki, 및 블로그 구축하기

이 프로젝트들은 한 학기 동안 진행될 수 있는 다소 시간을 요하는 프로젝트들이다. 다양한 Wiki 생성 프로그램이나 Wordpress, Curationsoft 등의 프로그램을 활용하여 관심있는 한 가지 주제, 작가, 특정 시대의 문화적 배경, 인물 관계 등을 웹 사이트로 구축하게 함으로써 논리적인 사고를 키울 수 있다. 웹 사이트 구축에 필요한 기본 개념과 온톨로지 개념 등 인문학도들에게 기술적 측면도 함께 가르칠 수 있어서 융합 교과과정에 적합하다.

⑤ 타임라인을 만들기

문학작품의 배경이 되는 역사적, 문화적 상황을 시대별, 나라별, 시인별로 타임라인으로 묶어 표현함으로써 당시의 상황에 대한 이해를 도울 수 있다.

⑥ 구글 지도나 구글 어스를 이용하기

소설 작품에 등장하는 주인공들의 동선을 구글 지도에 표현해 봄으로써 작품의 closing reading은 물론 장소와 주제의 연관성에 대해 생각해 볼 수 있다. 또는 소설의 배경이 되는 도시의 시대적 변화를 지도에 표시하고 역사적인 변화를 살펴볼 수 있다. 아래는 『로리타』(*Loritta*)로 유명한 러시아 출신 미국작가 블라드미르 나바코브가 아일랜드 출신 작가 제임스 조이스의 『율리시스』(1904)를 읽고 주인공 데덜러스와 블룸의 하루 동안의 더블린 시내 동선을 직접 손으로 그린 지도를 구글 지도에 표현한 것이다.

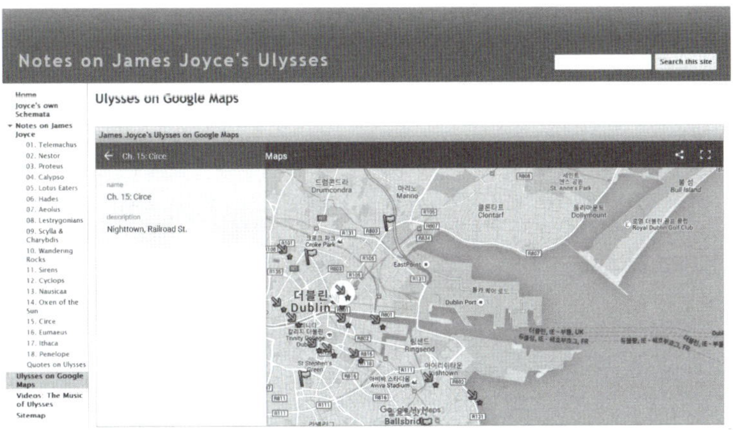

[그림 5] Notes on James Joyce's Ulysses[7]

7) https://sites.google.com/site/notesonjamesjoyce/map

⑦ 텍스트 분석하기(text analysis)

*Pride and Prejudice*에서 pride를 상징하는 부분과 prejudice를 상징하는 부분들을 다른 색깔로 marked-up하고 그것을 등장인물 별로 구분한 후 엑셀 파일로 만들어 텍스트를 분석한다. 텍스트 분석의 가장 간단한 방법으로는 워들(Wordle)과 같은 프로그램을 활용해 말 구름(wordcloud)을 생성하고 인물의 중요도 및 주제를 파악하는 방법도 있다.

⑧ 스토리 보드로 시각화하기

Storyboardthat, Flipaclip 등과 같은 프로그램을 활용하여 소설이나 단편소설 등을 스토리보드로 시각화할 수 있다. 이 활동은 텍스트의 철저한 분석을 요하는 작업으로 문학 작품의 면밀한 독해를 가능하게 한다.

5) 학부학생 중심 디지털 인문학 프로젝트

다음은 학부 학생 중심 연구 프로젝트들이다. 미국의 경우 RE: Humanities라는 전국 규모의 학술대회를 중심으로 학부생들이 자신들이 연구하는 분야를 발표하고 공유하는 자리를 통해 디지털 인문학의 영역을 확대하고 있다.

① Mrs. Dalloway Mapping Projects

이 프로젝트는 영국의 버지니아 울프가 쓴 『델러웨이 부인』(*Mis Dalloway*)이라는 소설에 등장하는 인물들의 동선을 표시한 것이다. 위에서 설명한 제임스 조이스의 율리시스 인물 맵핑 프로젝트와 같은 개념이지만 소설에 등장하는 사건과 장소, 시간을 좀 더 세분화하여 분석하고 그에 따른 사진 및 그림을 첨가함으로써 소설의 내용은 물론 소설이 쓰인 20세기 초 영국의 모습을 보다 더 잘 이해할 수 있도록 하고 있다.

② What Jane Saw Project

이 온라인 미술관 만들기 프로젝트는 1813년 5월 24일 영국의 작가 제인 오스틴이 방문한 초상화 화가 Sir Joshua Reynolds (1723~1792)의 회고전을 그대로 복원한 3D 전시다. 이 프로젝트는 역사적 기록이 남아 있지 않은 사건이지만 그 당시 출판된 팸플릿과, 신문, 책, 건축물 기록 등에서 정보를 수집하여 제인 오스틴이 그 전시회에서 무엇을 보았는지 온라인상에서 재구성하였다. Omeka.net 같은 툴을 이용하면 약간의 코딩 실력을 가지고도 학생과 교수자 모두 디지털 전시관을 만들 수 있다.

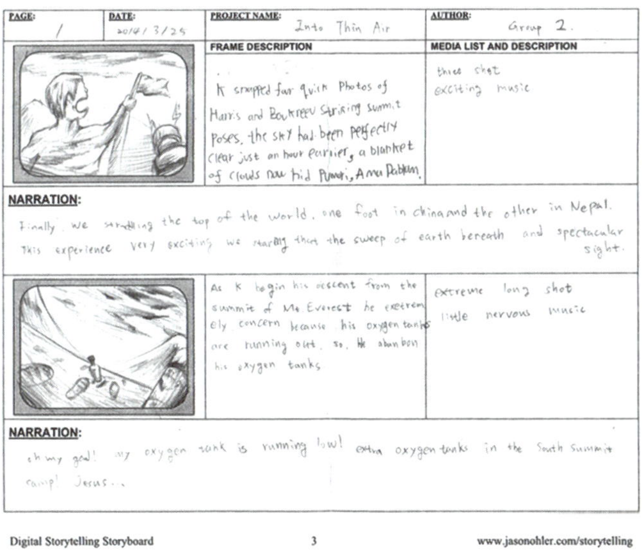

[그림 6] 스토리 보드로 시각화

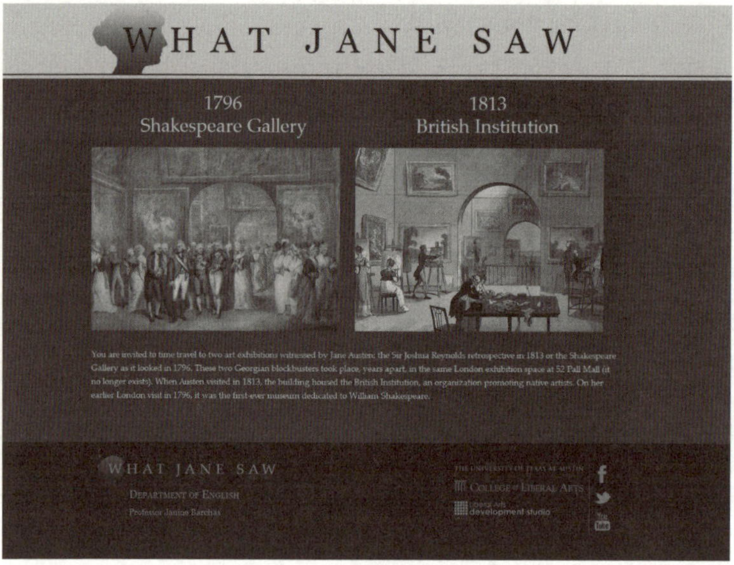

[그림 7] What Jane Saw Project[8)]

③ Lauren's Independent Study Project

대학 졸업논문을 대신해서 구축한 웹 사이트로 19세기 파리의 장례 문화와 예술품에 전통적 기술 방식과 비주얼 방식을 혼합한 것이다.

④ University of Maryland Digital Storytelling Project

University of Maryland에서 추진하는 프로젝트로 대학생들이 지역의 은퇴한 노인들의 경험이나 옛날이야기를 듣고 디지털화하는 작업이다. 학생과 노인이 파트너가 돼서 자신들의 이야기를 직접 들려주고 직접 출연하기도 하고 성우가 되기도 하고 사진이나 그림을 제공해서 학생과 노인들이 같이 만드는 프로젝트이다.

---

8) http://www.whatjanesaw.org/

[그림 8] University of Maryland Digital Storytelling Project[9)]

기타 영미문학 관련 프로젝트로는 문학 작품을 디지털화해서 무료로 제공하고 있는 Project Gutenberg에서부터 Walt Whitman Archive, The Edgar Allen Poe Digital Collection 등 작가의 생애 및 작품 원본, 역사적 사료 등을 모아놓은 archiving 사이트, San Jose State University에서 운영하는 Gothic Novel and Horror Fiction 사이트, 19세기 소설과 관련된 위치를 추적할 수 있는 GenreMapper 등 많은 프로젝트가 있다. 더 많은 디지털 인문학 프로젝트는 www.dhcommons.org에서 검색 가능하다.

6) 디지털 시대의 문학 교육 방법

네브래스카 대학교 교수 스테판 램지(Stephen Ramsey)는 2011년

9) http://stories.umbc.edu/

MLA학회 「디지털 미디어의 역사와 미래」(History and Future of Digital Humanities)의 발제문 'Who's In and Who's Out'에서 "디지털 인문학은 뭔가를 만드는 행위에 관한 것"(I think Digital Humanities is about building things)이라고 확언하였다. 이 정의는 '만든다'는 행위를 컴퓨터 프로그램과 관련된 것에 한정시킴으로써 디지털 인문학자들 사이에 많은 논쟁을 불러일으키긴 했지만 디지털 인문학이 새로운 학문적 접근을 필요로 함을 환기시켰다는 점에서 매우 유의미한 정의라 할 수 있다.

영문학에 한정시켜 생각해 볼 때 이제 문학 수업은 작품의 원문 해석 및 지식 축적을 중심으로 하는 일방향 강의 방식에서 벗어나, 문학작품을 감상하고 학생들이 그것을 직접 표현하도록 해야 한다. 그것이 디지털 기기이어야만 하는 이유는 그 편리성과 더불어 21세기 삶의 방식과 사고방식을 고려해야 하기 때문이다. 더불어 한 가지 더 부연 설명하자면 본 발표에서 제시하는 교수법의 효과적인 운영을 위한 전제 조건은 교수자와 학생간의 새로운 관계 정립이다. 과거 교실에서는 지식의 창의적인 가공 여부에 상관없이 양적인 기준으로 교수와 학생 간, 또 학생과 학생 간에도 일종의 계층이 존재했다면 본 교수법은 학생과 교수가 창의적인 예술품을 만든다는 공동의 목표를 두고 서로 의견을 교환하고 공유하는 동등한 관계로 나아가기 위한 것이다.

3. 지역문화 교육과 디지털 인문학*

임영상, 주동완**, 김민형***

1) 지식콘텐츠의 위상

'데이터(data)'라는 말의 어원은 라틴어 '데이텀(datum)'의 복수형이고, 데이텀은 '주다'라는 뜻을 가진 데어(dare)의 과거분사에서 유래되었다. 따라서 데이터는 사실로서 '주어진 것들'(given)이란 뜻이다.[1] 유클리드는 이 '데이터'란 말을 94개의 공리들이 실려 있는 그의 '기하학의 원론'(Euclid's Data: The Importance of Being Given)의 제목으로 사용했다. 그가 이렇게 저서명을 붙인 것은 기하학은 알려진 것 또는 사실로 증명된 것으로부터 시작해야 한다는 의미에서이다.

이처럼 주어진 데이터를 어떤 틀에 넣어 형태를 만든 후 의미 있는 것으로 가공한 것을 정보(information)라고 한다. 즉, 데이터를 어떤 틀에 넣느냐에 따라 어떤 정보인가가 결정되는데 이러한 틀을 알고리즘[2]이라고 한다. 역으로 알고리즘을 통해 우리가 원하고 필요로 하는 정보를 만들어 내기 위해서는 우리들 일상의 모든 것을 데이터화

---

* 임영상, 주동완, 김민형, 「지역문화 교육과 디지털 인문학 - 용인시장 콘텐츠 개발 교육 사례」, 경기문화재단 '경기 역사 민속자료의 지식 기반 구축과 활용' 학술회의 발표, 2015.10.15.

** 코리아리서치센터 원장, 한국외국어대학교 지식콘텐츠학부 강사

*** 한국외국어대학교 지식콘텐츠학부 교수

1) 나무 위키. http://namu.wiki/w/데이터

2) 알고리즘이란 어떠한 주어진 문제를 풀기 위한 절차나 방법을 말하는데 컴퓨터 프로그램을 기술함에 있어 실행 명령어들의 순서를 의미한다. 아랍의 수학자인 알 호레즈미(Al-Khowarizmi)의 이름에서 유래되었다.

해서 측정 가능한 수치 단위로 만들어야 한다. 이처럼 데이터(data)를 가공하기 전의 순수한 상태의 수치들이라고 한다면, 정보는 유의미하게 가공된 형태의 2차 데이터들이다.

하지만 데이터나 정보들은 아직 인간들, 특히 나에게 유용한 것은 아니다. 그냥 나와는 무관하게 밖의 세계에 존재하는 것들이다. 이러한 데이터와 정보들이 나와 인간들에게 유용한 것이 되도록 다시 한 번 더 가공한 것을 지식(knowledge)이라고 한다. 즉, 지식이란 '정보의 이용'이라고 할 수 있다. 우리는 흔히 현 시대를 '정보의 시대'라고 한다. 수많은 정보의 홍수 속에 살고 있지만 그 수많은 정보가 나의 삶, 우리들의 생활에 다 필요한 것은 아니다. 어떤 정보들이 나의 삶을 더 윤택하게 해주고 우리들의 생활에 편익을 가져다 줄 것인가를 결정하는 것은 중요한 일이지만 쉬운 일은 아니다. 왜냐하면 그러한 결정은 미래에 대한 통찰력에 달려 있기 때문이다.

흔히 '필요는 발명의 어머니'라고 한다. 필요한 것을 알아야 새로운 것을 발명할 수 있다는 것이다. 우연한 발명이란 없다. 앞으로 미래는 어떠한 사회가 될 것이라는 것을 내다볼 줄 아는 통찰력과 그러한 변화에 따라 무엇이 필요할 것인가에 대한 예측, 그리고 그러한 예측에 따라 필요한 정보들을 모으고, 분석하고, 새롭게 조합하여 이전에는 없었던 새로운 개념이나 이론이나 장치나 기술 등을 만들어내는 능력이 중요하다. 이러한 능력이 바로 지혜(wisdom)이다. 지혜는 갑자기 하늘에서 떨어지거나 땅에서 솟는 능력과 같은 '마술의 정원'이 아니라 이전부터 가져왔던 수많은 데이터와 정보와 지식으로부터 생성되는

알고리즘에서 가장 중요한 것은 효율성이라고 할 수 있는데 동일한 문제를 푸는 데 있어 결과는 같아도 해결 방법에 따라 실행 속도나 오차·오류 등에 차이가 있을 수 있기 때문이다. http://100.daum.net/encyclopedia/view/31XXXXXX9976

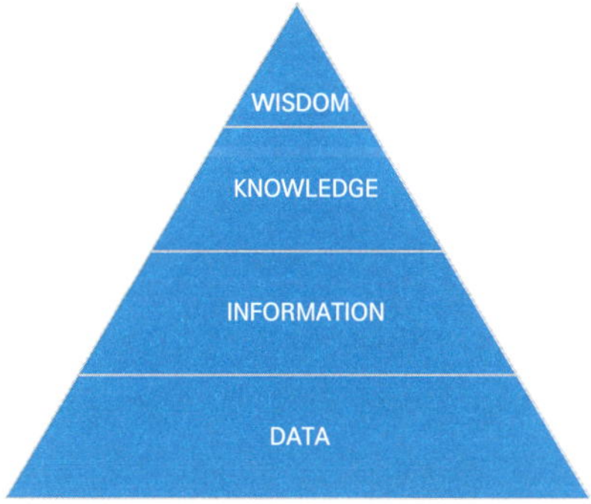

[그림 1] 지식의 위계: DIKW Pyramid

일종의 지적 능력이다. 이러한 데이터, 정보, 지식, 지혜의 관계를 나타내는 것이 [그림 1]과 같은 지식 피라미드(DIKW Pyramid)[3]이다.

여기서 데이터에 어떤 의미가 가미된 것을 정보라 하고, 정보에 가치가 더해진 것을 지식이라고 한다. 이들 데이터와 정보와 지식 등이 과거로부터 나온 것이라면, 그 지식에 미래를 꿰뚫어 보는 통찰력을 통해 지식은 지혜가 된다. 그 지혜는 기존의 지식에 대한 '표상'(representation)과 '처리'(processing)를 통해 인간에게 유용한 것으로 새로운 형태의 '미래의 지식'을 만들어내는데, 바로 이 새로운 '미래의 지식'을 '지식콘텐츠'라고 할 수 있다. 지식의 표상이란 지식이라고 하는 추상적인 사물이

3) 지식 피라미드는 1987년 체코슬로바키아 출신의 교육자인 밀란 젤레니(Milan Zeleny)가 지식의 형태를 '아무 것도 모르는 단계(know-nothing)', '무엇인지를 아는 단계(know-what)', '어떻게 하는지를 아는 단계(know-how)', 그리고 '왜 그런지를 아는 단계(know-why)' 등으로 그 위계를 도식화 함으로써 비롯되었다. 하지만 젤레니는 아직 이같은 지식 피라미드를 그리지는 않았다. 그 후, 지식의 위계에 대한 논의는 1988년 일반 시스템 연구를 위한 국제사회(the International Society for General Systems Research)의 학술회의에서 미국의 조직이론가인 러셀 아코프(Russell Ackoff)에 의해 다시 제기되었다. 러셀 아코프는 지식과 지혜의 관계를 논하면서 이러한 지식의 위계를 좀더 명확히 했지만 그 관계를 그림으로 도식화하지는 못했다. 같은 해에 정보학자인 앤소니 디본스(Anthony Debons)와 그의 동료들이 '이벤트', '상징' 그리고 '규칙과 공식'과 같은 개념으로 지식의 위계를 확장시키기도 했지만, 지식 피라미드가 도식화된 것은 1994년 네이단 쉐드로프(Nathan Shedroff)에 이르러서이다. 네이단 쉐드로프는 그의 저서의 한 챕터인 정보 디자인에서 DIKW 위계를 처음으로 도식화하여 제시했다. https://en.wikipedia.org/wiki/DIKW_Pyramid

나 개념에 대해 그것을 상기시키거나 연상시키는 구체적인 사물로 나타내는 일을 말하는데, 이러한 일은 지식의 맥락화(contextualization)와 시각화(visualization)를 통해 이루어진다.

또한 지식의 처리는 주로 디지털 기술(Digital Technology) 방식을 통해 이루어지며, 이렇게 처리된 지식은 지식 간의 관계망(Knowlege Web) 형성이 중요하다.[4] 이렇게 형성된 지식의 관계망으로 이루어진 지식콘텐츠들은 그 효과적인 활용을 위해서는 그 관계망 속에 있는 지식콘텐츠들을 쉽게 찾아갈 수 있는 지식 맵(Knowledge Map)이 필요하다. 지식 맵이란 다양한 지식 자원을 분류하고 구조화하여 의미론적인 연관 관계를 설정함으로써 지식의 효율적인 통합과 검색을 가능케 하는 지식 처리 기술이다. 이상의 내용을 도식화 하면 [그림 2]와 같다.

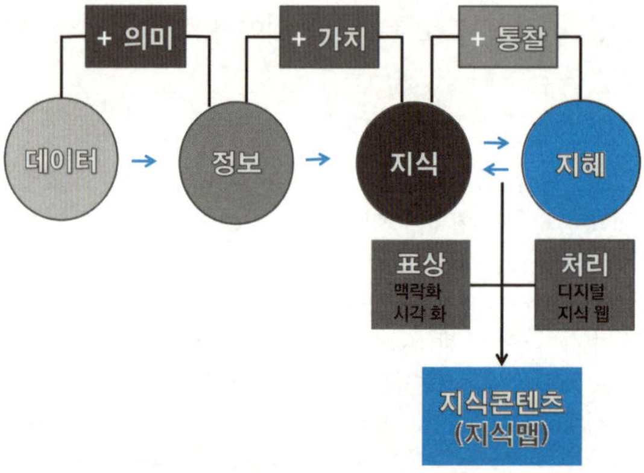

[그림 2] 지식 위계와 지식콘텐츠 및 지식 맵의 관계

4) 한동현, 김상헌, 「시맨틱 웹 시대의 인문콘텐츠」, 『인문콘텐츠』 12, 인문콘텐츠학회, 2008.

이러한 지식콘텐츠는 문화콘텐츠의 한 특화 영역이다.[5] 지식콘텐츠는 다양한 미디어와 구현 기술을 통해 새로운 파생 콘텐츠의 생산이 가능하며 온라인, 오프라인에서의 활용까지 모두 가능하다. 특히 가치 창출의 개념으로 볼 때, 문화유산 활용에서 가치의 재인식, 가치의 전환, 가치의 극대화, 가치의 융합과 부합되어질 수 있다.[6] 그 대표적인 예가 1999년부터 시작된 정부의 지식정보자원관리사업의 결과로 만들어진 국가지식포털이며[7], 2003년 서울시스템주식회사에서 CD-ROM으로 제작하여 지금은 온라인으로 서비스되고 있는 '조선왕조실록'이다[8]. 또 1980년부터 한국정신문화연구원(현 한국학중앙연구원의 전신)에서 편찬된 『한국민족문화대백과사전』을 기반으로 하여 한국학중앙연구원이 추진해오고 있는 한국향토문화전자대전사업[9]이 그 대표적인 한 예이다. 한국향토문화전자대전사업은 2003년부터 디지털성남문화대전사업을 시작으로 2015년 9월 현재 64개 지역이 구축되었으며 총 91,753개의 구축 항목과 162,188개의 시청각 항목을 완성하였다.

또 지식콘텐츠는 스토리텔링을 추가하여 지식 전달에서 체험적 효과를 높일 수 있는 이야기 위주의 문화콘텐츠가 만들어 지는 것도 가능하다. 이에 대한 예로는 국학진흥원에서 제공하는 스토리 테마파크[10]가 있다. 또 청소년들을 위한 국사편찬위원회의 재미있는 디지털 한국사 이야기[11] 등 여러 부분에서 지식콘텐츠의 활용이 증가하

---

5) 한국외국어대학교 지식콘텐츠학부 설립 취지문 중에서. 2015.3.
6) 김상헌, 「데이터, 정보, 지식, 콘텐츠」, 『인문콘텐츠』 27, 인문콘텐츠학회, 2012, 26쪽.
7) 국가지식포털, www.knowledge.go.kr
8) 조선왕조실록, http://sillok.history.go.kr
9) 한국향토문화전자대전, www.grandculture.net
10) 스토리 테마파크, http://story.ugyo.net
11) 재미있는 디지털 한국사 이야기, http://contents.history.go.kr/ky/IndexOne.jsp

고 있다. 하지만 이러한 지식콘텐츠의 활용은 대부분 온라인상의 활용에 국한되어 있다. 앞으로는 지식콘텐츠들이 오프라인상에서 어떻게 활용 가능한지에 대한 연구와 실제의 활용 방안에 대한 실천이 중요한 과제다. 그러한 지식콘텐츠의 실천적인 활용 방안이자 전통시장 활성화를 위한 방안의 하나로 아래 용인중앙시장에 대한 지식 맵 구축과 이를 기반으로 한 에코 뮤지엄의 예를 들고자 한다.

2) 지식콘텐츠의 활용 전략

(1) 전통시장 활성화를 위한 방안

흔히 전통시장에 대한 개념은 그 관련 법령[12]에서도 명시된 바와 같이 낡고 노후화되어 정비의 대상으로만 여겨져 왔는데 전통시장을 활성화시키기 위해서는 이러한 전통시장에 대한 부정적이고 잘못된 기본적인 인식부터 바꾸어야 한다. 전통시장을 활성화시키기 위해서는 전통시장은 헐고 부수어야 할 부정적인 대상이 아니라 지키고 보존해야 할 긍정적인 것이라는 새로운 인식을 가져야 한다. 그렇게 인식을 바꾼 후에 할 일은 무엇인가? 그것은 두말할 나위 없이 지키고 보존한 것을 활용하여 전통시장으로 사람들을 불러 모으는 일이다.

---

12) 한국에서 시장과 관련된 법령은 1961년 '시장법'에서 처음 시장에 대한 개념이 "구체적 시장의 하나로서 판매자와 구매자 간에 상품 거래가 행해지는 구체적인 시설 또는 장소를 지칭한다."로 규정된 이후 1981년 '시장개정법'에서 상설시장이란 개념으로 바뀌었고, 다시 2002년 「중소기업의 구조개선과 재래시장 활성화를 위한 특별조치법」, 2004년 「재래시장 육성을 위한 특별법」, 2006년 「재래시장 및 상점가 육성을 위한 특별법」 등에서 재래시장이란 개념이 등장했다. 이 법령들에서 재래시장이란 '상업 기반시설이 노후화되어 개·보수 또는 정비가 필요하거나 유통 기능이 취약하여 경영 개선 및 상거래의 현대화 촉진이 필요한 장소'로 개념 규정되었으며, 2009년 「전통시장 및 상점가 육성을 위한 특별법」에서 재래시장이란 개념이 전통시장이란 개념으로 바뀌었으나 그 의미는 동일하다.

시장으로 사람들을 오게 하는 이유는 꼭 먹거리를 사도록 하기 위한 목적에서만이 아니라 시장에서 '전통'을 느끼게 해주고 그 전통 속에서 삶의 여유를 찾고 새로운 재충전의 기회가 될 수 있도록 해주기 위한 것이어야 한다. 즉, 전통시장에서는 물건의 유통만이 아니라 바로 우리들의 할머니들이 들려주시던 이야기를 들을 수 있고 어머니의 손길을 느낄 수 있으며 가족 간에 서로 대화와 소통이 흐르는 것 같은 느낌을 가질 수 있도록 해주어야 한다.

그렇다면 '무엇을 어떻게 할 것인가?' 그것은 전통시장이 지키고 보존하고 있는 유무형의 역사적, 사회적 자원들을 활용하는 한편, 다른 한편으로는 전통시장 내의 새로운 문화적 자원들을 만드는 것이다. 이에는 두 가지의 방안이 강구되어질 수 있다. 첫 번째 방안은 전통시장 속에서 끊임없는 이야기를 생산해내면서 그 이야기들의 연결고리를 만들어 전통시장의 지식 맵을 구축하는 것이다. 두 번째 방안은 이러한 지식 맵을 이용하여 전통시장을 에코 뮤지엄(Eco Museum)으로 만드는 것이다. 다음에서 용인중앙시장을 예로 들어 용인중앙시장의 지식 맵 구축과 에코 뮤지엄의 사례를 예로 들어보고자 한다.[13)]

(2) 용인중앙시장 지식 맵

용인중앙시장 에코 뮤지엄이 용인중앙시장으로 사람들을 모이게 하고 다시 찾도록 하는 유형적인 하드웨어라고 한다면, 용인중앙시장 지식 맵은 에코 뮤지엄의 내용을 더욱 풍성하게 만들어 주는 무형적

---

13) 용인중앙시장 에코 뮤지엄은 용인시와 한국외대가 합동으로 협력하여 개설한 '용인학' 수업에서 수차례에 걸친 용인중앙시장 답사의 결과이며, 지식 맵 구축은 한국외대의 용인 글로벌캠퍼스 지식콘텐츠학부에서 지난 2015년 봄학기 동안 개설한 디지털 인문학 입문에서 실제로 다루어진 내용들이다.

인 소프트웨어라고 할 수 있다. 직접 돌아볼 수 있는 에코 뮤지엄이라는 하드웨어가 아무리 잘 구비되어 있다 하더라도 그 하드웨어에 콘텐츠를 공급해 주어 운영이 되도록 해주는 소프트웨어가 없으면 하드웨어는 아무런 쓸모가 없게 된다. 용인중앙시장의 소프트웨어란 용인중앙시장 에코 뮤지엄의 내용을 더욱 충실하게 해주고 장기 지속적인 운용이 가능하도록 해주는 용인중앙시장 지식 맵이다.

지식 맵이란 지식들의 관계망(network)을 시각화(visualization)한 것이라고 할 수 있다. 원래 지식 맵은 계량서지학(bibliometrics)에서 일반적으로 논문, 책, 보고서 등이 포함된 명시화된 지식을 대상으로 수학적, 통계적 방법을 적용하여 분석의 결과를 주로 맵(위치도)의 형태로 만드는 것으로서, 이러한 맵을 여러 학자들은 지식 맵이라고 하였다.[14] 최근에는 사회 구조에서 개인이나 개체들 간의 관계를 나타내기 위해 사회학 분야에서 주로 사용되고 있는 '사회연결망 이론'(Social Network Theory)을 계량서지학 연구에 적용하여 분석하고 있다.[15] '지식 맵'은 다양한 문화 자원을 분류하고 구조화하여 의미론적인 연관 관계를 설정함으로써 비구조화되고 분산되어 있는 정보를 효율적으로 통합, 검색하기 위한 방법론이다.[16]

한국외대 인문대(용인)는 2015년에 지식콘텐츠학부를 신설하고 14명의 학생을 선발하여 문화콘텐츠학의 특화 영역으로 지식콘텐츠학[17] 분야를 집중적으로 교육 및 연구하기로 하였다. 그리하여 1학기

---

14) 도서관연구소 웹진, 도서관 용어해설 37, 2009, 1쪽.

15) 도서관연구소 웹진, 도서관 용어해설 37, 2009, 3쪽.

16) 김동훈, 『문화정보 관리·유통 체계를 위한 지식 맵 서비스 연구』, 한국문화정보센터. 2013.

17) 지식콘텐츠학은 인문학 중심의 여러 학문과 정보학의 융합학문으로 지식의 표상(represenattion)과 처리(processing)에 관한 다양한 정보/디지털 기술을 연구하고 이를 콘텐츠 제작 등에 활용하는 방안을 모색하는 분야로 문화콘텐츠학의 한 특화 영역이다. (한국외대 지식콘텐츠학부 창립사 중에서.

동안 '디지털 인문학 입문'이란 강좌를 개설하여 용인중앙시장을 대상으로 지식 맵 구축을 시도하여 보았다. 그 첫 번째 성과가 [그림 3]과 같은 용인중앙시장 지식 맵 구축을 위한 위키 백과사전으로 나타났다.

지식 맵 구축을 위해 우선 용인중앙시장을 ① 인물, ② 단체, ③ 활동, ④ 매장, ⑤ 공간, ⑥ 시설, ⑦ 문헌, ⑧ 개념 등 8개의 클래스로 나누었다. 그리고 이 8개의 클래스들의 구성 요소들을 조사하여 그 목록을 [표 1], [표 2], [표 3], [표 4]와 같이 만들었다. 이 구성 요소들은 조사 연구의 깊이와 넓이에 따라 얼마든지 더 만들어 낼 수 있다. 용인중앙시장의 모든 사람, 가게, 시설, 장소 등 모든 것이 대상이 된다.

[그림 3] 용인중앙시장 지식 맵 구축을 위한 용인시장 위키[18]

2015. 3. 23.)

18) 용인시장 위키, http://digerati.aks.ac.kr:82/index.php?title=2015-1_디지털인문학_입문_HUFS:_용인_시장

[표 1] 용인중앙시장 클래스 구성 요소: 인물, 단체, 활동

인물	단체	활동
김학규	용인문화원	용인 음식문화축제
금창연	용인중앙시장 상인회	토요 알뜰장터
민 영	용인시장 5일장 상인회	전통시장 활성화 업무협약
박노인	용인시장 상인대학	용인중앙시장 이벤트축제
양경모	용인학연구소	용인중앙시장 봄맞이축제 한마당
이순환	용인시의회	문인초청 문학강좌
이응준	용인문학회	향토문화교실
이인영	한국문인협회 용인지부	세계음식축제
이종구	한국예술문화단체총연합회 용인지부	용인 향토문화 자료집 편찬
정양화	용인신문사	유물유적 답사
정찬민		시민축제
조구행		백암 5일장
조길생		
조면희		
허선욱 할머니		
홍금자		
장윤실		
최경자		
박영배		

[표 2] 용인중앙시장 클래스 구성 요소: 매장

매장		
더페이스샵	향리반점	선비마트
싱싱과일나라	충남수산	광주순대
용인떡집	일미분식	대연숯불갈비
노바슈즈	민속떡집	민속전집
박가네국수	용인반찬	손님은왕짜장
평원집	황금마차	영금식품
오성만두	이랜드주니어	용인지물포
명성식당	다모아농원	중앙식당
선비만두	머리하는날	충북정육점
슈즈뱅크	장수왕족발	행궁안동찜닭
율리아	대중정육점	현대마트
띠아망	아딸	휘트니스피플
아가방	이모네떡볶이	아시아마트
서울식품	시장순대	리헤어클럽
모닝메이트(고향떡집)	슈즈뱅크	유가네순대
황실유럽자수	창승식품	백암토종순대
은혜옷수선	정원상회	효자왕족발
농심축산도매센터	서울순대	용인순대
미니골드	다모아	거북이한의원
중앙커텐전문	뷰티플렉스	팔도청과
중앙복떡	프로스펙스	엄마야채
유니온베이	카멜레온	낙원여인숙
청계수야	아리따움	백암제일식당
하이얀	라푸마	코코리따
바로구운 빵	캐슬	

[표 3] 용인중앙시장 클래스 구성 요소: 공간, 시설

공간		시설
용인중앙시장	처인구청	공영주차장
용인 5일장	중앙동 주민센터	공중화장실
김량장동	용인시 디지털 산업진흥원	용인경전철
순대골목	용인초등학교	운동장·송담대역
떡골목	용인중학교	김량장역
통닭거리	회회나무 보호수	버스
잡화골목	수여선	용인문예회관
문화의 거리	용인군청	용인향토학교
금학교(술막다리)	용인세무서	우체국
금학천	엽연초 구매조합	머뭄
청한상가	용인금융조합	용인 공용버스터미널
용인학연구소		
용인뉴스신문사		

[표 4] 용인중앙시장 클래스 구성 요소: 문헌, 개념

문헌		개념
시장과 시장사람들	여지도서	시장
디지털 용인문화대전	대동지지	상인
이인영의 용인문화산책	용인군지도읍지	전통시장
용인신문	구성면지	5일장
용인시민신문	기흥읍지	상인조합
용인일보	양지면지	
용인종합뉴스	수지읍지	
Y사이드저널	모현면지	
용인타임즈	포곡면지	
경향신문	원삼면지	
두산백과	이동면지	
네이버지식IN	남사면지	
위키 백과	수여지	
용인현읍지	용인문학 2014 하반기	
신증동국여지승람	용인 지나는 길에	

이상 8개의 각 클래스에 들어있는 구성 요소들에 대해 학생들이 기존 문헌과 인터뷰 등을 통하여 일정한 틀에 맞추어 구성 요소들의 정보에 해당하는 내용들을 넣어 용인중앙시장에 대한 위키 백과사전을 만들었다. [그림 4]는 용인중앙시장에서 매장을 운영하고 있는 상인에 관한 내용을 담고 있는 '용인중앙시장 위키' 기사의 예이다.

[그림 4] 용인중앙시장 위키 기사 예

여기서 중요한 것은 각 클래스들 간의 관계망이다. 즉, 각 클래스를 구성하고 있는 많은 구성 요소들이 다른 클래스의 구성 요소들과 어떠한 관계를 맺고 있는지를 연결시켜 주어 그 관계망을 만들어야 한다. 예를 들어 어떤 '인물'은 어떤 '매장'을 소유하고 운영하는 관계에 있는지, 또 그 '인물'은 시장 내의 어떤 '단체'에서 활동을 하고 있으며, 시장의 어떤 '공간'들은 어떤 '인물'들에게 중요한 의미가 있으며, 그러한 이야기들은 어떤 '문헌'에 나오는지, 또는 용인중앙시장과 관련된 일련의 '개념'들은 각각의 '매장'들과 어떠한 관계에 있는지 등의 관계망을 만들어 각 클래스의 구성 요소들을 연결시켜 준다. 그 관계망은 위키 백과사전 내용 중 '연계정보'라는 항목으로 나타난다. 이렇게 해서 각 구성 요소들 간의 관계망이 형성되면 그 관계망은 구성 요소들의 정보를 서로 연결시켜 주어 기존의 어떠한 문서나 정보로도 알 수 없었던 상호 관계를 보여주며 무수한 이야기를 만들어 낼 수 있는 틀을 제공해 줄 수 있다. 이러한 틀을 온톨로지(ontology)라고 한다. 온톨로지는 대상 세계를 구성하고 있는 정보들 간의 의미와 관계를 명시적으로 개념화한 데이터 모델이다. [그림 5]는 용인중앙시장 온톨로지의 각 클래스의 관계를 나타낸 것이다.

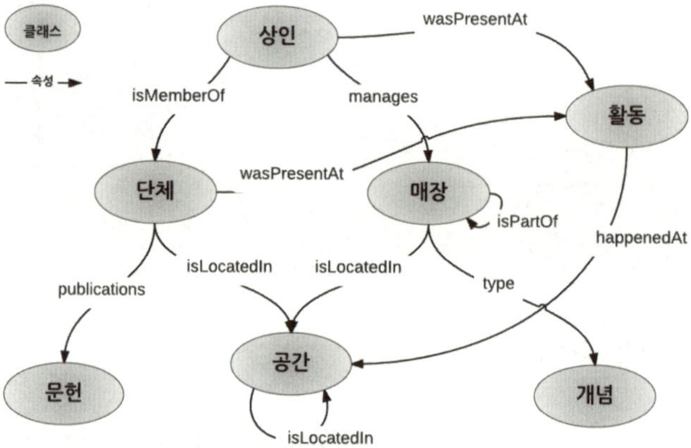

[그림 5] 용인중앙시장 클래스 관계도[19)]

이렇게 용인중앙시장이 담고 있는 모든 것들에 대해 유형에 따라 클래스를 만들어 분류하고 각 클래스의 구성 요소들을 찾아내어 그 목록을 만든 후, 구성 요소들에 대한 정보를 기존 문헌에서 찾아내거나 새롭게 만들어 내어 구성 내용을 채운다. 그리고 구성 요소들의

---

19) 임영상, 서소리, 「용인학과 스토리텔링: 『용인신문』의 기사를 활용한 용인중앙시장 지식 맵」, 『인문콘텐츠』 36, 인문콘텐츠학회, 2015, 같은 쪽.

속성에 따라 각 클래스의 구성 요소들을 연결시킴으로써 용인중앙시장에 대한 '지식 맵'을 만들 수 있다. 그리고 이렇게 만들어진 용인중앙시장 지식 맵을 구글 어스에 위치 표시를 하여 연결시키면 누구든지 쉽게 용인중앙시장 지식 맵에 접속하여 이용할 수 있게 되고 지식 맵은 완성된다. [그림 6]은 구글 어스에 용인중앙시장을 표시하고, 그 표시에 위키 백과사전을 링크시켜 놓음으로써 위키 백과사전으로 연결되는 것을 차례로 보여주고 있다. 이 지식 맵을 통해 용인중앙시장을 찾은 일반인들은 구글 어스 지도에서 용인중앙시장을 검색하여 노란색 핀 모양으로 된 위치를 확인하고, 그것을 클릭하면 용인중앙시장과의 접속창이 뜨고 그 접속창을 다시 클릭하면 용인중앙시장 위키 백과사전 안으로 들어가 용인중앙시장의 모든 것을 살펴보고 모든 사람들을 만나볼 수 있게 된다.

[그림 6] 구글 어스에 표시된 용인중앙시장

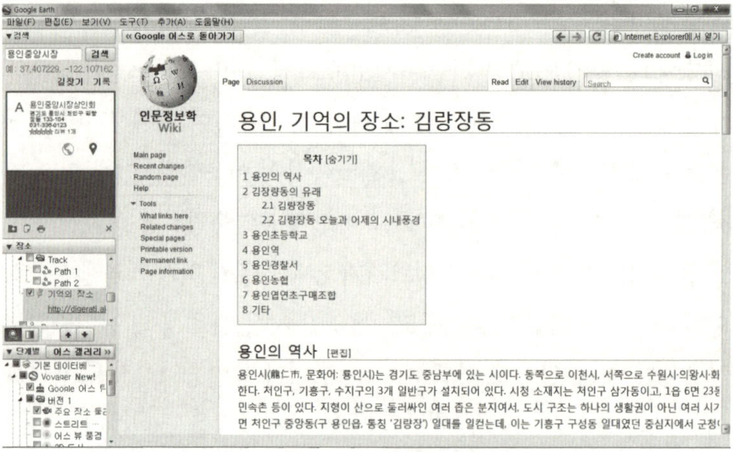

[그림 7] 구글 어스에 표시된 용인중앙시장과 위키 백과를 연결시킨 모습

(3) 용인중앙시장 에코 뮤지엄

에코 뮤지엄은 환경 생태(ecology)와 박물관(museum)의 합성어이다. 1971년 국제박물관학회 총회(ICOM)에서 프랑스 환경부 장관이던 로베르 푸지드(Robert Poujade)에 의해 처음 사용된 개념이다. 'Eco'라는 단어 때문에 흔히 친환경과 관련된 박물관이라 생각할 수 있지만 여기서의 '환경'은 자연유산뿐만 아니라 특정 지역에 존재하고 있는 다양한 문화유산과 산업자원 등을 모두 포함하고 있는 개념이다. 즉, 에코 뮤지엄은 어떤 건물에 유물이나 수집품들을 모아 놓고 관람객들을 부르는 수동적인 박물관이 아니라 특정한 지역이 큰 공간이 되어 유산을 현장에 보존하고 전시하며 또 실제로 그 공간에서 일상생활도 영위하면서 관람객들에게 보여주고 소통하는 박물관이다. 따라서 지역의 주민들은 유산의 보존자 및 관리자일 뿐만 아니라 관람객들을 위한 안내자 또는 함께 즐기는 참관자의 역할까지 하게 되는 능

동적인 박물관 형태라고 할 수 있다.[20]

용인중앙시장은 에코 뮤지엄으로서 훌륭하고 풍부한 역사적, 문화적, 사회적 그리고 지리적 자원을 갖고 있다. 비록 그 원형은 많이 사라졌다고 해도 아직 기록으로 남겨진 것들이 많이 남아 있어 그 원형이 있던 공간과 장소들에 대한 스토리텔링만 구축될 수 있다면 용인중앙시장은 그 자체로서 훌륭한 에코 뮤지엄이 될 수 있다. 특히 '김량장동 133번지'라고 하는 번지가 갖는 상징성과 더불어 그 지역에서 최초로 장사를 했다는 김량이라는 사람의 전설과 같은 이야기와 조선시대 영남으로 내려가는 길목에서 사통팔달했던 지리적 요충지로서 역과 원을 동시에 보유하고 있었다는 이야기, 그리고 서산에 해가 질 무렵 한량들을 색주가로 인도하는 술막다리라는 정감어린 다리가 지금은 8차선 도로로 변하여 금학교가 된 것과 같이 여기저기 서려있는 옛 이야기들에 이르기까지 결코 만만치 않은 양의 콘텐츠들을 만들어 낼 수 있다. 그리고 1910년대 용인의 행정 중심지가 구성에서 이곳 김량장으로 이전해 오면서 형성된 근대문화 유산들은 아직도 사진으로 남아 있어서 그 흔적을 오늘날의 모습과 비교해보는 것은 용인중앙시장을 찾는 이로 하여금 흥미진진한 일이 될 수도 있다. 또 1930년대 말 일제 강점기 때 곡창 지대였던 여주, 이천의 곡식을 수탈하여 수원으로 실어 나르기 위해 건설된 수여선에 얽힌 이야기와 그 수여선이 지나던 길목을 지키던 회화나무가[21] 아직도 아파트들 속에 존재하고 있는 모습들은 하나의 역사적 현장이 될 수 있다.

용인중앙시장 에코 뮤지엄에서는 사람들의 발길 따라 만들어진 골

20) 김영숙 「에코뮤지엄 (Ecomuseum) 개념 도입을 통한 박물관의 새로운 발전 가능성 연구」, 경희대학교 경영대학원 석사논문, 2002, 27쪽

21) 이 회화나무는 2015년 봄, 용인시장 답사 때까지만 해도 그 자리에 그대로 있었는데, 2015년 가울 답사 때는 이미 고사하였다. 회화나무가 있던 자리는 이제 주차장이 되어 버렸다.

목길 하나하나가 의미가 있고, 비록 투박한 글씨체에 조잡하게 만들어진 간판일지라도 그러한 역사의 손때가 묻은 간판 하나하나가 다 소중하다. 비록 이제 그 자취는 찾아보기 힘들지라도 한 조각의 사진으로 옛 정취를 살펴볼 수 있는 사진 한 장 한 장이 귀하고, 그 시장 길을 걷던 사람들은 이미 없어졌어도 그들에 대해 전해 내려오는 기억의 기록들은 중요하다. 한 장의 지도를 들고 시장사람들의 발자취를 더듬어 보고 그들이 남긴 흔적을 찾아보는 일은 매력적인 일이 될 수 있다. 그 발자취와 흔적을 따라가는 과정에서 만나게 되는, 현재 그 기억의 장소에서 생활을 영위하고 있는 시장사람들의 이야기와 그들과의 대화는 또 다른 흥밋거리이며 방문자들로 하여금 흥분을 자아내기에 충분하다. 이런 것이 바로 에코 뮤지엄의 목적이다. 에코 뮤지엄에서 시장은 시장을 찾는 고객들과 유리된 채 고객들이 필요로 하는 물품과 서비스만을 제공해주는 공간이 아니다. 이제 시장은 고객들의 삶의 일부분이며 계속해서 걷고 싶은 '일상의 거리'이며 저절로 발길을 향하게 하는 '향수의 장소'이다. 이렇게 시장을 찾는 행위는 바로 고객들 스스로 자신을 찾는 행위이며 자신을 발견하는 몸짓이기 때문이다.

용인중앙시장을 에코 뮤지엄으로 만들기 위한 한 예로 아래 [그림 8]은 용인중앙시장의 상징인 133번지를 중심으로 시장을 찾은 고객들이 걸어봄직한 노선을 표시한 것이며 '기억의 길'이라고 노선의 이름을 붙여본 것이다.

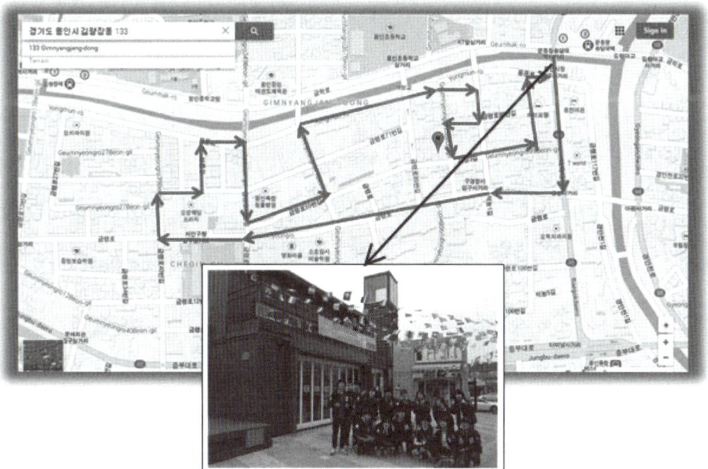

한국외대 용인중앙시장 답사팀이 카페 '머뭄' 앞에서 기념촬영 (2015. 4.)

[그림 8] 용인중앙시장 에코 뮤지엄의 '기억의 길'과 그 시작점인 카페 '머뭄'

용인중앙시장 에코 뮤지엄의 '기억의 길'은 용인 경전철을 타고 운동장·송담대역에서 내려 옛날 술막다리가 있던 금학교를 건너 2015년 4월 용인중앙시장 활성화를 위해 용인시장 상인회(회장 박영배)에서 설치한 '머뭄' 카페에서 출발한다. 카페 '머뭄'은 바로 수원에서 용인을 거쳐 여주까지 달렸던 수여선이 지나던 자리 위에 있다. '기억의 길'은 지금은 빌딩들에 가려 보이지 않지만 빌딩 뒤에 흐르고 있는 경안천과 그 경안천 너머 옛 우시장터를 상상하며 남쪽 방향으로 세 블럭을 지나 우회전을 하게 된다. 그곳은 용인중앙시장의 남쪽 경계를 이루는 금령로가 시작된다. 이 금령로로 들어서자마자 오른쪽은 옛 시외버스 터미널 자리이고 그 옆에는 옛 용인우체국 자리인데 새로운 현대식 건물의 우체국이 큰 길에서 약간 들어가 서있다. 그리고 그 우체국 건너에는 어물전이 있었고, 어물전 거리 위쪽에는 용인경찰서가 있었으나 지금은 주차장으로 변해버렸다. 금령로에는 일제시대를 거쳐 1960년대까지만 해도 면사무소와 농협 등 용인의 주요 관청과 기관들이 즐비했다. 현재 우리은행 자리에 있었던 해동양조장은 용인 지역에서 가장 오래도록 영업을 했던 대표적인 양조장이었다.

그렇게 금령로는 계속 곧게 이어져 오른편으로 넓게 자리 잡은 처인구청까지 이어지는데 현재의 처인구청은 일제시대 때 이 지역의 발전의 원동력이 되었던 엽연초 구매장이었다가 용인세무서로 변한 자리다. 처인구청을 약간 지나 다시 오른쪽으로 길을 돌아 한 블럭 지나 다시 오른쪽을 돌고 바로 다음 길에서 왼쪽으로 돌아서면 깡마른 노인을 연상케 하는 커다란 나무 한 그루가 범상치 않게 서있다. 용인시의 보호수가 된 '회화나무'다. 지금은 주위의 아파트 단지로 둘러싸여 있어서 그 크기가 위엄을 잃었지만, 1950~60년대까지만 해도 그 나무 옆을 지나치던 수여선을 타고 용인을 들고 나던 사람들은 이 회화나무를 보고 용인에 다 왔음을 또는 용인을 떠남을 알았다고 한다.[22] 회화나무를 지나 조금 좁은 골목을 지나면 용인에서 가장 오래된 용인장로교회가 있다. 원래는 술막다리 건너 언덕에 있었는데 이곳으로 이전했다가 지금은 다시 송담대학 근처로 이전했다고 했다. 아직 용인장로교회 건물이 남아 있는데, 2015년 4월에 이곳을 답사했을 때 교회 건물을 천으로 가려놓고 비계를 설치해 놓아 내부 공사중이거나 허물 계획인 것처럼 보였다. 이러한 역사적인 건물들이 재개발을 위해 자꾸 사라지는 것은 용인중앙시장의 커다란 손실이 아닐 수 없다.

용인장로교회를 지나 왼쪽으로 돌면 앞에 커다란 보물창고란 간판이 보인다. 없는 게 없는 잡화 백화점이다. 일제시대 때는 마루보시라는 '다꾸시'(택시)의 차고지이기도 하였으며 오늘날의 택배회사와도 같은 역할을 했던 운수회사 자리이다. 보물창고 옆에 자리한 GS

22) 이 회화나무도 2015년 가을 답사 때는 이미 사라져버려 이제 여기에 언급된 회화나무 이야기도 하나의 스토리텔링으로만 존재하게 되었다.

슈퍼는 용인중앙시장의 근대적인 변화를 상징하는 듯하고, 그 GS슈퍼 앞 주차장은 옛날 수여선 용인역의 역 건물이 있던 자리이다. 용인역 역 건물을 뒤로 하고 왼쪽으로 흐르고 있는 금학천을 따라 걷다보면 건너편에 초등학교가 눈에 가득 찬다. 용인에서 가장 오래된 학교 중의 하나이며, 2015년에 설립 100주년을 맞은 용인초등학교이다. 용인초등학교가 조선인을 위한 김량장보통학교였다면 바로 옆에 지금은 KT 건물이 들어선 터는 일본인 자녀들이 다녔던 소학교 터다. 소학교를 왼쪽에 두고 곧장 천변을 따라 직진하면 바로 용인중앙시장의 대표적인 거리인 순대골목으로 들어서게 된다. 길 양쪽으로 순대국밥이 일렬로 서있는 순대골목을 지나 오른쪽으로 돌아 그 윗편 골목으로 가면 바로 떡골목이 있다. 찹쌀떡, 시루떡, 팥떡, 오색떡이 상점 앞에 놓인 떡골목을 지나 왼쪽으로 돌면 바로 잡화골목으로 이어지고 이어 청한상가를 만난다. 청한상가는 1980년대 초에 서울 다음으로 지방에 지어진 최초의 주상복합 건물이었다. 건축되어진 1980년대 초에 청한상가는 전자제품 판매점들이 들어서서 인근에서 용인중앙시장으로 전자상품 구매자들을 불러들이는 데 큰 역할을 하며 중앙시장의 중심지 역할을 하였으나, 1990년대 중반 이후 전자제품 전문 판매점들이 전국에 출현하면서 청한상가는 그 명성을 잃고 오늘날에는 용인중앙시장 중앙에 자리한 애물단지처럼 여겨지고 있다. 특히 청한상가 지하는 한때 학생과 젊은이들이 즐겨 찾는 분식집들이 가득 들어선 먹자골목이었으나 지금은 몇 집 안 남은 분식집들만 자리를 지키고 있는 을씨년스러운 모습을 하고 있다.

청한상가를 나와 조금 앞으로 나가면 화려하게 채색된 간판과 건물들이 빼곡하니 들어서 있고 곳곳에 오색 네온의 '다방'과 '여인숙', '여관', 노래방 등 간판이 유난히 눈에 많이 띈다. 지금의 금학교가 옛날 술막다리였던 시절 술막다리 인근은 경향 각지에서 용인을 거쳐

가는 물품과 사람들로 넘쳐났다. 이들이 가던 길을 멈추고 쉬고 먹으며 흥청대던 용인시장의 시초가 되었던 지역이었다. 이렇게 물건과 사람이 넘쳐나는 지역에는 자연 유흥가가 형성되기 마련이고, 그 흔적이 지금도 화려한 네온 간판과 1980년대의 낭만으로 보이는 술집과 다방, 여인숙들로 남아 있는 것이다. 그 '낭만의 거리'는 용인시장 상인회에서 2015년에 '통닭거리'로 새롭게 조성할 계획으로 있어 이 '낭만의 거리'도 조만간 그 일부가 사라질 위기에 있다. 화려하고 약간은 퇴폐적인 '낭만의 거리'를 빠져 나오면 다시 카페 '머뭄'을 만나게 되어, 음료와 간단한 간식을 즐길 수 있다. 컨테이너를 개조한 노란색 카페 '머뭄'과 빨간색 간이식당은 이곳을 찾는 젊은이들의 공간이다.

이상은 용인중앙시장 에코 뮤지엄의 순례를 하나의 시나리오처럼 엮어본 것이다. 이 시나리오대로 용인중앙시장 에코 뮤지엄의 각각의 '기억의 장소'들을 표시한 것이 [그림 9]이다. 그리고 [그림 10]은 각 '기억의 장소'들에 대해 옛날 모습과 현재의 모습을 대비하여 살펴볼 수 있도록 시범적으로 위키 백과 형식의 콘텐츠로 제작해 본 것이다.

그러나 이 시나리오에서 빠진 것이 있다. 그것은 이 시장의 주인공들인 시장사람들이다. 용인중앙시장 에코 뮤지엄이 그냥 옛 정취나 구경하며 산책하는 코스라면 그건 화석처럼 굳어진 진열장의 박물관이나 그냥 무미건조한 건물군의 일반 박물관과 다를 바 없다. 용인중앙시장 에코 뮤지엄에 시장사람들의 이야기가 더해지고 시장을 방문하는 사람들이 용인중앙시장 사람들과 직접 대화하고 그들의 이야기를 들을 수 있다면 용인중앙시장은 방문자들에게 생기가 있고 생동감이 넘치는 삶의 현장이 될 수 있다. 이렇게 용인중앙시장이 시장과 방문객이 유리된 채 물건의 매매만 이루어지는 공간이 아니고 서로 간의 이야기를 생산해내고 서로에게 의미 있는 기억과 추억의 장소가 될 때, 용인중앙시장은 방문객들이 시장을 다시 찾고 싶어 하는 이유를 만들어 주게 될 것이다. 이렇게 용인중앙시장 에코 뮤지엄의 시장사람들에 대해서 더 자세한 정보를 제공하고 실제 활동하고 있는 사람들에 대한 이야기를 엮어 새로운 스토리텔링을 만들어낼 수 있도록 하는 것이 용인중앙시장 지식 맵이다.

3) 맺음말

이상에서 용인중앙시장을 한 예로 하여 한국의 '전통시장 살리기' 방안에 대해 살펴봄으로써 지식콘텐츠의 활용 방안에 대해 살펴봤다. 용인시장의 여러 요소들에 대해 스토리를 입혀 스토리텔링 방식으로 지식콘텐츠를 만들어, 이들의 관계망을 형성하여 지식 맵을 구축할 수 있다. 지식 맵은 전통시장의 모든 시설과 시장사람들을 포함하며, 전통시장 내에서의 사회적, 경제적 활동 등을 포함한다. 지식

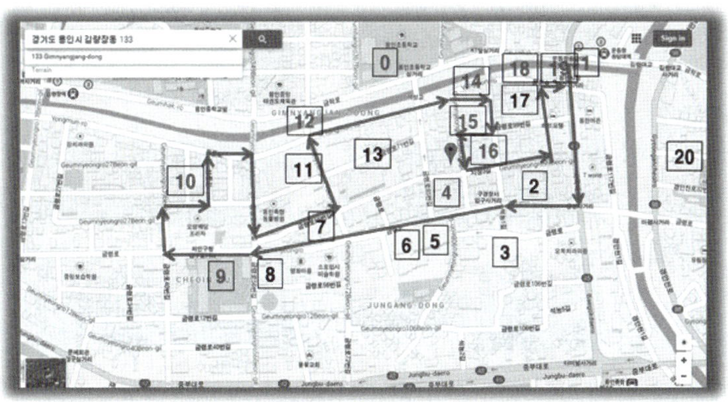

0. 용인초등학교	1. 술막다리(금학교)	2. 용인시외버스터미널/용인우체국
3. 용인경찰서	4. 해동양조장(우리은행)	5. 면사무소(롯데시네마)
6. 금룡조합	7. 용인장로교회	8. 전매국/전매소
9. 용인세무서(처인구청)	10. 회화나무	11. 마루보시(보물창고)
12. GS슈퍼주차장(용인역)	13. 운동장(주차장)	14. 순대골목
15. 떡골목	16. 청한상사	17. 뉴용시역
18. 통닭거리	19. 카페 '머뭄'	20. 우시장

[그림 9] 용인중앙시장 에코 뮤지엄의 '기억의 장소들'

[그림 10] 용인중앙시장 에코 뮤지엄 위키 콘텐츠

맵은 시장 내의 모든 사물과 공간과 장소, 문헌 그리고 사람들에 대한 관계망을 형성하여 그 시장의 생생한 모습을 시공을 초월하여 입체적으로 보여준다. 지식 맵은 그 시장의 과거의 역사와 현재의 모습

을 알 수 있도록 해줄 뿐만 아니라 그 시장사람들에 관한 정보도 그들이 운영하는 가게와 시장 내에서의 활동 및 그들과 관련된 문헌이나 언론사의 기록 등과 연계하여 보여줄 수 있다. 시장 방문객들은 이러한 지식 맵을 통해 주어진 정보로 아직 가보지 않은 장소를 사이버상에서 먼저 방문해볼 수 있으며, 만나보지 못한 시장사람들에 관한 이야기를 들어볼 수 있다. 그리고 실제 시장을 방문했을 때 그러한 장소들을 가보고 사람들을 만나 봄으로써 시장이 단순히 물건을 사고파는 장소에 그치는 것이 아니라 자신의 삶에 커다란 의미가 있는 장소임을 발견하게 될 것이다.

그리고 그러한 지식 맵을 이용하여 에코 뮤지엄을 만드는 것은 전통시장이라는 기존 자원을 그대로 유지하면서 부가가치를 높여 지역경제 활성화는 물론 전통시장 내에 산재한 문화적인 내용을 보존하고 그 문화적 가치를 높이는 효과를 가져올 수 있다. 현재 시장에 남아 있는 전통적인 유물과 시설물들을 그대로 보존하면서 활용하고 이미 없어진 것들에 대해서는 문헌과 인터뷰 조사 등을 통하여 스토리텔링 콘텐츠를 만들어 시장을 찾는 방문객들에게 전통적인 서민문화를 그대로 느끼며 체험하게 하도록 하는 것이다. 이러한 전통시장의 에코 뮤지엄을 홍보하고 전달하는 기능은 인터넷상의 웹 사이트 구축을 통해 실현 가능하며 효과적으로 이루어질 수 있다. 본 논문에서는 위키 소프트웨어를 기반으로 용인중앙시장의 에코 뮤지엄을 실례로 만들어봤다.

이상에서 보듯이 지식콘텐츠의 생성 가능성은 다양한 방면으로 무한히 열려 있다. 문제는 그 지식콘텐츠들의 관계망인 지식 맵을 어떻게 구축하여 이용자들이 쉽고도 효과적으로 그 콘텐츠들을 사용할 수 있도록 하느냐이다. 여기서 예로 든 에코 뮤지엄은 지식콘텐츠 활용의 한 예에 불과하다. 앞으로 지식콘텐츠의 활용 또한 디지털 기술의 진보와 더불어 더욱 발전적으로 진화해 갈 것이다.

한국외국어대학교 인문대학 지식콘텐츠학부는 용인의 전통시장인 용인중앙시장뿐만 아니라 수원의 전통시장인 팔달시장, 나아가 전국 주요 도시 원 도심의 도시 재생과 관련한 지식 맵의 구축과 에코뮤지엄 개발도 추진하고자 한다. 신도심의 개발과 발전으로 대부분의 원 도심들이 활력을 잃은 상태이고, 이는 원 도심에 자리 잡은 전통시장의 위축으로 이어졌다. 디지털 환경에서 전통시장의 문화적 기능을 제고하는 콘텐츠의 기획과 제작은 원 도심 문화를 중심으로 한 도시 재생을 견인할 수 있으리라는 것이 우리들의 생각이다.

부 록

1. 미국의 '디지털 인문학 선언' 한국어 번역문

디지털 인문학 선언문 2.0[1)]

선언문에 대하여

- 정의: 주장을 널리 알리기 위해 작성된 글로서, 때론 적극 수용하는 태도를 보이지만 때론 강하게 방어하기도 한다. 설교적이거나 교훈적이거나 단정적이거나 심지어 법을 뒤집으려고도 한다. 선언문이 인간의 목소리나 인체 또는 출판물이나 컴퓨터 스크린 등 어느 매체를 통해 배포되는가는 그다지 중요하지 않다. 태초부터 우리 바로 전 세대에 이르기까지의 과거에 감춰졌던 것들이 분명함과 추잡함, 영웅적인 것과 어리석음 그리고 사적인 것과 공적인 것 등 양극의 기준점을 오가며 오늘날 새로이 조명되고 있다. 죄인과 성인 그리고 파시스트와 미래파 등을 구분하는 것처럼 경계를 분명하게 긋는 것이 무엇보다 시급한 문제이다. 그러나 비평가와 제작자, 코더(coder)와 코지테이터(cogitator), 학자와 연예인 등 다른 경계들은 모호해지고 있다. 물론 이러한 작업에 약간의 재미가 더해지면 훨씬 더 좋을 것이다. 시간은 별로 없고, 이를 위한 장르가 시급히 필요하다.

---

1) The Digital Humanities Manifesto 2.0(디지털 인문학 선언문 영어 원문), http://manifesto.humanities.ucla.edu/2009/05/29/the-digital-humanities-manifesto-20/, 한국어 번역: 홍정욱

- 그러므로, 만약 선형과 논리 또는 학문적 규약을 찾고 있다면…… 그것은 바로 Mix(혼합), Match(조화), Mash(쪼개기), Manifest(분명함)의 소위 4M을 포함하는 이 선언문 장르일 것이다.

- 또한, 이 선언문은 한 사람에 의해 만들어진 것이 아니다. 디지털 인문학 선언문 2.0은 앞서 발표된 1.0 버전에 대한 다양한 견해들이 반영되어 개정되었다. (선언문 3.0이 나올까?)

유의사항:

1) 투정하지 말라.
2) 견해를 밝히고, 관심을 끌고, 응수하고, 퍼뜨려라.
3) 아이디어를 던져라.
4) 참여하라.
5) 멈추지 말고 계속 나아가라.

디지털 인문학은 무엇인가 그리고 왜 중요한가?

과거의 지식을 생산하고 전파하기 위한 독점적 규범적 매체로서의 인쇄물은 이제 새로운 형태의 멀티미디어에 흡수되고 있다. 현재 예술 및 인문 사회과학 지식은 디지털 툴, 기술 및 미디어를 통해 생산되고 전파되고 있다. 디지털 인문학은 하나로 통합된 분야라기보다는 이러한 세상을 탐구하기 위한 다양한 융합적 실천이라고 할 수 있다. 디지털 인문학은 대학이 더 이상 지식과 문화의 생산 및 관리 그리고 전파자 역할을 독점할 수 없으며, 대학은 새로이 등장하는 웹, 블로그, 전자도서관 등의 공공 영역에서의 학문적 담화를 디지털 원형 모델로 형성해야 한다고 주장하면서 이를 위한 선도적 역할을 하고자 한다.

모든 미디어 혁명이 그렇듯이, 1차 디지털 혁명은 과거를 되짚으면서 발전했다. 초기 고문서 필사본들이 인간의 수사적 활동을 보여주었고, 초기 인쇄술이 11~13세기 수기문화 행위를 보여주었으며, 1차 디지털 기술은 인쇄술이 500년에 걸쳐 성문화했던 학문적 기록들을 복제하였다. 여기에서는 주로 텍스트성(textuality)이 주요 대상이었고 시각성과 소리는 부차적 대상이었으며, 이 시기는 문서의 검색 속도를 높이고 액세스를 증진시키는 데 중점을 두면서 인간의 생각하는 방식에 변화를 가져왔다. 지금은 미래에 매체적 특성을 가진 디지털 기술이 핵심이 되어 인쇄술이 하이브리드 모드의 새로운 커뮤니케이션 방식으로 흡수될 수 있도록 하기 위해 노력해야 한다.

1차 디지털 인문학이 데이터베이스 검색, 코퍼스 언어학 및 하이퍼카드 등을 이용한 양적 연구 중심이었던 반면, 2차 디지털 인문학에서는 질적·해석적·경험적·감성적·생성적 연구가 주를 이루며, 복잡성·매체적 특성·역사적 배경·분석적 깊이·비평 및 해석 등을 중시하는 인문학 연구를 지원할 수 있는 디지털 도구를 연구에 적용한다. 그러나 이러한 이분법적 접근은 질적 연구에서 양적 분석을 배제하지 않는 것처럼 양적 분석에서 감정적 잠재성을 배제하지는 않는다. 오히려 새로운 연구 모델과 새로운 도구 및 기술의 결합을 추구한다. 학제간(interdisciplinarity)/초학제적(transdisciplinarity)/다학제적(multidisciplinarity) 연구는 언어, 실천 및 연구 방법 그리고 결과물에서 변화를 보여주지 못하면 단지 빈말에 불과하다.

그러나 이것들이 빈말이든 아니든 이미 연구자들에 의해 사용되고 있다. 지금은 바로 말보다는 프로젝트들을 통해 미래를 모형화해야 할 때이다.

디지털은 오픈 소스, 오픈 리소스의 영역이다. 이 영역을 폐쇄시키고자 하는 것은 어떤 것이든 '적'(the enemy)으로 간주되어야 한다.

디지털 인문학은 반체제 문화와 사이버 문화가 서로 얽히고설켰던 60~70년대 문화의 계보를 이으며 생성된 유토피아적 특성을 갖는다. 따라서 디지털 인문학은 인문학과 사회 자연과학간의 경계를 무너뜨린 거대한 통계에 근거한 방법론적 가치(예를 들면 문화분석학, cultural analytics)를 지지하는 것처럼, 개방, 무한성, 확대, 벽이 없는 대학/박물관/아카이브/도서관, 문화 및 학문의 민주화에 대한 가치를 지지한다. 이것이 바로 저작권과 IP 표준이 조상의 업적에 기생하는 상속자들과 같은 자본가들의 목조르기로부터 해방되어야 하는 이유이다.

행동강령

약하게 = (적정성이나 근거 여부에 상관없이 소송을 통해 기관들을 보호하기 위해) 학술 및 예술의 공정사용(Fair Use)을 소극적 방법으로 해석하는 순수한 의도의 '이성의 소리'를 무시하라. 대신, 대부분의 학술 및 예술 활동은 a) 실제 투입 비용이 수익을 훨씬 능가하는 비영리 목적의 시도이며 b) IP 또는 저작권의 가치를 높이기 위한 시도라는 측면에서 공정사용의 의미를 해석하라.

중도적으로 = 제작자의 권리부터 소유자와 사진작가 그리고 이전 출판사 등 모든 관련자들의 권리에 이르기까지 모든 '클레임'을 피하거나 뒤집어엎어라.

강하게 = IP 보스들이 주변의 이웃, 학교 또는 나라 전체를 고소해야 할 만큼 거대한 양의 디즈니(Disney)와 같은 기업들의 자료들을 불법복제하고 왜곡하라. 창의적으로 저작권을 훼손하고, 미디어를 엉

망진창으로 만들고, 이미지 및 자취(tracks) 또는 텍스트들을 다시 재단함으로써 디지털 무정부상태로 만들어버려라.

디지털 인문학자들은 창작물에 대한 지배력을 행사하고 무단 사용을 피하도록 하는 콘텐츠 제작자들(저자, 뮤지션, 프로그래머, 디자이너 또는 예술가 등)의 권리를 옹호한다. 그러나 이러한 권리는 연구 및 교육 목적의 재작업, 비평 및 사용을 위한 자유를 막아서는 안된다. 지적 재산은 인간의 지적 능력 확장을 가능하게 해야 하며 이를 막아서는 안된다.

AP는 'APpalling'의 약어;[2] 공짜 셰퍼드 페어리![3]
동전 하나가 손아귀에서 빠져나갔다고? 수치스럽지 않나?

디지털 인문학은 인문지식의 다목적 다중적 채널을 의미하며, 다른 채널에 배타적이지 않다. 그 경제성은 희소성이 아니라 풍부함에 기반을 두고 있다. 즉, 오리지널보다는 '복제'를 훨씬 더 가치있게

---

2) AP stands for APpalling: 여기서 AP는 미국의 뉴스 통신사 The Associated Press를 가리킨다. AP는 자사가 보유한 셰퍼드 페어리(Shepard Fairey)의 오바마 포스터 사진의 무단 사용을 금지하였는데, 이를 두고 Appalling(기겁하게 하는) 일이라고 비판한 것.
http://www.wired.com/2009/02/copyfight-erupt/

3) 셰퍼드 페어리(Shepard Fairey): 미국 로스앤젤레스에서 활동하고 있는 길거리 예술가. 2008년 버락 오바마의 포스터를 그려 오바마가 대선에서 승리하는 데 일조한 인물로 유명해졌다. 그는 현재도 길거리나 건물에 허가 없이 자기 작품을 스티커나 포스터로 만들어 붙이고 다닌다. 이로 인해 공공시설 파괴(vandalism)라는 죄목으로 체포되기도 하였으며, 저작권법 문제와 관련하여 이미지가 공공의 재산이 될 수 없는가에 관한 논의를 불러일으켰다.

셰퍼드 페어리의 오바마 포스터

여긴다. 디지털 인문학은 COPY(복제)라는 단어에서 풍부함이라는 의미의 파생어를 가져온다. COPIA = COPIOUSNESS = THE OVERFLOWING BOUNTY OF THE INFORMATION AGE(정보시대의 넘쳐나는 너그러움). 비록 인문학적 연구에 대한 개념을 둘러싼 제도적 압력은 어디에나 있지만, 이 시대는 정보가 넘쳐난다. 즉, 할 일도 넘쳐난다.

디지털 인문학 = 빅 인문학 = 생성 인문학. 2차 세계대전 이후 전문지식이 점점 더 세분화되고 엄격해짐에 따라 은어 및 특수용어 등이 생겨나게 되었다. 그러나 디지털 인문학은 전문지식의 영역을 넘어 더 웃더 큰 그림을 그리는 통합과 생성 활동에 관한 것이다. 새로운 문화, 르네상스 인문주의, 또는 보편적 지식 능력의 출현에 대한 것이 아니다. 이와 반대로, 디지털 인문학은 전문지식 영역들 간의 협력과 창조를 장려한다. 전문가는

- 학계 또는 씽크탱크라는 벽에 갇혀 있을 이유가 없다
- 초학제적 연구 및 혁신적 사고의 필요로 인한 지속적 압력을 받아야 한다.

디지털 인문학 = 공동창조(Co-creation). 빅 인문학 프로젝트의 복잡성으로 인해 팀워크, 팀 내 역할, 그리고 '생산' 표준이 인문과학에서 디지털적 전회(Digital Turn)을 보여주는 세부적 특징이다. 대규모의 광범위한 연구 모델들이 디지털 인문학의 변형적 특징 중 하나이다.

그러나 디지털 인문학을 통해서 학술 영역 여부에 상관없이 개인에 의해 수행되는 독자적이고 '괴짜적'이며 심지어 폐쇄적 연구들을 재창

조할 수 있는 여지가 많다. 개미군단과 상아탑, 네트워크와 수도원은 즐거움과 지식 그리고 경제적으로 풍부한 보상을 제공하는 장소이다. 그러나 우리는 더 이상 지식 창조와 지식 관리를 상아탑과 수도원에만 맡길 수 없다.

학문의 현대 과학적 모델은 출처를 알 수 없는 정보에 대해 엄격함과 중립성을 유지하는 것에 자부심을 가진다. 그러나 이 계몽주의적 신화는 인문학의 특징이었던 미학적 또는 세련된 형태의 학문적 소통 방식과 싸워왔으며, 때때로 사회과학 및 자연과학에 대항하면서 갈등을 겪어 왔다. 디지털 인문학은 이 두 분야의 학문을 배제하는 것이 아니라 모두 포용한다. 그러나 디자인, 멀티미디어성 그리고 경험성을 강조함으로써 학문이 열망할 수 있는 범위를 확장코자 한다. 보통 학문과 오락의 결합을 생각해 볼 수 있다. 디지털 인문학은 학문이 시간, 공간, 그리고 인간의 신체적 물리성을 넘어서는 개념을 정중하게 거부한다. 인문학을 배우는 고객을 만들어내는 일에 적극적으로 참여한다.

결과물(product)이 아닌 과정(process)이 제일 중요하다. 끊임없이 쪼개고 다시 맞추는 작업을 막는 것은 디지털 혁명을 방해하는 것이다. 디지털 인문학은 반복적 학술 활동, 협업, 그리고 연구 네트워크를 의미한다. 결과의 질을 존중하지만 또한 결과가 출판의 형태로 나오는 과정을 존중한다. 미개발 금광과 같은 지식이 이 과정을 통해 발견되어 빛을 발한다.

오늘날, 지식의 세계는 너무 거대하고, 다층적이고 복잡해서 대학과 같은 하나의 기관의 범주 안에 머무는 것이 불가능해졌다. 보편적 탐구에 대한 (중세적) 허구는 소수의 분야와 시대에만 맞추어져 이루어졌던 교육에 의해 오랫동안 잘못 전달되었다. 디지털 인문학은 이 시대의 학제적/후-학제적 기회 중 하나로서 오늘날의 연구 공동체의 확장된 글로벌적 본질을 수용하고 이러한 현실을 학문적 혁신, 학제간 융합, 그리고 지식의 민주화로 전환하는 지식 생산 및 재생산 모델을 꿈꾼다.

도전장 1: 일반 대중을 연결하고 지식 생산과 보급에 참여시키는 Web 2.0 생산물 중 가장 괄목할 만한 것은 위키피디아(Wikipedia)이다. 위키피디아는 대학에서 만들어지지 않았다. 그러나 빠르게 위키 대학으로 성장했다. 위키피디아는 한 내용물 그 이상이기 때문에 하나의 모델로 볼 수 있으며, 정보를 모으고, 만들고 관리하기 위한 진정한 글로벌한 다중언어의 저자와 편집 공동체를 의미한다.

도전장 2: 싫든 좋든 구글(Google)을 보라. 구글은 스탠포드에서 기원했지만 본거지는 기업이다. 그러나 현대의 알렉산드리아 도서관과 델피의 오라클이 되기 위한 구글의 열망은 더 이상 불가능한 이야기가 아니다: 구글은 "세계의 정보를 체계적으로 정리해서 전 세계에서 이용 가능하고 유용하게 만드는 것"을 사명으로 삼는다. 구글 홈페이지는 세계 디지털 정보의 포털이 되었고, 구글 어스(Google Earth)는 세계 공동체의 손 안에 있는 현대판 마파 문디[4]가 되었다.

4) 마파 문디: 일반적으로 중세 유럽에서 쓰이던 세계지도

우리의 응답?

새로운 기술이 가져오는 문화적 사회적 영향력을 이해하고 탐구하고자 할 뿐만 아니라, 의미, 해석, 역사, 주관성(subjectivity) 및 문화 등 예술과 인문학에 기반을 둔 연구 질문을 통해 재발명, 리퍼포징(repurposing)은 물론 새로운 기술, 방법론 그리고 정보시스템의 창출을 이끄는 데 기여하고자 한다. 혁명은 문학 연구자들을 엔지니어 또는 프로그래머로 전환시키고자 하는 것이 아니다. 그것은

- 인문과학적 지식의 영역을 넓히고 질을 높이는 것
- 인문학적 지식의 영향력을 확장하는 것
- 다방면으로 풍부한 모델과 장르, 지속적인 학술적 소통과 실천을 가져올 수 있는 디자인 및 개발 과정에 직접 참여하는 것이다.

전통주의자들의 응답?

- 테크놀로지 발달로 얻은 도구들을 수동적으로 받아들인다?
- 서구의 퇴보에 대해 한탄한다?
- 소멸할 때까지 우리가 해왔던 일들을 계속한다?
- 종신교수직의 푹신한 소파에 앉아 소멸되거나 소용없게 된 것을 축하한다?
- 시계를 거꾸로 돌린다?

위키노믹스(wiki-nomics)는 디지털 인문학을 위한 새로운 사회적, 문화적, 경제적 현실이라고 할 수 있다. 특정 공동체들에 의해 질과 모델이 생성되기는 하지만, 기술과 콘텐츠가 대량 생산되고 창작되고 관리된다. 위키 학문(wiki-scholarship)은 반복성과 누적성 그리고 협력을 특징으로 한다. 소셜미디어는 문화와 지식 제작을 위한 새로운 형태의 연구소이다. 인문학 영역에서, 위키노믹스는

- 거장과 제자간 계층적 관계의 구조 변경
- 교수와 학생, 전문가와 비전문가, 학계와 공동체의 역할에 대한 정의 파괴
- 예술 활동, 해설/비평 및 지원 활동이라는 새로운 삼각 구도를 형성하여 학문적 탐구, 교육, 출판 및 실천이 함께 어우러질 수 있도록 한다.

이론 정립 및 실천

우리의 엠블럼(emblem)은 (3차원 구조에서 아래에 놓인 접히지 않은 텍스트 위에) 한쪽이 접혀진 종이가 있고 그 위에 도끼가 놓여 있는 모양의 디지털 사진이다.

수세기에 걸쳐 이루어진 텍스트 중심의 학문과 언론 중시 풍조는 출판문화가 번성하게 된 배경이 되었다. 물론, 우리는 책의 폐지를 주장하는 것이 아니라, 반대로 출판이 지식 생산을 위해 다양한 형태의 미디어에 흡수되는 네오 또는 포스트 출판 모델을 제안하고 있다. 건축과 디자인의 특성은 연구 질문(Research Questions)이 던져지고 만들어지고 다듬어질 뿐만 아니라 체계적으로 표현될 수 있는 방법을 보여줄 수 있다. 정보와 데이터 그리고 지식으로의 접속 방법을 알아내고 디자인하는 것이 쓰기와 큐레이팅 및 코디네이팅 만큼이나 중요하게 된 이 순간이 믿을 수 없을 만큼 놀랍다.

생산이라는 육체노동(manual)의 영역과 사고라는 정신적(mental) 영역간의 이분화는 오해의 소지가 있다. 새 시대에 낡은 이론/활용 논란은 반향을 불러일으킬 수 없다. 지식은 단어, 사운드, 냄새, 지도, 다이어그램, 장치, 환경, 데이터 저장고, 테이블 등 다양한 형식을 갖는

다. 물리적 조작, 디지털 디자인, 우아하고 효과적인 글 다듬기; 이미지 배열; 움직이는 몽타주; 소리의 조합 - 이 모든 것이 생산이다.

잊지 말자: 비록 그들의 전통이 웅변술과 수사학에 뿌리를 두었다고 할지라도, 현대 인문학적 규범은 출판 매체에 의해 심오하게 재형성되었고, 지금 새롭게 출현하는 디지털 규범과 잠재력에 의해 다시 재형성되어야 하는 도전에 직면하고 있다. 출판이 더 이상 문학이나 역사에 대해, 분석은 고사하고 그것의 가공물을 창작해내는 규범적 매체가 아니라면 '문학' 또는 '역사'를 공부하는 것은 무엇을 의미하는가? 사고가 언어와 텍스트성에 대한 전적인 의존으로부터 분리된다면 사고하는 것은 무엇을 의미하는가? 좀 더 일반적으로, 사고는 인문학적 지식에 무엇을 의미하는가?

70년대와 80년대에, 여성학, 성소수자(LGBTQ)학, 민족학 그리고 문화학이 사회, 정치 그리고 문화적 권리 박탈과 재참정권 부여에 대한 가능성을 논의하기 위해 시작되었다. 인문학은 더 이상 '기득권층'의 영역이 아니다. 현재 디지털 인문학은 인문학적 탐구와 연구, 방법론 및 매체를 해체한다. 그러나 계속해서 질문해야 한다 - 인문학 규범은 어떤 필요에 대응하여 어떠한 종류의 설명적 일률(Explanatory Power)을 가지고 어디에서 생겨났는가? 연구, 진리 만들기(truth-making) 전략, 지식 상품, 매체 형태 그리고 말을 이해하는 방법이 어떻게 보편화되었는가? 전통적 인문학은 국가, 언어, 방법 그리고 매체에 의해 분열되었다. 디지털 인문학은 하나로 모으는 것(convergence)에 관한 것이다. 즉, 인문학적 규범과 미디어 형태 간의 결합은 물론 예술, 과학, 기술 간의 결합에 관한 것이다.

제작에 기반을 둔 이론: 시적 감각만이 아니라 지능적인 것의 모델링 및 조직화 및 (협동)창작의 (재)생성적 측면을 수행하는 데 수반되는 디자인 감각. 20세기는 인간에게 보는 즐거움을 선사하는 방대한 볼거리를 남겼다. 21세기의 네트워크 및 상호작용은 관심이 가는 것을 다운로드하는 것은 물론이고 의미를 두고 업로드하는 일도 가능하게 함으로써 (보기만 하던) 문화의 관람자들에게 새로운 역할을 하게 하였다.

확장된 학술 활동으로서의 큐레이션

디지털 인문학자들은 큐레이션을 미래 인문학 규범의 주요 특성으로 인식한다.

근대 대학이 큐레이션을 이차적 보조적 역할로 강등시키고 큐레이터를 박물관, 아카이브 및 도서관으로 추방하면서 학문에서 분리시켰던 반면, 디지털 인문학 혁명은 연구와 교육의 지형도를 근본적으로 재형성하도록 촉진한다. 디지털 인문학은 학자를 큐레이터로, 큐레이터를 학자로 재구성하고, 이로 인한 가능성과 수요의 확장을 통해 학문 활동에 다시 활기를 북돋으며 박물관, 도서관 및 아카이브의 학술적 사명을 재개하려 한다. 대학 박물관은 적어도 대학 도서관만큼의 연구소 역할을 할 수 있어야 한다. 아카이브는 교육과 실천교육의 현장이 되어야 한다. 교실은 과거의 교육 자료와 더불어 자료처리, 주석달기 및 배열 등의 과제가 학습과정에 통합된 실천적 참여의 장소가 되어야 한다. 큐레이션은 또한 겸손함을 담고 있어 모든 것을 통달하려고 고집하지 않으며 지엽적 지식의 가벼움과 변덕스러움을 이해하고 애매모호한 것에 핵심을 둔 이론을 거부해야 한다.

큐레이션은 단어, 이미지, 소리뿐만 아니라 물체를 통해 논의하는 것을 의미한다. 즉, 이는 비판적이고 서술적인 공간화를 내포하는데, 특히 역사가들에게는 언어만이 아닌 물리적 또는 가상적 공간이 근본적으로 낯설다. 이는 말뭉치를 수집하고 모으고 면밀히 조사하고 해석하는 것과 같다. 우리는 큐레이션을 전통적으로 서술적 학문으로 간주한다. 이는 자체의 언어, 기술 도구 및 복잡성을 갖고 있는 매체이며, 가상 갤러리 및 교육 환경 그리고 다양한 세계가 학술 지형도의 중요한 특징이 되면서 변화와 확장 단계에 있는 매체이다.

큐레이션은 또한 현재와 미래를 위한 해석적인 의미화에 대한 책임뿐만 아니라 과거의 유물을 보호해야 할 책임도 있다. 반복적인 데이터 과부하의 세계에서 큐레이션은 정보를 디자인하고 선택할 수 있는데, 이해 및 사용 가능한 정보로 채널링, 필터링 및 조직, 새롭거나 오랫동안 방치되었던 문화적 말뭉치 발굴 등을 예로 들 수 있다. 또한 이러한 말뭉치 대부분은 단순히 저장고에 보관되어 있는데, 예를 들면, 미국의 스미스소니언 협회의 영구보관소에 있는 도서 중 1% 이하만이 공개되고, 리서치 도서관의 도서 중 평균 10% 이하만이 이용되고, 문화자료 관련 말뭉치 대부분은 리서치 도서관과 아카이브에 제공되지 못하고 있다. 아카이브는 계속해서 폭발적으로 성장해 나갈 것이다. 따라서 디지털 인문학자들이 도서관 사서 및 아카이비스트들과 함께, 이러한 성장이 가져오는 도전과 기회에 비판적으로 대처해야 한다.

큐레이션은 학문을 강화하고 증대시키는 활동이며, 또한 이로 인해 교육과 학습의 증진을 가져올 수 있다. 미래 세대의 인문학자들은 초반부터 문화와 역사의 가장 핵심적인 것을 가지고 연구를 시작하는데, 이는 실제 연구소 같은 현장에서 전문 연구자들의 안내 하에 지식의 수집 및 생산에 직접 참여하게 되는 것을 의미한다.

인문학 연구 세계는 큐레이션 작업을 추가하면서 훨씬 더 풍요로워졌다. 큐레이션은 자신의 전문 언어 범위에서 벗어나 좀 더 유동적인 공공 영역으로 이동할 것을 요구하고, 여기에서 전통적 형태의 학문은 학자의 전문적 지도하에 아카이브가 목적에 맞게 논의될 수 있도록 한다.

따르라...

- 학문 공동체가 잠에서 깨어나기 오래 전에 디지털이 가져올 변화를 이미 알았던 위키피디언, 사서 그리고 기록 보관 담당자들의 오픈 소스 운동
- 새로운 교육과 새로운 형태의 학술 연구가 교차하는 예술 활동
- 디지털에서 먼 것이면서 디지털로 끌리는 일의 실천: 즉, 먼 과거에 관한 연구를 위해 현재에 존재하는 도구 및 데이터 아키텍쳐의 사용
- 창의적 파생물들의 수용: 학술적 형태의 스팀펑크[5], 거시 및 미시 문화사적 측면에서 특이한 점들의 발견, 양적 연구 및 질적 연구
- 전문가들과 최종 사용자들이 직접 만드는 개방적 구조의 아카이브
- 저작물 사용허가 표시
- 판권 소유자들의 소유권 주장을 전도시킬 용기와 비전을 가진 입법자 및 지도자들

---

5) 스팀펑크(steampunk): 역사적 배경에 공상과학이나 판타지 요소를 적용하고 전자제품 대신 증기로 작동하는 기계가 등장하는 문학 장르. 19세기 쥘 베른('지구 속 여행', '해저 2만리', '80일간의 세계 일주'), H.G. 웰즈('타임머신', '투명인간'), 휴고 건스백('27세기의 발명왕')의 과학소설에서 그 기원을 찾을 수 있다.

- 소장물 API를 사용 가능하도록 해서 누구나 자유롭게 소장 이미지나 데이터를 자신의 어플리케이션에 올릴 수 있도록 한 브루클린 박물관과 같은 기관들

거부하라...

- 폄하자들: 이들은 디지털 인문학의 모든 것을 깎아내릴 것이다. ('도구에 불과하다', '저장소에 불과하다' 또는 '교육론일 뿐이다' 등) 이들은 거의 소프트웨어를 만들어 본 적도 코드를 분석해 본 적도 데이터베이스를 만들어 본 적도 유저 인터페이스를 디자인 해 본 적도 없다. 이들은 단지 비몽사몽 기면기에 안도감을 느끼는 출판물 중심 사고에 머무는 학자들이다.
- 가짜 동행자들: 이들은 자신들의 의제에 대해 지속적인 변화의 깃발을 흔들 것이다. 그러나 위기 상태에 있는 것은 단순히 지속성 대 변화의 문제가 아니라 정직함 대 위선의 문제이다.
- 현대의 도구들을 현재주의, 일시적 유행, 직업교육 중심주의의 이름으로 역사를 외면하는 것과 동일시하는 것처럼 위선부리는 모든 사람들
- IP 불법 거래자들
- 공정사용의 뜻을 사용 금지라고 정의하는 대학 법률사무소들
- 비용을 부담시키는 방법으로 액세스를 제한하는 아카이브, 박물관, 도서관 그리고 기업들
- '정확한' 해석이라는 명목으로 할아버지인 제임스 조이스의 작품 액세스를 제한하는 스티븐 제임스 조이스[6)]

---

6) 제임스 조이스의 문학적 업적을 모국인 아일랜드에서 '정신적으로 거슬리고 육체적으로 추잡한 작품'이라고 혹평을 한 데 대해 그의 사망 후 그의 손자인 스티븐 제임스 조이스가 아일랜드에서 '율리시즈' 연극 공연 등을 허가하

- 디즈니 및 기타 기업들로부터 '기부금'을 잔뜩 받으면서 그들의 저작권 보호를 법적 만료일을 지나서까지 지속적으로 연장해 주는 미국과 유럽의 국회의원들

분과 학문의 유한성 (그리고 인문학의 무한한 작업)

분과 학문의 학술과 전통은 질, 깊이 및 엄격함의 원천일 수 있다. 또한 편협한 사고, 사무직의 특권, 그리고 지식 감시 등의 보루가 될 수도 있다. 그러나 전통적 학과들이 정말로 현대사회에서 인문학을 위한 중추적 역할을 수행할 수 있는 효율적인 방법을 제시했는가? 그렇다면, 왜 이들이 진화하지 못했는가? 지식의 영역에 갑작스런 변화가 찾아왔던 19세기 근대 대학 형성 과정에서 출현한 분과 학문적 구조를 왜 옹호하는가?

여기에 몇 가지 이유가 있다.

전통의 힘
의식적인 보수주의
노스탤지어/위안
제도적 타성
종신교수직과 승진 시스템
로비와 관료주의
계급적 가치관

대학에서 존재하는 인문학 지식이 삶을 형성하고 주요한 기술을 전

지 않는 등 저작권과 관련된 문제를 일으킨 바 있다.

달하고, 인간의 경험에 대한 도덕적 범주를 제시해 왔으며, 기쁨과 만족을 주었고, 관대함과 영웅적 행위를 고무시켰다. 디지털 인문학은 인간의 정보, 지식 및 문화유산으로의 관계성이 급격히 변하고 있고, 인류의 문화적 유산이 디지털 형태로 변형되어 가고 있는 시대에 이러한 전통적 장점을 경시하거나 '축소'하려는 것이 아니라 반대로 전통적 가치를 재평가하고 재해석하려는 노력을 나타낸다. 이러한 배경에서 인문과학 분야의 작업은 여전히 매우 중요하다. 그러나 이것은 오랜 세월동안 해왔던 방법들 즉, 상아탑 안의 규율에 갇혀 우리 문화 전반에 걸쳐 진행중인 미디어 혁명에는 무관심한 채 그들만의 언어로 소통하려 해서는 성공적으로 진행될 수 없다.

이를 위한 새로운 지형도를 상상해 보자: 규율만이 아니라 제약이 없는 범세계관적 측면에서의 지식 생산을 위한 대안적 형태를 포함하며, 새로운 청중을 끌어들이고 참신한 유형의 제도를 만들어내기 위해 고안된 새로운 지형도. 아마도 디지털 인문학 자체는 중복되는 연구 네트워크를 기반으로 지적 그리고 지리적으로 다양하게 분포되어 있는 연구자들을 한데로 모으면서, 마치 현재의 학과들을 모아놓은 '가상 학과'(Virtual Department)화 되어가고 있는지도 모른다.

아니면, 단순히 임시로 존재하면서 유한한 지식 문제를 다룰 수 있는 학과를 만들어 보자. 즉, 여기에서 유한한 지식 문제라고 하는 것은 답을 찾은 연구 질문들은 식상해지고, 탐구력은 시들해지면서 연구가 변형되거나 중지되어 버리는 것이다. 이러한 지형도에 대한 몇 가지 실례 및 잠재적 예들이 있다.

출판문화학(Department of Print Culture Studies): 이 학과의 목적은 출판 텍스트, 저자, 언어 형태, 책의 역사, 서적 발간 및 분배 시스템을 연구하고, 출판 문화와 디지털 문화간의 관계는 물론이고 출판 이전과 이후에 대해서도 연구한다. '걸작 출판물'들은 더 이상 작가에 의해서가 아니라 숙달된 인쇄기 및 인쇄공 그리고 표준과 관례를 완전히 바꾸어 놓을 수 있는 레이아웃 아티스트들에 의해서 이루어질 것이다.

음성연구소(Institute of Vocal Studies): 소통 도구로서의 음성에 대한 역사 비평적 연구는 발성의 기술적 혁신에 대한 관점에서 '자연스러움'과 보컬 효과에 대한 개념을 바꾸고 있다. 이 분야는 전근대적 미사여구 및 노래를 소재로 하는 보컬 공연 연구와 녹음 기록 아카이브를 대상으로 하는 마이닝 연구로 나누어져 있다.

소멸성 학술의 학교(School of Erasure Studies):

비교문학 및 매체 센터(Center for Comparative Literature and Media): 이 센터는 매체 특성을 비교하는 관점에서 소리적 매체, 시각적 매체, 촉각적 매체, 텍스트 매체, 그리고 이 모든 것을 실감하는 매체 등을 연구하는 것이 목적이다. 현상학과 매체 연구의 관점에서 문학에 접근하며, 구술문화에서 기록문화로 그리고 활자문화로의 변화를 가져온 매체 혁명을 추적한다. 매체 방식(예술사, 문학, 음악학, 영화 등)에 따라 일부 인문학 분야로 대체된다.

문화지도 제작(Discipline of Cultural Mapping): 이 교과는 시공간, 정보 그리고 문화 간의 연결점을 연구하는 것이 목적이다. 이는 지리적 분석을 위해 역사적 방법론, 시각적 분석, 그리고 복잡한 데이터

세트의 제시 및 시각화를 도입한다. 또한 디지털 매핑 기술이 가져오는 문화적·사회적 영향력과 문화적 현상을 이해하기 위한 매핑 기술의 중요성 등을 연구한다.

문화분석학 실험실(Laboratory for Cultural Analytics): 이 랩의 목적은 응용수학과 통계학 그리고 사회과학에서의 양적 연구에 거대한 양의 복잡한 사회적 문화적 데이터 세트를 적용하는 것이다.

계급적 대학시스템을 해킹하고 우리의 방식으로 새롭게 리믹스한 것을 들여보내자!

디지털 인문학을 넘어서

우리는 '디지털 인문학'이라는 문구가 이 선언문에 포함된 구조적 변화를 적절히 설명한다는 신념에서가 아닌 단지 전술적인 이유로 ('전략적 본질론'[Strategic Essentialism]을 생각해 보라) 이를 적극 수용한다. 그러나 입체파 미술이 피카소(Picasso), 브라크(Braque), 그리고 그리스(Gris)의 실험적 미술과 관련되어 회자되는 것처럼, 새로이 출현하는 초학문적 영역은 옹호자들보다는 비판과 반대에 맞서서 스스로를 정의할 위험이 있다.

이 '디지털 인문학'이라는 이름은 현대 예술과 인문학을 재구성하고 재활성화하여 이들의 경계를 확장하고자 하는 사람들과 프로젝트 모두를 포괄한다는 점에서 사용가치가 있다. 그것은 또한 그것의 의미론적 연결선(Semantic Edge)을 강조한다는 점에서도 사용가치가 있다. 이 (디지털과 인문학의) 연결선상에서, 디지털은 촉감을 관념화하는 더러운 손길에 의해 물들여진, 그래서 물리적인 것과 가상적인 것을 연결되는 세계임이 강조된다. 한편 그 연결선상에서 인문학은 인간 또는 인간성의 문제를 가지고 디지털 도구의 개발과 사용을 재편할 수 있는 가능성을 암시한다.

우리는 디지털 인문학이 인문학을 온전히 유지한 채 디지털적 전회(Digital Turn)을 논의하는 것을 전적으로 거부한다. 인문학은 지난 한 세기 동안 이 사회 또는 사회과학이나 자연과학에 대해 똑같이 안정적인 분과 학문의 경계 안에 머물러 있었다.

우리는 더 나아가서 인문학이 디지털에 의해서, 이를테면 디지털이 이끌고 인문학이 뒤따르는 형태의 소위 '외부에 의해서' 변화해야 한다는 주장을 거부한다. 반대로, 우리의 비전은 융합과 마찰의 세계이며, 이는 기술의 개발과 구축, 연구 질문, 수요, 그리고 예술과 인문학의 융합적 특징인 창의적 작업을 포함한다.

더 나은 이름과 문구를 찾아보자.

우리는 선언문을 재명명할 것이다.

그 동안 우리의 손을 더럽히자.

2. 프랑스의 '디지털 인문학 선언' 한국어 번역문

디지털 인문학 선언문[7)]

2011년 3월 26일, 마랭 다코[8)]

디지털 인문학의 행위자이자 옵저버인 우리들은 2010년 5월 18~19일 '댓캠프(THATCamp)' 개최를 계기로 파리에 모였습니다. 이틀 동안 우리는 디지털 인문학에 관해 토론하고 의견을 교환하면서 장차 디지털 인문학의 모습에 대해 상상하고 그리고 새롭게 만들어 보고자 하였습니다. 이틀 동안 진행된 모임은 첫 걸음마 단계에 불과하지만, 우리는 연구자 공동체 그리고 디지털 인문학을 새롭게 창조하려는 분들, 지식의 보존과 가치화, 편집에 참여하려는 모든 분들에게 다음과 같이 디지털 인문학 선언문을 제안하고자 합니다.

I. 정의(Définition)

1. 디지털 인문학의 전회(轉回)는 지식의 생산, 지식 전파의 조건을 근본적으로 변화시키면서 동시에 이에 대해 질문을 던지고 있습니다.
2. 우리에게 디지털 인문학이란, 기존의 모든 인문과학, 사회과학, 예술, 그리고 전통적인 문학(lettres)을 포괄하는 것입니다. 디지털 인문학은 과거를 완전히 밀어버리는 것이 아닙니다. 그와 반대입니다. 디지

---

7) Manifeste des Digital humanities(디지털 인문학 선언문 프랑스어 원문), http://tcp.hypotheses.org/318, 한국어 번역: 김동윤

8) Marin Dacos: directeur du Cléo - Centre pour l'édition électronique ouverte

털 인문학은 디지털의 장(場) 독특한 전망과 도구들을 운용하면서 위에 언급한 분야에 고유한 패러다임, 노하우, 지식들에 기대는 것입니다.

3. 디지털 인문학은 인문 사회과학에 있어서 디지털과 연결된 발견적 전망(heuristic perspectives)과 기제, 방법론을 담지하고 있는 횡단적 학제성(transdisciplinarity)을 기획하는 것입니다.

II. 상황(Situation)

4. 우리는 다음과 같은 사실을 확인합니다.
   - 반세기 전부터 인문 사회과학의 디지털 영역에 있어서 엄청나게 많은 실험들이 이루어 졌습니다. 최근에는 디지털 인문학 연구 센터들이 생겨났고, 이들은 지금 현재 디지털 인문학 접근의 고유한 표준 원형(prototypes) 또는 적용 장소입니다.
   - 디지털은 연구에 있어서 기술적 그리고 경제적 제약 조건보다 더 강한 존재감을 가지고 있습니다. 그리고 이러한 제약이란 집단 작업을 진전시키기 위한 기회이기도 합니다.
   - 그리고 이미 검증되고 나눠 사용되고 있는 여러 방법론들이 존재합니다.
   - 다양하고 횡단적인 성격을 지닌 실천, 대상, 도구에 따라 결성된 여러 커뮤니티들이 존재합니다. 예컨대 원천 텍스트의 인코딩, 지리적 정보시스템, 렉시코메트리, 문화 과학기술 유산 지도, 웹 지도, 데이터 집적, 3D, 구술 아카이브, 디지털·하이퍼미디어 기반 예술과 문학 등입니다. 이 모든 커뮤니티들이 디지털 인문학의 장을 형성하기 위해 서로 융합하고 있습니다.

III. 선언(Déclaration)

5. 우리 디지털 인문학의 행위자들은 스스로 연대적, 개방적, 환대적 실천 그리고 자유 근접성을 지닌 실천의 커뮤니티를 구성합니다.
6. 우리들은 국경없는 커뮤니티이고, 다언어 다학제적(mutidisciplinarity) 커뮤니티입니다.
7. 우리들의 목표는, '아카데미아'라는 영역을 넘어서, 지식의 진보, 연구 수준과 질의 강화, 그리고 지식과 집단 유산을 풍요롭게 하는 것입니다.
8. 우리는 21세기 전반적인 문화교양(의 정의) 안에 디지털 문화가 통합될 것을 호소합니다.

IV. 오리엔테이션

9. 우리는 데이터, 메타데이터에 자유롭게 접근할 수 있게 되기를 호소합니다. 데이터, 메타데이터는 기술적으로, 개념적으로 자료화되어야 하고 상호 작동적이어야 합니다.
10. 우리는 방법론, 코드, 포맷, 연구 결과들이 자유롭게 전파, 순환되고 풍요화될 수 있기를 바랍니다.
11. 우리는 인문 사회과학, 예술, 문학의 교육 중심에 디지털 인문학 과정이 통합될 수 있기를 호소합니다. 마찬가지로 우리는 디지털 인문학 학위 자격증과 전문 직업 연수과정의 창발을 희망합니다. 그리고 이러한 자격과 능력이 디지털 인문학 전문 직업인 선발과 전문인 양성에 있어서 우선적으로 고려될 요소가 되기를 원합니다.
12. 우리는 공통의 어휘, 행위사들의 작업에 기대면서 집단 능력의 구축을 위해 전력을 다할 것입니다. 이러한 집단 능력은 공동선

으로 나아가는 사명감을 갖고 있습니다. 집단 능력은 과학적 기회를 마련하고 모든 분야에 적용될 수 있는 직업의 기회를 제공합니다.

13. 우리는 좋은 실천과 그것을 개념 정의하는 일에 참여하길 원합니다. 여기서 말하는 좋은 실천이란, 관련 커뮤니티의 중심에서 토론을 통해 합의를 이루고, 그리고 계속 합의를 이루어 나가는 분과적, 분과 횡단적 요구에 부합하는 것입니다. 디지털 인문학의 근본적인 열림은 프로토콜과 비전의 실용적인 접근을 보장합니다. 이러한 실용적 접근은, 실천과 사유를 풍요롭게 하는 다양하고 경쟁적인 방법론들이 공존할 권리를 보장하는 것입니다.
14. 우리는 현실적 요구에 답하는 사이버 인프라의 구축을 호소합니다. 사이버 인프라는 반복적으로 구축될 것입니다. 사이버 인프라는 연구자 커뮤니티의 중심에서 (가치있는 것으로) 검증되는 방법론과 접근 방식에 근거하고 있습니다.

여러분 우리와 함께!

3. 해외 디지털 인문학 동향 자료

1) 해외 주요 디지털 인문학 문헌

저자 및 편자	책이름	책이름(한국어)	출판사	출판일
Anne Burdick, Johanna Drucker, Peter Lunenfeld, Todd Presner, Jeffrey Schnapp	Digital Humanities	디지털 인문학	The MIT Press	2012. 11.16
David M. Berry	Understanding Digital Humanities	디지털 인문학의 이해	Palgrave Macmillan	2012. 03.13
Susan Schreibman, Ray Siemens, John Unsworth	A Companion to Digital Humanities	디지털 인문학 안내서	Wiley-Blackwell	2008. 03.03
Matthew K. Gold	Debates in the Digital Humanities	디지털 인문학에서의 논쟁	Univ Of Minnesota Press	2012. 01.09
David H. Jonassen, Jane Howland, Joi Moore, Rose M. Marra	Learning to Solve Problems with Technology: A Constructivist Perspective (2nd Edition)	기술을 통한 문제해결 학습: 구성주의적 관점(제2판)	Prentice Hall	2002. 08.30
Curtis J. Bonk	The World Is Open: How Web Technology Is Revolutionizing Education	세계는 열려있다: 웹 기술은 어떻게 교육을 변혁시키는가?	Jossey-Bass	2011. 06.21
Allan Collins, Richard Halverson Rethinking	Education in the Age of Technology: The Digital Revolution and Schooling in America	기술시대의 교육: 미국에서의 디지털 혁명과 학교교육	Teachers College Press	2009. 09
James Gleick	The Information: A History, a Theory, a Flood	정보: 역사, 이론, 홍수	Fourth Estate	2012. 03.01
Ray Siemens, Susan Schreibman	A Companion to Digital Literary Studies	디지털 문학연구 안내서	Wiley-Blackwell	2013. 06.04

저자 및 편자	책이름	책이름(한국어)	출판사	출판일
Ian N. Gregory, Paul S. Ell	Historical GIS: Technologies, Methodologies, and Scholarship (Cambridge Studies in Historical Geography)	역사 GIS: 기술, 방법 그리고 학술성(캠브리지 역사지리학)	Cambridge University Press	2007. 12.13
Claire Warwick, Melissa Terras, Julianne Nyhan	Digital Humanities in Practice	연구현장에서의 디지털 인문학	Facet Publishing	2012. 07.30
David J. Boden hamer, John Corrigan, Trevor M. Harris	The Spatial Humanities: GIS and the Future of Humanities Scholarship	공간 인문학: GIS와 인문학의 미래	Indiana University Press	2010. 06.10
Amy Hillier, Anne Kelly Knowles	Placing History: How Maps, Spatial Data, and GIS Are Changing Historical Scholarship	장소가 있는 역사: 지도와 공간 데이터 및 GIS가 어떻게 역사 연구를 변화시키는가?	ESRI Press	2008. 01.01
Thomas Bartscherer, Roderick Coover	Switching Codes: Thinking Through Digital Technology in the Humanities and the Arts	코드 전환: 인문학 분야에서의 디지털 기술을 통한 사유	University Of Chicago Press	2011. 05.30
Matthew L. Jockers	Macroanalysis: Digital Methods and Literary History (Topics in the Digital Humanities)	거시적 분석: 디지털 방법과 문학사 (디지털 인문학의 화제)	University of Illinois Press	2013. 04.01
Franco Moretti	Distant Reading	다른 생각을 하는 읽기	Verso	2013. 06.04
Franco Moretti	Graphs, Maps, Trees: Abstract Models for Literary History	그래픽, 지도, 수행도: 문학사를 위한 추상화 모델	Verso	2007. 09.17
Susan Hockey	Electronic Texts in the Humanities: Principles and Practice	인문학에서의 전자문서 : 이론과 실제	Oxford University Press	2001. 01.25
T. Mills Kelly	Teaching History in the Digital Age (Digital Humanities)	디지털 시대의 역사 교육법 (디지털 인문학)	University of Michigan Press	2013. 04.12

저자 및 편자	책이름	책이름(한국어)	출판사	출판일
Jack Dougherty, Kristen Nawrotzki	Writing History in the Digital Age (Digital Humanities)	디지털 시대의 역사 서술법 (디지털 인문학)	University of Michigan Press	2013. 10.28
Willard McCarty	Humanities Computing	인문학 전산화	Palgrave Macmillan	2005. 11.10
臺灣大學數位典藏研究發展中心, 臺灣大學圖書館	第一屆數位典藏與數位人文國際會議	제1회 디지털 아카이브와 디지털 인문학 국제회의	臺灣大學	2009. 12.1~2
項潔 等	2010數位典藏與數位人文國際研討會	2010년 디지털아카이브와 디지털 인문학 국제 학술회의	臺灣大學	2010. 11.29 ~30
項潔 等	從保存到創造: 開啟數位人文研究	보존부터 창조까지: 디지털 인문학 연구의 시작	國立臺灣大學出版中心	2011. 11.01
項潔 等	數位人文研究的新視野: 基礎與想像	디지털 인문학 연구의 새로운 시야: 기초와 상상	國立臺灣大學出版中心	2011. 11.01
項潔 等	數位人文在歷史學研究的應用	역사학 연구에서의 디지털 인문학 응용	國立臺灣大學出版中心	2011. 12.01
項潔 等	數位人文要義: 尋找類型與軌跡	디지털 인문학의 중요한 이치: 유형과 궤적의 모색	國立臺灣大學出版中心	2012. 11.20
項潔 等	文化遺產保護的數字化展示與傳播	문화유산 보호의 디지털화 전시와 전파	學苑出版社	2011. 06.01
項潔 等	數位人文研究與技藝	디지털 인문학 연구와 기술	國立臺灣大學出版中心	2014. 05.09
歐陽友權	數字媒介下的文藝轉型	디지털미디어 환경에서의 문화 예술 전환	國社會科學出版社	2011. 04.01
林信成	開放式數位典藏系統之研究	오픈 디지털아카이브 시스템 연구	文華	2011. 06.01

저자 및 편자	책이름	책이름(한국어)	출판사	출판일
拓墣產業 研究所	經典 點金: 數位典藏產業化的策略與展望	경전·현자 : 디지털 아카이브 산업화의 전략과 전망	拓墣科技	2010. 03.01
林淑慧	禮俗・記憶與啟蒙: 台灣文獻的文化論述及數位典藏	예속・기억과 계몽: 타이완 문헌의 문화 논술 및 디지털 아카이브	台灣學生書局	2009. 02.01
巫文隆、張文誠	貝類多樣性數位典藏成果圖鑑暨授權手冊	패류 다양성 디지털 아카이브 성과 도감 및 수권 수첩	中央研究院生物多樣性研究中心	2011. 04.07
蔡輝振	文獻數位典藏之建構模式及其自動化系統研究	문헌 디지털 아카이브의 구축 모델 및 자동화 시스템 연구	天空數位圖書	2006. 09.01
周保男	數位學習者之自我導向學習能力: 實證研究取向	디지털 학습자의 자아 방향 학습능력: 실증연구 경향	華騰文化	2012. 09.04
柯華葳	語文數位學習	어문 디지털 학습	高等教育出版社	2013. 10.01
宋曜廷、張國恩	遊戲式數位學習	게임식 디지털 학습	高等教育出版社	2013. 03.11
宋曜廷、張國恩	數位學習品質管理	디지털 학습 품질관리	高等教育出版社	2012. 03.09
宋曜廷, 吳昭容, 劉子鍵, 廖遠光, 洪煌堯, 吳心楷, 籃玉如, 周倩, 廖楷民, 辛靜婷, 潘佩妤	數位學習研究方法	디지털 학습 연구 방법	高等教育出版社	2011. 11.10
黃國禎、蘇俊銘、陳年興	數位學習導論與實務	디지털 학습 도론 및 실무	博碩	2012. 08.31
陳志銘	創新數位學習模式與教學應用	디지털 학습 모델과 수업 응용의 창신	文華	2009. 08.01
顏春煌	數位學習(第二版): 觀念、方法、實務、設計與實作	디지털 학습(제2판): 관념, 방법, 실무, 설계 및 실제	碁峰	2012. 01.13

저자 및 편자	책이름	책이름(한국어)	출판사	출판일
矢野桂司, 磯田弦, 中谷友樹	バーチャル京都—過去・現在・未来への旅	버츄얼 교토 - 과거·현재·미래로의 여행	ナカニシヤ出版	2007.03
川嶋將生, 赤間亮, 矢野桂司, 八村広三郎, 稲葉光行	日本文化デジタル・ヒューマニティーズの現在 (シリーズ日本文化デジタル・ヒューマニティーズ)	일본문화 디지털 인문학의 현재 (일본문화 디지털 인문학 시리즈)	ナカニシヤ出版	2009.04
赤間亮, 冨田美香, 文部科学省グローバルCOEプログラム「日本文化デジタル・ヒューマニティーズ拠点」(立命館大学)	イメージデータベースと日本文化研究 (シリーズ日本文化デジタル・ヒューマニティーズ)	이미지 데이터 베이스와 일본문화 연구 (일본문화 디지털 인문학 시리즈)	ナカニシヤ出版	2010.04
矢野桂司, 河角龍典, 田中覚, 中谷友樹, 文部科学省グローバルCOEプログラム「日本文化デジタル・ヒューマニティーズ拠点」(立命館大学)	京都の歴史GIS(シリーズ 日本文化デジタル・ヒューマニティーズ)	교토의 역사 GIS (일본문화 디지털 인문학 시리즈)	ナカニシヤ出版	2011.04
川口洋, 石崎研二, 後藤真, 関野樹, 原正一郎	歴史GISの地平 景観・環境・地域構造の復原に向けて	역사 GIS의 지평 경관·환경·지역구조의 복원을 향하여	勉誠出版	2012.03.30
稲葉光行	デジタル・ヒューマニティーズ研究とWeb技術 (シリーズ日本文化デジタル・ヒューマニティーズ)	디지털 인문학 연구와 Web 기술 (일본문화 디지털 인문학 시리즈)	ナカニシヤ出版	2012.05.07
冨田美香, 松本郁代, 杉橋隆夫, 木立雅朗	京都イメージ—文化資源と京都文化(シリーズ日本文化デジタル・ヒューマニティーズ)	교토 이미지 문화 자원과 교토문화 (일본문화 디지털 인문학 시리즈)	ナカニシヤ出版	2012.05.07
八村広三郎, 田中弘美	デジタル・アーカイブの新展開(シリーズ日本文化デジタル・ヒューマニティーズ)	디지털 아카이브의 새로운 전개 (일본문화 디지털 인문학 시리즈)	ナカニシヤ出版	2012.05.07
立命館大学「テキスト文化遺産防災学」刊行委員会	テキスト文化遺産防災学	문화유산 방재학 교과서	学芸出版社	2013.03.25
樫村雅章	貴重書デジタルアーカイブの実践技法—HUMIプロジェクトの実例に学ぶ	(HUMI 프로젝트의 실례로 배우는) 귀중서 디지털 아카이브의 실천 기술	慶應義塾大学出版会	2010.05

저자 및 편자	책이름	책이름(한국어)	출판사	출판일
石田英敬	知のデジタル・シフト—誰が知を支配するのか?	지식의 디지털 시프트 - 누가 지식을 지배하는가?	弘文堂	2006.12.20
相田満	和漢古典学のオントロジ	일-중 고전학의 온톨로지	勉誠出版	2007.04
横山伊徳, 石川徹也	歴史知識学ことはじめ	역사지식학의 시작	勉誠出版	2009.03.06
NPO知的資源イニシアティブ	デジタル文化資源の活用 地域の記憶とアーカイブ	디지털 문화자원의 활용: 지역의 기억과 아카이브	勉誠出版	2011.07.11
後藤真, 田中正流, 師茂樹	情報歴史学入門	정보역사학 입문	金壽堂出版	2009.03
宇野隆夫	実践 考古学GIS 先端技術で歴史空間を読む	실천 고고학 GIS 첨단기술로 역사 공간을 읽는다	NTT出版	2006.12.15
村上征勝	文化情報学入門 (文化情報学ライブラリ)	문화정보학 입문 (문화정보학 라이브러리)	勉誠出版	2006.04
村上征勝	文化を計る—文化計量学序説 (シリーズ・データの科学)	문화를 측량하다 - 문화계량학 서설 (데이터의 과학 시리즈)	朝倉書店	2002.12
鄭躍軍, 村上征勝, 金明哲	データサイエンス入門 (文化情報学ライブラリ)	데이터과학 입문 (문화정보학 라이브러리)	勉誠出版	2007.06.15
楊暁捷, 小松和彦, 荒木浩	デジタル人文学のすすめ	디지털 인문학의 권장	勉誠出版	2013.08.01
大矢一志	人文情報学への招待((比較文化研究ブックレット)	인문정보학으로의 초대 (비교문화 연구 소책자)	神奈川新聞社	2011.03.25
小野俊太郎	デジタル人文学 検索から思索へとむかうために	디지털 인문학: 검색으로부터 사색에 이르기 위하여	松柏社	2013.06.20
編集部	DHjp No.1 新しい知の創造	DHjp No.1 새로운 지식의 창조	勉誠出版	2014.01.31

저자 및 편자	책이름	책이름(한국어)	출판사	출판일
編集部	DHjp No.2 DHの最先端を知る	DHjp No.2 DH의 최첨단을 알다	勉誠出版	2014.03.31
編集部	DHjp No.3 デジタルデータと著作権	DHjp No.3 디지털 데이터와 저작권	勉誠出版	2014.04.30
毛建军	古籍数字化理论与实践	고적 디지털화 이론과 실천	航空工业出版社	2009.04.01
贾磊磊	数字化时代文化遗产的保护和展现:中美文化论坛文集	디지털화 시대 문화유산의 보호와 전시: 중미문화 논단논문집	文化艺术出版社	2010.07.01
王立清	中文古籍数字化研究	중문 고적 디지털화 연구	北京图书馆出版社	2011.05.01
李欣	数字化保护: 非物质文化遗产保护的新路向	디지털화 보호: 무형 문화유산 보호의 새로운 방향	科学出版社	2011.05.01
周明全, 耿国华, 武仲科	文化遗产数字化保护技术及应用	문화유산디지털화 보호기술 및 응용	高等教育出版社	2011.09.01
黄永林	民族文化资源数字化与产业化开发	민족문화자원 디지털화와 산업화 개발	华中师范大学出版社	2012.03.01
胡明星, 金超	基于GIS的历史文化名城保护体系应用研究	GIS에 기초한 역사문화 명성보호 시스템 응용 연구	东南大学出版社	2012.03.01
郑炳林, 樊锦诗	敦煌学数字化问题研究	둔황학 디지털화 문제 연구	民族出版社	2012.05.01
周明全, 耿国华, 武仲科	Digital Preservation Tecnnology for Cultural Heritage (文化遗产数字化保护技术(英文版))	문화유산을 위한 디지털 보존 기술 (문화우산 디지털화 보호기술(영문판))	高等教育出版社	2012.07.01
阮艳萍	传递与共享--文化遗产数字传承者(以云南为例的研究)	전승과 공유 -- 문화유산 디지털 전승자(운남을 예시로 연구)	中国书籍出版社	2013.04.01
王小根	吴地文化遗产数字化及其教育传承	오지 문화유산 디지털화 및 교육 전승	科学出版社	2013.12.01

저자 및 편자	책이름	책이름(한국어)	출판사	출판일
杨红	非物质文化遗产数字化研究	무형 문화유산 디지털화 연구	社会科学文献出版社	2014.03.01
张景中	信息化环境下教育研究案例精选	정보화 환경에서의 교육 연구사례 모음	北京大学出版社	2012.01.01
陈勇, 李莉, 谢利民	信息技术在学科教学中的应用	학과 교육 중의 정보기술 응용	北京大学出版社	2010.09.01
何克抗	信息技术与课程深层次整合理论	정보기술과 과정승청	北京师范大学出版社	2008.08.01
规划编辑专家组	《教育信息化十年发展规划(2011-2020)》解读	《교육정보화 십년 발전계획(2011-2020)》 해석	人民教育出版社	2012.09.01
“教育信息化建设与应用研究”课题组	我国教育信息化建设与应用现状调研与战略研究报告	우리나라 교육 정보화 건설과 응용	高等教育出版社	2010.09.01
“教育信息化建设与应用研究”课题组	教育信息化建设与应用标准及规范汇编	교육정보화 건설과 응용표준 및 준칙집성	高等教育出版社	2010.09.01
“教育信息化建设与应用研究”课题组	我国教育信息化建设与应用专题研究报告	우리나라 교육 정보화 건설과 응용주제 연구보고	高等教育出版社	2010.09.01

2) 해외 주요 디지털 인문학 프로젝트

프로젝트명	기관	주소	설명
Cyark	Cyark	http://archive.cyark.org/	문화유산의 3D 스캐닝과 공유
International Dunhuang Project		http://idp.bl.uk/	세계 돈황학 통합 디지털 아카이브
Dublin Core	DCMI	http://dublincore.org/	문헌정보 메타 데이터 설계 표준
Google Art Project	Google	http://www.google.com/culturalinstitute/project/art-project	초고해상도의 디지털 미술관
China Historical GIS	Harvard-Yenching Institute	http://www.fas.harvard.edu/~chgis/	중국 역사 지명 데이터를 바탕으로 한 지리정보시스템
The Spatial History Project	Stanford University	http://www.stanford.edu/group/spatialhistory/cgi-bin/site/index.php	미국 역사를 바탕으로 한 공간정보의 시각화
Supporting Documents § China Biographical Database Project (CBDB)	Harvard-Yenching Institute	http://isites.harvard.edu/icb/icb.do?keyword=k35201	중국 역대 인물정보 및 상호 관계정보 통합 데이터베이스
DiRT	IST	http://dirt.projectbamboo.org/	디지털 인문학 개념의 인문학 분석도구
Voyages	Emory University	http://www.slavevoyages.org/tast/index.faces	웹 기반 영어 말뭉치(코퍼스) 분석 사이트
Digital Public Library of America	DPLA	http://dp.la/	미국 통합 디지털 아카이브
TEI: Text Encoding Initiative	TEI	http://www.tei-c.org/	말뭉치(코퍼스) 표준언어
Visualizing Cultures	MIT	http://www.visualizingasia.com	디지털 환경의 인문교육 교재 개발
Mapping the Republic of Letters	Stanford University	http://www.stanford.edu/group/toolingup/rplviz/rplviz.swf	유럽 근대 편지 교류의 시각화

프로젝트명	기관	주소	설명
Public Knowledge Project	Simon Fraser University	https://pkp.sfu.ca/	웹 기반 잡지, 서적, 회의 및 정보통합 아카이브 시스템
Universal Leonardo	University of Oxford	http://www.universalleonardo.org/	레오나르도 다빈치 통합 아카이브
Europeana	Europeana Foundation (EU)	http://www.europeana.eu	온톨로지 기법을 활용한 유럽문화 통합 데이터베이스
London Lives, 1690-1800	The University of Sheffield, University of Hertfordshire	www.londonlives.org	영국 런던 고문서 통합 디지털 아카이브
台灣歷史數位圖書館 (THDL)	臺灣大學	http://thdl.ntu.edu.tw/	고전 자료를 바탕으로 디지털 아카이브 및 분석 툴 제공
拓展台灣數位典藏	中央研究院歷史語言研究所	http://content.teldap.tw/	타이완 디지털 아카이브 확장 프로젝트 홈페이지
佛學規範資料庫	法鼓佛教學院	http://authority.ddbc.edu.tw/	불교 자료를 바탕으로 한 시공간 및 인물 표준 데이터베이스
太平洋史前 Lapita陶器線上 數位資料庫	中央研究院 歷史語言研究所	http://lapita.rchss.sinica.edu.tw/	Lapita 토기군의 GIS을 적용한 통합 데이터베이스
バーチャル京都	立命館大学	http://www.geo.lt.ritsumei.ac.jp	교토를 대상으로 한 지리정보시스템 프로젝트
日本陶磁器 データベース	立命館大学	http://www.dh-jac.net/db9/ JapaneseCeramics/about_j.html	일본 도자기 이미지 데이터베이스
浮世絵検索	立命館大学	http://ja.ukiyo-e.org/	일본 목판인쇄 데이터베이스를 바탕으로 한 유사 이미지 검색
「思想」の構造化	東京大学知の 構造化センター	http://www.cks.u-tokyo.ac.jp/p1.html	잡지 「思想」의 데이터 구축 및 분석

프로젝트명	기관	주소	설명
中国基本古籍库	北京爱如生 数字化技术研究中心		중국 고적 종합 데이터베이스
北京东岳庙虚拟 360度全景漫游	北京民俗博物馆	http://www.dym.com.cn/bwg/	동악묘를 대상으로 Krpano 파노라마 시각화
Chinese Text Project	Donald Sturgeon	http://ctext.org/	오픈형 중국철학 고전 영어 번역 프로젝트
全国古籍普查	国家图书馆	http://pcab.nlc.gov.cn/gjpc/ini.action?id=14	중국 고적 일제조사 프로젝트

4. 미국의 디지털 인문학 육성 시책 자료

1) 미국 디지털 인문학 실행 프로젝트 목록

연도	이름	실행기관	지원금	내용	홈페이지
2014 ~2017	ARCS: Archaeological Resource Cataloguing System	Michigan State University	$324,586 (36개월)	디지털 고고학을 위한 고고학 자원 통합 카탈로그 시스템	http://arcs.cal.msu.edu/
2014 ~2016	AIDS Quilt Touch: Empowering Communities to Share and Preserve Cultural Heritage through Digital Storytelling	New School	$321,872 (24개월)	방대한 인문학 이미지 데이터의 시각화를 위한 미디어 플랫폼 개발	http:// www.aidsquilttouch.org/
2014	"Archive What I See Now": Bringing Institutional Web Archiving Tools to the Individual Researcher	Old Dominion University Research Foundation	$324,634	개인 연구자나 기관이 손쉽게 온라인 정보로 아카이브를 구축하고, 구축된 정보를 탐색할 수 있는 도구 개발	http://ws-dl.blogspot.kr/2013/07/2013-07-10-warcreate-and-wail-warc.html
2014	Pop Up Archive: Saving culturally significant audio through preservation, searchability, and distribution	PRX, Inc.	$325,000	오디오의 보존, 검색 및 배포를 위한 온라인 플랫폼	https://www.popuparchive.com/
2014 ~2016	Berkeley Prosopography Services: Implementing the Tool kit	University of California, Berkeley	$325,000 (25개월)	자연어 처리 및 네트워크 분석을 위한 플랫폼 및 도구	http://berkeley prosopography.org/
2014 ~2016	The VSim Project Repository and Archive: Interface software and online repository and archive to facilitate distribution and educational use of 3D	University of California, Los Angeles	$324,967 (24개월)	교육 목적의 3D 모델 온라인 아카이브 및 인터페이스 소프트웨어	https://idre.ucla.edu/gis-visualization/vsim

연도	이름	실행기관	지원금	내용	홈페이지
2014 ~2016	Exploring the Billions and Billions of Words in the HathiTrust Corpus with Bookworm: HathiTrust + Bookworm Project	University of Illinois, Urbana Champaign	$324,841 (24개월)	HathiTrust 디지털 도서관을 대상으로 Bookworm 텍스트 저장소 분석 도구 적용	http://ookworm.culturomics.org/, http://www.hathitrust.org/
2013 ~2015	Extending WorldMap to Make It Easier for Humanists and Others to Find, Use, and Publish Geospatial Information	Harvard University	$320,888 (24개월)	오픈형 지리정보시스템(GIS)인 WorldMap 플랫폼 발전	http://worldmap.harvard.edu/
2013 ~2016	Scaling Digital Gaming to Humanities Pedagogy and Praxis	Hope College	$299,221 (36개월)	학문과 교육의 융합을 위한 멀티플레이 역사 롤플레잉 게임 개발	http://valleydev.cs.hope.edu/
2013 ~2015	Annotation Studio: Multimedia Annotation for Students	Massa-chusetts Institute of Technology	$324,833 (24개월)	학생을 위한 디지털 텍스트, 이미지, 비디오 주석 방법 프로젝트	http://www.annotation studio.org/
2013 ~2015	Scribe: Turning Text into Structured Information through the Power of the Crowd	New York Public Library	$325,000 (24개월)	개별적인 텍스트를 구조적인 정보로 전환하는 방법 연구	
2013 ~2015	Networks in History: Data-driven tools for analyzing relationships across time	Stanford University	$297,137 (28개월)	시계열 변화 속의 네트워크 분석을 위한 역사 데이터 분석 툴	http://hdlab.stanford.edu/projects/networks-in-history/, http://palladio.designhumanities.org/
2013 ~2015	Mukurtu Mobile: Empowering Knowledge Circulation Across Cultures	Washington State University	$319,331 (24개월)	문화유산의 수집과 전시를 위한 오픈 소스 모바일 플랫폼 개발	http://mukurtumobile.org/

연도	이름	실행기관	지원금	내용	홈페이지
2012 ~2015	Applying Linked Open Data: Refining a Model of Data Sharing as Publication	Alexandria Archive Institute	$261,056 (37개월)	고대 근동 및 동지중해 무역과 환율 패턴을 연결한 원시 데이터를 활용하여 고고학 데이터로서 공유될 수 있는 워크플로우 및 플랫폼 개발	http://alexandriaarchive.org/projects/data-publishing/
2012 ~2015	Metadata Games: Improving Access to Humanities Artifacts	Dartmouth College, Hanover	$324,872 (36개월)	문화유산 기관의 고품질 인문학 데이터를 게임에서 활용 가능하게 하는 소프트웨어 시스템 개발	http://www.metadatagames.org/
2012 ~2015	The DM Environment: From Annotation to Dissemination	Drew University	$246,566 (38개월)	온라인 환경에서 이미지와 텍스트를 연결할 수 있는 방법론 및 툴 개발	http://dm.drew.edu/mproject/
2012 ~2014	Sustaining the Digital Humanities: Host Institution Support Beyond the Start Up Phase	Ithaka Harbors, Inc.	$157,204 (19개월)	디지털 인문학 발전을 위한 기관 차원의 지원 프레임워크 및 관리 자세 연구	
2012 ~2015	WordSeer: A Text Analysis Environment for Literature Study	University of California, Berkeley	$228,546 (33개월)	문학 연구를 위한 텍스트 분석 및 시각화 플랫폼	http://ordseer.berkeley.edu/
2012 ~2014	PARAGON: Intelligent Digital Collation and Difference Detection	University of South Carolina Research Foundation	$300,171 (25개월)	스캔 이미지의 휘어짐 등의 오차에도 실행 가능한 지능형 디지털 대조 조사 소프트웨어	http://cdh.sc.edu/projects/paragon
2012 ~2015	MapScholar: A Web Tool for Publishing Interactive Cartographic Collections	University of Virginia	$297,115 (36개월)	온라인에서 인문학 자료와 디지털 지도를 융합하여 동적 시각화를 가능하게 하는 툴	http://mapscholar.org/

2) 미국 디지털 인문학 교육 프로젝트 목록

연도	이름	실행기관	지원금	내용	홈페이지
2014 ~2016	Advanced Challenges in Theory and Practice in 3D Modeling of Cultural Heritage Sites	Arkansas State University	$218,139 (28개월)	문화유산의 3D 시각화의 이론과 실습 (1주 코스)	http://neh.cdi.astate.edu/
2014 ~2016	Folger Shakespeare Library's "Early Modern Digital Agendas: Advanced Topics" Institute	Folger Shake-speare Library	$175,649 (25개월)	초기 근대 시대를 대상으로 하는 디지털 문학 이론 및 실습 (13일 코스)	http://www.folger.edu/
2014 ~2015	An Institute for Community College Digital Humanists: Beyond Pockets of Innovation, Toward a Community of Practice	Lane Community College	$88,778 (13개월)	지역 전문대학을 위한 디지털 인문학 교육 및 연구(5일 코스)	
2014	Institute on Digital Archaeology Method & Practice	Michigan State University	$249,708	디지털 고고학의 방법론과 실무 (12일 코스, 20명)	
2014	Scholarship in Sound and Image: Producing Videographic Criticism in the Digital Age	Middlebury College	$95,152	멀티미디어 기반의 디지털 인문학 (2주 코스, 12명)	
2013 ~2015	Doing Digital History: An Institute for Mid-Career American Historians	George Mason University	$215,718 (20개월)	중견 역사학자를 위한 디지털 역사학(2주 코스, 25명)	http://istory2014.doingdh.org/
2013 ~2015	Building an Accessible Future for the Humanities	University of Maryland, College Park	$249,302 (24개월)	시각 및 청각 장애인이 접근 가능한 디지털 인문학 방법론(2일 코스, 4회(4개 대학), 20명)	http://www.accessiblefuture.org/

연도	이름	실행기관	지원금	내용	홈페이지
2013 ~2014	XQuery Summer Institute: Advancing XML-Based Scholarship from Representation to Discovery	Vanderbilt University	$72,760 (27개월)	XML Data 검색을 위한 Xquery 강의(2주 코스, 12명)	http://xqueryinstitute.org/
2012 ~2013	Humanities Heritage 3D Visualization: Theory and Practice	Arkansas State University, Main Campus	$198,503 (28개월)	문화유산의 3D 시각화의 이론과 실습 (3주 코스, 20명)	http://cdi.astateweb.org/neh/
2012 ~2014	Folger Shakespeare Library Summer Institute for Advanced Topics in the Digital Humanities: "Early Modern Digital Agendas"	Folger Shake-speare Library	$159,056 (27개월)	디지털 방법론을 통한 근세 영문학 강의(3주 코스, 20명)	http://emdigitalagendas.folger.edu/
2012 ~2014	Another Week | Another Tool - A Digital Humanities Barnraising	George Mason University	$230,000 (25개월)	디지털 인문학 방법론 교육 (1주 코스+1년간 지원, 12명)	http://oneweekonetool.org/
2012 ~2014	Digital Humanities Data Curation	University of Maryland, College Park	$248,721 (24개월)	인문학자를 위한 디지털 인문학에서의 데이터 큐레이션 (3일 코스, 4회(4개 대학), 총 51명)	http://www.dhcuration.org/
2012 ~2014	Institute for High Performance Sound Technologies for Access and Scholarship (HiPSTAS)	University of Texas, Austin	$235,000 (25개월)	구비문학, 구어 녹취 등 음성 데이터 수집 분석 연구를 위한 교육(4일 코스)	http://blogs.ischool.utexas.edu/hipstas/
2012 ~2015	Taking TEI Further: Teaching and Publication	Brown University, North-eastern University	$249,974 (36개월)	TEI 데이터 구축, 교육, 공유(주제별 2일, 총 6일 코스)	http://www.northeastern.edu/

디지털
인문학
입 문

DIGITAL
HUMANITIES

디지털 인문학 입문
DIGITAL HUMANITIES

초판 1쇄 발행 2016년 5월 31일
초판 2쇄 발행 2018년 5월 4일

저 자 김 현 · 임영상 · 김바로
발행인 김인철
총괄 · 기획 가정준 Director, University Knowledge Press
편집장 신선호 Executive Knowledge Contents Creator
도서편집 박현정 Contents Creator
전자책편집 이리나 e-Contents Creator
재무관리 문수진 Managing Creator
사전 · 출판 정준희 Contents Creator
마케팅 파트장 백승이 Chief Marketing Creator
마케팅 김민수 Marketing Creator
발행처 한국외국어대학교 지식출판원
02450 서울특별시 동대문구 이문로 107
전화 02)2173-2493~7
팩스 02)2173-3363
홈페이지 http://press.hufs.ac.kr
전자우편 press@hufs.ac.kr
출판등록 제6-6호(1969. 4. 30)
디자인 · 편집 (주)이환디앤비 02)2254-4301
인쇄 · 제본 네오프린텍 02)718-3111

ISBN 979-11-5901-087-3 03300 정가 18,000원

*잘못된 책은 교환하여 드립니다.

HUEBOOKs는 한국외국어대학교 지식출판원의 인문학도서 Sub Brand이다. 한국외대의 영문명인 HUFS, 사람을 위하는 Humanism, 교육의 Education, 색조의 Hue의 다의적인 뜻으로 해석할 수 있으며, 인문학도서 출판에 대한 의지가 담겨있다.